U0789591

中华传世藏书

【图文珍藏版】

吕氏春秋

[战国] 吕不韦⊙原著

王艳军⊙主编

第一册

线装书局

图书在版编目（ＣＩＰ）数据

吕氏春秋：全6册 /（战国）吕不韦原著；王艳军
主编. -- 北京：线装书局, 2016.3
ISBN 978-7-5120-2141-9

Ⅰ. ①吕… Ⅱ. ①吕… ②王… Ⅲ. ①杂家 Ⅳ.
①B229.21

中国版本图书馆CIP数据核字(2016)第019451号

吕氏春秋

原　　著：［战国］吕不韦
主　　编：王艳军
责任编辑：高晓彬
装帧设计：博雅圣轩藏书馆　Boyashengxuan Cangshuguan
出版发行：线装书局
　　　　　地　址：北京市西城区鼓楼西大街41号（100009）
　　　　　电　话：010-64045283（发行部）　64045583（总编室）
　　　　　网　址：www.xzhbc.com
经　　销：新华书店
印　　制：北京彩虹伟业印刷有限公司
开　　本：787mm×1092mm　1/16
印　　张：150
字　　数：1826千字
版　　次：2016年3月第1版第1次印刷
印　　数：0001－3000套

定　　价：1580.00元（全六册）

秦相国文信侯吕不韦

　　吕不韦（前292年～前235年），卫国濮阳（今河南安阳滑县）人，战国末年著名商人、政治家、思想家，官至秦国丞相。吕不韦主持编纂《吕氏春秋》（又名《吕览》），有八览、六论、十二纪共20余万言，汇合了先秦各派学说，"兼儒墨，合名法"，故史称"杂家"。书成之日，悬于国门，声称能改动一字者赏千金。此为"一字千金"。

　　执政时曾攻取周、赵、卫的土地，立三川、太原、东郡，对秦王政兼并六国的事业有重大贡献。后因嫪毐集团叛乱事受牵连，被免除相邦职务，出居河南封地。不久，秦王政复命让其举家迁蜀，吕不韦担心被诛杀，于是饮鸩自尽。

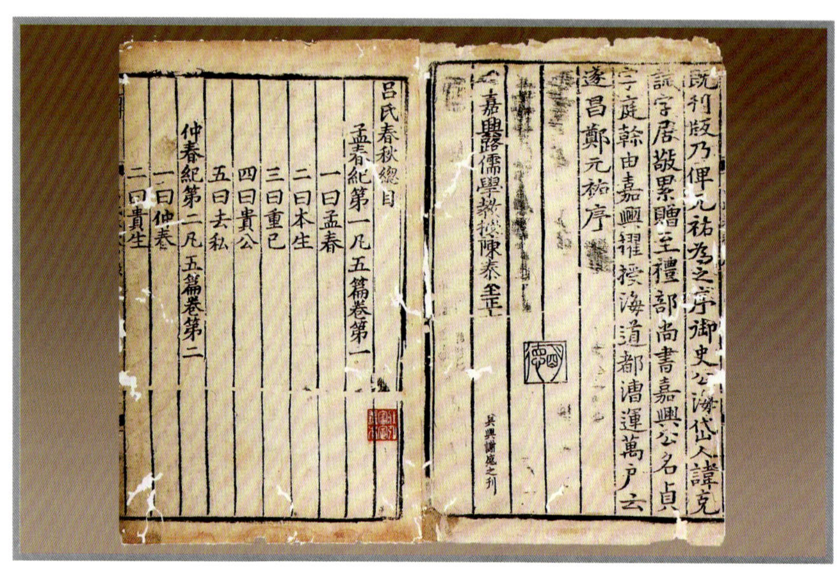

元至正刻本《吕氏春秋》

　　此本首有郑元祐序。序后有"嘉兴路儒学教授陈泰至正十……"刻书题记一行，又有"吴兴谢盛之刊"。据《中国古籍善本书总目》著录，元至正刻本《吕氏春秋》为现存最早的版本，且现存全本者不过三部。此本保存完整，甚为难得。

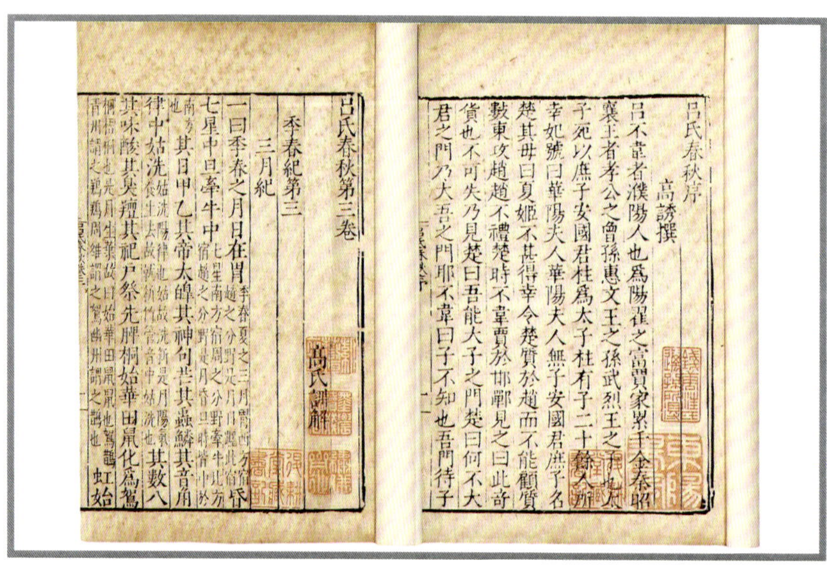

明刊本《吕氏春秋》

　　在元刊本的基础上，明代刊刻出版了许多新的重要的《吕氏春秋》版本，在中国学术史、研究史和传播史上都具有重要地位。整个万历时期，是明代《吕氏春秋》研究史的高峰，万历之后，《吕氏春秋》赏析评点学术研究有逐渐成为主流之势。

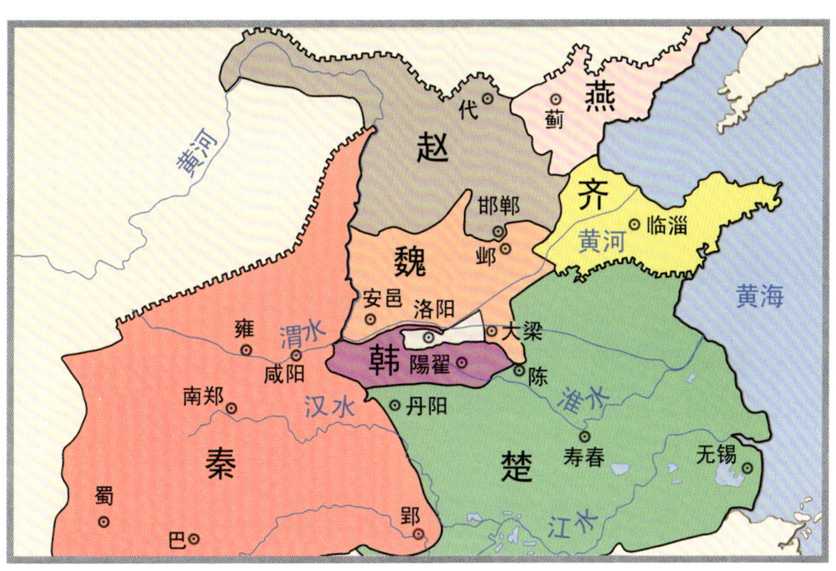

生逢其时于战国时代

《吕氏春秋》集先秦道家之大成，成书于秦始皇统一中国前夕。此书以道家思想为主干贯穿全书始终，融合各家学说。吕不韦想以此作为大一统后的意识形态。但后来执政的秦始皇却选择了法家思想，使包括道家在内的诸子百家全部受挫。

变革浪潮的兴起及其趋势

春秋战国时期是奴隶制崩溃、封建制确立的过渡时期，在这一时期，铁制农具的使用和牛耕的逐步推广，导致奴隶主的土地国有制，逐步被封建土地私有制所代替，地主和农民两大对立的阶级的产生。因此纷纷要求在政治上进行改革，发展封建经济。

杂家学派与《吕氏春秋》

　　战国末期，经过激烈的社会变革，封建制国家纷纷出现，新兴地主阶级便要求在政治上、思想上的统一。在这种呼声下，学术思想上出现了把各派思想想融合为一的杂家，杂家的产生，大体上反映了战国末期学术文化融合的趋势。

《吕氏春秋》与诸子之学

　　《吕氏春秋》作为十二纪、八览、六论，注重博采众家学说，以道家思想为主体兼采阴阳、儒墨、名法、兵农诸家学说而贯通完成的一部著作。但主要的宗旨属于道家，高诱说《吕氏春秋》"此书所尚，以道德为标的，以无为为纲纪"。

刻舟求剑

　　刻舟求剑，比喻办事刻板，拘泥而不知变通。是《吕氏春秋·察今》吕不韦记述的一则寓言，说有个楚国人，坐船渡河时不慎把剑掉入河中，他在船上用刀刻下记号，说："这是我的剑掉下去的地方，一会到岸的时候我就在这跳下去找剑。"

宋人御马

　　《吕氏春秋》中的这一段文字，主要强调的是君主用民要有威严，但也不能滥施淫威，要恰到好处，掌握好分寸。宋人赶路，马不前行，宋人便大发淫威，大开杀戒，其结果还是事与愿违。因此说，君主用威就像烹饪时用盐调味一样，适度适量即可。

宣王好射

　　宣王好射，说人之谓己能用强弓也。其实所用不过三石。以示左右，左右皆引试之，中关而止。皆曰："此不下九石，非大王孰能用是？"宣王悦之，宣王之情，所用不过三石。而终身自以为九石。岂不悲哉？三石实也，九石名也。　宣王悦其名而丧其实。

良狗捕鼠

　　良狗捕鼠，本文选自《吕氏春秋·士容论》，说齐国有个人善于识别狗的优劣。古文寓意，有了人才如果不善于使用，就不能够发挥他们的作用。要创造条件，人尽其材，物尽其用。通俗地说，就是没有没能力的下属，只有不会用人的上司。

前　言

　　《吕氏春秋》又名《吕览》，是战国末年（公元前 221 年前后）秦国丞相吕不韦组织属下门客们集体编纂的一部书，是杂家学说的代表作.该书兼收并蓄，细大不捐，是先秦思想文化之总结。在公元前 239 年写成，当时正是秦国统一六国前夜。

　　吕不韦，生年不详，卒于秦始皇十二年（公元前 235 年）。他原是阳翟（今河南禹县）的大商人，在经商期间，遇到了流亡赵国的秦公子子楚，当时子楚在赵国的处境很艰难，吕不韦很同情他，并认为子楚是"奇货可居"，于是用金钱资助子楚，并帮助他获得了继承王位的资格。公元前 253 年，子楚继承王位，是为庄襄王。庄襄王以吕不韦为丞相，并封他为文信侯。庄襄王死后，其子政立，是为秦始皇。秦始皇尊吕不韦为相国，号称仲父。在他执政为相期间，秦国出兵灭东周，攻取韩、赵、卫三国土地，建立三川、太原东郡，为统一中国做出了积极贡献。秦始皇亲理政务后，将他免职，并迁去蜀，后忧惧饮鸩而亡。吕不韦为相期间，门下食客三千人，家僮万人，他命门客"人人著所闻"，著书立说，为建立统一的封建中央集权制寻找理论根据，这些著作最终汇编成了《吕氏春秋》。吕不韦身为秦相国时召集门客撰写《吕氏春秋》，有很深的用意，实际上是吕不韦提出的一套施政大略，反映了吕不韦对社会文化和人文文化的多方位体认。全书分为"十二纪""八览""六论"三个部分，共一百六十篇。十二纪是全书的大旨所在，是全书的重要部分，分为《春纪》《夏纪》《秋纪》《冬纪》。每纪都是 5 篇，共 60 篇。本书是在"法天地"的基础上来编辑的，而十二纪是象征"大圜"的天，所以，这一部分便使用十二月令来作为组合材料的线索。《春纪》主要讨论养生之道，《夏纪》论述教学道理及音乐理论，《秋纪》主要讨论军事问题，《冬纪》主要讨论人的品质问题；八览，现在 63 篇，显然脱去一篇。内容从开天辟地说起，一直说到做人务本之道、治国之道以及如何认识、分辨事物、如何用民、为君等；六论，共 36 篇，杂论各家学说。

　　《吕氏春秋》撮取儒、道、名、法、墨、兵、农、阴阳等诸家之说，内容涵盖政治、经济、军事、农业、外交、伦理、道德、修身等各个方面，同时涉及天文、历法、地理、乐律、术数等等，成为一本体系庞大而复杂的学术著作，既有指导实践之用，又有知识教育之功，且蕴含着耐人深思的哲学意味，可谓先秦诸子百家的自然知识、社会知识、实践经验以及各种文化观念、哲学思想的提取和浓缩。而在总体思想构架上，则如汉代高诱《吕氏春秋序》所述："以道德为标的，以无为为纲纪，以忠义为品式，以公方为检格，与孟轲、孙卿、淮南、扬雄相表里也。"是为糅合儒、道、法、墨为骨干，但尚未形成有机贯通的整体思想体系，所以《汉书·艺文志》将之列入"杂家"类。

　　《吕氏春秋》对先秦诸子的思想还进行了总结性的批判。《不二》篇中说："老聃贵柔，孔子贵仁，墨翟贵廉，关尹贵清，子列子贵虚，陈骈贵齐，阳生贵己，孙膑贵势，王廖贵先，儿良贵后。"它认为，这不同的思想应当统一起来，"一则治，异则乱；一则安，异则危。"（《不二》）思想统一后，才能"齐万不同，愚智工拙，皆尽力竭能，如出一穴。"统一的过程，实际上是一个批判吸收的过程。所以，《吕氏春秋》对各家思想都进行了改造、发展与摒弃。例如，儒家主张维护君权，这种思想被《吕氏春秋》吸收了，但是它是以独特的面目出现的。它主张拥护新"天子"，即建立封建集权国家。它说："今周室既灾，而天子已绝，乱莫大于无天子。"（《谨听》）："天下必有天子，所以一之也，天子必执一，所以抟之也。一则治，两则乱。"（《执一》）

　　《吕氏春秋》写成后，相传吕不韦曾布之于咸阳门，有能增损一字者赏千金，时人无能动一字者。当然，这或许是慑于吕不韦的权势，并非真的一字不能改易，但也说明吕不韦对《吕氏春秋》的自重和自信。惜乎吕不韦很快失势，《吕氏春秋》当时并未大行于世，但其影响却始终不绝，汉代以后的历代统治实际上都是儒、道、法三家思想的互补为用，《吕氏春秋》可谓最早透露了这种统治思想结构的萌芽，对后世具有某种启迪之功。因此，《吕氏春秋》是研究先秦思想史的重要资料，同时也是研究先秦文化史的可贵资料。从文章学的角度说，《吕氏春秋》结构比较完备，篇章规划整饬，不少文章明朗犀利，将故事、譬喻、议论有机融合在一起，在古代散文史上也有相当地位。

　　最早为《吕氏春秋》作注的是东汉的高诱，近代以许维遹的《吕氏春秋集释》最有影响，另有陈奇猷的《吕氏春秋校释》，张双棣、张万彬、殷国光、陈涛的《吕氏春秋译注》等；校本流传最广和最佳的是清毕沅本和近人蒋维乔、杨宽、沈延国、赵善诒合撰的《吕氏春秋汇校》本。本套《吕氏春秋》除了对原典进行了精准的释义之外，还增加了吕不韦小传，另外对《吕氏春秋》的思想理念、《吕氏春秋》中的名言警句、寓言故事以及《吕氏春秋》的大智慧都有详细的论述。相信读者读完本书之后将会发现，这的确是一套很不错的东方人的伟大典籍。

目　录

第一章　吕不韦其人

一、生逢其时

在中国历史上，有一个人物是需要大写特写的，他就是战国末期出身为商人的吕不韦。

吕不韦，战国末年著名商人、政治家、思想家，卫国濮阳（今河南安阳滑县）人，他是阳翟（今河南禹州）的大商人，往来各地，以低价买进，高价卖出，积累起千金家产。他以"奇货可居"闻名于世，曾辅佐秦始皇登上帝位，任秦朝相国，并组织门客编写了著名的《吕氏春秋》，不久秦王政复命其举家迁蜀，吕不韦恐诛，乃饮鸩而死。

战国时代是一个丰富多彩的时代，战火连年不断，斗争尖锐异常，经济飞速发展，文化空前繁荣，变革浪潮迭起，观念逐日更新，这一切都预示着一个新时代的到来。

是什么力量导致这个历史性的变化呢？

任何社会的发展都离不开三种基本力量：一是生产力的突破；二是革命斗争的冲击；三是这两种力量的结晶——科学技术的发展。战国时代的社会变化，就是这三种力量互动的结果。

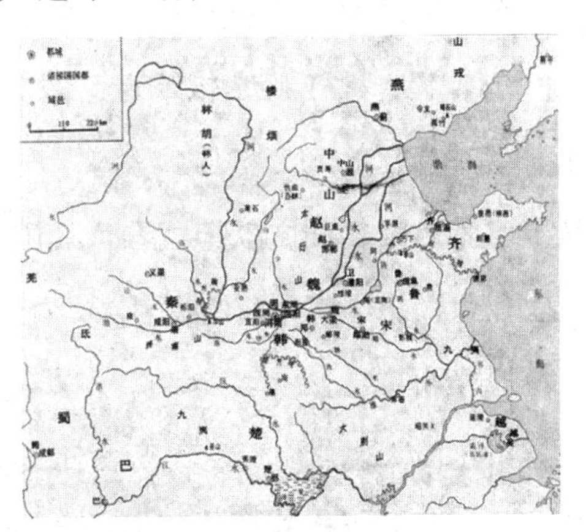

战国形势图

（一）生产力的突破

战国时代生产力的突破首先是铁器的普遍使用和畜耕的推广，由此引起了农业、手工业、商业整个社会经济的发展与繁荣。春秋时代，铸铁即已发明，但很少用于生产。铁的大量冶铸及其广泛运用于生产、生活，那是战国中期以后的事。根据目前考古材料得知，北起辽宁，南至广东，东抵山东半岛，西及川、陕等广大地区，都有铁器出土，覆盖了战国时代所有的国家。铁器的种类很多，农业工具有犁、日镬、锸、锄、耙、铲、耒、镰等；手工工具有斧、刀、凿、锤、钻、锥等；兵器有剑、匕首、戟、矛、镞、甲等；日用器有削刀、带钩、铁鼎、铁釜等。值得注意的是，农业工具在各类工具中所占的比例最大。在辽宁莲花堡燕国遗址中出土铁器80余件，其中农具就有76件；广西平乐银山岭出土铁质工具170件，其中农具就有91件。就铁农具的种类说，有耕具犁铧，起土器镬、锸、耒、耙，中耕器锄、铲，收割器镰等，基本上满足了农业生产中的开垦、碎土、中耕、除草、收割等一系列环节的需要。

《管子·海王》有一段记载，可与考古资料相印证：

今铁官之数曰：一女必有一针一刀，若其事立；耕者必有一耒、一耜、一铫，若其事立；行服连轺辇者，必有一斤、一锯、一锥、一凿，若其事立：不尔而成事者，天下无有。

从上引考古资料和文献记载看，战国中期以后，铁质工具确已得到了普遍推广。在农业生产中，它不仅排除了木、石、骨、蚌农具，也代替了青铜农具。

恩格斯指出：

铁已为人类服务，它是历史上起过革命作用的各种原料中最后的和最重要的一种原料。所谓最后的，是指直到马铃薯的出现为止。铁使更大面积的农田耕作，开垦广阔的森林地区，成为可能；它给手工业工人提供一种极其坚固锐利非石头或当时所知道的其他金属所能抵挡的工具。

铁农具的广泛使用，给农业生产带来了一个飞跃发展。

首先是耕地面积的扩大。当时各国统治者都积极鼓励开垦荒地，甚至把开垦荒地作为考核地方官的一项重要内容。商鞅变法，废井田，开阡陌，颁行《垦令》，招徕三晋之民，给予优惠，让他们进行开荒生产，秦国土地因此得到了大量开发。普遍的垦荒彻底摧毁了井田制度。

其次是耕作技术的改进。西周以来农田经营还未摆脱粗放制，一般都采用燎荒和休耕法。战国时代这些制度已为人们所抛弃，普遍采用畎亩法。同时耕作方式也有很大改进，耦耕制已基本废除，代之而起的是精耕细作。《韩非子·外储说左上》谈到田主与佣耕的关系时说，田主供给佣耕丰盛的伙食，付给上等钱币，目的是为了使"耕者且深，耨者熟耘也"。佣耕也努力耕耘，尽巧正畦，目的是为了得到丰盛的伙食和更多的钱币。可见当时深耕易耨的技术已经相当普遍了。耕作技术的改进，大大提高了谷物单位面积的产量。黄河流域一般年景每亩可收一石半，好年景可增产 4 倍，即 6 石。这个产量现在看来是微不足道，但在当时却是很可观的。

再次是水利事业的兴建。我国古代三大水利工程——漳河渠、都江堰、郑国渠，都是在这一时期兴建的。漳河渠的修成，使邺下的农田，涝能排，旱能灌，每亩产量增至一钟（约合今制 120 多斤）。都江堰是一项具有防洪、排灌、航运多种效益的综合性水利工程。这项工程的建成，使成都平原一变而为"天府之国"。郑国渠全长 300 多里。"溉泽卤之地四万余顷"，使土地瘠薄的关中，变成了"富饶甲天下"的沃野。从此关中成为秦国的粮仓。

除了大型水利工程外，这一时期的水井数量也在激增。据考古报道，在陕西客省庄战国遗址中发现了 26 口水井，最密集处，每隔两三平方米就有一口。湖北江陵楚都纪南城遗址、北京市西郊白云观、洛阳中州路、易县燕下都、河北石家庄、陕西咸阳，都发现过战国时期的水井。水井井口分布如此密集，显然不是饮用水井，而是用于灌溉。《庄子·天地》所载的"凿隧而入井，抱瓮而出灌”，可与考古发现相印证。

水利是农业的命脉，水利工程设施的修建，必将促进农业生产大发展。

农业生产大发展的直接效应便是全社会粮食产量的激增。在战国史籍中常常有“积粟如丘山”，“粟如丘山”，“粟支十年”的记载，以形容某些国家粮食之多。这些记载得到了考古发现的佐证。近年来，考古工作者在黄河流域和长江流域都发现了战国时代的粮仓。如洛阳共发现战国粮仓 74 座，口径 10 米左右，深亦 10 米左右。江西新干县界埠也发现了 4 座大型战国粮仓，每座面积 670 多平方米，这是我国已发现的最大粮仓。仓内还保存着大量炭化粳米。又据云梦秦简中的《秦律》记载，秦国境内许多地方都设有粮仓，而且规模宏大，栎阳的粮仓“二万石一积”，咸阳的粮仓竟至“十万石一积”。

粮食产量的激增，不但可以供养一大批政府官吏和军队，也为从事文化、学术活动的士人提供了丰富的生活资料。

冶铁业的发达，也为手工业提供了极其坚固锐利的工具，从而引起了手工业的飞跃发展。

战国时代的手工业部门很多，有冶铁业、青铜铸造业、漆器制造业、制陶业、煮盐业、纺织业、木器加工业、制皮业、设色业等等。

冶铁业是当时的一个新兴工业部门。根据考古材料看，从春秋到战国早期还处在初级阶段，到战国中晚期才达到了成熟阶段。这个时期出现了一系列新技术和新工艺。展性铸铁在战国中晚期已被广泛应用于农具和兵器。柔化处理和渗碳成钢的技术也被发明。到了战国晚期还出现了淬火工艺。这些技术工艺在当时的世界上都是遥遥领先的。

青铜制造业虽是一个古老部门，但进入战国时期却出现了崭新的面貌。这个时期的青铜制造业，不但品种多，门类全，产量高，更重要的是已经形成了一套规范化的制度。《荀子·王制》载：“论百工，辨功苦，尚完利，便备用，使雕琢文采不敢专造于家，工师之事也。”这是工师对工匠的考核和对制品的检验制度。"刑（型）范正，金锡美，工冶巧，火齐（剂）得，剖刑（型）而莫邪已"。这是对铸剑的严格规定。此外，在成品上还要刻上铸造时间、器物规格，以及主管官吏、工师、工匠的名字，即所谓"物勒工名"，以加强责任感。

青铜器的铸造技术和工艺水平也有很大提高。榫卯斗合法是战国时代发明的。失蜡法是春秋战国之际发明的。金银错普遍流行于战国时期，鎏金也在战国时期开始流行。战国时期细线刻镂工艺特别发达。尤其值得注意的是，战国晚期，纹饰多用同一印模在许多铸范上按印，因而器物纹饰显得特别工整和精细。

战国时期的纺织业也跨进了一个新阶段。

解放以来，随着考古事业的发展，我们从地下发掘出许多纺织品遗物。在江苏六合仁和春秋战国之际的墓葬中发现了麻织品。在长沙五里牌战国墓内发现了麻织品残片，据鉴定，比现代棉布还细密。丝织品以湖北江陵出土最多。品种有提花的绢、绫、帛、绮，还有丝绣、丝带、丝线、丝绵被等。特别是1982年江陵马山一号楚墓出土的一批丝织品，实在令人叫绝。在数量上、质量上都是前所未有的，被人们誉为战国"丝绸宝库"。

其他还有漆器制造业、木器加工业、制陶业等部门，也都有长足的进步。这里就不一一赘述了。

需要指出的是，当时各类手工业，大多为官府所垄断。但是，民间私营手工业也在茁壮成长。《史记·货殖列传》记载了当时的一些著名手工场主：鲁国的猗顿，以煮盐起家，赵国的郭纵"以铁冶成业"。他们都"与王者埒富"。巴地寡妇清，世代开采丹沙，家资之多不胜计数。卓氏，先世为赵人，"用铁冶富"。秦破赵后，把他迁到临邛（今四川邛崃）。他在那里又重操旧业。结果，富至家僮千人，"田池射猎之乐，拟于人君"。孔氏，原是魏人，"用铁冶为业"。秦伐魏，把他迁到南阳。他在南阳一面继续鼓铸，一面又通商贾之利，结果"家致富数千金"。

至于民间独立手工业者，那就更多了。当时民间各行手工业者统称为"百工"，或"工肆之人"。他们所从事的行业，大多是个体完成的。拥有一定的生产资料，掌握一定的生产技能，有一定的人身自由。他们的产品一般拿到"肆"上出卖，再交换必要的生活资料，以维持自己和家人生活。这样的独立手工业者为数众多，足以形成一个阶层。

农业和手工业的飞速发展，促进了商业的全面繁荣。

商周时代，商业也和工业一样，为官府所垄断。春秋时期，私商虽已出现，但为数不多，规模不大。进入战国时代，私营商业便获得了蓬勃发展。表现在以下几个方面：

第一，新型城市的兴起。春秋时期，城市还没有摆脱"王公堡垒"的性质。战国时代商业城市骤然兴起。关中地区有雍（今陕西凤翔南）与栎邑（今陕西临潼东北）。雍"隙陇蜀之货物而多贾"。栎邑"北却戎翟，东通三晋，亦多大贾"。三河地区有杨（今山西洪洞东南）与平阳（今河南滑县东南）"西贾秦、翟，北贾种、代"。又有温（今河南温县西南）与轵（今河南济源南）"西贾上党，北贾赵、中山"。东北地区有上谷（今河北沽源至宣化、蔚县一带）与辽东"有鱼盐枣栗之饶。北邻乌桓、夫余，东绾秽貉、朝鲜、真番之利"。"洛阳东贾齐、鲁，南贾梁、楚。"鸿沟以东有陶、睢阳，"亦一都会也"。"陈在楚、夏之交，通鱼盐之货，其民多贾。""合肥受南北潮，皮革、鲍、木输会也。""宛亦一都会也。俗杂好事，业多贾。"据记载，当时最繁荣的城市要算是楚国的郢都（今湖北江陵纪南城）和齐国的临淄（今山东淄博市东北）。现在这两座古城都已被发掘出来，从出土的遗迹、遗物看，还可以想象当年的繁华景象。

新型城市的兴起与繁荣，是商品经济发达的集中体现。

第二，金属货币的铸行。金属货币，早在商周时代已经出现，但数量极少。春秋晚期开始流行铸币，但大量铸行货币却在战国时期。由于当时诸侯割据，各国币制很不统一。有刀、布（铲）、圜钱、蚁鼻（铜贝）、爰金等。大体说来，三晋以布（铲）币为主；两周用圜钱；齐、燕以刀币为主；楚以蚁鼻和爰金为主；秦则以圜钱为主。事实上，这些货币在列国间都可以互相流通，互相仿铸。如三晋地区也铸行圜钱和刀币，齐也用圜钱，燕兼用圜钱和布（铲），并无绝对界限。楚国除铜币外，还有金币。金币分两类：一类是金块，有圆形和方形两种，均无印记；另一类称为爰（近人或释"禹"字）金，是方形金块，上有印记，如"郢爰""陈爰"等，前一字为地名，后一字为币名。每块印记数量不等，少者1—2印，多者54印，使用时切割过秤，可称为秤量货币。

除铜币和金币外，近年在河南扶沟古城村还出土了18枚银布。由于是首次发现，时代还难以确定。

货币的大量铸行，是商品经济发达的直接反映。

第三，富商大贾的出现。早在西周晚期就有零星的私商出现，但发展缓慢。直到春秋时代，私商还是寥若晨星。春秋战国之际，才出现了一批富商大贾。

第一位富商便是范蠡。范蠡曾助勾践灭吴。灭吴后，他就弃政从商。"朱公（即范蠡）以为陶天下之中，诸侯四通，货物所交易也。乃治产积居，与时逐而不责于人。……十九年之中三致千金……子孙修业而息之，遂至巨万。"

第二位是孔子的高足子贡。子贡学成之后，曾一度在卫国做官，后来便转而经商。"废著鬻财于曹、鲁之间。七十子之徒，赐（子贡名）最饶益。……子贡结驷连骑，束帛之币以聘享诸侯，所至，国君无不分庭与之抗礼。"

其后，富商大贾辈出。

前文提到的卓氏，他迁到临邛（今四川邛崃）后，一方面"即铁山鼓铸"，同时又筹策，"倾滇、蜀之民，富至僮千人。"

程郑也从事冶铸，兼营商业，"富埒卓氏"。魏国的孔氏，鲁国的曹邴氏也都是工业家兼商人。齐国的刀间，专收"桀黠奴""使之逐渔盐商贾之利"。乌氏倮是一位少数民族的商人，他专营牲畜和奇珍异物的生意，很得秦始皇的赏识，令他比于封君，"以时与列臣朝请"。

还有一位贵族商人，他便是楚国的鄂君启。他是贵族，却经营商业。他拥有水陆两路商队，水路有 150 只船，陆路有 50 辆车子。经商范围涉及今湖北、湖南、江苏、安徽等省。经营对象，除金、革、箭、箭等军用物资外，都可以贩运。运转周期长达一年。

以上所举的都是些荦荦大者，至于一般中小商人，那就不可胜计了。

值得注意的是，这个时期还出现了一些商业经济理论。最著名的观点由范蠡和白圭所发。范蠡说："知斗则修备，时用则知物，二者形则万物之情可得而可观已。"说的是经营商业首先要了解商情。"夫粜，二十病农，九十病末。末病则财不出，农病则草不辟矣。上不过八十，下不过三十，则农末俱利。"这是以价格杠杆协调农、商的对立。"积著之理，务完物，无息币。"说的是贮存货物，流转资金的原则。"贵上极则反贱，贱下极则反贵。"说的是市场价格规律。白圭提出"乐观时变，故人弃我取，人取我与"的原则，说的是作为一个商业家必具的敏锐和胆略。这些思想理论是在长期的、大量的商业实践中提炼出来的，没有商品经济的发达是不会出现的。

以上所谈的农业、手工业、商业发展的情况，旨在说明铸铁发明之后及其广泛应用于生产所发挥出来的巨大威力。这个威力在农业中势必要求突破井田制和农村公社的桎梏，在工商业中势必要求突破"工商食官"的格局。但是，这个威力毕竟是自发的潜在的，要真正把这个威力充分发挥出来，使整个社会实现一次飞跃，还必须经过一场长期的、复杂的、激烈的社会革命。

（二）革命斗争的冲击

生产力的发展和革命斗争的冲击是交错进行的，互相促进、互为因果。在以农村公社为基础的领主制封建社会里，这个过程显得特别漫长。

这个过程早在春秋中期就已经开始。根据《春秋左传》记载，国人暴动、奴隶起义、庶民溃逃的事件不断发生。到了春秋后期，逐渐形成了两大起义中心。一个在黄河流域郑国的萑苻泽，另一个在长江流域楚国的云梦泽。他们在那里坚持长期的有时是激烈的斗争。这是被压迫被剥削阶级与压迫剥削阶级的斗争。在这些斗争的震撼下，统治阶级内部开始分化。一些较有远见的统治者看到了旧制度已经过时，想通过某些局部改革，继续维持其统治。而另一些统治者却顽固地保持旧制度寸步不让。于是他们之间展开了斗争，而且愈演愈烈。这种斗争有时在私门（卿大夫）与公室（国君）之间进行，有时在私门与私门之间进行。这是一种革新与保守的斗争。后来革新派认识到被压迫民众的力量，便拉拢他们、利用他们共同对保守派进行斗争。鲁国的三桓，晋国的六卿，齐国的田氏，都是革新势力的代表。

进入战国以后，这两种斗争都更加激烈，更加尖锐了。

大约在战国中期，被统治阶级终于掀起了一次大规模的起义，这就是跖领导的起义。《庄子·盗跖》记载：

盗跖从卒九千人，横行天下，侵暴诸侯，穴室枢户，驱人牛马……所过之邑，大国守城，小国入保。

可见这次起义规模很大，势头很猛，既冲击残暴腐朽的统治，也夺回封建领主的资财，搞得统治者胆战心惊。更可贵的是，这位起义领袖还提出了一套社会理想、革命理论和道德标准。他的理想是："耕而食，织而衣，无有相害之心"的"神农之世"。他的理论是："人之情：目欲视色，耳欲听声，口欲察味，志气欲盈"视色、听声、察味、志气都是天赋之情，人人都应该得到满足。因而，被压迫阶级为了得到这些满足而举行的起义是符合天理人情的。他的道德标准是："妄意室中之藏，圣也；入先，勇也；出后，义也；知可否，知（智）也；分均，仁也"。这是为被压迫阶级革命斗争服务的一套道德标准。从字面看，"圣""勇""义""智""仁"是统治阶级经常使用的道德范畴，但经过革命者的重新解释，便赋予了崭新的革命内容，因而在内涵上是截然相反的。

根据一些零星记载，这次起义的范围主要是在北方，这可能与郑国萑苻起义根据地有某种继承关系。

大约也在战国中期，南方楚国也发生了一次大规模起义。《吕氏春秋·介立》载："庄蹻之暴郢也……"《荀子·议兵》载："庄蹻起，楚分而为三四。"庄蹻领导的起义群众攻破了楚的郢都，弄得楚国分崩离析，可见这次起义力量之大。《论衡·命义》载："……盗跖、庄蹻，横行天下，聚党数千，攻夺人物，断斩人身，无道甚矣，宜遇其祸，乃以寿终。"《论衡》作者站在统治阶级立场，认为跖、蹻起义是"无道"行为，应该不得好死，结果却以寿终。这恰好说明他们的起义是反统治阶级之"道"，夺回贵族地主的财物，斩杀压迫人民的官僚，是正义行为。《史记·游侠列传》载："跖、蹻暴戾，其徒诵义无穷。"大约蹻与跖一样，也有一套革命理论和道德标准。

战国时代除了上述两次大规模起义，还有许多被统治者污蔑为"盗贼"的小规模起义。他们聚集数十百人，以深山大泽为据点，对地主、贵族进行"扑击遏夺"，以至"击夺以危上"。这些零星的起义，记载简略，不能详述。

被剥削、被压迫阶级的广大群众除了独立斗争外，更经常的是参加革新派对保守派的斗争。

战国时代，由于生产力发展的不断突破和革命斗争的不断冲击，旧的生产关系和政治制度逐渐崩溃，因而阶级关系发生了对流，阶级结构发生了变动。原来的国人、农奴和奴隶的界限在泯灭，从他们之中分化出自耕农、独立手工业者、自由小商人，个别的还上升为富商大贾和新兴地主。原来的贵族领主阶级日益没落，有的转化为新兴地主和富商。与此同时，新兴地主、大手工业主和大商人的势力正在茁壮成长。因此，战国时代的社会矛盾，主要是新兴的地主封建制与没落的领主封建制的矛盾，主要的斗争是新兴阶级与领主阶级的斗争。但是，这个斗争的进程在各国是不一致的，有的国家新兴势力很快夺取了政权，取得了全面胜利；有的国家很迟才取得政权；有的国家只取得了部分政权，进行了某些改革；有的国家出现了反复；还有些国家停滞不前，直至灭亡。这个进程直到秦始皇统一六国才全面结束。下面请看这个进程的具体情况：

齐国　早在齐桓公时，陈国的公子完因内部纷争逃到齐国，桓公任他为工正。从此，陈氏在齐国扎下了根。五传至田乞（田厘子）为景公大夫，开始"行阴德于民"，用小斗收税，用大斗贷出，大得民心。公元前489年田乞利用景公之死，联合鲍氏击败了两个老牌贵族高昭子和国惠子，废掉新立之君孺子荼，另立新君阳生，是为悼公。田乞为相，专擅朝政。田乞死，其子田常（田成子）代立。这时另一个老牌贵族鲍牧杀了悼公，立其子简公。田常与监止为左右相。监止得宠于简公而与田常有隙。田常知道斗争不可避免，便转而争取民众，增强实力，于是"复修厘子之政，以大斗出贷，以小斗收"。不久便收到了效果，"齐人歌之曰：'妪乎采芑，归乎田成子！'"田常与监止发生了激战。结果监止战败，与子我一道出亡，为田氏徒众所追杀。简公也仓皇出走，也为田氏徒众所追杀。接着田常便立简公弟骜为齐君，是为平公，田常为相。田常为了巩固自己的胜利果实，又采取了一系列措施：

第一，他把过去侵占鲁、卫的领土如数归还，同时又与西方的晋、韩、魏、赵订约，与南方的吴、越结好，以避免他们干涉弑君事件。

第二，"修功行赏，亲于百姓"，以巩固和加强自己的势力，争取民众的拥护。

第三，利用权力，逐步剪灭了鲍、晏、监止及公族的余党，以彻底摧毁敌对势力。

第四，割取自安平（今山东临淄县东）至琅琊（今山东诸城南）大片土地为自己的封邑，超过平公所占的地盘，以加强自己的物质基础。

这样，田氏就完全控制了齐国的政权。

田常死，了襄子盘立，相齐宣公。他为进一步扩大自己的势力，又"使其兄弟宗人尽为齐都邑大夫"。这样，他又控制了大部分地方政权。田氏代齐的条

件完全成熟了。

到了襄子之孙田和（太公）终于把那个傀儡齐康公迁到海边，让他在那里"奉其先祀"。公元前386年，废了康公，自立为齐侯，完全实现了田氏代齐的愿望。田氏代齐的过程也是新兴地主战胜贵族领主的过程。

晋国 晋国在献公时，同姓公族被翦灭殆尽。但自文公以后，又产生了一批新贵，逐渐形成了一些异姓公族。随着晋国向外扩张，新贵族逐渐掌握了军权，并与以晋君为首的旧贵族展开了斗争。公元前574年，晋厉公在旧贵族栾氏的策动下，灭掉了新贵族郤氏。但是公元前550年新贵族联合起来，打垮了栾氏。其后，栾氏同党祁氏、羊舌氏也被灭掉。到了春秋末期，老牌贵族已经凋零殆尽。

到了战国初年，晋国的政治舞台上，只有代表新兴地主阶级的赵、魏、韩、智氏、范氏、中行氏六卿了。他们分割公室土地，占为己有，各自经营自己的势力。随着私家的日益强大，公室已是气息奄奄了。但是，六卿虽然都是代表新兴地主势力，而程度却不相同。1972年山东临沂银雀山汉墓出土了一批竹简，其中有一篇《孙子·吴问》。这篇简文记载了晋国六卿的情况。六卿都在各自领地内废除了"百步为亩"的井田，代之以大亩制和地税制。但具体做法却不相同。范氏、中行氏以160步为一亩；智氏以180步为一亩；韩、魏以200步为一亩；赵氏以240步为一亩。同时，赵氏"公无税焉"，即不按亩征税，其他五卿都"伍税之"，即按五分抽一征税。从这个事实可以看出，范氏、中行氏较为保守，赵氏最为开明。这与其他史籍记载是一致的。《国语·晋语》说："范、中行氏不恤庶（民众）难。"《新序·杂事》说范氏、中行氏"赋敛厚则民怨谤诅矣"。可见范氏、中行氏剥削最重，不得民心。赵氏就比较宽松些。公元前493年，赵简子率师对郑国作战，战前他向士卒宣布："克敌者，上大夫受县，下大夫受郡，士田十万，庶人工商遂，人臣隶圉免。"结果这次战争大获全胜，许多奴隶获得解放，庶人工商也更加自由了。有一次赵简子派家臣尹铎去治理自己的封邑晋阳（今山西太原市西南）。尹铎问他：你是想多收赋税呢，还是想预设保障？赵简子说：当然要预设保障。于是尹铎到那里，第一件事便是减轻那里人民的负担。后来赵简子在内战中困守晋阳，由于城中人民全力支持，终于反败为胜。可见赵简子在六卿中是最为开明最有远见的一个。

六卿在与公室斗争的同时，他们之间也存在着尖锐的矛盾。赵氏联合韩、魏屡与范氏、中行氏交战，屡战屡胜。公元前490年，范氏、中行氏终于逃离晋国。他们逃离后，赵简子据有邯郸，其余地方被晋君收回。公元前458年，智、赵、韩、魏四家联合起来，赶走了出公。出公逃走后，智伯立了晋哀公，控制了实权，又把范氏、中行氏的故地占为己有。智伯一跃而为四卿之首。公元前454年智伯胁迫韩、魏攻赵。此时，赵简子已死，其子赵无恤（赵襄子）继位。赵襄子得知消息后，便移居晋阳待变。三家果然联军合围晋阳。围城三月不能攻下，遂决晋水灌城。又围了一年多，城中生活出现了严重困难，"城中巢居而处，悬釜而炊，财食将尽，士卒病羸"。谋士张孟谈秘密会见韩康子、魏宣子，晓以利害，订以密约。结果，一天夜里，韩、魏决水反灌智伯。智伯军大乱。韩、魏、赵乘机合击智伯，智伯大败，束手就擒。智伯被灭后，土地被赵、韩、魏三家瓜分。几年后，三家又把公室所剩无几的土地割去大半，晋君实际上变成了三家的臣属。公元前403年，通过周天子册封手续，三家被列为诸侯。公元前376年三家干脆把晋君灭掉，完成了"三家分晋"的历程。这个历程看来非常复杂，穿插着旧势力与旧势力之间的斗争，新势力与新势力之间的斗争，但就其主流来说，还是新旧势力之间的斗争。结果以新势力彻底胜利而告终。

鲁国　鲁国新旧势力之间的斗争是从春秋后期开始的。旧势力以鲁君（公室）为代表，新势力以三桓为代表。三桓是鲁桓公的三个庶子，鲁庄公的三个弟弟。他们的后代通称为季孙氏、叔孙氏、孟孙氏。鲁僖公时，季友开始执政。季友受赐汶阳之田和费邑，孟孙氏有成邑，叔孙氏有郈邑。从此，三家都有了根基。鲁宣公死后，季文子开始控制朝政。在生产力发展的刺激下，在革命斗争的震荡下，三家逐渐从领主贵族阵营中分化出来，成为新兴势力的代表，而与公室展开了斗争。公元前562年，三家"三分公室"。公元前537年，由于三家势力有所消长，他们再次瓜分鲁君的权力，即"四分公室"。季孙氏独占两份，叔孙氏、孟孙氏各得一份。这次三家都一律采取了征税制。这样，公室的军队、土地、人口都完全被三家瓜分了，鲁君只能靠三家的贡纳过日子。鲁君自然不甘于做一个仰人鼻息的傀儡。公元前517年，鲁昭公拉拢贵族郈氏与子家氏袭击季平子，结果被三家联军打败，昭公被赶出国都。公元前468年鲁哀公又想借助越国力量翦灭三家，结果也被三家赶走。至鲁悼公时，已经是"鲁如小侯，卑于三桓之家"的局面了。

三家势力的日见强大，公室势力的日趋削弱，本质上反映了新兴地主势力的不断增强，领主贵族势力的日益衰微。

在三桓对公室取得决定性胜利的同时，他们却又为家臣们所困扰。季孙氏的家臣南蒯、阳虎，叔孙氏的家臣竖牛，孟孙氏的家臣公敛处父，都相继举行过叛乱。由于这些叛乱并不反映人民的愿望，也不体现历史的趋势，所以都被平定下去。

在郑、燕、楚等国也发生过程度不同、方式不一的新旧之间的斗争。但这些国家的新势力都未能取得最终胜利。

吴越僻处东南海隅，社会发展阶段较低，不可与中原各国同日而语。它们并未发生新兴势力与旧贵族势力的斗争，也没有进行过封建的改革。它们虽然在军事上也曾强盛一时，甚至称霸中原，但这既不能说明它们的社会制度的优越，也不能说明新势力的强大，而是各种机遇凑成的。

还有宋、卫、蔡、杞等国，虽然也出现过个别贤臣，发生过一些内乱，但终究未能掀起新旧斗争的波澜，只是惶惶然苟延时日而已。

生产力发展和革命斗争是互相推动的。生产力发展的要求，必须通过革命斗争才能全面实现；革命斗争的开展又必须以生产力发展为前提；而革命斗争的结果又反过来促进生产力的发展。这两种力量的交互作用，势必引起生产关系和阶级结构的变化，并由此推动整个社会向前迈进。

（三） 科学技术的促进

战国时代，生产力的提高，一方面为科学技术提供了丰富的经验，另一方面也向科学技术提出了更高的要求。与此同时，阶级斗争的冲击，摧毁了领主的统治，也打落了上帝的权威，解脱了神学的桎梏。在生产实践和阶级斗争的过程中，人们更加意识到自己在自然界和社会中的主体作用。这样，科学技术的发展就有了必要的前提和良好的环境。

这一时期，科学技术的发展，主要表现在天文、历法、数学、力学、光学、医学、农业和手工业技术等方面。

天文　我们的祖先很早就注意天文现象。早在原始社会末期，部落酋长们就设有专人执掌天文观测的工作，为的是指导生产和生活。进入阶级社会之后，统治者更加重视天文观测，一方面固然是为了生产和生活的需要，同时也为政治上的需要，他们企图从天象变化中探求统治命运的消息。因此，夏、商、周三代已经积累了相当丰富的天文知识。甲骨文和典籍中保存了许多天文记录。

战国时代，天文学更获得了长足进步。至迟在春秋战国之际，人们已把沿赤道圈的星星划分为二十八个星区，即二十八宿。并把二十八宿组成"四象"。这已为考古材料所证实。1978 年湖北随县擂鼓墩一号墓出土的文物中，有一件漆箱，箱盖中央有一个大"斗"字，在"斗"字周围写着二十八宿的名称（大体与后世通行的名称相同），在两端还分别画着苍龙与白虎，它们的位置与二十八宿是相配的。这座墓葬年代约在公元前 430 年左右。因此，可以断定，二十八宿的完整体系至迟在春秋战国之际已经完成。

战国时代还出现了一些天文学家，最著名的有楚人甘德和魏人石申，他们

都生活在战国中期。甘德著有《天文星占》，石申著有《天文》和《浑天图》等。这些著作宋代以后均已失传，但在唐代的著作《开元占经》中还保存着一些片段资料。根据这些片段资料，可知石氏当时曾测编过一张恒星表，表中包括二十八宿及石氏星官的距星共 120 个星的赤道坐标。根据《开元占经》中所引"石氏曰"条文中涉及的星座，连二十八宿在内，共有 120 个，组合星座的星约 500 余颗。这比古希腊伊巴谷的星表早约 200 年。

二十八宿体系的确立和星表的编制，为观测日、月、五星的运行规律提供了可靠的依据。

除恒星外，人们对五大行星的观测尤为注意。五大行星在先秦的名称是：岁星（木）、荧惑（火）、镇星或填星（土）、太白（金）与辰星（水）。五星之中，人们对木星的观测占有特殊地位。因为木星大体 12 年（今测 11.86 年）一周天，所以被用来作为纪年的标志。人们对于木星、金星、水星的会合周期已经进行了初步观测，其中木星的周期值与真值相比仅差一天多，可见当时的观测技术已十分高明了。

战国时代，人们还提出了一些宇宙理论，标志着人们对宇宙的认识又深化了一步。首先人们提出了宇宙的无限性。战国中期的尸佼说："四方上下曰宇，往古来今曰宙。"后期墨家在《墨经》中也说："宇，弥异所也"；"久（宙），弥异时也。"意思是说，宇包括一切空间，宙包括一切时间。惠施说得更加简练而辩证："至大无外，谓之'大一'；至小无内，谓之'小一'"。"大一"就是无限大，"小一"就是无限小。把"大一"和"小一"并提，颇有辩证意味。

其次是天地结构理论。中国古代有三大天地结构理论，即"盖天说""浑天说"和"宣夜说"。后两种是秦汉以后才发展起来的，姑置勿论。这里只谈一下"盖天说"。"盖天说"的发展可分为两个阶段，即第一次"盖天说"和第二次"盖天说"。第一次"盖天说"即所谓"天圆地方"说，流行于商周时代。其基本要点是："天圆如张盖，地方如棋局。"这种理论是直观的，来自生活经验。人们一抬头就看到天空，而天空就像一个半圆形的伞盖。人们一出门就要辨别方向，而方向是分东、南、西、北的，人们便想象大地像一个四方形的棋盘。"天圆地方"说有许多讲不通的地方。所以到了春秋末年，就有人提出怀疑。例如单居离就问过孔子的门人曾参："天圆而地方，诚有之乎?"曾参回答说："如诚天圆而地方，则是四角之不揜（掩）也。"于是，新的"盖天说"即第二次"盖天说"出现了。新"盖天说"流行于战国时期，其基本要点是："天象盖笠，地法覆盘。"天是半圆形的，地也是半圆形的。这种理论虽然克服了"四角不掩"的矛盾，但仍然是简单的、粗糙的。所以后来又为"浑天说"所代替。不过，新盖天说却为"浑天说"的诞生提供了一个重要启示。因为按照新盖天说的想象，天和地都是半圆体，只要继续延伸下去，便很容易形成两个整圆体了。"浑天说"是这样描写天地形状的："浑天如鸡子。天体圆如弹丸，地如鸡子中黄，孤居于内，天大而地小。天表里有水，天之包地，犹壳之裹黄。"显然，这是从新盖天说引发出来的。

　　此外，还有人认为战国时代已经提出了朴素的地动思想和地圆思想。不过，这在学术界还有争论，我们就不多说了。

　　历法　历法是人们根据日月星辰运行的历程以判别节气，划分时日，确定时间计算标准的方法。因此，天象观测既是历法的坚实基础，又是验证历法的重要手段。据研究，春秋中叶以后，我国历法便进入了一个新的阶段。当时已经摆脱了"观象授时"的原始方法，掌握了按科学规律编排历日的方法。人们已比较准确地推算出十九年七闰月的规律，以及朔望月和回归年的长度。大约在春秋战国之际，相当精密的"四分历"已被制订出来。这比古岁马于公元前46年颁行的用同样数据的"儒略历"要早300年以上。

　　战国时代，"四分历"更加完善了。孟轲说："天之高也，星辰之远也，苟求其故，千岁之日至可坐而致也。"这话反映了人们对历法的推算已有了充分的信心。

　　可是，战国时代周天子的权威更加跌落，诸侯割据的局面进一步加强，在这种情况下，周王朝所颁行的历法也就没有什么人奉行了，各国都颁行适合本地区需要的历法。据《汉书·律历志》记载，当时共有六种历法，即《黄帝历》《颛顼历》《夏历》《殷历》《周历》《鲁历》，合称《古六历》。古六历都是"四分历"，只是岁首和历元不同而已。

　　商周以来都以君主在位年数来纪年（偶尔也用当年发生的大事来纪年）。战国时代列国纪年也是如此，因而造成纪年上的混乱状态。为了便于各国纪年的换算，人们提出了一种以天象为基础的纪年法——岁星纪年法。岁星就是木星。木星在星空中运行一周的周期是11.86年大体相当年于12年。因此，天文学家们就把天赤道带均分为12等分。把冬至点定在一分的正中，这一分就叫作星纪。然后由西向东依次命名为玄枵、娵訾、降娄、大梁、实沉、鹑首、鹑尾、寿星、大火、析木。这就是"十二次"。把木星每年所在的次记下来，便成为自然纪年的统一标志。这样，各国纪年的换算就方便了。岁星纪年最先见于《左传》《国语》的记载。这两部书都是成书于战国时期。因此，有关岁星纪年的记载都是编订者追加给古人的。

　　岁星纪年虽然解决了统一纪年标准的问题，但却有一个很大的缺陷，这就是岁星运行的周期只有11.86年，并非整整12年，所以时间久了，岁星与次位便不相符合。于是，人们又假想了一个天体——岁阴（也叫太阴或太岁）。这个天体的运行方向与岁星相反，从东向西，也是12年一周天，为了记录这个假想天体的行程，又编排了一种"十二辰"。十二辰与十二次方向相反而又互相对应，如子对应玄枵，丑对应星纪，寅对应析木……这就是太岁纪年法。大概是为了避免记岁的十二辰与记月的十二支相混淆吧，人们又给十二辰配上十二个奇怪的名称：寅——摄提格，卯——单阏，辰——执徐，巳——大荒落，午——敦牂，未——协洽，申——涒滩，酉——作噩，戌——淹茂，亥——大渊献，子——困敦，丑——赤奋若。后来，人们大概嫌12年的周期太短，又给岁阴配上一个假想的岁阳，并且也给岁阳配上十干和十个奇怪的名字：甲——阏逢，乙——旃蒙，丙——柔兆，丁——强圉，戊——著雍，己——屠维，庚——上章，辛——重光，壬——玄黓，癸——昭阳。把岁阴和岁阳两个系列组合起来，便可以造成一个60年的周期。这就大大提高了纪年的功能。自汉武帝太初元年（公元前104年）颁行《太初历》之后，人们就逐渐抛弃了那些难记的奇怪名称，而直接采用干支纪年法了。

数学 数学用途非常广泛，生产、生活、财政、税收，乃至科学研究都离不开它。

我国最早的两部数学著作——《周髀算经》和《九章算术》虽然成书于西汉，但其内容不限于西汉，很可能包含着战国时期的成果。例如《周髀算经》中的勾股弦定理和复杂的分数计算，很可能是战国时代天文工作者在观测天象和推算历法的实践过程中总结出来的。又如：《九章算术》中的"方田"可能是适应战国时代国家授田的需要而提出的；"粟米"可能是适应战国时代"粟米之征"的需要而提出的；"商功"可能是适应战国时代筑城、修堤、开河等工程需要而提出的。但是，有明确时代的数学成就则包含在《墨经》之中。《墨经》一般认为是墨家后学的著作，大约成书于战国中后期。墨家是战国诸子中唯一重视自然科学并取得许多成果的学派。因为这个学派大都出身于手工业者，只有他们有条件把生产实践中的经验总结出来。《墨经》中包含着许多数学、力学、光学的原理、定义、公式和术语。这里先谈数学。

《墨经》中的几何学成果特别丰富。书中所提的"端""尺""区"、"厚"等概念，大体相当于现代几何学中的点、线、面、体等。《经上》说"端，体之无厚"，《经说上》解释说"无间也"。"无厚""无间"都是说明"端"是没有体积的，相当现代几何学上的点。《经上》说："厚，有所大也。"《经说上》解释说："惟无厚无所大。"所谓"厚"就是体。体占空间，所以"有所大"。"无厚"即无体，不占空间，所以"无所大"。《经上》说："平，同高也。"所谓"平"就是高度相同。《经上》说："同长，以正相尽也。"意思是说，两条直线平行相并，两端同时完结，这两条直线的长度就必然相等。《经上》说："中，同长也。"这是物体对称中心的定义。《经上》说："圆，一中同长也。"这与现代圆的定义（"对中心一点等距离的点的轨迹"）相同。《经上》说："方，柱隅四讙也。""柱"是边，"隅"是"角"，"讙"是"权"的借字，有平、等的意思。就是说，四边两两平行，四角相等叫作"方"。《墨经》对数学中的建位、部分和整体、有穷和无穷、极限等问题也有精密的论证。《经下》说："一少于二而多于五，说在建位。"《经说下》解释说："五，有一焉；一，有五焉；十，二焉。"所谓"建位"就是建立个、十、百、千、万……之位。个位的一少于个位的二，而十位的一则多于个位的五。个位的五包含着个位的一；十位的一包含着个位的五；十是一处于第二位。《经上》说："体，分子兼也。"《经说上》解释说："若二之一，尺之端也。""体"是个体，"兼"是整体，个体是从整体中分出来的。就像"一"是"二"的部分，"点"是线的部分一样。《经上》说："损，偏去也。"《经说上》解释说"偏也者，兼之体也。其体或去或存，谓其存者损。""偏"是整体中的一部分。所谓"损"就是整体中失去了一部分。《经上》说："穷，或有前不容尺也。"《经说上》解释说："或不容尺，有穷。莫不容尺，无穷也。""或"是域的借字，"前"是区域的前沿，"尺"是线。区域中连一条线都容不下，即有尽头，这叫"有穷"。而没有不能容下一条线的，即无尽头，就叫无穷。《经下》说："非半，不刜则不动，说在端。"《经说下》解释说："刜半，进前取也。前则中无为半，犹端也。前后取，则端中也。刜必半，毋与非半，不可刜也。""刜"读错，意为切割。一件物体不能分成两半，也就不能切割了，不能切割就不动了，这是对"端"（点）的说明。一半一半地切割物体，有两种切法：一是"进前取"，即从一头一半一半地切割。切到最后再也不能分为两半了，那就像一个"端"（点）了。二是"前后取"，即从两头同时向中点一半一半地切割。切到最后，"端"（点）

就在中间。所谓切割一定要切成两半，如果不能切成两半，那就不能切割了。这里说的是"端"（点）的性质。"端"是"无厚""无间"的，但不是"无"，而是一个"极限"。

力学 什么叫"力"？《墨经》给下了一个定义。《经上》说："力，刑（形）之所以奋也。"《经说上》解释说："力，重之谓下，与重奋也。""形"指人的形态，"奋"有舒、动、进、发、激、厉、勇、强等义。"形之所以奋"是描述人的强勇状态。这是用力所表现出来的状态。《经说》做了具体解释：物体有重量就意味着下垂，人把它提起就是同物体的重量奋斗，这就叫"力"。《墨经》以"奋"说明"力"是非常生动而恰当的。《墨经》还对杠杆原理作了描述。《经说下》"奥而必缶，说在得。""奥"原作"天"，据谭戒甫说，"天"是由"奥"烂脱而成的，故"天"应复原为"奥"。"奥"乃"衡"之古体。"缶"即"正"。《经说下》解释说："衡：加重于其一旁必捶（垂），权重相若也。相衡，则本短标长。两加焉，重相若，则标必下，标得权也。""重"是杠杆一端悬挂的重物，"权"是杠杆另一端悬挂的秤锤或砝码。杠杆的支点在正中，一端物体的重量与另一端砝码的重量相等，杠杆就能保持平衡。如在一端加重，则这一端就必然下垂。如果这时再让杠杆保持平衡，那就必须移动支点，使"本短标长"。"标"指支点与力点之间的距离，即力臂。"本"指支点与重点之间的距离，即重臂。在"本短标长"的情况下，如果在两端同时增加相等的重量（"两加焉，重相若"），那么"标"这端就必定下垂（"则标必下"）。原因是"标长"偏得其"权"（"标得权也"）。就是说，由力臂和砝码的联合作用大于重臂和重物的作用，所以杠杆又失去了平衡，"标"这端下垂。《墨经》还研究了随遇平衡的问题。《经下》说："正而不可担，说在抟。"《经说下》解释说："正：丸，无所处而不中县（悬），抟也。""担"有恒定的意思，"抟"有"转""圆"等义，"丸"是圆球。"县"同"悬"，原指悬点，此指支点。一个球体在平面上转动，无论转到什么位置，都能随遇而正，但又不能衡定，因为它是圆的。无论圆球所处的位置如何，圆球重心的垂直线总能通过它与平面的接触点，"无所处而不中县（悬）"就是这个意思。这就正确地说明了球体为什么能够随遇平衡的道理。《墨经》中还论述了有关静力学的问题。《经下》说："均之绝否，说在所均。"《经说下》解释说："均：发，均县（悬）。轻而〔重〕，发绝，不均也。均其绝也，莫绝。""均"是均匀，"绝"是断绝，"发"是头发。《经》文的意思是说，均衡的断绝和不断绝，关键在于均之物是否真正均。《经说》以头发为例加以说明：头发得其均匀就能悬物而不绝。或轻或重，头发就会断绝，这是因为不均的缘故。所以有断绝和不断绝的。这里说的当是静力学平衡的道理。

光学　《墨经》中的光学知识也相当丰富，涉及光的直线传播，光源、物体、影子之间的关系，以及凹镜、凸镜成影等问题。《经说下》："光之照人若射，下者之人也高，高者之人也下。足蔽下光，故成景（影）于上；首蔽上光，故成景（影）于下。"光的传播像射箭一样是直线进行的。人的头部遮住上面来的光，成影在下面；人的足部遮住下面的光，成影在上面，于是便形成了倒立的人影。这是根据光的直线传播原理说明小孔成像的原因。《经下》说："景（影）不徙，说在改为。"《经说下》解释说："光至，景（影）亡；若在，尽古息。"这是说，影子并不移动，只是在"改为"。所谓"改为"就是新影不断生成，旧影不断消失。在生成和消失的过程中，旧影在人们的视觉中还有短暂的保留（约为几十分之一秒），因而新影与旧影之间就产生了连续性，看上去好像影子也在移动。所以《墨经》的作者说：不是影子在移动，而是"视觉暂留"的效应。所谓"光至，景亡"，是说光线射到的地方，影子就立即消失。"若在，尽古息"，是说假如光源、物体都在，而且都静止不动，那么，物体的影子也就永远停息了。这就全面论证了光源、物体和影子的关系。《墨经》还对重影现象做了解释，分清了本影和半影。《经下》说，"景（影）二，说在重。"《经说下》解释说："二光夹一光，一光者景（影）也。"两个光源同时照射一个物体，就会在壁上形成两个影子。两个影子重叠的部分，叫作本影。在本影周围仅由一个光源所映出的影子，就叫作半影。所谓"景二"即指本影与半影。"景二"的形成在于两个影子的部分重叠。为什么产生两个影子的部分重叠呢？是因为有两个光源。两个光源发出的两个光束交叉在一起，就形成两光夹一光的状态。这交叉在一起的光束被物体遮住，就会出现两个影子部分重叠的现象。《墨经》还对球面反射镜的成影进行了论述。球面反射镜有两种：一是凹面反射镜，二是凸面反射镜。《经下》说："鉴洼：景一小而易，一大而正；说在中之外内。"《经说下》解释说："中之内：鉴者近中，则所鉴大，景亦大；远中，则所鉴小，景亦小，而必正……中之外：鉴者近中，则所鉴大，景亦大；远中，则所鉴小，景亦小，而必易……""鉴洼"是凹面反射镜，"景"（影）在此指像，"易"是颠倒的意思，"中"指球心或焦点，"鉴者"指物体，"所鉴"指反射的光。这里说的是凹面反射镜成像的道理。成像有两种情况：一种是小于物体的倒立之像，另一种是大于物体的正立之像；其关键在于物体的位置在"中之内"还是在"中之外"。"中之内"指焦点与镜面之间的距离。当物体处于焦点与镜面之间时，如果靠近焦点，则从"中"的角度看，物体就比较大，所以成像也就较大；如果远离焦点，则从"中"的角度看，物体就比较小，所以成像也就较小。但这两种情况所成的像都是正立的。"中之外"是球心之外。当物体处于球心之外时，如果靠近球心，则从"中"的角度看，物体就比较大，所以成像也就较大；如果远离球心，则从"中"的角度看，物体就比较小，所以成像也就较小。但这两种情况所成的像都是倒立的。关于凸面反射镜成像的问题，《经说下》："鉴团，景一。"《经说下》解释说："鉴也者，则所鉴大，景亦大；其远，所鉴小，景亦小，而必正。""鉴团"是凸面反射镜。物体置于凸面反射镜的前面，只能产生一种正立的缩小的虚像。但由于物体所处远近的不同，所成的像还是有相对的大小之别。当物体接近镜面时，则从镜面的角度看，物体就比较大，所以成像也就较大；当物体远离镜面时，则从镜面的角度看，物体就比较小，所以成像也就较小。但无论是哪种情况，所成的像总是正立的。

以上所介绍的都是墨家学派从实践中总结出来的科学理论，所以都是正确的。

医学　我国医学起源于原始社会，那时人们就知道了某些药物的性能和砭灸治疗的方法。但直到商、周时代，医学和巫术都是结合在一起的，巫师就是医师。春秋时代，随着生产力的发展，人们对自然规律和人体生理的认识不断加深，医学和巫术才开始分离。郑国的子产、齐国的晏婴都认为，致病的原因是由于生活不当，哀乐失时所造成的，与鬼神无关。秦国的医和更明确提出了六气过淫致病说。这些言论标志着医学开始挣脱了巫术的羁绊，而走上独立发展的道路。

战国时代，人们对人体结构和生理现象有了进一步的了解，因而医学也发展到了一个新的阶段。据《汉书·艺文志》记载，汉以前有医经 7 家，医方 11 家。这些医书虽早已散佚，但根据《史记》的记载和近年来的考古资料，还能略见一斑。《史记·扁鹊仓公列传》记载了战国后期的著名医家秦越人的一些言论和事迹。这位医学家指出："夫以阳入阴支兰藏者生；以阴入阳支兰藏者死。"意思是说：凡是由于阳气侵犯阴气而阻隔了脏气的病，还有治好的希望；如果阴气侵犯阳气而阻隔了脏气，那就必死无疑。这说明他已把阴阳的观念引入医学了。他还提出了"病有六不治"的原则，其中最重要的一条便是"信巫不信医"的病人不治。这标志着医学与巫术已经彻底决裂了。1974 年长沙马王堆三号汉墓出土了一批帛书，其中有方术类 5 件，即《五十二病方》《足臂十一脉灸经》《阴阳十一脉灸经》《脉经》《阴阳脉死候》。此外还有《导引图》《养生方》《杂疗方》和《胎产书》。前 5 种是医方和医学理论著作，后 4 种是谈保健医疗方法的。这些书中只有"阴阳"观念，而绝无"五行"的踪影，成书当在战国中期以前。真正能够反映战国时代医学水平的则是《内经》。

《内经》托名黄帝所撰，因而又叫《黄帝内经》。此书非一时一人之作，它的基本部分当形成于战国中期以后，而其完备形态则是西汉时代的产品。《内经》由两部分组成，一为《素问》，一为《灵枢》。此书以"气"为基础，以"阴阳""五行"为指导，在长期实践的基础上总结出脏腑经络学说和病因学说，奠定了中医学的理论基础。

《内经》中记载了我国最早的人体解剖知识。还提出了初步的血液循环概念。《内经》以大量篇幅阐明了针灸术，此外还提出了积极防治的主张，这也是《内经》的一大特色。

这个时期的药物学也有相应的发展。据成书于战国的《山海经》记载，共有药物 124 种。这些药物有许多为后世医学家所采用，也是李时珍《本草纲目》资料来源之一。可以说，《山海经》是我国本草学的嚆矢。

农业技术　《管子·地员》对地势高低、水泉深浅和 18 种不同土壤所宜生长的植物做了详细的论述，指出植物的生长与土地的密切关系，这是世界最早的生态植物学的先河。

比较系统地反映战国时期农田经营技术的文献，则是保存在《吕氏春秋》中的《任地》《辨土》《审时》等篇。这方面内容将在第六章中详谈，这里从略。

手工技术　手工技术汇集于《周礼·考工记》。《考工记》编成于齐国学者之手，到了汉初，河间献王刘德见到《周礼》缺少《冬官》一篇，便把《考工记》作为《冬官》补入《周礼》，所以又叫《冬官考工记》。

关于《考工记》成书的时代，学术界尚有不同的意见：或说成于春秋时代，或说成于战国时代。我们认为，很可能成于战国时代齐国稷下先生之手。但其内容却不限于战国，也包括春秋甚至更早的官府手工技术资料。综合起来看，有如下几大特点：

1. 门类齐全。据《考工记》记载，官府手工业包括 30 个生产门类："攻木

吕不韦其人

之工七，攻金之工六，攻皮之工五，设色之工五，刮摩之工五，抟埴之工二。"涉及运输工具、生产工具、兵器、乐器、容器、玉器、皮革、染色、建筑等诸多项目。

2. 分工细密。例如制造一部车子，有专制车轮的"轮人"，有专制车厢的"舆人"，有专制车辕的"辕人"等。

3. 规范标准。以铜锡合金为例："金有六齐：六分其金而锡居一，谓之钟鼎之齐；五分其金而锡居一，谓之斧斤之齐；四分其金而锡居一，谓之戈戟之齐；三分其金而锡居一，谓之大刃之齐；五分其金而锡居二，谓之削杀之齐；金锡半，谓之鉴燧之齐。""齐"是"剂"的借字，指铜锡合金的比例。铜锡合金比例不同会造成青铜硬度和韧性的不同。所以要配置不同的比例以适应铸造用途不同的器物。

4. 工艺严格。如："凡铸金之状：金与锡黑浊之气竭，黄白次之；黄白之气竭，青白次之；青白之气竭，青气次之：然后可铸也。"就是说，铜锡合金一定要炼到"炉火纯青"的地步，才能铸造器物。

《考工记》书影

最后还要指出，《考工记》所记的工艺技术，是在一定科学理论指导下总结出来的。它指出，要创造一件优质的器物，必须具备四个条件，并把这四个条件结合起来，才能成功。这就是："天有时，地有气，材有美，工有巧，合此四者，然后可以为良。"这种理论体现在各个环节中，例如选材："凡斩毂之道，必矩其阴阳。阳也者，积理而坚；阴也者，疏理而柔。是故以火养其阴，而齐诸其阳，则毂虽敝不蔽。"到树林中选择制造车毂的木材，首先要划出阴面和阳面的记号：向阳的为阳面，背阳的为阴面，阳面纹理致密而坚硬，阴面纹理疏松而柔软。为了解决这个矛盾，就要用火烘阴面，使其与阳面硬度相等。这样，制造出来的车毂，即使用坏了，也不会变形。

技术工艺水平的提高，既是生产发展的结果，也是劳动人民智慧的结晶。

二、变革浪潮

经济发展、革命斗争，严重地摧毁了井田制度和农村公社，代之以土地买卖和书社制度。这种变化又引起了阶级关系的重组，旧的阶级、阶层趋于消亡，新的阶级、阶层不断成长。随着新的阶级、阶层的壮大和取得政权，必然要求建立一套新制度来保障其利益，巩固新的经济基础，于是兴起了变法运动。为了论证新制度的合理性，确定新制度的性质和方向，于是出现了百家争鸣。社会变化必然反映到思想领域里来，于是又引起了思想领域里的观念更新。

经济发展、阶级对流、社会变革、观念更新，在实际生活中，是交错发展的，并不那么界限分明。而且由于各国的具体情况不尽相同，因而在形式、内容、深度、广度乃至速度等方面都不完全一样，并不那么整齐划一。但是，从变化的总趋势看，方向却是一致的，都是朝着地主封建制、中央集权制、领土统一化的方向前进。

（一）变法运动的展开

生产力发展和革命斗争的直接结果便是井田制的瓦解和农村公社的解体。早在西周后期，周宣王"不藉千亩"，"料民太原"，已经露出了井田制瓦解的征兆。春秋时期，齐国的"相地而衰征"，鲁国的"初税亩"，晋国的"作爰田"，郑国的"庐井有伍"，都显示出井田制瓦解的趋势，并向土地私有制迈开了第一步。战国时代，井田制则出现了总崩溃的局面。这个局面，首先表现在

"书社"的出现，其次表现为土地买卖的发生。

根据史籍记载，当时"书社"的存在已经相当普遍了。《左传·昭公二十五年》载：鲁昭公奔齐，"齐侯（景公）曰：自莒疆以西，请致千社。"这里的"社"就是"书社"。《左传·哀公十五年》载："（齐）因与卫地，自济以西，禚、媚、杏以南书社五百。"《史记·孔子世家》："（楚）昭王将以书社地七百里封孔子。"《晏子春秋·内篇·杂下》："（齐）景公谓晏子曰：'昔吾先君桓公，以书社五百封管仲，不辞而受。"《吕氏春秋·知接》："卫公子启方以书社四十下卫。"《吕氏春秋·高义》载，越王欲以书社三百封墨子。可见当时"书社"已经相当普遍了。所谓"书社"，据各家解释，就是把生产者的户口登记在公社的簿籍上，然后根据土地多少和肥瘠程度向国家缴纳一定的赋税和提供一定的徭役或兵役。每社一般有 25 家。"书社"是在井田制破坏以后出现的，它与农村公社已有性质上的区别。村社的土地有"公田"和"私田"（即份地）之分。"公田"收获物全部归公，是劳役地租的形式。"书社"则没有"公田"和"私田"之分，因而也就没有劳役地租，只是向国家缴纳一定的赋税，提供一定的徭役和兵役。村社掌握土地分配权，根据情况变化，每隔一年或数年还要重新分配一次，分配数量也有统一规定（一般每家百亩），而且还要组织和监督生产。"书社"则没有这些必要了，因为"书社"已经没有了"公田"，而"私田"也归各家长期占有。可以看出，"书社"的出现，标志着土地从公有向私有转化的中间环节，而"书社"本身也很容易转化为郡县制下的什伍组织。

"书社"出现之后，很快就发生了贫富分化。富者逐渐成为地主。贫者向多方面转化，或转为"私门"的"私徒属""隐民""宾萌"，或"仆赁于野"，变成了家兵、佃农和雇农。还有的逃到空旷地方开荒生产，成为自耕农。甚至有人不愿生产，把土地卖掉，改从文学，变成士人。也有不少人专门经营小手工业或小商业以维持一家生活。

随着井田制瓦解和贫富分化的进展，土地买卖的现象也发生了。例如，战国初期，"中牟之人弃其田耘，卖宅圃而随文学者邑之半。"又如战国后期，赵括为赵国大将时，他把"（赵）王所赐的金帛，归藏于家，而日视便利田宅，可买者买之。"《汉书·食货志》引董仲舒的话说："（秦）用商鞅之法，改帝王之制，除井田，民得卖买，富者田连阡伯（陌），贫者无立锥之地。"土地买卖的盛行表明土地私有化进程已达到相当成熟的阶段。

所有制的变化导致了阶级结构的重组。战国时期，正是新旧阶级急速转化的时期，因而阶级结构显得异常复杂。

地主阶级　地主阶级的构成很复杂，大别之，有两个来源：一是自上转化而来的，二是自下上升起来的。前者最大的地主是封建国君。他们在政治夺权之后，从领主国家那里继承了大片土地，被称为"国地"，废除井田制，实行授田制，即国家授给农业生产者一定数量的土地，让他们向国家缴纳租税，提供徭役、兵役。这样所有制的性质就改变了，从原来的领主所有制变为地主所有制，国家成了最大的地主。其次，君主拿出一部分"国地"赏赐给宗亲、大臣、近幸。他们也变成了大地主。如赵国的平原君赵胜，齐国的孟尝君田文等等。这类地主有两种情况：一种是去职后"遂收其田里"，或是"身死田夺"；另一种受赐土地可以世袭。这类地主还拖了一条长长的尾巴，他们本性贪残，生活侈靡，观念陈旧。如：秦国的穰侯魏冉，魏国的信陵君无忌等。这一部分地主是地主阶级中的右翼。自下上升起来的地主情况也有所不同。有的是靠军功或智谋上升起来的，他们凭勇敢和智慧得到君主的重用，受到大量赏赐而成为地主。如魏国的公孙痤、吴起的后代、巴宁、爨襄等。有的来自"豪民"，他们本人不是官僚，却是官僚的后裔，从父祖那里继承大量土地和财产，因而成为地主。如魏国名将乐羊的子孙便是。以兼并起家的地主，亦属此类。还有的是大工商业者通过土地购买而成为地主的，即所谓"以末致财，用本守之"。这类地主比较接近下层社会，较少保守思想，继续要求革新。他们是地主阶级中的左翼力量。

吕不韦其人

农民阶级　农民阶级的构成也非常复杂。主要有以下几种：

依附国家的农民——国家掌握大量土地，通过授田方式，使农民依附于国家。一般每户可受田百亩，特别贫瘠的田，可增加一倍到两倍。秦国土地比较富裕，每户可受小亩五百。魏国考选武卒，"中试则复其户，利其田宅"。这也是国家授田的一种方式。受田的农民要向国家缴纳十分之一的租税，"以其受田之数"，决定缴租多少，还要提供徭役、兵役和人口税，负担是很沉重的。每户人口都要详细地登记在国家户籍簿上，"生则著，死则削"。农民所受之田，有比较稳定的使用权和占有权，久之，则可以买卖。"分地若一，强者能守……愚者有不赓（续）本之事。"分地时每户大体一样，善于经营的可以保持，不会经营的就要破产，不能继续拥有。

由于国家拥有大量土地，可以大量授田，因而这类农民的比重也就特别大。

佃农——他们租种地主的土地，把收成的一半作为地租交给地主。所谓"或耕豪民之田，见税什五"指的就是这类农民。佃农一般不再承担国家的义务。有些国家依附农民由于承受不了国家的义务，反而逃到"有威之门"，成为他们的佃农。韩国这种情况特别严重。"士卒之逃事状（藏）匿，附托有威之门，以避徭赋，而上不得者万数。"当然，这类农民所受的剥削也是沉重的。

雇农——失去土地的农民往往流落他乡成为临时性的佣工，被称为"持手而食者"。有的在农忙时替富人家耕耘；有的当"灌园"的"庸夫"；有的为地主家治水；有的为官吏家建房；有的则流入城市做"市佣"或"庸（佣）保"，即市场临时工。这一部分农民数量虽不很多，但生活却毫无保障。

庶子——战国时期，还有一种农民叫"庶子"。这是秦国军功爵制的产物。《商君书·境内》记载了秦国的一项规定：凡是在战场上斩得敌方甲士之头一颗，就"赏爵一级，益田一顷，益宅九亩，［一］除庶子一人"。"除庶子一人"即给庶子一人。《荀子·议兵》所说的"秦人五甲首而隶五家"，指的就是这种情况。《境内》又说："其有爵者乞无爵者以为庶子，级乞一人。其无役事也，其庶子役其大夫，月六日；其有役事也，随而养之军。"庶子"对"大夫"的义务是：平时，每月给大夫家无偿服役六天；战时，"大夫"出征，还要随军给役。这类农民隶属性较强。

自耕农——农民中还有一部分人，拥有少量生产资料，人身比较自由。他们主要是"开田而耕"的农民。他们可能不交田租，但对国家仍要负担徭役、兵役和人口税。这类农民的地位极不稳定，处于不断分化之中。

其他阶层 战国时期，除地主和农民阶级这两个主要阶级外，还有若干阶层。这些阶层，有的是旧时代残留下来的，有的是在新时代产生出来的。分述如下：

个体手工业者与小商贩——他们大多在井田制崩溃过程中，从农民中分化出来的。他们拥有少量的生产资料，掌握一定的生产技能。他们以家庭为单位，自制产品，自行销售，被称为"工肆之人"。行业很多，有开酒铺的小商，有摆鞋摊的，有从事陶冶的，有制造铁器的，有织布的，有织席的，等等。他们本小利微，还要向国家交税，终年劳累，所得钱米，还不够维持一家的寒苦生活。

至于那些大手工业者和大商人，他们也属于新兴阶层。这在前面已经说过，这里就不重复了。

奴隶——战国时代的奴隶可分为两类：一类是官府奴隶，另一类是私家奴隶。

官府奴隶的来源有二：一是俘虏，二是罪犯。《墨子·天志下》谈到大国攻入小国的情况时说：

民之格者，则劲杀之；不格者，则系累而归——丈夫以为仆、圉、胥靡（縻），妇人以为舂、酋。

这里提到的仆、圉、胥靡（縻）、舂、酋，都是奴隶。另一来源是罪犯。商鞅变法时曾有一条规定："事末利及怠而贫者，举以为收孥。"收孥就是把全家没收为官奴婢。《睡虎地云梦秦简·秦律》中所载的"隶臣妾""工隶臣""隶臣田"者，大抵都是罪犯变成的奴隶。奴隶没有人格，同物品一样可以买卖，可以赠送，甚或作为殉葬品陪葬主人，但也可以赎身。

私家奴隶主要是指官僚、地主、大工商业者所拥有的奴隶。这些奴隶，有的供主人享乐，《吕氏春秋·分职》所说的"歌舞、鼓瑟、吹竽"者，便是这类奴隶。有的随主人经营事业，如《史记·货殖列传》中所载的白圭、卓氏等大工商业者都使用大量的奴隶。吕不韦有家僮万人，嫪毐也有家僮数千。

战国时期的奴隶只是作为封建经济的一种补充，不是主要的生产阶级。

领主与农奴——领主与农奴随着井田制的崩溃而逐渐消亡。但是，直到战国中期，似乎尚未完全绝迹。《商君书·垦令》中曾说："农民不饥，行不饰，则公作必疾，而私作不荒，则农事必胜。"说明在商鞅变法时，"公作"与"私作"还是并存的。《吕氏春秋·审分》说："今以众地者，公作则迟，有所匿其力也；分地则速，无所匿其力也。"这里的"公作"似乎是指在井田中的公田上劳动。若是，则此时尚有井田制残余，从而也就有领主与农奴的残余。

士——士这个词商周以来就有的，不过那时指的主要是武士，是"执干戈以卫社稷"的。自从孔子开办私学之后。又造就了一批文士。士的来源很杂，有的是从旧贵族、旧官僚家庭中沦落下来的，有的是从庶民中上升起来的。总之，他们来自不同的阶级和阶层。虽然他们在风云际会中都走到士的行列中来，但总不免留下原来的烙印，拖着原来的尾巴。因此，他们的观点、立场、意识、作风都不尽相同，从而形成了许多派别。但是，作为一个阶层来说，他们在社会上是最活跃的一部分。尽管他们之中有进步与保守之分，有优秀与粗劣之别，但总的说，他们都充分发挥了自己的聪明才智，创造了灿烂的文化，在中国历史上留下了不可磨灭的功绩。

所有制的改变和阶级结构的重组，必然会要求制订一套新制度，采取一套新政策，以彻底摧毁旧基础和旧制度，以巩固新基础、维护新阶级的利益。对国君来说，也为了富国强兵，自立于列国之林，进而扩张领土，于是兴起了变法运动。

由于各国情况不同，变法的进程显得很不一致。时间上有先有后，内容上有广有狭，程度上有深有浅，效果上有大有小。但总的方向却是一致的。兹按国别分述于下：

魏国　公元前445年魏文侯即位，这时魏国已是一个中央集权的封建国家了。中央设有可以任免的将、相，以统领百官；郡县设有可以任免的守、令，以统治人民。魏文侯是一个有为的君主，他先后任用一批具有法家思想的人物，如魏成子、翟璜、李悝、乐羊、吴起、西门豹等，又尊礼一些儒家的贤士，如卜子夏、田子方、段干木等。李悝为相时，曾主持过大规模的变法。根据史籍残存下来的片段，变法内容有如下几项：

1. "尽地力之教"。据李悝统计，在百里见方的范围内，共有土地9万顷（一顷百亩），其中山林、川泽、宅基占去三分之一，还有耕地600万亩（约合今180万亩）。根据农夫的勤惰不同，每亩产量相差很大。勤者每亩可增产三斗（粟）（约合今6升）；惰者就会减产三斗，一进一出，相差180万石（约合今36万石）。因此，他主张推行"尽地力之教"，即教导农民要充分发挥耕地的所有潜力，以增加粮食产量。

2. 平籴法。李悝认为，粮价太低，会挫伤农民的积极性，粮价太高，又使市民负担过重。最好是保持粮价平稳。为此，他制订了一项"平籴"法。他把好年景分为上、中、下三等，又把坏年景分为上、中、下三等。好年景政府收购（籴）多余的粮食；坏年景政府把收购的粮食卖出去（粜）。这样做，既防止了投机商的囤积居奇，牟取暴利，又保证了农民和市民的生活稳定。

3.《法经》。李悝把当时各国已有的法律条文搜集起来，经过归纳简选，编成一部《法经》。这是我国第一部较有系统的法典。内容分为六篇，即：《盗法》《贼法》《囚法》《捕法》《杂法》《具法》。李悝"以为王者之政，莫急于盗贼，故其律始于盗贼"。《法经》的制订，旨在维护地主阶级的统治和封建社会的秩序。

赵国 公元前 403 年，赵烈侯任用公仲连为相国，进行改革。公仲连向他推荐了牛畜、荀欣、徐越三人。"牛畜侍烈侯以仁义，约以王道。""荀欣侍以选练举贤，任官使能。""徐越侍以节财俭用，察度功德。"烈侯非常满意。于是，任牛畜为师，荀欣为中尉，徐越为内史。并赐给相国二套服装，以表彰他荐贤之功。可惜，不久，赵烈侯就去世了，改革没有进行下去。

直到一百年后，赵武灵王不顾元老群臣的反对，毅然进行"胡服骑射"的改革，颇有法家气度。他在说服叔父公子成时说："乡异而用变，事异而礼易。是以圣人果可以利其国，不一其用；果可以便其事，不同其礼。"他在说服赵文、赵造等人时说："先王不同俗，何古之法？帝王不相袭，何礼之循？""循法之功，不足以高世；法古之学，不足以制今。"照这些话看来，赵武灵王是信仰法家学说的，本可以继"胡服骑射"之后扩大改革范围，可是，不久，他就被人软禁起来，饿死在沙丘宫中。从此，变法渺无希望。

韩国 韩在立国之初也曾进行过改革，但由于匆忙，反而造成了混乱。"晋之故法未息，而韩之新法又生；先君之法未收，而后君之令又下。"结果未见成效。公元前 355 年，韩昭侯起用申不亥为相，实行改革。申不亥是一个"本于黄老而主刑名"的法家。他是一个绝对君权主义者。主张用"术"来驾驭臣下。就是说君主要"藏于无事"，"示天下无为"。这样，君主就能做到"独视""独听""独断"。申不亥说："独视者谓明，独听者谓聪。能独断者，故可以为天下主。"

申不亥讲"术"，就是要君主用阴谋手段对付臣下，以免君权旁落。但是，申不亥没有想到，君主可以用阴谋手段对付臣下，臣下也可以用阴谋手段对付君主！结果，君臣之间勾心斗角，互相猜疑，互相防范，这样，怎能搞好政治呢?! 所以，申不亥在韩国的改革，没有取得多少成果，这也是原因之一。

　　楚国　公元前 402 年，楚国发生了一起严重事件，这便是"盗杀声王"。这件事说明楚国的社会矛盾、阶级矛盾已相当尖锐了。楚悼王即位后，便任用吴起主持变法。

　　吴起变法的要点有二：

　　1. 损有余，继不足。吴起变法是从"损其有余而继其不足"开始的。吴起认为，楚国之所以"贫国弱兵"，是由于"大臣太重，封君太众。"这些大臣和封君"上逼主而下虐民"。因此，他要大力裁汰。他取消了封君三代以后子孙的爵禄，精简了"不急之官"。把节省下来的经费增补"选练之士"。同时，他又令无所事事的贵族"往实广虚之地"，让他们在那里垦荒生产。

　　2. 整顿吏治。楚国官场风气很坏，吴起决心要革除这种坏风气。为此，他采取了三条措施：a. "使私不害公，谗不蔽忠，言不取苟合，行不取苟容，行义不顾毁誉"。这就是杜绝以权谋私、残害忠良、逢迎拍马的行为，树立正派风气。b. "塞私门之请，一楚之俗"。这就是堵塞走后门、行贿受贿的腐败风气，统一于楚国的纯朴风俗。c. "破横散从（纵）"。这就是禁止纵横政客前来楚国游说。

　　吴起在变法的过程中，曾遭到贵族们的反对。屈宜臼便是其中之一。他骂吴起是"祸人"。还攻击支持吴起变法的楚悼王"逆天道"。说明变法是要冲破重重阻力的。

　　吴起变法取得了初步成效，楚国强盛起来。《后汉书·南蛮传》说："吴起相悼王，南并蛮越，遂有洞庭、苍梧。"《战国策·秦策》说：此时楚国"南收扬越，北并陈、蔡"。《史记·吴起列传》说，变法后的楚国"却三晋，西伐秦"。可见，变法给楚国带来了振兴气象。可是，公元前 381 年楚悼王去世，贵族立刻联合起来，把吴起射死在王尸上，而且还被车裂肢解。从此，楚国的政权落入昭、屈、景三家贵族之手，而楚国的历史也就进入"削乱"时期了。

　　齐国　齐国从桓公午开始，在首都临淄创立了一座稷下学宫，招徕各国学者，给予上大夫待遇，让他们议论政治，称为"稷下先生"。这给齐国延揽了一批人才，也培养了尊重人才的风气。公元前357年，齐威王即位，任邹忌为相，推行政治改革。邹忌在"稷下先生"淳于髡的"微言"劝告下，给自己订下了5条原则："谨毋离前"；"谨事左右"；"谨自附于万民"；"谨择君子，毋杂小人其间"；"谨修法律而督奸吏"。第一条是搞好与君主的关系；第二条是搞好与君主近幸的关系；第三条是搞好与人民的关系；第四条是选用官吏的原则；第五条是完善法律，督察奸吏。其中最重要的是四、五两条。

由于进行了这些政治改革，使齐国强大一时，西击赵、卫，败魏于浊泽，迫使魏惠王献地求和，又迫使赵国归还长城（指齐国的内长城），取得了一系列的军事胜利。原来"百官荒乱"的局面也完全改观。"人人不敢饰非，务尽其诚。齐国大治。"

秦国　公元前361年，秦孝公即位，"下令国中求贤者"，以图振兴国力。卫鞅应诏前往，陈说富国强兵之计，颇得孝公器重。

公元前359年，正当卫鞅酝酿变法之际，遭到旧贵族甘龙、杜挚的反对，于是展开了一场辩论。甘、杜所持的理由是："法古无过，循礼无邪。"卫鞅针锋相对地进行了驳斥，他说："前世不同教，何古之法？帝王不相复，何礼之循？""治世不一道，便国不法古。"并明确提出"当时而立法，因事而制礼"的主张。这场辩论扫清了思想障碍，为变法做了舆论准备。

公元前356年，秦孝公任命卫鞅为左庶长，开始第一次变法。这次变法内容主要有4项：

1. 颁布法律，制定连坐法。卫鞅以李悝的《法经》为蓝本，把"法"改称"律"，增加了连坐法。所谓连坐法，就是在五家为伍、十家为什的基层组织中，建立互相告发和同罪连坐的制度。这是加强对广大人民的防范。

2. 奖励军功，禁止私斗。颁布20等军功爵制，在战场斩得敌人甲士头颅一颗的赏爵一级。爵位越高，特权越多。没有军功的即使是国君的宗族，也不能享有特权。对于私斗行为不管有理无理，一律受罚。

3. 重农抑商，奖励耕织。规定"戮力本业耕织致粟帛多者，复其身；事末利及怠而贫者，举以为收孥。"

4. "燔《诗》《书》而明法令。"焚毁儒家经典，普及政府法令。同时还禁止私门请托、游说求官的活动。

公元前 352 年，卫鞅由大庶长升为大良造（相当于中原各国的相邦兼将军）。公元前 350 年，进行第二次变法。这次变法内容主要有 6 点：

1. 废除井田制。《史记·商君列传》说：卫鞅"为田开阡陌封疆而赋税平"。这就是说，开掉井田的此疆彼界，重新划定亩积，一律征税。这一改革，在秦国正式废除了井田制，并以法律形式确定了土地私有制。

2. 推行县制。卫鞅把许多乡、邑、聚（村落）合并为县，共设 41 个县。县设令、丞，掌管一县的民政。这一改革是以官僚制取代世卿世禄制。

3. 迁都咸阳。秦献公都栎阳（今陕西临潼县东北）。孝公从栎阳迁都咸阳。这一举措，大概是为了摆脱旧贵族势力对变法的干扰，同时也为了改善国都的地理条件。

4. 统一度量衡。公元前 344 年（秦孝公十八年）正式颁布度量衡的标准器。据对传世商鞅方升的实测，当时一升的容积为今制 198. 574 立方厘米，每立方寸的容积为 12. 257 立方厘米，一寸为 2. 305 厘米，一尺为 23. 05 厘米。度量衡的统一是适应赋税制、俸禄制的需要而制定的，同时也有利于商业的发展。

5. 按户征赋制。公元前 348 年（秦孝公十四年）"初为赋"。这是秦国按户按人口征收军赋的开始。卫鞅规定："民有二男以上不分异者，倍其赋。"这一规定，主要是为了增加政府的财政收入，同时也加速了小农经济与封建生产关系的发展。

6. 革除戎俗。在秦国的西北部和西南部居住着很多少数部族，他们社会发

展的阶段较低，还保留着一些原始习俗。卫鞅下令禁止他们父子兄弟同室居住，统一于中原的礼制。

卫鞅变法，遭到旧贵族们的刻骨仇恨。孝公一死，商鞅就被贵族们残酷地杀害了。

商鞅变法，加速了秦国地主阶级的发展，建立了中央集权的体制，为尔后秦统一中国奠定了稳固的基础，这是商鞅的历史功绩。但是，商鞅毕竟是地主阶级的改革家，他的变法是为了加强地主阶级的专政，为了巩固封建专制主义的统治。特别是连坐法，轻罪重判，户赋征收等等，给广大人民带来了深重的灾难。

除了上面谈到的几个大国外，还有一些国家，如燕、越、宋、郑、鲁、卫，以及莒、邹、杞、蔡、任，还有挂名的周王室，他们或是陷入内乱，或是萎靡不振，都没有进行过多少改革。他们先后为大国所灭，被历史大潮裹夹着进入新时代。这里就不一一赘述了。

（二）变法运动的趋向

中国自夏商以后，就号称是一个统一的国家。"溥天之下，莫非王土，率土之滨，莫非王臣。"但那还不是一个真正统一的政权。当时王朝直接统辖的地区很小，周围还是部族、方国林立，最多只有一点朝贡关系。

周朝建立之后，封邦建国，控制了广大地区，周王成了天下的共主。但是，封国的独立性很强，除了朝聘制、废立制略显王室的权威外，其余政治、经济、军事、文化都是各行其是的。平王东迁之后，历史进入春秋时代。王室领土大大缩小，军队大大削减，形成了王室衰微，大国争霸的局面。战事频仍，礼崩乐坏，割据倾向愈趋严重。战国时期，随着天命观的失落，周天子名存实亡，正式出现了诸侯割据、七国争雄的局面。公元前 256 年，周王朝为秦所灭，最终结束了"天子"的名义。

与此同时，真正统一的趋势，却在与日俱增。通过改革变法，经济制度、政治制度出现了统一的趋势；通过百家争鸣，学派思想出现了统一的趋势；通过战争，割据局面出现了统一的趋势。

经济制度方面的统一趋势，表现在以下几点：

1. 土地私有制逐步取代了井田制，土地买卖取代了"田里不鬻"的旧制。尽管各地亩制大小不尽相同，有的百步为亩，有的二百四十步为亩，但土地都成了自耕农、地主（包括国家地主）的私有财产。由于土地私有制的变化，生产形式也有了改变，个体生产取代了大田协作（即"千耦其耘"），由此而形成了小农经济体制。

2. 户籍制度的制定。三晋地区早已编制了户籍。秦国到公元前 375 年才"为户籍相伍"。《管子·禁藏》说："户籍、田结者，所以知贫富之不訾也。故善为国者必先知其田，乃知其人，田备然后民可足也。"可知与户籍制并行的还有田结制。这是政府征收户赋和田租以及征发徭役的根据，也是控制农民流亡的手段。

3. 财政机构的设立。战国时代，已经出现了"内史"和"少府"两大财政机构。秦国有"内史"和"少内"（即少府），赵国有"内史"，韩国有"少府"。内史负责征收田地的租税，主要是用于政府机构经常性开支。少府主要征收人口税、手工业和商业税，以及开发山川的税，主要供给皇帝和宗室开支。

4. 度量衡制的颁布。战国时代各国都颁行度量衡制。这是因为征收粟米、布帛，发放官吏俸禄，地方官向中央"上计"，都要用统一标准的度量衡来计算。当时各国度量衡的名称、容积等都不相同，但总的趋势是走向统一。货币也是如此。当时各国货币的形制、名称、重量单位都有差别，但到战国末都向方孔圆钱靠拢，方孔圆钱流通地区特别广泛。

政治制度方面的统一趋势表现在以下几点：

1. 法律的颁布。春秋晚期，晋、郑二国就开始公布刑法。战国以后，法律更加系统了。李悝编定的《法经》，就是第一部系统化的封建法典。后来，卫鞅在秦国变法，便把《法经》稍加增改在秦国公布出来。韩非说："法者，编著之图籍，设之于官府，而布之于百姓者也。"这是当时各国颁行法律的概括。从此，法治代替了礼治。

2. 郡县的建置。县和郡作为地方行政机构是逐渐形成的。县在春秋早期已经出现。当时秦、晋、楚等大国兼并别国的土地，往往在那里置县，由国君直接控制，主要是为了加强边防力量。这时国君所任命的县大夫还可以世袭。春秋末年，在晋国又出现了郡的组织，设在新占领的边地，目的是为了巩固国防。边地面积虽大，但人烟稀少，所以郡的地位在县之下。后来，边地得到开发，人烟稠密起来，郡的地位才超过了县。郡的长官叫"守"，也叫"太守"。郡守由国君任命，有权征发一郡的兵役。

在列国中，只有齐国没有设郡，但设有相当于郡的都，齐国共有五都，除临淄为国都外，其他四都都具有军事重镇的性质。

在县之下已有乡、里、聚（村落）或连、闾等基层组织。乡有三老、廷掾。里有里正。最基层的组织是什、伍，五家为伍，十家为什。伍长也叫"伍老"。

郡县制是为了适应小农经济的广泛出现、世袭贵族采邑制的瓦解和中央集权政体的需要而形成的。

3. 中央机构的建立。春秋战国之际，公族制走向衰落，集权制逐渐兴起。由于国内政事繁多，对外战争频仍，因而出现了"官分文武"的格局。文官以"相"为首，武官以"将"为首，秦国以大良造为最高官职，设立相位较迟。将军的官职也到秦昭王时才出现。楚国始终未设相位，一直以令尹为最高官职。楚国也未置将军，只有相当于将军的柱国，地位仅次于令尹。随着中央集权政体的加强，以将相为首的一套官僚机构遂得以确立。但是将相之下，各国所设的官职却不尽相同。

官僚制的确立，彻底结束了世卿世禄制，大大加强了君权。

由于官僚体制的确立，又派生出一系列其他制度：

第一，选拔制。战国时代，选拔官吏的途径比较广阔，大体说来有五种途径：朝中大臣和地方官吏向国君推荐；根据功劳选拔，秦国更有按军功大小赐给爵位和官职的规定；通过上书或游说，取得国君信任而被擢用；国君直接从侍卫中选拔；中央各部和地方长官在特定范围内选任属吏。

第二，俸禄制。战国时代各国对官吏的报酬，除个别国家（如齐）兼以田地租税收入充作俸禄外，一般都采用俸禄制。但各国的计量单位和俸禄多少却不一致。卫国用"盆"计算，齐、魏用"鍾"计算，秦、燕用"石""斗"计算，楚国用"担"计算。这种制度把君臣关系变成了交易关系，"主卖官爵，臣卖智力"。这是当时社会雇佣关系的反映。

第三，考绩制。战国时代各国在行政管理上都已实行考绩制。考绩方法主要是"上计"。每年年终，地方官吏都要向国君上交计书（统计册）。上计内容很广，诸如仓库存粮数，垦田数，赋税数，户口数，马、牛、刍（饲料）、稿（禾杆）数，乃至社会治安等。每年中央的重要官吏和地方长官，还要"会计"，即把一年的预算数字写在木"券"上，交给国君，国君剖"券"为二，君执右，臣执左。年终，臣下必须向国君报核。国君根据考核结果，成绩好的可以升迁，成绩坏的，当场免职。高级官吏对所属下级的考核，也是采用这种办法。

第四，符玺制。发兵用"符"，公文用"玺"。战国时期的符，一般是铜制的虎形符，上有铭文，分成两半，榫卯斗合，右在君，左在将。除特殊情况外，调遣军队，必须带着国君的右半与大将的左半合符。否则，大将不听调遣。玺是用来封泥的。当时公文都写在木板的一面，把两块木板合起来（字在里面），用绳捆扎，在绳结处附上胶泥，在胶泥上按上玺文，以防泄密。

在经济制度、政治制度趋向统一的同时，百家争鸣的局面也在趋向统一。

吕不韦其人

百家争鸣局面，在春秋战国之际就已开始。战国以后，随着变法改革的进行，争鸣也日趋活跃。在争鸣的过程中，由于立场和主张的不同，逐渐形成了几家。当时参加争鸣的主要有儒家、墨家、道家、法家、名家、阴阳五行家、农家等。各有各的立场，各有各的主张，各执一偏，互相水火。当时人这样说：

天下大乱，贤圣不明，道德不一，天下多得一察以自好。……是故内圣外王之道，暗而不明，郁而不发，天下之人各为其所欲焉以自为方。悲夫！百家往而不反……道术将为天下裂。

当时人认为百家争鸣是"贤圣不明，道德不一"造成的结果，而各家的见解是"各为其所欲焉以自为"而已。其实，百家争鸣是历史大转变时期必然发生的现象，而各家所持的主张都是不同阶级（或阶层）愿望的反映。

大体说来：老子主张"无为而无不为"，任自然而行事。这反映了领主阶级已无力正面反抗，只好采取以守为攻的策略。庄子便彻底"无为"了，想离开人世，反映了领主阶级的绝望情绪。韩非主张法、术、势并用，反映了新兴地主阶级的自信心理。许行主张"贤者（指贤君）与民并耕而食，饔飧而治"，反映了农民阶级绝对平均主义的幻想。墨子主张"虽在农与工肆之人，有能则举之"，反映了小生产者的愿望。孔子主张"克己复礼"，却又倡导仁学，可说是领主阶级的改良派。孟子倡行"五亩之宅""百亩之田"的小农经济，却又主张"不得罪于巨室"。说明他既向往地主封建社会，却又留恋贵族领主制度。荀子主张"王霸并行""礼法并用"，说明他虽然赞成新兴的封建制度，但在思想深处却保留着对"王""礼"的好感。只有名家和阴阳五行家，由于他们所探讨的领域远离政治，超越阶级，所以阶级属性很难确定。由于各家的立场、主张各不相同，所以争论起来就异常激烈。

可是，到了战国末期，阶级结构的重组已基本完成，经济制度、政治制度的改革已成定局，而且在争鸣的过程中，各家互相启发，互相渗透，互相接近，于是争鸣的局面也就进入了尾声。在他们的著作中出现了融合的趋势。在《管子》中融合了法家与道家，还有阴阳五行家的成分。在《荀子》中融合了儒家与法家，还有名家的成分。《韩非子》公开引进了道家思想。《易传》融合了儒家与道家，又引进了阴阳家的思想。后期墨家扬弃了前期墨家的天鬼观念，而专攻名学和自然科学。总之，正如《易传·系辞》所说的：“天下同归而殊途，一致而百虑。”百家争鸣终于出现了统一的趋势。

这里还要特别指出，在天道鬼神观念上到战国后期，各家（除个别外）基本上达成了共识。儒家从孔子起，由于受到春秋时代重民轻神思潮的激荡，对鬼神就采取了“敬而远之”的态度。对于“天”也只是在情绪激动的场合下才呼喊几声。这是心理状态的反映，并不是虔诚的信仰。到了荀子便公开提出了天道自然的思想，明确宣布“天人相分”，并进而提出“人与天地参”和“人定胜天”的主张，彻底否定了“天”的权威。道家从老子到庄子，都是自然主义者，一直否定上帝鬼神的存在，并以“道”的权威取代了上帝的权威。墨家在前期，为了制约君主和官僚的放纵，还保留了天帝鬼神的作用，因而蒙上了一层宗教迷信的色彩。可是，到了后期，随着主体意识的增强，毅然抛弃了天帝鬼神的观念，宗教迷信的色彩也完全消失了。阴阳家以矛盾斗争来解释事物的变化发展，从根本上推翻了上帝的主宰。法家从来不信仰上帝鬼神，而且对淫祀、卜筮、星占等迷信活动严加斥责。其他如兵家、医家、农家都以人力、自然力否定了对上帝鬼神的依赖。只有五行家在历史领域里还保留了天帝的威灵，似乎有一个最高主宰在那里支配着历史的发展。然而，这与商周以来传统的天道观已大相径庭，毋宁说只剩下了一个上帝的影子。

总之，到战国后期，各家在天道鬼神观方面也在趋于统一。这在哲学史上是具有划时代意义的。

最后，割据局面也出现了统一的趋势。

春秋初年，我国领土为140多个国家所割据。经过二三百年的兼并战争，到战国时代就剩下十几个国家了。而在这十几个国家中，能在历史舞台上角逐的却只有七雄，这就是齐、楚、燕、韩、赵、魏、秦。

纵观七雄角逐的过程，大体可分为三个阶段：前期，魏国首盛；中期，齐、秦对峙；后期，秦国独强。

魏国在"三家分晋"之后，分得了今山西西南部。这里原是晋国的中心地区，经济基础较为雄厚，又有险隘可以扼守。魏文侯即位，任用李悝变法，广罗人才，因而国势大振。在魏文侯、魏武侯时期，不断向外扩张。

公元前369年，魏惠王即位，为了便于控制东方，以求进一步发展，于公元前361年从安邑（今山西夏县）迁都大梁（今河南开封）。从此，魏又称梁。魏的不断扩张，对赵、齐构成了威胁。公元前353年，赵、齐联合起来与魏国大战于桂陵（今河南长垣）。孙膑采取"围魏救赵"的战略，大败魏军。不过，魏很快又恢复了元气。公元前344年，梁惠王在大梁附近召开逢泽（今河南开封南）之会，与会者不但有许多小国，而且有秦、赵这样的大国。会后，梁惠王还带领小国诸侯朝见周天子于孟津（今河南孟津东北、孟县西南），俨然以晋国霸业继承者自居。

逢泽之会，韩国没有参加，这是公然对魏的背叛。梁惠王不能容忍，遂于公元前342年攻韩。韩求救于齐。于是齐、魏又发生了"马陵（今山东范县西南）之战"。孙膑采用"减灶法"再次大败魏军。

马陵之战后，魏国就越过了强盛的高峰，而齐国却因此而声威大振。公元前334年，魏惠王到徐州朝见齐威王，尊齐为王，齐亦尊魏为王。史称"徐州相王"。

从此进入了齐秦对峙时期。

在这个时期，公孙衍、张仪等纵横家特别活跃，今天"合众弱以攻一强"，明天又"事一强以攻众弱"。纵横捭阖，不得安宁。

秦自商鞅变法以来，国力渐兴，不断向东伸展。公元前325年，秦惠文君自称为王。两年后，秦派相国张仪和齐、楚大臣在啮桑（今江苏沛县西南）相会，秦国王号得到了承认。公元前 323 年，犀首（公孙衍）约合韩、魏、赵、燕、中山五国称王。此后，所有重要侯国都改称王号了。

秦利用魏与齐、楚的矛盾，离间魏与齐、楚的关系。魏惠王在张仪的鼓动下，一度改行"以魏合于秦、韩而攻齐、楚"。可是，不久公孙衍排挤了张仪，做了魏相。公元前 318 年，公孙衍约合魏、赵、韩、燕、楚五国合纵伐秦，推楚怀王为纵长。结果为秦所败。

公元前 314 年，燕王哙让位给相国子之，引起内乱。齐宣王乘机命匡章率兵攻燕，很快攻下燕都，燕国几乎灭亡。

这时秦国专力向西北、西南扩张。公元前 316 年，秦灭蜀、苴、巴，控制了"天府之国"，又兼灭西戎小国义渠 25 城。于是齐、秦对峙的局面形成。此后，秦国又把目光移向楚国，目的是破坏齐、楚联盟。为此，秦派张仪人楚，劝楚绝齐。楚怀王因贪图小利受其迷惑，与齐绝交。后来，秦国背约，激怒了楚怀王。于是秦楚又连续发生两次大战。一次在东阳（今河南淅川丹水北岸），一次在兰田（今湖北钟祥西北），都以楚国惨败而告终。从此楚国元气大伤。公元前 301 年齐联韩、魏，攻楚之方城，在沘水旁的垂沙大败楚军，杀死楚将唐蔑，夺取宛、叶以北之地分给韩、魏。从此楚国一蹶不振。公元前 295 年，齐、韩、魏联军转而伐燕，大获全胜。燕国二将被俘，损兵十万。

公元前 294 年秦国大举东进。大将白起大败韩、魏联军于伊阙（今河南洛阳东南龙门），杀敌 24 万。

经过一系列战争，韩、魏、楚、燕都已元气大伤，只有齐、秦可以相抗。公元前 288 年，秦昭王自称为帝，是为西帝；又尊齐湣王为帝，是为东帝，形成了秦齐对峙的局面。

由于苏秦的积极活动，劝说齐湣王去了帝号，并与赵奉阳君共谋合纵。遂于公元前 287 年，齐、赵、韩、魏、燕五国合纵伐秦。这次合纵虽未取得很大成功，但迫使秦国放弃了帝号，并归还了前所攻取的魏、赵的一些土地。公元前 286 年，齐湣王在苏秦的怂恿下灭掉宋国，引起了"诸侯恐惧"。公元前 284 年，秦昭王出面组织秦、韩、赵、魏、燕五国联军。以燕将乐毅为统帅大举伐齐，下齐 70 余城。后来齐虽复国，但已无力与秦抗衡了。

此时，东方六国只有赵国还有一点实力，可与秦国决一雌雄。赵自公元前 307 年武灵王实行"胡服骑射"之后，战斗力大增。公元前 295 年灭中山，又攻破林胡、楼烦等地。继赵武灵王之后的赵惠文王又任用乐毅为相，蔺相如为上卿，廉颇、赵奢为将，使"国赋大平，民富而府库实"，不断攻取齐、魏之地。公元前 270 年，秦攻赵地阏与（今山西和顺），赵派赵奢前去救援，大败秦军。此后数年，秦把矛头转向韩、魏。公元前 262 年秦赵为了争夺上党郡而发生了著名的长平（今山西高平县西北）之战。战争持续了三年，不分胜负。后来，赵惠文王中了秦的反间计，改用赵括代廉颇为将，才为秦军所破败。赵括战死，40 多万士兵被坑。从此，赵国再也不能成为秦国的敌手了。

历史进入秦国独强的阶段。

长平战后，形成了秦国独强而六国日削的局面。通过一系列战争，到秦昭王末年，秦的领土已很广阔。北面占有上郡（今陕北一带），东面占有河东（今山西西南）、太原（今山西太原附近）、上党（今山西长治附近）以及南阳等地。南面控有巴蜀、汉中、黔中和巫郡。秦昭王末年又灭西周，素称经济、文化发达的中原地区大都为秦所有。"韩王入朝，魏委国听令。"公元前 251 年，秦昭王去世，"韩王衰经入吊祠，诸侯皆使其将相来吊祠，视丧事"。至此，秦灭六国的形势已成定局。

战国末年，由于商品经济的发达和水陆交通的开拓，各地区各部族之间的联系已相当密切，形成了"四海之内若一家"的局面。与此同时，人们的普遍心理都要求"定于一"。因此，由割据走向统一，已是大势所趋，人心所向了。

吕不韦就是这个时代的产儿。《吕氏春秋》就是这个时代的杰作。

三、白手起家

（一）名门望族

大约公元前 330 年至公元前 288 年，吕不韦诞生于濮阳的一个家富千金的大商人家庭里。

吕不韦的家族历来是有声望的，他的祖先可以追溯到传说中的炎帝时代。据说，炎帝的后代，伯夷之后因有功而被封于吕，即今河南南阳西，子孙繁衍就以吕为姓，这就是吕不韦远祖的来历。

公元前十一世纪，吕氏门中出了一个使吕氏族谱耀然生辉的大人物。

那是殷朝晚期，在渭水上流的磻溪河畔，今陕西省宝鸡县城北磻溪河，有一位老者在江边垂钓。只见这老翁手持钓竿端坐岸边，两眼凝视滔滔东去的河水，纹丝不动，像一座石雕。三天三夜过去，而老翁连一条鱼也没有钓到。原来，这老翁用的是根本没有钓钩的渔竿，他当然是钓不到鱼的。此人就是历史上有名的姜太公。姜太公字子牙，原名吕尚，是吕氏祖先中第一个显赫人物。他之所以无钩而垂钓，是醉翁之意不在酒。当时，正是殷朝末年，殷王纣暴虐无道，人民无法生存。有一个周族在殷人统治区域的西方，即今陕西岐山、凤翔一带，趁殷朝统治腐败之际日益强大。这一支以农业经济为主的部族，国力日益强盛，并不断向东扩展，企图推翻殷朝。但开始时，新兴的周族毕竟不是拥有数百年统治经验的殷人的对手，屡屡失败。率领周人发奋向东扩展的周文王尚未行动，殷王就把他囚禁起来。据说周文王被囚在羑里，在今河南省汤阴县，曾潜心钻研古代流传下来的八卦，写出《周易》。后来，被放出囚地的文王回到周地后，就决心积蓄力量要把殷商推下历史的舞台。为了达到目的，他招贤纳良。在渭水边他遇到姜子牙，交谈之后两人相见恨晚，文王拜姜子牙为师，共同筹划伐殷大业。不久，文王去世，其子武王继位，姜太公被尊称为"师尚父"，辅佐武王，终于率领周人及其各族人将殷商王朝推翻，在公元前十一世纪建立了西周王朝。姜子牙，即吕尚，不仅能在乱世之时分析形势，顺从潮流从而立下了不朽功业，而且他本人确实也是一个能运筹帷幄、决胜负于千里之外的谋士。他有一部《太公兵法》，是一部流传千古的兵书，就是记载吕尚用兵之术的军事专著。

机遇加才智，时势造英雄，是吕尚成功的两大因素。八百年后，吕氏门中出现的吕不韦也具备这些条件。

人世间的某些规律不断重现于历史发展的长河中，似乎有意向人们预示着什么。

西周建立之后，吕尚被封于齐，称姜姓，人们逐渐淡忘了他的吕姓。而原来吕氏集中的吕国，也无声无息消失了。从此，吕姓后裔辗转流徙四方，分散在中原各地。

（二）辍学经商

吕不韦的老爹名叫吕鑫，是当地很有名气的一位商人，专营布帛杂彩生意。由于他经营品种极多，既看重需求丝帛杂彩的富贵者，又照顾到需求葛麻的"布衣"、贫贱者，所以生意兴隆，财源广进。令吕大叔很郁闷的一件事在于，虽然事业有成，但他人已到中年，却尚无子嗣。那个时候的婚姻状态跟现在至少在律法和风俗上有很大差别，属于一夫多妻制。秦汉之世，不只帝王、官僚广有妻妾，大凡富家也是如此。在一般情况下，男子在正妻之外，还有小妻、小妇、少妇、傍妻、下妻等，这些称谓相当于后来的"小老婆"。另外，还有傅婢、彻婢等。而古时候的"婢"是用来称呼女奴之用，所以，这些小老婆实际上是大款的女奴隶。

"久旱逢甘雨，他乡遇故知，洞房花烛夜，金榜题名时"是人生四大喜事，其实还应该再加一喜：老来得子。吕鑫终于在即将半百的时候，得到了吕不韦这么个宝贝儿子。吕不韦生活的时代，拜金主义的风潮在各级统治者的打压下基本上退去，而战国征伐需要很多谋士资政国事，所以一时间又兴起了弃农从学的小旋风。至今影响中国的"学而优则仕"的观念，大概就形成于这个时期。

吕不韦

吕不韦在父亲的安排下，上了几年学。具体史料不可考证，但我们知道吕不韦在活着的时候主编过一本叫《吕氏春秋》的书，又因为这本书得罪了秦始皇嬴政。据此推断，吕不韦同学在少年时代一定是读过几本书的。很难想象，一个目不识丁的人可以主持这么庞大的一个学术项目。

正史的记载因为偏重于皇家，所谓帝王家谱说的就是这类史书。即便像吕不韦这样位极人臣的高手，着墨也并不多。好在还有民间流传的故事和一些野史，可以补充其不足。据说，吕不韦和三个堂兄吕轩、吕轻、吕辊及邻家子小六子在教书先生的教授下，背了一年的《诗经》，又学了一年的"诸子"。通常《诗经》是必修课，吕不韦向来聪明，背诵"关关雎鸠，在河之洲，窈窕淑女，君子好逑"，"氓之蚩蚩，抱布贸丝。匪来贸丝，来即我谋……"读上一两遍就能背下来。

但是，根据他后来的举动来看，他读完书并没有去当官，而是去赚钱了。对于这种转变，一种说法是吕不韦从小志向不在读书，他看不起街里的那些酸腐人士（因其满口"之乎者也"，人们赠其外号酸腐），也看到了先后教授自己的先生的贫困清苦。但是，还有另一种故事，比起这个可信度更高。因为它告诉我们——吕不韦的转变是经人点化，并非天将其神，让这个毛头小子身负某

吕氏春秋

吕不韦其人

种天命。通常这种好事都让开国皇帝们碰上了，所谓天子就是这么个东东。像耶稣这样的人物，才被人们称之为代天受命的上帝之子。

话题回到吕不韦这个普通有钱人家的普通儿子身上。十余年来，吕不韦两耳不闻窗外事，一心只读圣贤书，每天的日子过得还算有滋有味。根据正常的流水线，学习期满后，吕不韦先去做了一个名叫卫横的人的门客。卫横官至大夫，也算是个有头有脸的人物。那时候，没有公务员考试，要想在政治上有所作为，门客是个不错的起点。如果你的确有经营、治理的才华，再有一个伯乐，基本上前途无忧。但是，兼备这二者的门客实在少之又少，成功的概率自然非常的低。

当时，吕不韦的家乡有一个姓宋的巨商，非常有财。就连大夫卫横见了他也得让三分。一次宋家办寿宴，有达官贵人骑着高头大马来祝贺。没承想，马儿在吕不韦家的商店前面拉稀。他气不过，便拍了那马一巴掌，马受到惊吓，一顿狂奔。宋家老爷认为吕不韦搅了他兴致，要罚吕不韦在宋家当一个月的杂役。纵是大夫卫横出面，也未能免除这一惩处。

吕不韦认为，自己倒霉之处就在于没有宋家那么有钱，如果有了钱。像宋家老爷子一样就同时有了尊贵显达，"金钱能使鬼推磨"，这个念头第一次窜入吕不韦脑海之中。别人都是先谋求官位和爵位，然后靠这个从中渔利，更有以此贪污受贿而富甲一方的。吕不韦则想，不如我先挣钱，等富甲一方时再加官拜爵也就不那么费劲了。

这个点子让吕不韦激动不已，竟然为此而失眠。等天一亮，他就告别父亲，去拜访他的另一个老师。据说，这个恩师名叫伯夏，是个很有想法的老头。到了老师家里，吕不韦开门见山，直入主题，把自己弃政从商的想法一股脑儿讲了出来。

听罢吕不韦的心事，伯夏语重心长地跟他说："不是老师说客套话，与同龄人相比，你的确棋高一着。你应该知道孔夫子这个人吧，过去为师一直很佩服他。但是，前阵子再读他的著作，竟然开始动摇对他的信仰了。比如，孔夫子用君子比喻义、用小人比喻利，还说君子忧道不忧贫。怎么能这么说呢？没有金钱财富，他提倡的道义如何成为现实？最近，我听到另一种说法，叫'衣食足而知荣辱'，这真的是很深刻的观点。只有粮食充足，人才懂得什么是礼节。只有君子富有了，他才能更好地实施恩德。只有平民富有了，才能好好生产……"

吕不韦听得两眼发光，有茅塞顿开之感，希望老师能讲得详细一些，从而让自己模糊的想法清晰起来。

伯夏说："既如此，那我就再唠叨唠叨。孔子有个徒弟叫子夏，子夏有个很有名的学生叫李悝。魏国君主招贤纳士时，任命他为宰相。他在执政期间，甚至帮助魏文侯算账。有一回，他指着眼前方圆百里的地域，对君主说，估计此处有田地九万顷，除去山林菏泽等非耕地，可耕地只有六万顷。如果不违农时，勤劳耕种，每亩能增产三斗，六万顷土地就可以增加一百八十万石粮食。这位国君很有眼光，他听取了李悝的建议，采纳他强国富民之策，魏国很快就强盛了起来。还有楚国任用吴起，秦孝公用商鞅，在这些国家实行变法，聚敛财富，才成就了霸业。而今，时代变了，国君治国的策略也变了。上古弄道德，先前拼武力，而如今开始拼经济了。"

吕不韦这才恍然大悟，之前听到有人讲"刺绣文，不如以门市"，以为是滑稽之事。现在看来，当真是智慧在民间啊！

得到了老师的理解和支持，吕不韦回到家跟老爹商量："爹，您这几年，身体大不如前，我想辍学经商，帮您料理店铺，整理来往账目，外出购货，支撑门面……"

吕老爷听了，皱了皱眉，摇了摇头，叹了口气，捻了捻须，而后点点头，道："也好。你也长大了，该替为父支撑门面了。"

（三）匈奴险情

打理绸缎庄的生意可以说是吕不韦成功经商的开始。然而，这段美好的开始就像朝生暮死的花儿一样，凋谢得很快。初出茅庐的他，在对手的排挤下，使得绸缎庄的生意一落千丈，吕不韦甚至沦落到需要做流动摊贩来营生的地步。

之后，吕不韦用自己的第一笔资金准备贩卖水蜜桃。然而，天不遂人愿。刚刚把货弄到手，突降大雨。行程一再被耽搁，水蜜桃很快过了保质期，纷纷腐烂。本想靠这个小赚一笔，非但没成，连本钱也搭进去了。多个朋友多条路，在朋友的帮助下，他做回老本行，继续开绸缎庄。但是，那些大的绸缎庄仍旧排挤他，吕不韦不得不在外面临时的集市上四处奔波，生意这才渐渐有了起色。

在做流动生意期间，吕不韦碰到了一个耍蛇人，他有一匹看起来极其雄壮的马。生意人都喜欢聊天，也善于在其中发现商机。吕不韦从耍蛇人那里得知，此马是从匈奴买来的，不由得对眼前这位艺人心生敬意，匈奴——那是个多么遥远的地方呢。

吕不韦之前听过一件事，就是我们现在熟知的赵武灵王"胡服骑射"的改革。在赵国都城邯郸随处都可以看到有人穿戴胡人的服饰，学习骑马射箭。因此，邯郸城里胡人的马匹和服装都很贵。曾有人到胡地用绸缎珠宝，以很便宜的价格换回来良马服装，高价出售，赚了不少钱。其实，吕不韦也动过这样的念头，但毕竟那是远地，而他对路途也不熟悉，更别提根本听不懂的"胡语"。所以，他只得"望胡兴叹"。

所以，这次碰到远赴过匈奴的人，他来了精神。从那人口中，吕不韦得知匈奴人很喜欢绸缎，自己手上这种绸缎一尺就可以换到十几匹马，再骑到邯郸就能卖得很贵，利润相当丰厚。吕不韦动用自己那三寸不烂之舌，劝说耍蛇人给他做向导，他要去匈奴做成这笔买卖。

对方同意后，吕不韦立马回家凑足一百丈绸缎，然后买了匹驮货物的马，

就和耍蛇人一起上路了。二人走过一州又一府，终于来到一望无际的大草原边缘。耍蛇人告诉吕不韦，他们已经到了匈奴地界。匈奴的始祖是夏后氏的后代，在尧舜之前，有山戎等生活在北蛮之地，因为从事畜牧业而经常迁徙。他们的牲畜中最多的就是马、牛、羊，通常还有些骆驼和驴。虽然他们循着

赵武灵王是战国时赵国的一位奋发有为的国君。他为了抵御北方胡人的侵略，实行了"胡服骑射"的军事改革。改革的中心内容是穿胡人的服装，学习胡人骑马射箭的作战方法。其服上褶下绔，有貂、蝉为饰的武冠，金钩为饰的具带，足上穿靴，便是骑射。为此，他力排众议，带头穿胡服，习骑马，练射箭，亲自训练士兵，使赵国军事力量日益强大，而能西退胡人，北灭中山国，成为"战国七雄"之一。

水草不断迁徙，但还是在各自的地盘。那里没有书籍文字，做什么事儿全靠一张嘴。所以，小孩似乎都显得很兴奋，他们从小就可以骑羊，拉弓射箭。男人们则能够披甲骑马。他们的习俗跟中原不一样：平时没什么事儿，就放牧为生；有紧急情况，全民皆兵。他们的主武器是弓箭，副兵器则是匕首刀剑。此地人人都吃肉，但是年轻人吃好的，老头子只能吃剩下的。这是因为他们要保证身强力壮者能随时打仗。父亲死了，儿子还可以娶自己的后母当老婆。要是兄弟死了，其他兄弟就可以把死者的老婆娶过来做自己的妻子。真可谓是"肥水不流外人田"。很明显，女人在这里是没有地位的，就像货物一样可以任意交换。

正是在这样的环境下，吕不韦开始做起了用绸缎换良驹的生意。很快，吕不韦和其向导就走到了匈奴人聚居的草原附近。匈奴虽然没有文字，但有法令。其中有一条就是针对中原来的这些人的，规定他们必须把墨涂在脸上，否则是不允许进入匈奴地界的。

耍蛇人跟吕不韦说，中间那个大帐篷里的主人就是右谷蠡王，官阶相当于卫国的宰相。经通报，二人被带进了帐篷。耍蛇人来过，所以用匈奴人的礼节

吕不韦其人

跪拜了右谷蠡王。吕不韦依样画葫芦，也行了跪拜之礼。之后，这位向导用学来的胡语跟右谷蠡王艰难地诉说着他们的来意。不一会儿，右谷蠡王突然哈哈大笑起来。

他们二人被一个长着八字胡的匈奴人带出帐篷。耍蛇人告诉吕不韦，生意谈成了，一丈绸缎一匹马。吕不韦把带来的一百丈绸缎交给匈奴人，之后被领到一个马场，里面各种颜色的马都有。匈奴人请他们两个查验这些马，吕不韦立马开始清点，但跳来跳去的马儿弄得他眼花缭乱，根本数不下去。耍蛇人知道其中的道理，告诉吕不韦其实不用数，匈奴人对待牛马的态度就跟中原人对待鸡鸭的态度一样，并不会很在意。

马场的栅栏旁边有座孤立的帐篷，里面有床榻、食物和生火的设备。据说，这是专为吕不韦这样的异域人准备的。睡觉时，耍蛇人用一种莫名的表情暗示吕不韦，匈奴人的晚上通常有风云突变的种种可能，并悄悄告诉吕不韦要穿着衣服睡觉。

果然，夜里吕不韦被脚步声惊醒。他看到两支火把后，就被耍蛇人拖了回来，并得知匈奴人要杀他们。先下手为强，后下手遭殃。耍蛇人绕过去杀死了举着火把的人，并从他们身上搜到了驱马的口哨。之后，二人打开马场围栏，吹响口哨，把一百多匹马全都召唤出来，带着它们向邯郸方向狂奔而去。

通过这一段时间的生死冒险，吕不韦积累了不少的财富。同时，给吕不韦带来的更大的收获则是，如何在千钧一发之际当机立断。有些时候，机会处处都有，摆在所有人的面前，大家都知道，但就是没有人去做。原因很明显，路途遥远，风险太大。吕不韦当然知道其中的风险，但当机会来敲门的时候，他没有放过，冒险完成了生意，赚到了自己的第一桶金。

（四）珠宝生意

赚到第一桶金后，吕不韦的经商生涯正式拉开序幕，他开始经营店铺。首先，吕不韦从管账先生那里接管了账目表，逐一核实，便发现账目繁琐，条款混乱，巨细不分，疏漏百出。虽然漏洞不大，但也是挖墙钻洞的老鼠。按道理说应该严惩，不过看在这些人为吕家辛辛苦苦了几十年，吕不韦也就没再声张。他只是给了那些人一些违约金，打发掉了。

吕不韦整理好账目，又发现，父亲经营布帛，往来于六国之间，远涉劳顿，运输不便，不如改为珠宝店，携带方便，赢利颇丰。于是，他对父亲说："种田能获利几倍啊？"父亲答："十倍"。吕不韦又问："经营珠宝生意能获利几倍？"父亲答："百倍。"吕不韦跟父亲表明心迹，想用第一桶金转变经营思路，赚取"珠玉之赢"。父亲一口答应，吕不韦便开始大干。

他清理货底，开仓拍卖，让利三折，优惠主顾，送货上门，童叟无欺。几天工夫，他把市帛货底这死的财富变成了珠玉货源的活的财富，把清仓资金作为采购珠宝的资本。

从此，吕家布帛杂彩店变成了翡翠珠宝店。吕不韦精明能干，贱买贵卖，采货识玉，售货有方，且服务周到，态度和蔼。一时间，把个玉店弄得红火、热闹、兴隆。吕老爷和光顾小店的人们都称赞吕不韦慧眼识玉，精明能干。其实，主要还是吕不韦以他商人的敏锐，看清了形势，捕捉了信息，抓准了时机，把握了行情。

战国时期的工匠已经能够制造精美的手工艺品，如精美绮丽的丝麻织品，光洁细致的陶皿漆器，流光溢彩的珠饰玉器等。这时的人们，已不像远古时期那样用猛犸牙、狼牙、熊牙和蜗牛壳等串成项链。

随着农业、手工业的发展，商业十分兴盛。当时，北方的马匹，南方的象牙，东方的鱼盐，西方的皮革，在中原地区的市场上都能买到。一些诸侯国的都城，如临淄、邯郸、大梁、郢等，一些重要的交通中心，如陶、阳翟等地，聚集了很多人口，商业十分繁荣。而在繁荣的商业之中，"珠玉之赢"又是个"热门"。

吕不韦其人

当时，人们非常珍视玉。玉器不但用于祭祀、外交和社交等方面，而且还用于装饰服饰。《礼记·玉藻》中说："古之君子必佩玉。"又说："君子无故，玉不去身。"可见佩玉是当时人们，尤其是贵族很看重的衣饰。据说，礼服之上有两套相同的佩玉，腰的左右各佩一套。每套佩玉都用丝绳系连着。上端的是一枚弧形的玉，叫闭；闭的两端各悬着一枚半圆形的玉，叫璜；中间缀有两片玉，叫冲牙。这样一来，佩戴它的人，走起路来，冲牙和两璜相撞，发出清脆悦耳的声音，显得高雅，显示出富贵。《诗经·郑风·女曰鸡鸣》中说："杂佩以赠之。"据旧注，"杂佩"就是这一套佩玉。此外，还有佩环、佩玦。妇女则戴环佩。

人们对珠玉的需求较大，而经营者不多。所以，"珠玉之赢"，此时又是个"冷门"。吕不韦正是抓住了"珠玉之赢"这个既是"热门"又是"冷门"的行当，给自己的生意重新做了定位。吕不韦改做珠玉生意后，生意越做越大。他一方面从玉田进货，卖些大众化的廉价玉器；另一方面，他四处寻访，在一些玉店中寻找有价值的货物进行倒卖，从中赚取差额。

吕不韦利用珠玉商人精益求精的心理弱点，用很便宜的价钱收购一些略有瑕疵的玉器，通常这些都是那些追求完美的商人低价抛售的甩卖品。吕不韦认为，有时候顾客并不会注意那么多细节，而经他独到眼光淘到的宝贝，往往就能实现"贱买贵卖"。

吕不韦还搞过一次违法买卖，他私自囤积了圭璧之器。这种玉器专门用于加官晋爵，就像后来皇帝的玉玺，是不允许买卖的。但吕不韦做的就是珠宝生意，圭璧之器可是价值连城，除了和氏璧就算它最贵了。虽说吕不韦的生意越做越大，但由于种种禁令，尽管对于经营圭璧之器的巨额利润眼红，他还是没敢轻易染指。

一日，吕不韦的店里来了一位陌生人，看装束似乎是来自邯郸的赵国人士。他把吕不韦拉到一旁，压低声音说："是否有圭璧之器？"吕不韦摇摇头。那个人说："我可以出很大的价钱。"

吕不韦问他："你能买多少呢？"

那人答道："上百。"

这个回答让吕不韦吃了一惊，那可得花五百镒金呢！买这么多干什么？来人似乎看出了吕不韦的心思，嘴唇凑近吕不韦的耳朵神秘地说："我来自邯郸，是奉赵王的诏令来购置圭璧之器，因为赵王要拜官封爵。"

吕不韦这时已经发现，弱小的卫国已经是他前途的一个障碍。他想离开濮阳，搬到阳翟去。事实上，他已经在暗中进行搬迁的准备工作。他沉思良久，之后告诉来人留下订金，一个月后取货。

马克思曾说：资本如果有百分之五十的利润，它就会铤而走险；如果有百分之百的利润，它就敢践踏人间一切法律；如果有百分之三百的利润，它就敢犯下任何罪行，甚至冒着被绞死的危险。这单生意的利润何止百分之三百的利润，简直可以说是一本万利。这样一来，吕不韦就豁出去了。

吕不韦通过一些渠道得知一个叫落凤坡的地方，那儿有圭璧之器出售。于是，他带了心腹悄悄前往该地。不看不知道，一看吓一跳。在那儿，吕不韦被琳琅满目的玉器所折射出来的光晃花了眼。吕不韦的心怦怦直跳，他闭上眼睛，让自己慢慢平静下来。之后，他再次盯着那昂贵的圭璧之器。看了好久好久，他用手摸摸玉器，又用指头弹了弹，响起一阵悠扬的铮然声。

吕不韦知道自己要的就是这些，但随从提醒他，卫国不让买卖圭璧之器，违令者是要被抄家灭族的。这单生意虽然获利极大，但风险也极大。一旦出现意外，后果不堪设想。吕不韦此时似乎已经有了主意，他暗示随从，主人自有妙计。正在此时，他发现有一个似曾相识的人老在窥视他们，但他又一时间想不起来对方是谁。

为了避免夜长梦多，吕不韦当即下定决心，花了一笔大钱，购买了一整箱圭璧之器。再回头，窥伺之人已不见踪影。

吕不韦其人

　　吕不韦恐怕想不到，这个窥伺之人就是他曾经的邻居宋祁的弟弟宋晃。因为弟弟跟大哥的面相有许多相同之处，所以，吕不韦才觉得这人有点面熟。宋祁的纳神堂盖得很让卫国当时的国君卫元君满意，所以赐他弟弟一个宰人的头衔，专门给宫里置办珠宝玉器。这是一个特殊的职业。如此一来，宋晃常在落凤坡与濮阳之间做两点一线的往返运动。

　　其实，吕不韦刚来这里，宋晃就认出了他。别看这位公子哥平时在主子面前畏畏缩缩，但在别人面前却自命不凡。都做玉器买卖，吕不韦和他是同行，更是竞争者，甚至可以说是冤家路窄。当宋晃发现吕不韦在买国君禁止买卖的圭璧之器时，他暗中跟踪，观察许久。确信自己彻底掌握了吕不韦的犯罪证据，他就屁颠屁颠地抢先赶回卫国告密。

　　主管刑罚的司寇收到密报后，带了一批兵丁守在城门口，等待吕不韦自投罗网。没有什么意外，吕不韦的车马被截住了，司寇下令仔细盘查。出人意料的是，吕不韦公然把圭璧之器整整齐齐摆在箱子中，并没有采取什么特别的掩护措施。就像现在盘查毒品一样，贩毒人员都会把毒品藏到一个很难找到的地方，甚至用婴孩打掩护。吕不韦这是疯了吗？

　　既然罪证确凿，司寇便下令没收赃物，把吕不韦和其随从打入大牢。此时，吕不韦才告诉司寇，货箱有两层，隔板下面还有东西，决不能漏掉。司寇先是吃了一惊，立马让手下再去翻查。然而，掀开隔板后除了一片竹简，并无他物。

　　司寇接过竹简一看，上书"谨向卫元君敬呈微薄之圭璧，齐国大夫郑营"。

　　司寇很纳闷，郑营是何方神圣？吕不韦看穿了司寇的心思，说："司寇大人有所不知，大名鼎鼎的落凤坡玉田就产自郑营大夫封邑内。我跟他好友多年，他有很多公差缠身，就由我代劳转给卫元君。司寇大人，您觉得这圭璧是由我呈上呢，还是由您带进宫中好呢？"

　　这下司寇倒有些拉不下脸面了，颇为尴尬地说："还是由贵商面呈吧。"连忙下令，让兵丁包装好玉器，重新装箱。而吕不韦呢，并没有把这些圭璧送往珠宝店，而是藏了起来。没过多久，赵国那位中庶子就派人来取这批货，吕不韦因此大赚了一笔。

据说生意成交后，吕不韦知道这件事总有败露的一日。不久，他便举家迁往韩国都城阳翟。可以说，趋利是商人的天性。当面对巨额利润，他们会不惜一切。其实，吕不韦在赵国中庶子找上门之前，已经有了搬走的打算。按道理讲，此时能少一事是一事，谁都不想节外生枝。但是，面对这样的好生意，就有人会心存侥幸，比如吕不韦。当然，这也得益于他准备离开卫国这个打算，因为本来就要走。如果这一单生意成功的话，不但没有后顾之忧，还会有意想不到的收益。不过，要是没有相当精妙的计谋，则很难蒙混过关。

（五）把婚姻当作赌注

时光荏苒，白驹过隙，转眼就到了公元前 278 年春。此时，距离吕不韦典卖绸缎庄搞珠宝生意已经有五六个年头。他也从一个毛头小子成长为一个正儿八经的有为青年。几年来，吕不韦的"珠玉之赢"，买卖亨通，财源广进。说来也怪，对于此道，他悟性极高，无师自通，几个国家一定，几个买卖一做，便能明真假，辨优劣，知贵贱，通行情，识奇珍，认异宝。

这个时候的吕不韦成熟多了，老练多了，性情也有了很大的改变。至于他是变好了，还是变坏了，仁者见仁，智者见智。现在的吕不韦已经适应了"十个商人九个奸，剩下一个是疯癫"的氛围，适应了尔虞我诈、坑蒙拐骗的环境，学会了"唯利是图""唯钱是求"的生意经，学会了使用"以眼还眼""以毒攻毒"的"撒手锏"。总之，而今的吕不韦工于心计，城府颇深，虽不是老谋深算，却也是少年老成。

提起吕不韦的婚姻，民间议论纷纷，莫衷一是；专家学者，也是众说纷纭，意见不一。但从总体上看，大家都认为吕不韦的婚姻像个谜团。他的一生，有两次大的赌注，因而也相应地有两次大的婚姻。他的婚姻，不是为了爱情，不是为了传宗接代，也不是为了共建和谐的家庭，而是他实施大计划、大阴谋的阶梯、跳板、垫脚石、敲门砖。他的第一次大赌注是"珠玉之赢"，于是，他为了珠宝，娶了玉店老板的女儿；他的第二次大赌注是"窃国之梦"，于是，他为了窃国，娶了赵姬，又转让了赵姬。

也许有人认为，吕不韦活得太累太虚假。别忘了这就是欲望的奴隶所必须付出的代价，非贵族豪门、非宠士重臣、非皇亲国戚出身的吕不韦，想打入上层社会，想跻身权力高层，不周密规划，不步步为营，又谈何容易？这样的可怜人，他只能够拿青春赌明天，拿婚姻赌运气，拿金钱赌机遇，拿生命赌权力。于是，那个"针插不进、水泼不进"的宫廷圣地，他才能在里面为所欲为，如履平地。那个"父子夫妻兄弟叔侄"争斗不息的权力，才被他"神不知，鬼不觉"地一步步窃取。

话说吕不韦一行，终于到了韩国地界。此去阳翟，里程不多，路面太平。于是，吕不韦让自己的兄弟随从们先去阳翟，自己则想到处逛逛。

此时的吕不韦突然间感觉轻松起来，这么长时间以来，这几乎是他第一次如此无忧无虑地出来闲逛，大有"面朝大海，春暖花开"的心情。

吕不韦牵着马，信步前行，忽然发现一家玉店。出于行业习惯，他走了进去。店铺不大，却是干净清爽。

多年行走商场，经验告诉他"水浅不一定无色"。进了门，只见柜台里摆放齐整，珠光宝气，琳琅满目：红宝石，如霞似火，红光四射；蓝宝石，如云似海，迷离耀眼；石榴石，灿灿泛金，闪闪浮橙；水晶石，玲珑剔透，闪烁迷离；猫眼石，似黄犹碧，似静犹动；羊脂玉，比凝脂柔，比白雪洁；珍珠，粒粒晶莹，如满天星斗；翡翠，个个凝碧，若晚来春光；玛瑙，五光十色，如七彩霓虹；珊瑚，枝盛叶茂如玉树琼枝……

这些宝贝、精品，个个都有一段传说。吕不韦看得目瞪口呆，流连忘返。正当吕不韦做白日梦时，只听店里的老伯发话了："这位客官，我的珠玉可

好？”“老伯的玉店，闻名遐迩，店小玉丰。老伯的珠玉，玲珑剔透，正所谓
'山外有山，天外有天'。”

吕不韦话锋一转，问道：“但不知可有稀世瑰宝？”

“有，有，有……”老伯见他一表人才，仪表堂堂，又见他识玉，所谓是
行三分亲，忙喊女儿，“玉儿，拿宝来，请高人鉴赏。”

“来了，来了。”玉女应声而出。

只见玉女手捧一匣，一按机关，匣盖开启，红色锦帛中静静地躺着一颗蓝
宝石。但见这块宝石蓝得如梦如幻，绚丽多姿，光彩照人，令人如痴如醉。

吕不韦刚要称“绝”，突然发现它的精美远不止如此，宝石中间竟有两滴
不时晃动的小水滴。吕不韦由衷地赞道：“简直绝了，太妙了，此乃神品，莫非
就是传说中的'两滴水'？”

“正是。公子果然慧眼识玉。”老伯显然对眼前这位小伙子很满意，充满了
喜爱之情。

“承蒙老伯夸奖，晚辈才疏学浅，孤陋寡闻，实不敢当。老伯的玉店真是金
玉满堂……”吕不韦说到此，一抬头，发现捧玉之人也是如花似玉。此时，这
美女在吕不韦眼里，真如玉雕一般。

公平而论，若在平时，这女子也许并不比别的女子更美。但此时此地，她
让吕不韦产生一种欲望和追求之心，让他想拥之入怀。到底是玉女可餐，还是
玉店可恋？吕不韦自己都说不清。

但有一点他是确信的，无论满堂珠玉还是在侧美人，他想全都占有，一个
都不能少。对于吕不韦这样的商人决不会“买椟还珠”，“椟”和“珠”都是他
想要的。他考虑到，若是娶女赠珠，岂不一本万利？这一招如今的一些年轻人
运用得不错，所谓傍大款、傍富婆不就是这个故事的翻版吗？

吕不韦想停当了，便一语双关道：“老伯的玉店果真有瑰宝。”老伯见女儿
的眼神有话，便明白了八九分，也来了个一石二鸟：“这位公子果真慧眼

识玉。"

"敢问老伯何处高人？"吕不韦问。

"在下姓金，燕国人。祖上是宫里人，一生酷爱搜藏珠宝。到了我这一辈上，家道衰落，老伴又早逝。这不，我们父女俩来到韩国地界，一来卖些珠宝糊口，二来想寻识玉者招为女婿。古书里有'弓缘'，拉弓招婿，而今我要来个'玉缘'，识玉招婿。今天，难得公子识玉……不知公子何方人士？"金老伯说。

吕不韦听了，心里乐开了花，老头的回答正中他下怀。他答道："晚辈吕不韦，韩国阳翟人，近年来做些珠宝生意。晚辈不才，蒙老伯厚爱。不过，恭敬不如从命，晚辈即刻起程，禀报双亲，立刻派媒人来说亲，不知老伯意下如何？"

"如此甚好。"金老伯满脸高兴。

当天，吕不韦告别金家父女赶回阳翟。吕不韦回到阳翟后不久，吕家便派人去提亲订婚。于是，金家送姑娘，成箱的珠宝做嫁妆；吕家忙迎娶，迎来了珠宝，迎来了美女。可谓双喜临门，人财两旺。

二十年后，吕不韦的这位妻子好不容易怀孕生子，却遇难产，母子双亡。这位金姓女子死后，葬于吕不韦的封地北芒山下。后来，吕不韦事发，饮鸩而亡。门人盗其尸，偷运于此，也葬在此处，算是一个了结。

（六）富甲一方

公元前360年，吕不韦年逾四十。而四十岁，乃是"不惑"之年。从他人生的第一次大赌注"珠玉之赢"到现在，他认为自己的抉择是"不惑"的选择。这一选择，使他走上了追金寻玉之路，踏入了大富大贵之门，逐步迈入侯门玉食的上层社会。这是他从小的愿望，为之苦心孤诣数十载，终于迈进了梦想的大门。

可以说，他与珠宝相连的那次婚姻，也是一种"不惑"的选择。这一抉择，让他有机会侵吞、占有了金家玉店，他的生意便如虎添翼。正因为如此，在短短时间里，他就成了阳翟最大的珠宝商，因而也成了阳翟巨贾。

这时的吕不韦，史书上记载是"家累千金"。实际上，对于精确的统计，这片土地上的人们从未重视过。此处的"千金"不过是泛指、约指、不定指。仅吕家与金家的玉店合为一处，就已不止"千金"，更何况后来弄了个变疲为宝的"大红鲤"，还有第一次婚姻得来的蓝宝石"两滴水"，价值何止"千金"？

传说，吕不韦的"大红鲤"和"两滴水"，后来作为国宝收藏在国内某博物馆里。只有后来吕不韦卖给夜郎侯的那颗"猫儿眼"，后来流失到了国外——那便是英法联军从圆明园中拿走的皇家无以计数的奇珍异宝中的一件。

话说吕不韦的"珠玉之赢"，越做越红火，越做越有名气，"艺高人胆大，胆大人艺高"，他的足迹遍及齐楚燕韩赵魏秦。这一回，吕不韦一行人马来到了传说中的夜郎国。

汉代班固的《汉书·西南夷列传》说："滇王与汉使言：'双孰与我大'？及夜郎亦然。各自以一州王，不知汉广大。"清代蒲松龄的《聊斋志异·绛妃》写道："驾炮车之狂云，遂以夜郎自大。恃贪狼之逆气，漫以河伯为尊。"这就是成语"夜郎自大"的来历。此外，从典故中也可看出，这夜郎国，一直到汉朝乃至更后，还那么消息闭塞，孤陋寡闻，以为夜郎国最大，更何况在吕不韦的时代——战国时期呢？

吕不韦一行人走了半个月，才到达夜郎。到了夜郎，遇到关卡、门卫，广施钱帛、特产、古玩。一路过关"斩"将，所有障碍全都在金子面前败下阵来。后来，碰到一个守门的小吏，吕不韦想给他一块玉。谁想那守门小吏对此不感冒，反而指着吕不韦一伙计在吃的"枣揣"（加枣制成的干饭团），说："我想要那东西，不要这块石头。"

那伙计从装干粮的褡裢里掏出几个递上去。那守门吏接过去，一口咬下一半，吃得直竖大拇指。等守门小吏一口气吃完了那些美味，这才进去通报夜郎侯。就这样，吕不韦用几个饭团买通了守门小吏。

几经周折，层层打通了关系，吕不韦终于被夜郎侯召见。吕不韦迈步进宫，只听得侍卫大臣一呼三报，排场宏大，气势威严，一声传……传……不知要多久才能传到殿外。

"来者何人？"夜郎侯首先发问。

吕不韦从威严的震慑中回过神来，跪地叩首，曰："臣韩国阳翟珠宝商吕不韦顿首叩拜大王。大王万寿无疆。夜郎国之大，早有所闻。今日见之，名不虚传，果然地大物博，物阜民丰，兵强马壮，国泰民安。夜郎侯之贤，如雷贯耳，今日拜见，果然圣明仁惠，礼贤下士，万民拥戴。如此大国，谁不向往如此贤君，谁不崇拜？"吕不韦极尽其恭维奉承之能事，不慌不忙地说完这些。

"来人哪，赏酒给这位朋友。"夜郎侯几乎乐得跳起来。

吕不韦接过牛角杯，一饮而尽。

"不知这位朋友见本王何事？"夜郎侯性情似乎有些急躁。

吕不韦让伙计们把珠宝箱抬过来，道："臣听说大王'慧眼识玉'也是天下第一，特从万里之遥运来珠宝一箱，请大王过目。我这珠宝，件件极品，件件瑰宝。保证质纯色美，货真价实，若有半点伪劣，若有一件赝品，臣分文不取，当众销毁。若能换得大王满意，则请大王看赏。"

"既是这样，待本王瞅上几眼。"夜郎侯急不可耐。吕不韦适时地打开箱子上的铜锁，掀开箱盖。这一掀不打紧，满箱的珠光宝气看得夜郎侯垂涎欲滴，几乎忘了作为一国之君的尊严，简直太失态了。

吕不韦见时机成熟，便乘兴为夜郎侯报上宝贝的名号："这是'猫眼石'，因其像猫的眼睛，所以俗称'猫儿眼'，若将其嵌在王冠上，可明察秋毫，明辨是非，明正典刑……"

"要了。"夜郎侯见吕不韦说得在理，便决定首先把这奇异的"猫儿眼"买下。在吕不韦的巧嘴的一番鼓动下，一个钓鱼，个个上钩。最后，夜郎侯留下了吕不韦整箱的珠宝。

“不知价钱如何？”夜郎侯问。

“价钱嘛，只那一个‘猫儿眼’就价值连城……”

“本王可以给你城池。”不待吕不韦说完，夜郎侯慷慨地说道。

“臣不要城池，臣愿得金。”吕不韦见这位为了珠宝舍弃城池的昏君可笑，便还价道。

“那好，来人。用金子把他的箱子装满。”不得不说，这位夜郎侯蛮大方的。

于是，吕不韦的夜郎之行，又换得了金千斤。

从夜郎国回阳翟的路上，一位伙计终于憋不住，问吕不韦：“那么好的珠宝给了那么个昏君，岂不是‘明珠投暗’？”

吕不韦摇摇头，笑道：“我是个生意人，我信奉的是一手交钱，一手交货。至于买主是圣主昏君、忠臣奸人、良民刁夫，一概不管！”

吕不韦一行人不久来到了鄢城。一珠宝商听说阳翟巨贾吕不韦到此，便把最近得到的“龙凤璧”拿给吕不韦看。

吕不韦看了，爱不释手，可嘴上却说：“此璧好是好，就是凤大龙小，阴盛阳衰……”那珠宝商仔细一瞧，还真被吕不韦说个正着，是有点儿凤大龙小的感觉。

结果，吕不韦只出了二十金，便买下了这块“龙凤璧”，转把手，又轻而易举地卖了一百金。一般的买主，只图个“龙凤呈祥”，谁会去注意这些个细枝末节呢？

吕不韦一行又走了几日，来到了宛城。吕不韦在一个不起眼的玉店里发现了一块晶莹剔透的红玉石，可惜边缘处有一块黑斑。刚要转身走，吕不韦转念一想，唯其有瑕，才能贱买，买来之后，我可以利用这个瑕疵，变废为宝……

“这位客官，想买玉吗？”玉店老板问。

“原本想买你这块红玉，可仔细一看，边缘处有个不大不小的黑斑。有了这斑不打紧，这块玉的价值就会一落千丈，原本能卖百金，现在只能卖十金。可惜，可惜。”吕不韦边说边摇头。

“好了，那就十金卖给你。”玉店老板见这块玉长久无人问津，便自以为划算地答道。

殊不知，划算的是吕不韦！这块瑕玉，价钱非但不会一落千丈，反而因了这点瑕疵，涨价千倍。

吕不韦买了这块有瑕的红玉，回到自家玉店，让自己店里的玉匠，小心加工，小心雕琢，因势像形，变废为宝，雕成了一条“大红鲤”，那块黑斑，恰好是鲤鱼的眼睛。

“大红鲤”雕成了，人们赞不绝口，赞叹它巧夺天工，赞叹它栩栩如生，赞叹它构思精巧，赞叹它技艺精湛。几天下来，人们纷纷拥到吕不韦的玉店观赏这条“大红鲤”。外行爱它，知道它的精美；内行爱它，懂得它的价值。参观鉴赏之后，人们又掀起了争先购买的高潮。

珠宝商买它，想转手牟利，一旦得手，一本万利，发财有契机。收藏家买它，想居为奇货，一宝传后世，即便青史无名，民间也有名。

吕不韦始终没点头，始终没松口，始终没开价，始终没出手。因为他自己也深谙世故，深知其价值，因为他自己也爱玉如命，对其爱不释手。吕不韦死后，这条“大红鲤”不知落入谁人手里，后来又几经周折，演绎出许多恩怨情仇悲欢离合的故事。

四、奇货可居

（一）邯郸奇遇

邯郸又是当时全国有名的大都会。所以，带着对未来的憧憬，怀着冒险心情，大约在公元前 265 年，吕不韦便迁移到了繁华的赵国国都邯郸。

吕不韦初次来到邯郸，这里的一切简直使他目不暇接。邯郸远比濮阳繁华得多，这座始建于赵敬侯元年（公元前 386 年）的赵国国都，已拥有百年的历史。这里不仅是赵国的政治中心，而且是南通郑、卫，北接涿、燕，东连鲁、齐的交通枢纽，是关东

邯郸古城

各诸侯同中最大的商业中心之一。在政治上和经济上都居于举足轻重的地位。

邯郸城建筑规模宏伟，布局严谨。全城由北、西、东三城组成，呈不规则的品字形。其中，西城高耸而庄严的是宫殿，北城和东城为市区和臣民住宅。全城布局井然有序。那西城的区域中，高高的围墙内，有一幢幢龙楼凤馆的信宫和东宫等，楼亭轩榭错落有致地伫立着。其间驯养着数不尽的瑶草琼葩、珍禽异兽。这里还有闻名各国的丛台，如处世外。王城长 1475 米，宽 1387 米，东廓城长 1400 米，宽 850 米，气势宏伟。在当时各国的王宫中，尚没有能与之相媲美的。几条大道连接王城和东、西两城，几辆车可以同时并驾齐驱。那道路两旁的店铺、驿舍、酒肆琳琅满目，到处车水马龙。就是那一般百姓的住宅，也是很整洁有序的，并非一般小城的茅屋所能比。

　　吕不韦是濮阳有名的大富之家，单凭那一身装束入时的打扮和随身携带的贵重行李，就引得那些风流浪荡的赵国女子争相讨好了，更何况吕不韦正壮志在胸，眉宇间自然流露出超凡脱俗的神采，整个邯郸城里的年轻美女都被他勾得神不守舍。显然，当吕不韦经过长途跋涉，刚在驿馆里安顿下来，就不断有花枝招展、身着流行服装的时髦女人寻求上门。这位花花公子不仅来者不拒，而且风流倜傥，到处寻花问柳，把他的钱财、身影消耗在莺歌燕舞的场所。不用很长时间，他已经是这个豪华城市的酒楼、妓馆、赌场和艳窟的座上客了。和他相好的俊俏姑娘、媳妇、歌妓、舞妓以至姬、妾等等数不胜数。流连于邯郸的歌楼舞榭，怀抱着粉面细腰、如花似玉的美姬艳妓，吕不韦并没有贪图眼前的享乐而忘却他此行的壮志。他是为获取更多的金山银山而来，是要搜索一种能挣大钱的商品。当初离乡远行之时，他就下定决心，不能像自己的爸爸一样细水长流、日攒月积地捞取财富，而要做大买卖。因此，不论是那令人骨酥肉麻的玉体，还是那些勾魂摄魄的秋波，都丝毫不能削减他发大财的野心。他一面随心所欲地做着生意，一面在歌舞场上、宴席之间寻找那种能获巨利的商品。

　　这期间，秦国正发兵攻打赵国。赵惠王一旦坐上宝殿，左有文官蔺相如等人，右有武将廉颇、公孙乾等人，群臣呼应声能振动山脉，跪拜完了之后，分班次而立于廷前。赵王对廉颇说：“前些天秦派遣其上将王龁、王剪亲率大兵二十万侵犯我们的国土，深深感谢将军破敌之力，今特别赐封你为下大夫中将军，以表示我的谢意。”廉颇向赵王进言说：“忠诚地侍奉同君，这是臣子的职责，臣子怎么敢奢望奖赏呢？而且临洮之捷，也是依赖陛下洪福，臣子有什么功劳呢？”于是，顿首谢恩后起身。再说营中的卿客，有秦王之孙名异人，他是秦王太子柱的儿子，昭王的孙子。秦王志图在于吞并天下，由于向赵国索要连城之璧，赵王使用蔺相如计，于是完璧归赵，秦王生气璧被夺走，因此二国修好，以异人为质，异人留赵已经三五载了。当时正站在阶下，赵王突然想起昔日夺璧之辱，唤来异人并且大骂他："你在我国为人质，我们不曾怠慢于你，你祖父为何对我们如此不仁义呢？又屡次举兵侵犯我边境！"喝令武士推出去立斩！当时，吓得异人魂不附体，无言可答。恰逢有蔺相如出班进谏说："不可以！今日秦国国富兵强，倘若斩了这个小子，将要造成大祸，秦必定又会加兵来攻，赵国将不得安宁了！不如放了他，永远有人质在这儿，不成仇隙，秦国也不敢加兵，百姓可得安定，赵国太平！"王说："好！"随即听从他的话。放了异人，命公孙乾为监守使，领异人回府。王于是对公孙乾说："卿应当严监此子，不可放纵他回秦国。"

于是，公孙乾领异人走出朝廷，来到街上，前排头踏各执藤棍，后列军卒手举荆条，百姓挤挤嚷嚷观看异人。一眼看见那人丛中站着一位官人，长得白白胖胖，唇红齿白，身长七尺，年纪十八左右，头戴青纱角巾，身穿丝绢圆领衫，腰系丝条，脚穿绣鞋。此人是濮阳人，姓吕名不韦，看着异人，自言自语说："这个人有天子的仪表，龙凤的姿态，可以作为继承世位的国君，这可是奇货，可以留着他！"于是就问别人："这个被监禁的人是谁？"百姓答对："这人是金枝玉叶，秦朝的龙子龙孙，是秦昭王太子柱的儿子叫异人，现在赵国当人质。由于前些天秦军又侵犯赵的边境，赵王生气想杀了他，左右人奋力劝解才没有杀，所以要拘禁这小子！"吕不韦又问："监押将军是谁？"百姓又回答："他是赵国大将军公孙乾。"百姓又相互询问："这人是谁呀？"有认识他的说："此人是濮阳大贾吕不韦！其人天资颖悟，智识高明，并能鉴定风水，见那异人有天子之相，认为奇货可居！"

真所谓"踏破铁鞋无觅处，得来全不费工夫"，这种一本万利的货物终于被吕不韦发现了。有一天，吕不韦急忙跑回家来，急不可待地对他的父亲报告说：

"我找到了一宗一本万利的大买卖。"

"什么买卖？"他父亲急切地问道。

“春种秋收凭卖力气耕田能获得几倍的利？”

“大约有十倍吧？”

“贩卖珠玉珍宝又能赚到几倍利呢？”

其父说：“其利不可数啊！”不韦又说：“放高利贷就劳费心神，种田又费力气，开旅馆收留过路客人又要饱经艰难困苦，但所得的利润都是可以计算得到的。现有一个秦王孙子叫异人的，我看他准是龙凤颜面，必定能坐天子的位子，目前在赵国当人质。我想用千金贿赂赵王的臣子，救他还秦国，立主定国，以谋图富贵，这事如何？”父亲说：“可以，这可是一本万利、富贵无穷的事！”

“如今的世道，拼命种田，买苦力耕作，到头来也只能混个吃饱穿暖。”吕不韦以不容拒绝的口气说出了自己的打算，“若能定国立君，把一个国家的头儿买到手，不仅一生吃穿不愁，而且荣华富贵享受数代不尽。我就想做这笔生意。”

听着吕不韦胸有成竹地一口气说出如此宏伟的设想，老头子瞠目结舌愣了半天，不知如何对答。这个家富万金的大商人一辈子做过的生意数不胜数，可是，买卖国君的交易却从来没想过。见儿子竟有这么大的胆略和气魄，真是长江后浪推前浪，还有什么可说的。大概只有自叹不如了。

（二）异人为“质”

吕不韦看中的异人，是秦昭王时期与赵国作为交换人质的一个秦国贵族。

异人是如何被送到赵国为质呢？这就要从秦国历史说起：

秦昭王是古代帝王中活的时间最长、在位的时间也很长的一个。从公元前306年至公元前251年，他统治秦国的时间达五十六年之久。在昭王统治的年代，正是秦国突飞猛进向东方推进国土时期。这时的秦，国力强盛，由于自公元前359年至公元前338年商鞅变法以后，秦国奖励军功，在战场上杀死一个将领，即可得到一顷地的奖赏，并可受赐封一级的爵位。秦王用这些方法激励士兵为国效力，人人都争先恐后地去当兵，到战场上像猛虎般冲杀敌人，以图立功受赏。所以，秦昭王在位之时，正是秦军战斗力最强的时候。当时齐国的精兵称为"技击"，秦国的军人称为"锐士"，魏国的战士称为"武卒"。魏国训练武卒的方法和装备方面已经是相当先进的了，这些身强力壮的武夫都披戴着全副甲胄，手握的强弓是十二石的，背着五十支箭，还加上戈、剑等。这些武器全部带在身上还不算，另外要备足三天干粮。如此沉重的负担在身，行军一日数百里，可见其多么勇武。齐国的"技击"在战场上一碰上魏之"武卒"当然不堪一击了。但如此强劲的"武卒"在秦国的"锐士"面前竟难得取胜，常常被秦军打得落花流水。秦昭王时代就是凭借这支战无不胜的军队，占据了其他诸侯国许多土地，使秦国的国土急速扩大起来。譬如公元前 300 年，楚国的新城被秦军攻克，楚国名将景缺被杀死。次年竟把楚国的国王——楚怀王骗到秦国，当作人质扣押起来。公元前 298 年秦军攻楚，占领十余城，斩首十五万；公元前 293 年秦国大将白起率兵向韩、魏联军进攻，斩首二十四万，夺五城；昭王十八年即公元前 289 年，秦又取得魏国的六十一城及河东的四百里地；同年，韩国的二百里地又被秦国据为己有；从昭王二十二年（公元前 285 年）起，秦竟将打击的矛头直指东方的齐、赵等国了。

就是在秦昭王统治的年代，"远交近攻"是秦国奉行的策略。然而，秦昭王初登王位时，秦国的对外策略是经常改变的。当时昭王还年幼无知，按惯例由他的母亲宣太后听政。宣太后的两个弟弟，被封为穰侯。同母弟魏冉为相，掌握大权；异母弟芈戎为华阳君，也是朝中重臣。同时，宣太后还封本家族的另外两支为泾阳君、高陵君。实际上，秦国的朝政是受魏冉和华阳君、泾阳君和高陵君这三个家族所控制的。魏冉被任命为相，其权势一人之下，万人之上，就是华阳君、泾阳君和高陵君这"三大家族"也是非同小可的。他们不仅占据大片封地，私家财富远远超过王室，而且在王宫中出入自由，不必通告，也无须像其他的王公大臣一样向国王跪拜、朝请。但就在公元前 300 年，秦国为拉拢齐国，泾阳君还是被送到齐为质。然而，后来因魏冉掌政，逐渐改变了"远交近攻"的策略。公元前 299 年，秦国突然与齐国断交，泾阳君不再在齐国当人质了，秦、齐之间的关系由此开始紧张起来。

魏冉本是个很有才干的人，在他把持秦国大权的四十余年间，最初打了不少胜仗．军事上一帆风顺，国内政治上也比较稳定。但到后来，这个人愈来愈骄横，独断专行，狂妄自大，不可一世，不仅轻视满朝文武官员，甚至对已经长大的秦昭王也不太尊重。他明目张胆地把王室的财富大量搬到自己家族里，把持各种大权的都是本家族的亲属和自己亲信。这样一来，使秦国的政治黑暗无比，军事上也由于忽略了"远交近攻"的策略而不断遭到失败。秦昭王三十九年（公元前 268 年），魏国的范雎由秦使王稽引荐来到秦国。他不是投奔当权的魏冉，而是设法直接晋见秦昭王。

秦昭王临朝，文武官员整齐报到，等候秦王上朝，王稽禀奏王说："我派使者去魏国，看见有一个人，这人肯定能运筹决胜，现今离开魏国。我把他引荐给君王，将来吞并六国必定万无一失！"秦王下令见范雎，问道："你有什么奇术，可以吞并六国，统一天下？"范雎回答说："战国以来大小强弱不等的国家，都是因为天时、地利、人和不全面啊！当今之世，七国争雄，惟秦最强，山川险固得地利，兵用之利得人和，可是仅仅用贤不当，所以不能吞并六国。为什么呢？大王朝内以专权为贵，处事仅用穰侯，有重权在手的臣子大内，使得忠臣们无法在外立功。若按我的计算，齐楚较远之地，就用财物交易，近的三晋邻国，就用军队不时攻打它。君王在朝廷，小人们在外面，不出半年，统一天下就易如反掌了！"昭襄王高兴地说："雎，你真是高明之士，我和你相见恨晚！"于是封雎为客卿，教以远交近攻之策。

王得到了范雎，如鱼之得水。范雎每日与王谈论天下之事，很对秦王胃口。当时，穰侯魏冉用事，范雎每次都报告昭襄王。不久魏冉就被贬罢职，由范雎代之为宰相，号称应侯，入朝不趋，履剑上殿。

范雎在秦国得仕位，带兵出征，每年都加兵于三晋，名扬六国，威镇四海。

范雎出的主意得到秦昭王的信任，见了实效。昭王四十一年（公元前 266 年），预计时机已到，他又在秦昭王面前挑拨："臣在山东时，只听说秦国有宣太后和穰侯魏冉以及华阳君、泾阳君、高陵君。未听见人们说有大王陛下。"范雎专门哪壶不开揭哪壶，以刺激昭王。本来昭王早就不满宣太后和魏冉的专权，他已经不是任人摆布的小孩子了。听了范雎的话必然怒发冲冠，但范雎不容置喙，紧接着说："当国王的就应当有权控制国家，能生杀予夺，而现在的秦国，太后、穰侯和那三家族权力在陛下之上。这种形势国家肯定不得安稳！我听说，凡臣下的权力、名声超过君主的，君主就没有实权。以前齐围的淖齿专权，后来竟将齐闵王吊死在庙里；赵国的李兑专权，赵王主父就被活活饿死。现在秦国太后、穰侯及三大家族专权，我看和淖齿、李兑相差不远，恐怕您的子孙坐不到大王陛下今天的位子了。"

范雎的这番话深深地刺激了昭王，这位不甘受人摆布的国王也早已不满魏冉的专权。他掂量自己目前的势力足以斥倒他，由于范雎一提醒，昭王下令免掉魏冉的丞相之职，任命范雎为相。华阳、泾阳、高陵三君从国都被赶出，回到各自的封邑，以防他们干预朝政。

范雎为相后又被封为应侯，成为执掌政治、军事大权的重臣。在外交上坚持远交近攻方针，以图单个吞并小国。在他刚上任的那一年，为了联合各国对抗秦国，许多游说之士，鼓吹合纵。他们聚集在赵国的首都邯郸开会，共谋大计。消息传到咸阳，秦昭王立即紧张起来，急忙召范雎询问对策。

"请大王不必担心。"得知详情后，范雎胸有成竹地说，"瞧我把他们这伙游士拆散！"

"你能用什么办法把他们拆散呢？"秦昭王不解地问道。

"天下的游士、说客与秦国并没有什么恩怨。"范雎回答道，"他们游说各国君主联合起来攻秦，无非是想当官、发财。"

秦昭王不愧是聪明人，一点就破。马上令大臣唐瞧携五千金到距邯郸不远的武安，聚集众人，并且扬言：凡是对秦国有功劳的均能得重赏，并且当场兑现。消息一传出，在邯郸开会的游士们纷纷退出策划合纵的会议．力图向秦献谋，到武安来领赏。结果三千金还不曾花完，参加邯郸聚会的游士们就出现了争斗的场面了。

用钱财收买游士，拆散、瓦解敌人方面的联盟，这是秦国惯用的手法，这种办法相当有效。

拆散主张"合纵"的游说之士，只是给各诸侯国的联合一个小小的打击，并不能妨碍各国的"合纵"攻秦。两年前即公元前 270 年，赵围的名将赵奢大破秦军。使秦国把主要攻击目标对准魏国，暂时不敢攻赵。对赵国只得运用拉拢的技巧。这样，昭王之孙子、公子异人就被秦国派到赵国为质了。

"质"就是人质的意思。春秋以前只有自愿给鬼神当人质的说法。周武王有疾，为祈求武王早日康复，辅佐武王的周公设坛请天，而以自己为质。这是给鬼神当人质。当时人与人之间还没有交换人质的做法。最早的人质制度，是在春秋时代开始的。当时周天子的卿士郑武公，可怜的周天子为向郑武公表示信任，竟然把自己的儿子送到郑国为质，郑武公的儿子也被送到周天子处为质。这次"周郑交质"为春秋战国各诸侯交质开创先例之举，用人质作抵押以示信用。不过，春秋时代各诸侯国尚视信义为至上，所以"交质"或单方面以人为质的事不常发生。见于记载的"交质"，在春秋二百年中只有六次。但到战国时代，各诸侯国相互攻伐，已不知信义为何物，相互之间猜忌加深，用质表示对大国的服从，或用质来巩固联盟国之间的关系的事例也就屡见不鲜了。总计战国二百五十余年间，竟有二十四次见于记载的交质之事。而这二十四次交质中，东部六国之间交质的仅九次，占三分之一而其余三分之二均与秦有关；各国送人到秦为质者九起，秦人到各国为质者六起。这说明秦国成为众国交换人质的主要对象。国王的太子和孙子或是重要的臣僚，多是为质的对象。多数是为相互联合抗秦，战国时代各诸侯国间派人到对方为质。而秦与六国之间的交质，则不属此类。多数国家把人质派到秦国，有的是为求和，有的是为乞援，而秦派人到各国为质，则目的在于策略之计，拉拢一些诸侯国以联合攻击另外一些诸侯国，这才是真正的"远交近攻"的政策。秦国为实行这一政策，不惜将国王的子孙们派到各国为质。

在战争期间，为了各自利益，各国的国君往往视派出去的人质的生命于不顾，而背信弃义。一旦因国君背信弃义，派出的这个质往日拥有的重要性就不复存在，当时称为"抱空质"。而为人质者处于"抱空质"的境地，本人就成了本国的替罪羊，随时都可能被凌辱、杀戮，其生死前景则难以预料。

让异人当倒霉蛋的角色并非空穴来风，他的父亲安国君柱原本不是太子。公元前267年，原来立的太子死后，安国君才坐上太子的位子。可是秦昭王是个长寿之人，到安国君柱三十八九岁、快四十岁的时候，秦昭王的精力依然如壮年人般充沛。直到安国君柱已经是五十三岁时，秦昭王才撒手人寰。这样，在漫长的岁月里异人的父亲安国君柱，一直在等待王位中度过望不见准确尽头的日子。同古代所有的贵族王子一样，过着行尸走肉的生活。他把精力都浪费在声色犬马的淫逸嬉戏之中。安国君柱的好色在秦国的贵族中是有名的，他究竟有多少姬妾和妃子，现已无法考证。但仅从他有二十几个儿子这一数目，也可想而知他的后宫中定有三宫六院的妻妾。既然安国君有二十几个儿子，异人只是其中一个，而且正巧他又不是受宠的儿子。之所以不受宠，一是因异人并非安国君的长子，二是异人之母夏姬早在安国君面前失宠。一目了然的事实：一个不受宠的姨太太所生的不受宠的儿子，在众多的兄弟中间，无疑是不能获得什么优待了。当质子的命运落在异人的身上，也是理所当然的事了。

大约在公元前265年左右，十四岁的异人就被送到赵国为质。

异人在赵国首都邯郸为质的时期，一旦秦、赵两国关系友好，身为秦国王孙的异人自然被奉为上宾。然而好景不长，秦国和赵国的关系愈来愈紧张，来势凶猛的秦军不断向赵地挺进。就在异人来赵国这一年，赵国的三座城就被秦攻击了。两国进入战争状态，为质的异人从此沦为赵国的阶下囚。秦国攻赵，使赵国朝野上下一片恐慌。因为这时北方的燕国混水摸鱼向赵进攻，而赵国国内惠文王刚刚去世，孝成王登上王位后由赵太后打理朝政。在秦、燕夹击下，赵国惧怕的第一对象是秦国。虽然不久前赵国大将赵奢刚刚把秦军打败了，但此刻赵国国内政治一片混乱，大臣间矛盾重重，军队的战斗力大减，根本不是与秦抗衡的对手。在无计可施的情况下，赵国只得暂时向齐国求援。

因赵国派出长安君为质，齐国守诺出兵援阵，所以秦兵攻赵三城之后，也不敢再继续进攻，对赵的威胁暂时解除。

然而，北方的燕一直是威胁赵国的隐患。

这时北方的燕国派宋人荣蚠领兵攻打赵国。年轻的孝成王毫无主见，掌握实权的平原君赵胜只得向齐国求救，答应割数十个城邑请齐国的安平君田单为将军，率领赵国的士兵抵抗燕军。赵国有名的大将马服君赵奢听到计谋后，找到平原君赵胜，企图劝阻他改变这个错误的决定。

尽管赵奢劝阻，但仍未能使赵王改变主意。后来的结果正如赵奢预料的那样，安平君率兵抗燕，虽暂时缓解了燕的进攻，但赵国并没得任何好处，反而白白浪费到十八个城邑。

赵国内部如此黑暗，秦国当然也是知情的。从昭王四十二年（公元前265年）以后的一年多，虽然攻打赵国的行动没有继续，秦国却一直垂涎三尺地盯着赵国，一场大规模的战争，随时都可能在秦、赵之间展开。

处在这样的环境下，派到赵国为质的异人日子是很难熬了。

居于中国古代经书之首的《易经》"否"卦《象》说"否终则倾，何可长也。"意思是说物极必反，倒霉的事到了头必然会转化到好的方面，即所谓"否极泰来"。正当异人囚居邯郸，困苦潦倒，归国无望，前景难以测定，心情绝望到极点时，碰到了吕不韦，从此改变了命运。

吕不韦当时正在邯郸一面寻花问柳，一面搜索着得以使其富贵甲天下、泽被后世的一本万利的货物。初到邯郸，吕不韦就听说有一位困居于此地的秦国贵族，一再调查之后，他对异人的身世、家庭关系、目前处境以及此公的爱好、品性等等情况了如指掌。后来，他很快就有一个机会见到了异人。当吕不韦一见到这位落魄的王孙之时，借着多年闯荡江湖的经验，慧眼识珠：多方寻觅的宝贝就在这里！情不自禁地脱口而留下一句名言："此奇货可居。"他回家对他父亲详说，可赢利"无数"的宝贝，正是异人这个"奇货"。

（三）奇货可居

吕不韦再返回邯郸时，已经是公元前 262 年了。

吕不韦拜辞父亲，携带金玉赶往邯郸城。不韦先是来到公孙乾门前，致敬意而后自报家门，被人引入。不韦一进入门，在大厅中就向公孙乾下拜，公孙乾也还他半揖之礼。行礼完之后，大家分别坐下喝茶，吕不韦起身说："我是吕不韦，濮阳人。因为长年在外，所以很少能见到您。这次回家乡，路过此地，久仰尊名，特地来拜见将军您。没什么可孝敬的，只有黄金三十两，不成礼仪，还望笑纳！"公孙乾说："初次相见，何必要带如此贵重礼物。我对你又无功劳，不敢受赐禄，请你还是带回去吧。"不韦说："这又不是远方的稀世珍宝，不必客气，收下吧。"公孙乾欢喜地收下了，并设宴款待他，并问不韦："先生今年多大了？"不韦答道："我正好二十。"公孙乾说："你小我五岁，从今以后，我们兄弟相称，不要见外！"于是，不韦拜乾为兄，二人同饮大醉，公孙乾留不韦住到第二天天亮。第二天，是端午佳节，公孙乾在后厅排宴款待不韦。

公孙乾与吕不韦庆赏佳节几天。等到不韦看见皇孙异人在隔居闲坐，明知是秦国皇孙，假装不知道，故问于公孙乾："隔居闲坐那个人是谁？相貌不俗，莫非是将军之公子吗？"乾说："不是我的小孩，这是秦昭王皇孙异人在此为质者，赵王要我把他关押在此地！"不韦曰："原来此人是王子王孙！"马上站起

来说："小弟斗胆，有一事想对哥哥你说，希望不要阻止！"

公孙乾说："请你吩咐！"不韦说："我想与异人同桌喝酒，行吗？"乾说："你要他陪酒，叫他就是了！"于是，把异人叫来。大家见过面，坐下，一杯接一杯地喝。一会儿，乾起身上厕所，不韦趁机低声问异人："如今秦王老了，太子爱妃华阳夫人又没有儿子，而你的兄弟有二十多人。现在你在这里，不能见到秦王，太子即位，而你不能去争位子了！你在这儿作人质，什么时候才能回国？"异人听后，流泪说："我也知道，可是没有逃跑的办法，怎么办呢？"不韦说："能帮你继承王位的，只有华阳夫人！我虽然家里穷，但愿意花千两金子为您去西边一趟，去见太子和华阳夫人。劝她收你为养子，然后再回来救你，你觉得怎样？"异人说："真像你策划的那样的话，秦国与你共有！"不韦把五百两金子交给异人说："你把这钱送给赵国当权者和公孙的左右客人，我几天后就往西去！这事只有你我知道，千万不可泄漏。"异人感谢他说："得到你的搭救，我终生难忘！如果有一天回国，我一定要封你地盘，死后标榜于世，让你世代都能当官，肯定不会忘了你的！"说完，公孙乾回来了，每人又喝了几杯，不韦起身告辞："我已不胜酒力，要先行告辞了。"公孙乾说："你再呆几天吧！"不韦急着要走，乾也留他不住，只好亲自送别他出门。

不韦回到家，收拾黄金五百两，并买了珍奇古玩，和家人向西去了。

吕不韦给钱让异人花销，其目的是使异人广交朋友，收买人心，改变在赵国贵族眼中的落魄形象，以便为回国夺权打好基础。对此，异人肯定心知肚明。他在邯郸用吕不韦给的钱结交赵国贵族和其他诸侯国来到邯郸的上层人物，又收罗宾客为自己鼓吹以壮大声势，在各国贵族上层中大造舆论。果然，"有钱能使鬼推磨"，不出几年，异人的私家势力就不容忽视了，他在赵国和其他诸侯国贵族眼中的形象也改变了。

异人之所以能在短时间内改善自己的境遇，除了吕不韦的钱外，关键在时机好。这几年秦、赵之间一场大战虽正在酝酿中，但只是处于暴雨欲来风满楼的间歇时刻，双方暂时没有发生正面的冲突，这恰给异人积蓄力量回国夺权提供了大好时机。

秦国自公元前266年任范雎为相后，范雎就推行实行"远交而近攻"的方针。他认为只有这样才能巩固所取得的土地，所谓寸土必争。根据这个准则，他决定先伐韩，而把齐、赵等国稍稍放下。因为韩国的土地与秦地交错，是秦的战略要地。所以，从公元前265年秦军就大举向韩国进军。当年攻占了韩的少曲（今河南省济源县东北少水弯曲处）、高平，即向（今河南省孟县西）。秦昭王四十三年即公元前264年，秦国命令白起攻韩，占领了汾水旁的井隆城等九座城市，杀死五万条人命。白起是昭王时代一名猛将，此人又名公孙起，眉人（在今陕西眉县境内），脑袋长得小而尖，瞳子黑白分明，超凡脱俗，为人凶狠但善用兵。自秦昭王五十三年（公元前254年）即为左庶长，带领秦兵功韩、楚、魏等国，战无不胜，被封为武安君。曾在昭王三十四年（公元前273年），与赵、魏联军作战，攻占了魏国的华阳，俘虏十三万人，赵国二万士兵被沉入河中活活淹死。昭王四十三年（公元前264年），白起连打下井隆等九城后，次年又夺下了太行山南的南阳地。至此，秦军对韩国的攻击势不可挡，节节胜利，而秦对赵则还没有过正面交锋。本来赵国可暂时避过风头，避开锐不可当的秦军进攻的矛头，不料赵国国君贪婪因小失大，从而过早地把秦军的战火引到自家门前。

公元前262年，秦军一再向韩国的上党郡开战，占领了野王（今河南省泌阳县）。上党地处今沁水流城以东、山西和顺以南之地，治所在今长治市北壶关。而韩国的疆域则在今山西省东南部和今河南省中部。野王被秦王霸占，就把上党郡与韩国本土分开了。

上党被单独划分在外，韩国惊恐，却又没有办法。韩桓惠王派阳城君入秦，希望将上党之地献给秦国求和，征得了秦国的同意。没想到当韩桓惠王派人宣布这一命令，令上党太守靳黿向秦缴械的时候，却遭到靳黿蛮横地回绝。他对国王派来的人一腔正气地说：

"常言道：'挈瓶之知，不失守器'，替别人保管一个盛水的罐子，尚且不能轻易丢掉。何况这是国王令我守护的一片国土呢？本人肯定不会轻信你胡言，将上党拱手给秦。臣请求出动全部兵力抗秦，即使抵抗不成，我心足已！"

这震撼人心的语话反映了韩国将士不屈的意志。只是韩国国君的胆早已被秦军吓破了，对于靳黈这样的爱同志士竟无动于衷，当来人将靳黈的话传达给韩王时，韩王却厚着脸皮说："献上党的事我已经答应秦国的应侯范雎，已经是不能反悔的事了。"被人打得割地求饶，没有一点骨气，还谈什么"失信"不"失信"。这无非是卖国贼、奴才的思想！

韩桓惠王见靳黈不愿降秦，就另派冯亭为太守取代靳黈。冯亭到上党后，坚持三十日，仍不肯把地白白送给秦国。他派人到赵国邯郸，想把上党之地送给赵王。冯亭派去的使者对赵孝成王说：

"韩国已无力留住上党，韩国的国王想把上党让给秦。可是，上党的民众不愿降秦，一心归赵。这里有上党的十七座城，愿献给大王。大王收下吧！"

对于这天上掉下来的馅饼，赵孝成王一时不知所措：接受还是拒绝？于是，赵王向平阳君询问：

"韩国想把守不住的上党拱手让给秦国。可是当地百姓不愿为秦民而愿意作赵民。现在冯亭派人来献地，你的意见如何？"

"我听说圣人对于从天而降的好处是心存芥蒂的。"平阳君赵豹真是比赵王有远见。

"人家崇拜我们赵国的仁义，有什么不可以呢？"赵王自鸣得意地说。

"韩地受到秦的蚕食，因上党与韩国本土隔离，才把这块地献给我们。"赵豹一针见血指出韩国献地出于无奈，"而且韩地献给赵，这是要把秦的战火引向我国，这不是给我们土地，其目的是要把祸患转嫁给赵国。"

赵王见赵豹不赞同自己，又召平原君赵胜和赵禹商量这事。这两个人是见风使舵的主，知道赵王贪图小便宜，便顺水推舟地说：

"如此天大的好事为何不干！"

赵王自然心满意足，立派赵胜前往上党受地。

赵胜来到上党后，清楚形势对自己不利。他首先采取收买人心的办法，下令："赐给太守封地三万户，赐给县令封地千户，诸吏皆连升三级爵。百姓凡能守城者每家赐六金。"企图用重赏之下必有勇夫的办法，以保住赵国新增加的这块领土。太守自然得到的好处最多，可是在这种情况下受赏，连太守冯亭也无法笑纳。他垂涕道："我有三不义：为国守地而不能誓死保卫它，一不义；违背围君命令将地献给赵，二不义；把韩国土地卖给别人，自己反而坐收渔翁之利，三不义。"一再不肯受封赏，最后终于告辞赵胜回韩国去了。太守冯亭虽无力挽回失败结局，但他的气节也确实让人佩服。

冯亭胜利完成使命，韩王见赵军已占领上党，只好如实向秦国报告。秦王十分生气，立即派白起、王龁率秦兵向上党进发。赵国果然引火烧身了。

赵国得到上党后，就派名将廉颇率兵屯驻，决心与秦军一决高低。

一场空前的血战正在酝酿中。不过，即将爆发的大战，是在百里之外的邯郸以西的上党地区。因此，尽管赵国边境硝烟滚滚，赵国首都却仍然是太平盛世。而且，由于赵国上下都在关注着西边的韩、秦之战，反而没人注意邯郸城内的秦国公子异人。这对他来说是天赐良机。

异人在邯郸行动，除在灯红酒绿中结交赵国和其他诸侯国来赵的将相、宾客以外，当然也受到了当地的学术文化空气的熏陶。

战国时代的邯郸，不仅是政治、经济发达之地，而且也是文化中心。邯郸之所以成为文化中心的原因是多方面的：一方面在地理位置上处于四通八达的交通要地，活跃于各国的知识分子——"士"频繁往来于赵国；另一方面由于赵国贵族盛行"养士"，从而吸引了一大批士人。史书上说：战国时期在齐、楚、魏、赵都有一些贵族注意拉拢知识分子，培养家族的声势。这就在客观上

有利于学术的繁荣。如齐国宣王爱好文学，邹衍、淳于髡等七十六人都被赐予了住所，在稷下讲学，稷下学派由此形成，人数多时达数百人；齐国的孟尝君家有数千"食客"；魏国信陵君无忌也养士"多过三千人"；楚国春申君也有三千宾客。与此同时，赵国的平原君赵胜也属此列。平原君有不下数千人的养士。这些养士之家，无疑成为知识分子云集之地，而士之集聚地自然成为学术极兴盛的地方。

赵国的邯郸学术风气不同于秦、楚，也不同于齐、鲁。以稷下学派为主的齐国临淄，由儒家学派或阴阳五行学派占主要地位。而秦国则一贯推崇法家传统，到昭王时代仍然"无儒"。赵国的邯郸却相反。这里的学术特别注重海纳百川，凡战国时代的诸子主要学派的代表人物，没有不光顾赵国的。

众家之首是儒家学派。孔子逝世后，儒家衍生出八派，其中主要是孟轲和荀况。孟轲对诗书造诣颇深，荀况擅长于礼学。而荀况就是赵国人。他曾游学于齐国的稷下，到过燕、楚、秦等国。他在世年代大约在公元前 313 年至公元前 238 年。值得一提的是，荀况在赵国时正好是吕不韦和异人在邯郸的那几年。从吕不韦以后表露的思想动向来看，他受到了荀况明显的影响。荀况与孔丘、孟轲的儒学最大的不同之处在于他批判地吸收了儒家以外的一些学术思想，如性恶说和五行学说以及"重法"思想等等，这些特征在吕不韦的一生活动中都有所体现。荀况又是法家集大成者韩非和贯彻法家学说的实践者李斯的老师。这两个法家代表人物曾是荀况的门下弟子。另外，据《汉书·艺文志》记载，《处子九篇》是法家代表作。这个处子也是赵人，可见，邯郸也是法家学说的重要发源地。著名的古代逻辑家——名家公孙龙子，字子秉，也是赵人，为平原君赵胜的门客。其他如墨家、道家学派的人物都曾光临过邯郸或在这里长期为客。这就造成了邯郸的学风既不同于稷下，也与关中的咸阳不同，而是以"杂"为其特点。公子异人身带吕不韦的钱，在这里与各路宾客结交，不同等级和门户的人士他都结识，为吕不韦和自己网罗一批羽翼和爪牙，而且潜移默化中接受各家各派思想主张，极少有先秦各学派的门户之见。这就为后来吕不韦在秦养士，和以《吕氏春秋》为代表的"杂家"学派产生创造了条件。

邯郸——是吕不韦和公子异人的成长的基地，他俩由此走上了政治舞台。

五、一掷千金

有了吕不韦资助的五百金，如今异人的车马已经焕然一新，异人的服饰也变得光鲜华美，一扫之前的落魄，连侍者也一身的绫罗绸缎，神气十足。高朋贵友趋之若鹜，异人的府门前已车水马龙。

吕不韦迅速打理好在赵国的生意，赶往秦国。一路上，他看到秦军的辎重正源源不断地运往长平。吕不韦判断，这一仗，赵国是输定了。

吕不韦到咸阳第二天的晚上，就见到了实施计划的第一位关键人物——华阳夫人的弟弟阳泉君。吕不韦送上准备好的厚礼，委婉地说明自己的意图，阳泉君答应做华阳夫人的工作，并答应尽快把他引荐给华阳夫人。

同时吕不韦又送重金给华阳夫人的姐姐，让她进宫劝说华阳夫人早立嗣子。华阳夫人的姐姐立刻进宫，劝华阳大人道："现在您侍奉太子，甚得宠爱，可惜您没有儿子，不如趁太子宠爱之时，早一点在太子的儿子中结交一个有才能又孝顺的人，立他为继承人，像对待亲生儿子一样对待他，那么，太子在世时您受到尊重，太子死后，自己立的儿子即位，最终也不会失去现有的权势。"

姐姐这一番话让华阳夫人很受触动，她沉思了一会，说会好好考虑立嗣子的问题。

吕不韦通过阳泉君和华阳夫人姐姐的引荐，很快就见到了华阳夫人，送上准备好的厚礼。

寒暄过后，吕不韦对华阳夫人说："异人公子很贤能，他十分想念父亲安国君和夫人，甚为关心夫人的未来，希望夫人对未来之事早做谋划。现在夫人很得太子宠爱，可是夫人无子。为夫人着想，应当早点在诸公子中寻找贤孝之人，作为自己的儿子。这样一来，夫人现在享有尊贵的地位，即使以后事情发生变化，因您所立的嗣子即位，您的地位是不会受到影响的，正所谓'一举而得万世之利也'。"

华阳夫人想了想，道："先生的意思是叫我速立异人？"

吕不韦答道："夫人立嗣子，应当立贤孝之人。安国君的诸公子中称得上贤德的，他们的母亲虽然难说得幸，可也难讲失宠，因此夫人是不好与人家争的。异人公子很贤能，他的母亲又失宠于太子，他没有机会成为嗣子，所以必然愿意依附夫人。夫人若在此时立异人为嗣子，异人必感恩戴德，夫人将毕生有宠于秦矣！"

华阳夫人认为吕不韦说得很有道理，答应考虑他的提议。吕不韦辞别华阳夫人，怀着忐忑的心情回府等信。

当晚，安国君来到华阳宫，华阳夫人就趁着安国君心情大好之时，委婉地谈到在赵国做人质的异人非常有才能，来往的人都称赞他。说着说着，华阳夫人就哭了起来："我能入后宫侍奉您，是我的幸运，但非常遗憾的是我没有儿子，我希望能立异人为继承人，以便日后有个依靠。"

太子原先也是被质于赵国的，大概对在那里做质公子的难处深有体会，对异人颇为同情，又听说异人贤德，所以痛快地答应了华阳夫人的要求。

事情的进展快得出乎预料，第二天，华阳夫人的弟弟阳泉君就通知吕不韦，太子安国君已经决定立异人为未来的太子，并聘吕不韦为异人的师傅，请吕不韦回邯郸，"早晚教诲"。

看来吕不韦的判断没错，年轻貌美又温柔贤淑的华阳夫人果然深得安国君的宠爱，安国君对她言听计从，一夜的工夫她就说服安国君立异人为嗣了。吕不韦凭借超人的智慧、精辟的分析、雄辩的口才，终于使自己的"奇货"异人立为未来的太子。

六、以吕易嬴

（一）战乱受阻

不韦从秦国回来，又到了邯郸。他先见父亲叙说了详情，父亲十分高兴。

第二天，就准备厚礼拜见公孙乾，然后见王孙异人。不韦将玉符交给异人并说："我去西游，见你国君大人，说立你为嗣，让我交此玉符给你，与你为报，你不必怀忧，我自有办法救你还秦！"异人感谢他说："如果能回秦，必定不忘记你的大恩！"吕不韦义将王后和太子夫人说的一段话细细说与异人听，将黄金五百镒及衣服献上。异人高兴得不得了，对不韦说："衣服我留下，黄金请先生收去，要是有用得着处，先王只管花吧，只要能救我归国，感恩不尽！"

此时在遥远的邯郸当人质的异人，竟一下子变成秦王位的继承人。

身份既然变了，当然也不能再当人质。于是秦国就请吕不韦回到赵后，请求赵国放人。但当时秦、赵两国关系正值紧张关头，赵国哪会好心将异人放回。吕不韦又施展出他的多种才华，他对赵王说："异人这个公子，现在已经是秦王的宠子，他自己母亲没有得到宠幸，可现在最得宠的华阳夫人要收他为养子了。贵国若强留异人，对赵国一点好处也没有，如果秦国存心要灭赵，根本不会理会一个在这里抱空质的异人。若贵国能将异人送回秦国，以后异人一旦坐上王位，必定对赵有好处。"巧舌如簧的吕不韦如此一番花言巧语，最后竟说服了赵王，决定将异人遣送回国。吕不韦这一次义走了一步好棋。

正在异人和吕不韦满怀希望地打点行装准备离开赵国时，不料长平之战爆发，使异人无法成行，只好待在邯郸再作打算。

自从被闲在秦军包围之中的上党由韩国的冯亭"献"给赵国之后，秦军又把进攻的矛头南韩国转向赵国。贪婪的赵孝成王贪图一片战火中的土地，而使自己陷入战火中，秦、赵两国又一次正面展开了厮杀。

赵孝成王接受了上党之地后，为保住利益，随即派老将廉颇率兵驻守由上党通向赵国邯郸的交通要道长平，以抵御秦军进攻。

廉颇接受命令后，分析一下时局，他认为秦军以得胜之师进攻赵国必胜无疑。但其军队远离本土，兵源、给养都会供应不足，一定急于攻城取胜。而赵国军队依靠后方优势，但战斗力则远不如秦军，不宜急于与秦军展开正面交锋。因此，廉颇决定采取以静制动的战术，决定死守城以消耗秦军实力。他向军中下令：秦军攻城，赵军不许出战，违者以军法处置。于是，无论秦军使用什么花招，赵军皆岿然不动，在城中不出来。由于当时武器装备简单，这种战术竟使秦军毫无办法，只好长期围城，赵军坚持守城，双方在长平拉开近三年之久的持久战，始终不分胜负。

时间过长的对垒，显然对远途出击的秦军不利。经过大本营的谋士们一再考虑，秦国君臣终于明白不能再继续僵持下去。他们又想出了一个破坏赵国军队"以逸待劳"绝不出战的方针，策划了一个挑拨离间的阴谋。

公元前260年，在赵国的前线阵地和首都邯郸人们听到一个消息。开始，人们还不敢大胆地议论，但很快就成为公开谈论的话题：

"秦国士兵其实并不怕廉颇……"有人这样说。

"你怎么知道？"

"因为廉颇私下里和秦军勾结呢，别看他表面好像效忠于赵国。你看他总是不主动出击老是守在城里。"

"秦军真正怕的是谁呢？"

"马服君赵奢的儿子赵括是秦军最怕的。"

阵地、军营、街头、巷尾中的这些讨论，原来都是由秦国来的间谍故意编造出来动摇人心的，而这些谣言又迅速传到赵国王宫。不聪明的赵王不仅对自己的臣下一无所知，而且对这种十分明显的离间性质的谣言也不会用自己的脑子想想。当听到秦国并不害怕廉颇而赵括才是克星的谣言后，昏庸的赵孝成王竟决定撤换前线主帅，以赵括代替廉颇为将。成功地与秦军对抗了三年之久的大将廉颇，竟这样轻易地被撤换下来了。

取代廉颇到长平率兵的赵括是如何一号人物呢？原来他是一个只会纸上谈兵的空谈家。

身为将门之子的赵括，他的父亲赵奢乃是赵国名将，赵奢在军事才能和战功方面并不比廉颇差，因而被封为马服君。赵括自幼学习兵法，比兵法时，这个年轻气盛的小将说得处处有理，有时连赵奢也辩不倒他。赵括也认为自己精通兵法天下无双。可惜，自视甚高的赵括只知道空谈军事，一点实战经验也没有，更不懂书本上的理论如何与实际相结合。更有意思的是，恃才傲物的赵括一贯自命不凡，从来不肯听旁人的劝告。而赵孝成王却对敌军的谣言信以为真，任命赵括取代廉颇统兵，这就播下了悲剧的祸种。

其实，悲剧可以避免，对于赵括的致命弱点旁人早就明了。在长平之战很久以前，赵相蔺相如就曾指出赵括只知照搬书本，不会理论与实践相结合运用军事知识，只会把瑟上面的弦用胶粘住，还妄想拨响瑟弦。就是他的亲生父亲赵奢也直截了当地断言：

"赵括若为将，赵国就将毁在他的手里。"

可是，当赵孝成王任命赵括之时，赵奢早已入土。黑白不分、是非颠倒的赵王根本不知道听取赵国国内的其他建议，而是按照秦军的安排召回廉颇，派赵括接管长平前线军事统帅。当得知赵括即将赴任之时，赵括的母亲竟然站出来，坚决上书赵王反对自己的儿子赵括为将。

"赵奢、赵括父子绝不是同等出色的人，请大王一定要改变主意，不能委任赵括为将。"赵母语重心长地又补充强调，态度极其坚定。

"这件事我已决定，不容变更了！"赵王根本不采纳任何意见，他不愿收回已发出的命令，大概觉得那样做会有失体面。许多君主往往把个人尊严看得比国家得失还重，赵王就是其中之一。

"若大王坚持要派赵括为将，请答应妾身的一个要求。"赵母见无法打动赵王，只好绝望地提出最后的请求。

"有何请求，说吧！"赵王随意应付她。

"若小儿赵括在指挥战斗中违犯国法，妾请求不要连累于我。望大王饶恕我免受连坐之罚。"赵母这个令人心酸的要求，分明是换一个方法给赵王敲警钟。准知最后这一招也打动不了赵王，昏聩的赵王竟一口应承了赵母的"请求"，不改初衷派赵括立即启程，换回廉颇。

赵括率领亲信从邯郸奔赴长平上任，秦国的离间计大获成功。

针对赵国换灯式地调动将领，秦军适时而恰当地改变军事部署。秦昭王四十七年（公元前 260 年），秦国增派令人闻风丧胆的白起为上将军，以龁为裨将，加强对赵国的攻势，一场血战马上要上演了。

赵括到长平接任廉颇统军后，马上实行自己的战术。他认为原来坚守不出的战略是懦弱的表现，于是下令全线出击。秦军开始假装逃走，暗地却设下埋伏。当赵军追逐秦兵时，秦军返回城内，同时又以一支部队把赵军的后路绝断，赵军开始时尚能与秦军对抗，随后就日渐不行了。另一支秦军部队则袭击赵国后方，将赵军分隔在两处，彻底控制赵军反击的力量。数十万赵军成为瓮中之鳖不敢出战，只得等待救兵。由于弹尽粮绝，自七月至九月，赵军四十六日无粮，因饥饿待毙，以致人相食。原来不知天高地厚的赵括，此时束手无策，最后只好决定孤注一掷，下令所有士兵拼命突击。他鲁莽地亲率部队出战，结果被秦军射死，主帅一倒赵军立即瓦解，四十万人成为秦军俘虏。

秦军取得长平大捷，主要原因是赵国误中反间计，轻易换主帅，以致惨败。而只会纸上谈兵的赵括，则成为后世的反面教材。赵国失败是历史必然，赵军投降后，由于担心不好管理，白起竟下令将四十万降卒全部活埋，只有年幼的二百四十人幸免于难，放回之前又把这些虎口余生者割耳、截肢弄成残废，让他们回去后宣传秦军的虎虎"声威"，利用这一令人发指的惨案以威吓赵人。

长平一战，赵国损失惨重，死掉的士卒达四十五万之多，秦军死亡也超过一半。这是战国期间秦赵间最大的战役之一。

长平大战期间，异人自然被闲于邯郸无法返回秦国。而在长平战后，秦军紧接着就向赵国首都邯郸逼近，使得赵王改变主意，严禁异人回国。

异人不能回国，垂头丧气地在邯郸混日子。吕不韦也在邯郸替异人想办法逃出赵国。就在此期间，吕不韦实施了一个计划。

（二）异人娶妻

一天，不韦回归至家，和老父商量："我想为强秦谋取天下，无计可施。如今听说邯郸城内，朱家有一女名赵姬，生得绝美，不如我娶来做小妾，等她怀孕，儿与朱氏明说此计，誓不相负，把赵姬献给异人，异人在客中无妻，必然会娶她！倘生子，必是我的儿子，异人死后，必定我儿登基，再改姓号，这难道不是我家的天下了吗？"父说："这条计谋太妙了！"

不韦娶回邯郸美女赵姬，善于歌舞，知她怀孕两月，于是请异人和公孙乾来家饮酒，席上山珍海味，笙歌两行，好不热闹。酒喝到半酣，不韦开口说话："我近来刚娶了一小姬，颇能歌舞，让她来劝酒一杯，不要见笑。"随即叫两个青衣丫鬟，唤赵姬出来。不韦说："你可要拜见二位贵人。"赵姬轻移莲步，在大家面前叩了两个头。异人与公孙乾慌忙作揖还礼，不韦令赵姬手捧金酒壶，上前为大家祝酒。杯子送给异人，异人抬头看时，果然标致。赵姬敬酒完了，舒开长袖，又在桌前舞一个大垂手小垂手，身似蛇舞，袖如素蜺，宛转似羽毛之从风，轻盈与尘雾相乱，高兴得公孙乾和异人心迷意乱，飘飘欲仙，口中赞叹不已。赵姬跳完舞，不韦娶她倒酒大觥奉劝，二人一饮而尽。赵姬劝酒完了，回到里屋去了。宾主复互相酬劝，欢快无比，公孙乾不一会儿大醉，卧倒在座席之上。异人心念赵姬，借着酒意，请求于不韦说："想到自己孤身在这作质，客馆寂寥，我想向你求得这个女子当作妻，满足平生之愿，不知她身价值多少？我一定全部奉纳。"不韦假装生气说："我好意相请，让小妾出来献艺，以表敬意，殿下遂欲夺吾所爱，哪有此种道理？"异人不顾一切，立刻下跪说："我由于在他乡孤苦一人，妄想要先生割爱，这真是醉后狂言，还望不要生气！"不韦慌忙扶起说："我为殿下谋归，千金家产耗尽都一点不可惜！如今怎会可惜一女子。但此女从小害羞，只怕她会不从，她若情愿，即当奉送，以便为你做些铺床拂席之活。"异人再拜称谢，等到公孙乾酒醒，一起坐车离去。当天夜里，不韦对赵姬说："秦王孙十分爱你，请求你做她的妻，不知你如何想？"赵姬说："妾既然已经以身事君，而且有了身孕，为什么要抛弃我，使我去侍候别人呢？"不韦悄悄地告诉她："你跟我终身，不过一个商人的妻子而已。王孙将来有秦王的位子，你一旦受宠，必为王后。如果侥幸腹中生男，即为太子，我与你就是秦王之父母，从此富贵无穷。你可要记得夫妇之情，听从我计，不可泄漏！"

赵姬声泪俱下地说："你的谋划太大，妾哪敢不听从！但夫妻恩爱，怎忍心割舍？"。不韦安慰她说："你要是不忘此情，他日得了秦家天下，我们仍是夫妇，永不相离，这不是天下的好事吗？"二人于是对天设誓。当夜同睡，恩情倍增，不必细述。第二天，不韦到公孙乾处，为那晚招待不周而致歉，公孙乾说："正要与王孙一同造府，拜谢高情，怎敢劳你大驾来此？"不一会儿，异人也到，彼此交谢。不韦说："蒙殿下不嫌弃小妾丑陋，让她侍候你，某与小妾冉三解释，已基本听从我意了。今日良辰，我将把她送到你寓所陪伴。"异人说："先生高义，粉身碎骨也不能回报你！"公孙乾说："既有此良姻，我应当为媒。"于是命令左右备下喜筵。不韦告辞离去，至晚以温车载赵姬与异人成亲。髯翁有诗为证：

新欢旧爱一朝移，花烛穷途得意时。

尽道王孙能夺国，谁知暗赠吕家儿。

异人得了赵姬，如鱼似水，恩爱有加。约过一月有余，赵姬对异人报告说："妾获侍殿下，现幸运已有身孕了。"异人不知来历，以为是自己的孩子，愈加欢喜。那赵姬先有了两月身孕，后又与异结婚，嫁过八个月，就满了十个月，当产之期，腹中毫无动静。因怀着注定天子的真命帝王，所以比常不同，直到十二个月，方才产下一儿，分娩时满屋红光，百鸟飞翔。看那婴儿，长得额头丰满，眉清目秀，方额重瞳，口中还有数齿，背项有龙鳞一搭，哭声洪亮，街市的人都听见了。那天是秦昭襄王四十八年（公元前 259 年）正月朔旦。异人喜出望外："我听说应运之主，必有异征，这孩子骨相非凡，又且生于正月，他日定能当政天下。"于是用赵姬的姓，起名叫赵政。这就是后来兼并六国的秦王，也就是秦始皇。当时吕不韦听到赵姬生男，暗暗自喜。

（三）决计出逃

异人在邯郸娶姬生子，忘乎所以，似乎不记得回国之事。哪曾想到，风云变幻，这期间战争又改变了势态，给已淡忘了回国之心的异人归秦创造了时机。

战争是政治的手段之一，而政治的变幻正如难以预测的天气一样。秦军要是趁热打铁进攻邯郸，以白起率领之精良之师不停顿地攻击，赵国的覆灭就在眼前。然而正当满怀必胜信心的白起在上党等待秦王下达向邯郸进攻的命令之时，却杳无音讯。一直拖了两个月之久，一天，突然接到秦王的命令：停止进攻，让士卒休息，准备与韩、赵和好。这可是白起万万想不到的。秦军失掉了一次占领邯郸的绝好机会！但被困在城中的异人却因而逃过了一场厄运。

为何会产生如此大的反复呢？这都是秦国内部矛盾引起的。

范雎在秦国取代魏冉为相之后，秦国的政治和军事确实是重整旗鼓。不过，此人乃是一个小肚鸡肠难以容人的小人。他见白起率兵在外屡战屡胜，一方面庆幸自己当政以来不断取得胜利，一方面又害怕战功累累的白起势力会超过自己。长平之战后，范雎见白起取得偌大战功，胸中妒火中烧。这时，韩、赵派来使者向范雎游说：“武安君白起率兵在外有很大的战功，眼看就要灭掉赵国。如果白起占领赵国首都邯郸，‘三公’必为白起，若白起为‘三公’，君能为之下乎？虽欲无为之下，固不得矣。那时您不想居白起之下也身不由己了！”这些挑拨的话恰点到范雎的要害，真如火上加油。于是，以他如簧之舌花言巧语，将昭王骗倒，令白起停止进攻，兵罢求和。理由一大堆，无非是秦兵在外日久，耗费太多之类。

白起在上党得到罢兵讲和命令后，尽管心中什么都明白，知道这都是范雎在与自己作对，但也无计可施。只好眼看着灭赵的计划化为乌有，率领士兵从前线撤回。从此对范雎怀恨在心，两人的矛盾愈加尖锐。

白起和范雎的矛盾，逐渐发展到你死我活、不共戴天的斗争。

范雎劝说秦昭王退兵与韩、赵结为盟友，原来提出的条件是韩国割垣雍，赵国以六城为代价。但当白起退兵后，只有韩国遵守了诺言献出了垣雍，而秦国没有得到赵六城。更有甚者，赵王还派虞卿去齐国，企图与齐成为盟友一起攻秦。

秦昭王见赵国不守信用，异常愤怒，命令白起又一次率兵攻赵。一度班师回朝的白起却对秦王的决定发表异议：“臣下不能如大王命令，再次出兵攻赵是不对的。”白起明确向秦昭王表明自己的态度：“长平大战，秦王已经打了胜仗，赵军彻底失败。赵军丧胆，秦人士气大振，当大王错发命令时，已失去机会。秦军凯旋大家被胜利冲昏了头脑，国家对战死者以厚葬，负伤者得到厚养，有功劳者领到奖赏，不惜钱财庆祝胜利。而赵国失败后无力收葬战死者，对战争中负伤者也无法顾及生死。财力窘迫，全国一片惨兮兮。俗话说‘哀兵必胜’，在这利形势下，赵国军民必然同仇敌忾，同心协力，发奋图强，努力生产，增强国力。现在，大王要发兵攻赵，兵力再猛再多，恐怕也难取得前次那样的胜利。因为，赵国防守的力量、士气、民心可比以前强十倍了。”

"赵自长平之战失败后，君臣都有危机感，一心要提高国力，改善内政，注重与外国搞好关系，不惜以财帛、美女，与燕、魏联姻，与齐、楚联盟。全国上下一心，誓死与秦对抗到底。经过这一段努力，赵国的基础和兵力得到了巩固，对外关系也取得成就。现在要攻击赵国真不是时候！"

白起一而再、再而三地强调现在赵不可攻，可是秦昭王主意已定，根本不听劝告。固执的秦昭王又改命五大夫王陵统兵伐赵。

秦昭王四十九年（公元前 258 年）正月，五大夫王陵率秦兵攻邯郸。果然如白起所设想，秦军刚开始进攻，就受到赵国军民的顽强抵抗，将卒伤亡惨重，战线无法推进。

当前方战场失败的消息传回到秦国国都的时候，秦昭王又想任用白起。他派人召白起入宫，准备再次重用他代替王陵率兵。没想到白起竟以年老身体有病为由，不肯接令。

昭王气极败坏。但是王陵军在邯郸附近八九个月之久，战场不见任何令人如意之处，反而士兵死伤一大片，消耗惨重。

就在走投无路的情况下，秦昭王迫不得已又求助于白起。这一次昭王一改往日傲慢、高高在上的姿态，放下架子，亲自到白起府邸，好声好气地求他挂帅出征。但固执得简直有点不识时务的白起，仍以自己年事已高、不中用为借口不肯答应，双方僵持不下。

"你虽然有病，寡人也要你带兵出征不可。"昭王见说服不了白起，只好再退一步说，"你就躺在病床上为军队指挥总可以吧！"

"既然大王态度如此诚恳，臣下也不能隐瞒自己的观点了。"白起不得不把自己对战争形势的把握与昭王的分歧一五一十地讲述明白。"请大王考虑臣下的意见，目前去攻打赵国是不恰当的，当务之急是放松对赵国的压力，赢得赵国百姓的好感，等待赵国内部发生变化。尽量令仇恨和恐惧秦军的赵国人忘记伤痕，最好能让赵国君臣骄慢、轻敌。等待时机成熟，秦国举兵伐无道，号令诸侯，天下非你莫属。此刻不必操之过急。"白起简直是天生的军事家，他不仅善于指挥打仗，也懂得利用民心。他的这番话在当时来说是千真万确的。可是秦昭王无动于衷，以为他故意捣蛋，再加上范雎趁机煽风点火，秦昭王大发雷霆，下令撤销白起的爵位，贬为"士伍"，即无爵的平民，更惨的是白起被发配到阴密流放。

接到被流放的命令时，可怜的白起病得爬都爬不起，不能马上起行。一直拖了三个月，前线又有秦军失利的消息传来。赵国联合几个诸侯国的军队，由防守转为进攻，秦军反而连打败仗。秦昭王无法扭转前线的局面，却迁怒于白起，命他立即离开咸阳，一刻也不容他。秦昭王五十年（公元前 257 年），白起只得带病起程，带着悔恨离开咸阳。

"白起对大王有意见。"就在白起刚走的第一天，范雎又一次向秦昭王说白起的坏话，"对给他的处罚不服，他还满腹牢骚。"

秦昭王闻言更是怒不可遏，也不管是真是假，下令派人追赶白起。此时白起刚刚走到距咸阳十里的杜邮，秦王派来的颁令者就来了，传达王命，要白起自己解决自己的性命。可怜一代名将白起，走投无路，只得接过使者送来的剑，仰天长叹："我究竟犯了什么大罪，以至落到这样的下场？"对这样的问题，自然是叫天天也不能应了。

"我的确该杀！"停了一会儿，白起找到了问题的答案："长平之战，赵国有四十多万投降的士兵，都被我杀了，就这一桩血债也足够给我今天的报应了！"说罢，遂拔剑自杀。

白起自杀的这一年，吕不韦和异人的生活也发生了翻天覆地的变化。

当秦军进攻邯郸之时，赵国就对异人严加看管。到秦昭王五十年，赵虽不断使秦军受挫，但还是不能使秦撤兵。在秦军进攻之下，赵孝成王差点要把异人杀死。幸亏赵国内部矛盾又起，使赵孝成王杀异人之念又烟消云散了。异人利用吕不韦资助的钱在赵结交宾客，在赵王又一次企图杀死异人之前，消息就传到异人和吕不韦耳中，他们知道邯郸已不是久留之地，决定寻找机会逃走。吕不韦在千钧一发时刻出谋并秘密活动。

吕不韦从家中拿出黄金共六百斤，用三百斤把南门守城将军都给贿赂了，借口是："某举家从濮阳来，在这里经商。不幸秦寇生发，围城日久，一心想回故里。今将所存资本，全部都拿出来了，只要做个方便人情，放我一家出城，回濮阳去，感恩不浅！"守将于是放了他们不韦又拿了百斤献给公孙乾，表明自己想回濮阳之意，请求公孙乾与南门守将说个方便。守将和军卒都得到贿赂，落得做个顺水人情。不韦预先教异人将赵氏母子，悄悄地寄于母家。当天，不韦摆酒席宴请公孙乾，说："我将要在三日内出城，特备一杯薄酒话别。"席间，不韦把公孙乾灌得烂醉，左右军卒也都是大吃大喝，酒足饭饱后，各自醉饱安眠。到了半夜三更，异人更换了衣服混在仆人之中，跟随不韦父子行至南门，守将私自开锁，放他出城而去。要去王龁大本营必须通过西门，因为南门是走濮阳的大路，不韦原说还乡，故只能从南门走。三个人连夜奔走，绕道以便投奔秦军。至天明，三个人被秦国游兵截获。不韦指着异人对他们说："他是秦国王孙，在赵国为质，现在逃出邯郸来奔本国，你们还不快点领路！"游兵让出马匹给他们三人骑坐，一起来到王龁大营。王龁问明来历，又请他们入内屋，让异人更换了衣冠，并设宴款待他们。王龁说："大王亲自在此督战，行宫距离这儿只有十里。"于是准备车马，将异人转送到了行宫。秦昭襄王见了异人，不知有多高兴，说："太子日夜想念你，今天我的孙子终于逃脱虎口了。你可先回咸阳，以安慰父母的思念之苦。"异人告辞了秦王，与不韦父子登车，一起到了咸阳。

公孙乾直至天亮才醒酒，左右报告说："秦王孙一家不知去向！"派人去问吕不韦，回来人说："不韦也不在了。"公孙乾大惊失色："不韦只说三日内起身，为何要半夜就动身走呢？"公孙乾于是匆匆赶到南门责问守将，守将回答："不韦家属出城已经好久了，我们只是奉大夫之命。"公孙乾说："可有看见王孙异人?"守将说："只见吕氏父子和几个仆人，并无王孙在内。"公孙乾急得跺脚说："仆从之内，肯定是王孙，我已中了贾人之计！"公孙乾于是上表赵王说："我监视不严，以致质子异人逃去，我罪该万死！"于是拔剑自杀。

（四）昭王攻赵

秦王自从王孙逃回秦国，加大攻赵力度，赵王再次派使者去求魏进兵。客将军新垣衍出主意说："秦所以急围赵是有原因的。以前与齐湣王争强为帝，历来就不以帝相称，如今湣王已死，齐更加弱，只有秦国最强，可是没有帝号，他不甘心，今日用兵侵伐不休，只是想要获得帝号。如果让赵国把秦尊为帝，秦必定喜而罢兵，给他一个虚名就可以免实祸。"魏王本来害怕救赵，深信他的计谋，马上遣新垣衍随使者至邯郸，把这些话告诉赵王，赵王与群臣议。众议纷纷不能决定，平原君方寸已乱，也没有主意。当时有齐人鲁仲连，年十二岁，曾与田巴有过争辩，时人号为"千里驹"。田巴说："这是飞兔，哪里仅仅千里驹而已！"等他成年后，对仕途当官没有兴趣，专好远游，为人排难解纷。当时恰好在赵国围城之中，听说魏使请尊秦为帝，觉得很不开心，于是求见平原君："路人说你将要称秦为帝，真的吗？"平原君答："胜乃惊弓之鸟，魂都吓没了，还能说什么，这是魏王使将军新垣衍来赵所说的！"鲁仲连说："你可是天下贤公子。"

新垣衍离开后，平原君又派人到邺下求救于晋鄙，鄙以王命为推辞。平原君写信对信陵君无忌说："胜所以自附为婚姻者，因为公子高义，能急人之困！今邯郸旦暮降秦，而魏兵救不到，这怎么是胜平生所以相托之意？让你的姐姐担心城破，日夜悲泣，公子即使不念胜，难道也不念姊？"信陵君得书，数请魏王求救晋鄙进兵。魏王说："赵自己不肯让秦称帝，还倚仗他人力抗秦？"最后没答应。信陵君又让宾客辩士百般巧说，魏王只是不听从。信陵君说："我一定不可以负平原君，吾宁独赴赵，与他们一起死！"车骑百余乘，遍约宾客，想要亲自打秦军，以徇平原君之难，宾客愿意跟从的有千余人。路过夷门，与侯生辞别，侯生说："公子好自为之吧！臣年老不能从行，不要见怪！"信陵君几次看侯生，侯生并没有别的话，信陵君怏怏而去。约行十余里，心中暗想："我对待侯生，自谓尽礼，如今我往奔秦军，马上要死了，而侯生无一言半辞给我计谋，又不阻我出行，真是很奇怪！"于是叫住宾客，独自驾车回来见侯生。宾客皆说："他是个半死人，明知无用，公子何必去见他！"信陵君不听。

侯生站在门外，看见信陵君车骑，笑着说："嬴估计公子必定会回来。"信陵君问："为什么？"侯生说："公子遇嬴厚，公子去不测之地而臣不相送，你一定会恨我，所以我知道公子必返。"信陵君于是向他下拜说："开始无忌还以为自己有地方对不起先生，导致你不理我，所以回来问缘由。"侯生说："公子养客数十年，不让食客想一个奇计，而只身去与强秦对抗，这好比拿肉投饿虎，有什么好处呢？"信陵君说："无忌也知无益，但与平原君交情深，义不独生，先生有何妙策？"侯生说："公子暂且入座，让老臣慢慢说。"于是屏退从人，私下里说："听说如姬幸于王，可信吗？"信陵君说："是。"侯生说："嬴又听说如姬之父，早些年为人所杀。如姬告诉王，想为父报仇，三年也找不到人，公子派人斩其仇人头，献给如姬，此事如何？"信陵君说："果有此事。"侯生说："如姬感激公子，将会愿为公子死。今晋鄙之兵符在王卧室内，惟如姬力能偷到。公子如果一开口，请于如姬，如姬一定听话。公子得此符，夺晋鄙军，去救赵与秦对抗，这是五霸之功。"信陵君如梦初醒，道过谢后。让宾客先待于郊外，而只身一人回家，让家人去宫内，用窃符之事暗中求于如姬。如姬说："公子有命，即使覆汤蹈火，也不会推辞。"当天晚上，魏王喝酒醉了，如姬把虎符偷了出来，转致信陵君之手。信陵君既得符，又去向侯生告辞。侯生说："'将在外，君命有所不受。'公子虽有符，而晋鄙不相信，又向魏王请示，大事就不好了。我的朋友朱亥，他是个天下力士，公子可与他一起走，晋鄙如果听从更好，若不听，即令朱亥击杀他。"信陵君不觉泪下。侯生说："公子害怕吗？"信陵君说："晋鄙老将无罪，如果反抗，便当击杀，我只是觉得可惜，没别的。"于是与侯生同到朱亥家，说明原因，朱亥笑着说："我是井市小人，幸亏公子多次下顾，之所以不自报申请，以为小礼没什么用。今公子有急事，正亥效命之日。"后生说："我原本要同行，以年老不能远涉，请让我的灵魂送公子！"当场自到于车前。信陵君十分悲伤，于是给了许多钱，好让他们埋葬他，自己不敢滞留，遂同朱亥登车往北而去。

信陵君无忌来到邺下，对晋鄙说："大王因为将军长期劳累在外，派我特来更换你。"就让朱亥捧虎符与晋鄙检验。晋鄙接符在手，心里猜测，想道："魏王把十万之众交给我，我虽无功，但也没有过失，今魏王无尺寸之书，而公子空手捧符，前来代将，这让我如何相信？"于是对信陵君说："公子暂请等待几日，等我把军伍造成册籍，明日交付何如？"信陵君说："邯郸势在垂危，应当日夜兼程赴救，哪能复停时刻？"晋鄙说："实不相瞒，此军机大事，我还要再行奏请，方敢交军。"没等说完，朱亥厉声喝道："元帅不奉王命，便是反叛了！"晋鄙只问得一句："你是谁？"只见朱亥袖中出铁锤，重四十斤，向晋鄙当头便打，脑浆迸裂，登时气绝。信陵君握符对各将领说："魏王有命，要我取代晋鄙将军救赵，晋鄙不奉命，现已被杀。三军安心听令，不得妄动！"营中肃然。等到卫庆追至邺下，信陵君已杀晋鄙，大军在手了。卫庆料信陵君救赵决心已定，就想离开，信陵君道："你已来到这里，看我破秦之后，可以回去报告我王了。"卫庆只得先打密报，自己却留在军中。信陵君大犒三军，然后下命令："父子都在军中的，父亲回去；兄弟都存军中，兄长回去；只有一个孩子没有兄弟的，回家休养；有疾病者，留就医药。"当时告归的人约十分之二，得精兵八万人，整顿兵营。信陵君率宾客，自己为士卒先，攻打秦营。王龁没料到魏兵会来，仓促应战，魏兵勇猛向前，平原君也开城接应，大战一场。王龁损失一半兵力，奔汾水大营，秦王下令撤兵。郑安平以二万人别营于东门，被魏兵截住，不能归，叹息说："我原是魏人！"于是投降于魏。春申君闻秦师已解，也撤兵了，韩王乘机复取上党。这是秦昭襄王五十年，周赧王五十八年的事。

赵王亲携牛酒劳军，向信陵君再拜说："赵国亡而复存，多亏公子出力，自古贤人，还没有像公子这样的人。"平原君负弩矢，为信陵君开道，信陵君颇有自功之色。朱亥进言说："人有德于公子，公子不可忘，公子有德于人，公子不可不忘。公子假借王命，夺晋鄙军以救赵，对赵虽有功，而对魏也有罪，公子于是自以为功？"信陵君惭愧地说："无忌谨受教！"等到回邯郸城，赵王亲自扫除宫室以迎信陵君，对他非常有礼，作揖等候信陵君在西阶，信陵君谦让一番，踽踽然碎步从东阶走上去。赵王献酒，表扬公子救赵功劳，信陵君客气地说："无忌有罪于魏，无功于赵。"饭后回家，赵王对平原君说："寡人要用五城封赏魏公子，见公子谨让，寡人自是愧疚，可是说不出口，就封公子汤沐之邑，请你转告。"平原君转达赵王之命，信陵君再三推辞，方才敢受。信陵君自以得罪魏王，不敢回国，将兵符交给将军卫庆，领兵回魏，而自己留赵国。那些留在魏国的食客，也都弃魏奔赵，依傍信陵君。赵王又想封给鲁仲连大邑，仲连不肯接受，赠以千金，亦不受，说："与其富贵而被人辱骂，宁可要贫贱而得自由。"信陵君与平原君都收了礼物，仲连不听从，飘然而去，真是一个高贵的人啊！史臣有称赞的话说："真伟大，鲁连，品高千载！不为强秦效力，宁去东海。排难辞荣，逍遥自在，与那些秦国人相比，相差十倍不止！"

七、保全奇货

子楚平静的生活骤起波澜，暴风雨骤至，杀身之祸迅速靠近；吕不韦急中生智，顺利带领子楚逃出险地，一场危机化为虚无。子楚长叹一口气，吕不韦也长叹一口气：奇货差点毁于一旦，投资差点毁于一旦……

（一）十面埋伏

子楚获得了秦国继承人的位置，这资格证书拿在手里也是热乎乎的，而且货真价实，令子楚在夜里都要笑醒几次。俗话道好事成双，政治上有了重大的突破，生活上也获得了美妾赵姬，而且赵姬竟然还给他生了个儿子，这可真是喜上添喜。人逢喜事精神爽，此时子楚也不觉得在赵国作人质有什么难过的了。每天有娇妻陪着，有儿子哄着，还有吕不韦这个军师辅佐着，一切都过得顺风顺水，惬意非凡。

两年时间很快过去了，子楚每日都过得十分舒坦，也没有什么人去打扰他，也没有什么可让他烦恼的事。然而，就在一切都看似风平浪静的时候，却风云突变，生活一下子变得惊险起来。

秦昭五十年（公元前 257 年），上了年纪的秦昭王突然觉得平静地死去很不值得，觉得趁自己还健在，为子孙打下一片大大的江山很是不错。于是，他撕毁了与赵国结下的和平条约，派大将王齮攻打赵国。秦军所向披靡，铁蹄很快就开到邯郸城下。

赵国此前经长平之战，战力大损，已无力独自抵抗秦国的大军。一时间，赵王举足无措。有人建议："长平一役，我国损失四十余万丁。现兵力严重不足，需外借他国之力以抗秦。秦吞并之心日重，赵不存，他国亦不保。现王宜是派出能言善辩之人去游说诸边各国，力求借得援军，到时邯郸之围可解。"赵王听从了大臣的建议，向外广派使者。另一方面，加强邯郸的守城事宜，争取拖延更多的时间，以待援军的到来。

长平之战，是中国历史上最早、规模最大的包围歼灭战。这场战争，发生于最有实力统一中国的秦赵两国之间，结果使赵国遭受了毁灭性的打击，令秦国国力大幅度超越于同时代各国，极大地加速了秦国帝王专制时代的到来。据历史资料记载，此次战役赵军参战人数 45 万，秦军保守估计也在百万以上。赵军死者不计其数。君不见，多少家庭因此支离破碎。

这个时候，赵国并没有忘记事先没有得到消息的子楚这位秦国的未来继承人。有言道，两国交战不杀来使。可是，子楚并非使者，而是质子。说白了，就是一旦两国交战的时候第一个被杀掉的人。秦军兵围邯郸之后，有人对赵王说："今秦困赵日久，其亡赵之野心，日月可鉴。而秦之质子子楚仍在邯郸城内，多年以来，王上以仁者之心，未曾对秦质子有任何伤害之心。今秦欲亡赵，王上不可再存恻隐之心，斩秦质子以报赵之国民，抚慰守国将士之爱国情怀。"赵王听后，觉得大善，便派人去找子楚，好杀之以泄心头之恨。命令一层层下达，很快就到了士兵手中。士兵收拾好兵器，就奔向子楚的住处。

子楚虽然没有事先得到秦国要攻打赵国的消息，但他在邯郸居住得久了，而且又有着吕不韦在邯郸留下的眼线，在第一时间就知道了赵王要杀自己的消息。子楚听到消息后大惊，秦国这么多年以来，与赵国打过的仗数不胜数。刚开始，他还担心赵国会对自己动手。但到现在也没有动过自己分毫，加之舒坦日子过久了，完全没有了忧患意识，也忘记了自己是质子，身在赵国一天便有一天的危险。等到杀身之祸将临的时候，他才警醒过来，匆忙去找吕不韦商量。这个时候的子楚已经失去了方寸，脑海里一片空白，只顾着向吕不韦的住处跑去。

以前秦国也攻打过赵国，分别在秦昭王二十五年（公元前282年）和四十七年（公元前260年）的时候，尤其以四十七年为甚。秦昭王四十七年攻打上党，结果上党投降了赵国，请求赵国的庇护。秦昭王以此为由，派大将白起率军攻打赵国，两军在长平展开激战，最后白超大败赵军，坑杀了赵军四十余万人，使得赵国实力大损、元气大伤。此等奇耻大辱之下，赵国竟然没有想起要杀异人。所以，现在听说秦围邯郸，赵国就要杀自己，子楚非常震惊。

吕不韦听说秦军攻打邯郸之后，就密切留意赵国的动向。毕竟他一生最大的投资还在赵国，而且还是秦国的人质，这战争是要死人的，很难说子楚的安全能够得到保障，应该说是压根就得不到保障。所以，听说秦赵交战之后，吕不韦比谁都紧张，就怕自己的投资付诸东流，到时候后悔就晚了。所以，他精神高度紧张，一方面不停地探听情报，一方面做好最坏的打算。一旦赵国想杀子楚，就要立即想出对策来，免得到时候手忙脚乱，白做了一次梦。正所谓怕什么来什么，吕不韦最怕的就是赵国真想起子楚，而赵国就偏偏想起了子楚，而且还做出了杀死他的决定。吕不韦得到消息后，立即要动身去找子楚，没想到子楚竟然先找上门来了。

子楚一见吕不韦，就哭诉道："先生救我！"吕不韦知道子楚说的是什么事，这个时候他也正在想主意。但时不我待，赵王已经派出了捉拿子楚的武士，必须立即做出决定。吕不韦思考片刻，还是决定先离开这个是非之地再说，便吩咐子楚立即动身逃出邯郸。子楚一听，想要拉着赵姬一起逃。吕不韦制止了子楚的想法，并告诉他："人少，目标就少，不容易被抓到，稍加打扮就可以逃出去；人多眼杂，容易被人盯上，想逃就难了。先让她们母子在赵国暂时躲避，待局势稳定之后再接她们入关不迟。"

吕不韦吩咐子楚立即回去对赵姬说："祸事来了，赵王欲杀我。快快收拾东西，带着政儿离开，越快越好。这几年你本家与我联系紧密，也表示过一旦有难，可到他们家暂且躲避。今天是赵王欲杀我，你们母子可以去他们家躲避，想来他们不会为难你们。赵王仅欲杀我，定不会去寻找你们母子。但为了安全起见，切不可抛头露面。切记，切记！"赵姬一听也慌了神，连忙抱着嬴政，带了些细软就出了门。子楚让手下用车速速送夫人及儿子到赵姬宗亲赵家豪族中躲避，自己则以最快的速度与吕不韦会合，以期逃离邯郸城。

待子楚回来，吕不韦已经收拾妥当，稍做打扮便急匆匆地往城门奔去。两人心里都非常紧张，想着越早离开越好。只要出了城门，就不用担心了。所以，一路上也没有出声，只听着车轮的声音哐哐直响，一下下地敲打着两颗紧张的心，使得气氛也越来越凝固，直压得两人几乎喘不过气来。

　　不幸的是，由于战事紧张，城门的盘查也很紧。二人在邯郸也算是出名的人物，在守卫的盘查之下很快就被认出来了。子楚慌了神，吕不韦却反而镇定下来了。他将自己携带的六百金全部拿了出去，送给守卫，道："我二人皆是过往客商。"守卫不屑地看着吕不韦演戏，吕不韦又继续道："现有急事欲出城，请大人方便一下。此为小礼，不成敬意。"守卫虽吃着公家饭，但何曾见过这么多钱，一辈子都没有见过啊，说不动心是假的。吕不韦在旁边不停地力劝道："大人，今战事将起，过往之人几乎没人，现在没有人会看到这份礼物。只是天知地知你知我知，不会再有其他人知晓，大人可以放心收下。"守卫内心挣扎许久，还是没有坚持住，就收了吕不韦的大礼，装作不认识他们，放吕不韦二人过去了。吕不韦二人出了城门，驾车连忙逃窜，向着秦军大营一路奔进。

　　赵国见子楚已经逃到无影无踪了，便想起要杀掉他的妻子及骨肉来解恨。但赵姬也非简单人物，她找到了自己的娘家躲了起来，又令赵国追兵扑了个空。

　　至此，历经风险之后，子楚一家人终于转危为安。只是这个时候子楚只顾着自己逃命了，哪里还会去想老婆与孩子到底怎么样了？

　　关于秦军伐赵，有的人认为是阴谋。由于子楚成功地夺得了秦国未来的继承人席位，这使得他在国内的同父异母的兄弟们很是不满，尤其是老大公子傒。本来公子傒身为嫡长子，根据嫡长子继承原则，他是最有资格登上王位的，而且在国内又颇有势力。可是，吕不韦的出现却把这个本来清得不能再清的水给搅浑了，而且还把鱼给摸走了。这是令公子傒不能容忍的。于是，他联合一帮大臣建议攻打赵国，而且还偷偷地使人提醒赵王：子楚还在贵国作人质！于是，这一石二鸟的计策便形成了。但可惜的是，有了吕不韦坐镇，最终功亏一篑。

　　我们可以合理地想象一下公子傒所采取的行动，以便更好地理解阴谋论。

　　公子傒听说本来唾手可得的王位继承权竟然被长年在外为质的且几乎让人遗忘的子楚拿到了，很是不满，心里憋了一肚子的火，就等着找个机会来报复子楚，甚至是除掉子楚，以夺取继承人的位置。

　　秦国多年的攻伐给他提供了很好的参考，公子傒想到了一个妙招，可以致子楚于死地，而且不用担心别人怀疑是自己做了手脚。于是，他便兴冲冲地去找交好的大臣商量。因为自己仅仅是个秦王孙，还没有登堂议事的机会。所以，只能借大臣之手，况且也不会引起别人的怀疑。他对大臣说："子楚已然得到了继承人的位子，但我不甘心。今思及一计，请您帮忙参详一二。"大臣便让公子傒说出自己的计策。公子傒说："我们秦国已经攻打赵国很久了，但所得并不多。王上好征伐，我们可以怂恿他攻打赵国。然后，派人去赵国诱使赵王杀子楚泄恨。如此一来，则兵不血刃，大敌已去。"大臣听罢，感到很是可行，便同意了公子傒的说法，赶忙去说服秦昭王攻打赵国。

　　但是也有人反驳，认为这种观点是站不住脚的。第一，秦昭王此前攻打过多个国家，秦昭王四十七年（公元前 260 年）的时候更是攻打过赵国，这次又打赵国完全是正常之举，没有什么意外的。第二，作为孙子，公子傒还不具备参与政事的资格，无法影响到秦昭王的决定。第三，此前攻打赵国的时候都没有考虑子楚作人质的事情，这次当然也不会例外。第四，秦昭王虽然立了安国君为继承人，但安国君的儿子那么多，而子楚又是最不显眼的一个，很可能秦昭王早就记不起有这么一个人了，更不用谈记起子楚在赵国作人质的事了。综上所述，阴谋论是完全不成立的，只不过是好事者的猜想罢了。

　　不过需要指出的是，秦昭王五十年（公元前 257 年），子楚的身份已经完全不同了。以前，子楚仅仅是个无名的可有可无的人物，而今他却被安国君立为了继承人，而且已经是传遍天下了，很难说秦昭王不知道。假设秦昭王知道这么一回事，那么他出兵攻打赵国就很值得讨论了。无非是三种情况：秦昭王雄心大志，根本不会为了一个区区的未来继承人而放弃攻打赵国的好机会，更何况他还有那么多孙子可供选择，子楚并非独苗；秦昭王对安国君立子楚为嗣的做法不满意，所以也就无视子楚的存在；公子傒等人怂恿的结果。

　　综合来看，秦昭王在位期间一直没有停止扩张的步伐。他在位的五十多年间，战争始终不断，可见其心之大非一般诸侯所能相比。那么，他攻打赵国就显得合情合理了，而子楚在他的雄心面前，也算不得什么了。他断不会为了一个质子而放弃国家扩张的机会。

所以，阴谋论也好，非阴谋论也好，子楚事实上是已经被放弃了的。

至于安国君为什么没有说话，这一点也很好理解。安国君对立谁为嗣并没有太多的想法，立子楚完全是出于华阳夫人的建议。如今事关国家大事，自己的父亲秦昭王仍然在位，他是说不上什么话的。所以，他也就不会去主动捋秦昭王的胡须。而华阳夫人即使担心自己的未来不保，却也没有能力去影响秦昭王，只能听天由命。

幸好，华阳夫人的命好，子楚的命好，吕不韦的命好，子楚终于有惊无险地逃了出来。

（二）子楚回秦

子楚与吕不韦逃回秦营后，秦将领立即安排相关事宜。子楚可是太子的太了，将来的秦王，需要小心再小心，谨慎再谨慎。战场之上，变化莫测，这可不是久留之地。子楚虽然在赵国为人质许多年，但从未见过战争的场景，心里虽然没有了被赵追杀时的紧张，但对战争的恐惧还是存在的，所以也不想在军中停留太久。而吕不韦尽管见惯了世面，也听说过无数次的战争，但真的在军中还是头一回，难免心中惴惴不安，也没有待在军中的想法。双方在这方面从心底里就达成了一致，根本不用商量，就直接按照秦将的意思，安排人手护送二人回秦。

吕不韦与子楚在渡过了邯郸危机之后，在秦军的一路护送之下，安全地回到了秦国。回想起邯郸的危险，吕不韦还是唏嘘不已，性命倒是无忧，但是自己的投资就差一点葬送在了邯郸城中。看着子楚回国意气风发的样子，吕不韦也是暗暗叹一口气，忍不住低呼一声：好险！好险！

　　子楚倒是完全忘记了邯郸所发生的危险，他现在完全有一种回家的感觉。在赵国为人质那么多年，秦国的样子都快记不清了。可是今日回来，仍是感觉那么亲切，那么令人心情激荡。子楚想想自己在赵国邯郸受了那么多年的苦，又遭人追杀，而如今终又回到了秦国——还是以继承人的身份，虽然是继承人的继承人，也就是太子的太子，但终究还是个太子。以后在秦国，生活就不用担惊受怕了，也不用时时刻刻提心吊胆了，可以安心地享受一下生活了。虽然在赵国这几年的生活也很舒坦，但终究是客居。想到这几年的事情，自然也就想到赵姬与儿子，子楚不由地又紧张起来，不知他们在邯郸到底又是一种什么样的景象？

　　二人回秦后的琐事，我们避而不提。子楚回国后，第一件事就想着去看望自己的亲娘，然后再向父亲安国君请安。但是，吕不韦却否定了他的想法，并告诉他，第一件事要做的是去拜访他的"干娘"华阳夫人。子楚很是不解。吕不韦向他解释说："华阳夫人为您争取到了继承人的位置，对您有再造之恩。再者，安国君一切事务皆听从于华阳夫人，理当先去探望她，给她一个好的印象，以巩固您在安国君心目中的地位。至于看望您母亲，都这么多年没见了，也不用争这一时。待拜访完华阳夫人之后，再做打算也不迟。"子楚就像安国君对华阳夫人一样，对吕不韦也是言听计从，而且每次吕不韦说话，子楚都觉得甚为有理。

　　于是，二人就去拜访华阳夫人。吕不韦从不打无准备的仗，他早已将华阳夫人的生平探听了个仔仔细细，知晓华阳夫人是楚国人，便让子楚换上楚国服饰去见华阳夫人。子楚仍旧要问清楚为什么。吕不韦告诉他，华阳夫人是楚国人，就像您在赵国怀念秦国一样，华阳夫人也会怀念自己的祖国楚国。您还有着其他的大事可做，以缓解对故乡的思念。但是，华阳夫人不能。一旦有所忧愁，她就会怀念自己的故乡。这种思乡之情会随着时间的推移而愈来愈重，便会对一切楚国的事物都感兴趣，都会有一种久违的亲切感。这种亲切感来自骨

子里，而不是装出来的。所以，穿楚服是最为合适不过的

　　子楚便穿着楚国的服饰，带着吕不韦帮忙买的礼物，就去拜访华阳夫人了。华阳夫人一见子楚一身楚国人的打扮，心里激动不已，连忙道："我们楚国人啊！"华阳夫人对子楚的亲切之情立即加深了许多。华阳夫人又听到子楚说一回国其他人都来不及见，就来拜访自己，更是欣慰不已，对自己当初选择子楚作为继承人很是满意。华阳夫人觉得，子楚以前的名字异人已不再合适于他，于是有感而发，就给他起名叫"子楚"。这就是子楚名字的由来。

　　五年之后，秦昭王归西，这一年是公元前 251 年。秦昭王在位五十六年，几乎打了五十六年的仗，为秦国的疆土扩张做出了极大的贡献。

　　秦昭王四年，秦攻取了蒲阪。六年，秦平定蜀。七年，攻陷楚国的新城县。八年，攻取楚国的新市县。九年，攻占楚国的八个城池。十三年，攻取韩国的武始。十四年，攻打魏、韩，取得五座城池。十五年，攻打楚国，取得宛城。十六年，攻取魏的轵和邓邑。十八年，攻取垣、河雍、决桥。二十一年，攻取魏国的河内。二十五年，攻陷赵国的两座城池。二十七年，攻取赵国的代和先狼两城，攻取楚国的黔中。二十八年，攻取楚国的鄢、邓二城。二十九年，攻取楚国的郢都，改为南郡。三十年，攻取楚国的巫郡和江南，改为黔中郡。三十一年，伐魏，攻取二城。三十二年，伐魏，逼魏割三县求和。三十三年，取得魏卷城、蔡阳、长社、南阳四城。三十五年，伐燕，设南阳郡。三十六年，攻占齐国刚、寿二城。四十一年，攻魏取得邢丘、怀二城。四十三年，攻取韩国九座城池。四十四年，攻取韩的南郡。四十五年，攻取韩十城。四十七年，攻赵，杀赵四十余万兵。四十八年，攻取韩垣雍城。五十一年，攻取韩阳城、负黍，取得赵国二十多县。五十二年，尽获周朝鼎器，灭周。五十三年，迫使列国尽宾从于秦，取魏国吴城。

　　秦昭王的一生辉煌不已，战功显赫，可谓秦国史上第一王。他为秦以后的统一大业打下了坚实的基础，为秦统一全国做好了铺垫。五十六年的在位期间，

他东征西讨，使得秦成为列国皆不敢挑战的霸主。但是，人永远无法与时间赛跑，他终于还是倒下了。

他的离去或许是许多秦国人不愿意看到的，但却是安国君愿意看到的，因为他已经五十多岁，剩下的日子也不多了；这也是吕不韦想看到的，因为秦昭王活的时间越久，未来的变数就越大，也就越不利于子楚的继位，从而不利于吕不韦大计的实现。

秦昭王去世后，安国君即位，这就是秦孝文王。秦孝文王登基后，华阳夫人顺理成章地被封为后，而子楚也正式被确认为继承人，也就是后来所说的太子。

秦昭王的后事是如何料理的，史书没有记载。秦国史上第一王的时代落幕了，人们期待着秦孝文王时代的来临。但是，出乎人们意料又在情理之中的是，秦孝文王在位一年零三天就去世了。秦孝文王的事迹史书几乎没有记载，可见其在位期间政事乏善可陈，实在是没有什么出彩的地方可以记述。即使是秦孝文王为安国君的时候，史书也没有留下什么，可见此人十分平庸。不过，《战国策》倒是记载了两件事，可以算是对他的事迹做一些了解。但大家也都知道《战国策》的内容多为虚构，真实性难以保证，就权当作参考吧。

《战国策·秦策五》记载，王使子诵，子曰："少弃捐在外，尝无师傅所教学，不习于诵。"王罢之，乃留止。问曰："陛下尝轫车于赵矣，赵之豪杰，得知名者不少。今大王反国，皆西面而望。大王无一介之使以存之，臣恐其皆有怨心。使边境早闭晚开。"王以为然，奇其计。王后劝立之。王乃召相，令之曰："寡人子莫如楚。"立以为太子。

意思是说，子楚回国之后呢，秦孝文王已经许多年没见过儿子了，便想考一下子楚的学问，看看子楚肚子里到底装了多少墨水，也好加深对他的了解。于是，就让子楚背诵他所学习过的书籍。结果，子楚很诚实，他说："我从小就在外面漂泊，不曾有师傅教我学习，也就不会诵读什么。"秦孝文王一听，就不再问什么了。这里子楚的回答颇为讲究，如果他回答说："我什么都不会！"那就完蛋了，会给秦孝文王留下个不学无术的印象，这继承人的位置就很难保住。但是，他先说自己从小就离家在外，长年在赵国为人质，根本没有条件读书，再讲出自己不会什么。这样一来，秦孝文王就会想到儿子的凄苦，连读书的机会都没有，反而会内心觉得惭愧，也就不会再为难儿子。再者，秦以武立国，读书什么的虽然不断与中原各国靠近，但毕竟不是特别重视。同样的意思，不同的表达可以达到不同的效果，语言的力量是神奇的。

子楚让老爹秦孝文王考学问考得很没面子，就想找机会扳回来。于是，他向秦孝文王献计道："您在赵国曾经停留过（其实也是作人质），您的名声在赵国传播得很广，很多豪杰之士都有耳闻。如今您已经早早回到了秦国，他们都很想念您。但是，您没有派过一个使者去慰问他们，我怕他们会对您有所怨恨。不如边境早关晚开，以防不测。"秦孝文王认为子楚的主意很不错，便对他欣赏有加。华阳夫人趁机又说，不如立子楚为太子。秦孝文王立即召见相国，对他说："我的儿子没一个比子楚强。"于是，他便正式立子楚为太子。

其实，上面子楚的一席话听起来很莫名其妙，但中心思想是最后一句"使边境早闭晚开。"前面的话不过是恭维秦孝文王，自然地引出最后一句话而已。秦孝文王明白子楚的意思是担心自己的生命安全问题，提到赵国很自然地会想到刚刚伐赵，使得赵国对秦仇恨不已，又值新老交接之际，难免赵国的豪杰之士会做出些什么对自己不利的事来。但是，如果子楚说"我们秦国刚刚打了他们赵国，赵国人想来刺杀你，你最好把边境早关晚开，以防不测"，这样的话，直接说就有看不起秦王的意味在里面，那就很难取得效果了，反而会使秦王对他反感。而用上恭维的话语，委婉地提醒秦王要注意安全，便会博得秦王的好感。

从秦孝文王与子楚的对话，我们可以看出，两个人皆非愚钝之人，都是有着一定心思的。秦孝文王能够在强大的秦昭王手下平静地度过这么多年，除了他并不争强好胜之外，还有就是他懂得如何在一个强势的王者面前保持低调。只有这样，才不会被秦昭王起废黜之心。"韬光养晦"用来形容秦孝文王是最合适不过的了，也只有如此的韬光养晦才使得他能当上秦王，成就子楚与吕不韦。

秦孝文王刚刚继位，也没有什么心思去东征西讨，完全没有秦昭王的魄力，也就使得风云不断的战国有了短暂的平静。可是，这个平静极其短暂，仅仅只有一年的时间，因为秦孝文王很快就去世了。

这个时候，趁"国际"环境还算平静，吕不韦开始忙着为接回赵姬母子做准备。一是可以使得子楚更加感激自己，二是，赵姬的儿子有可能是自己的骨肉，当然不放心让其在赵国受委屈。赵国很快收到了吕不韦的请求，便千方百计找到了赵姬母子，派人小心地送到了秦国。这就令人感到奇怪了，秦国刚刚差点灭了赵国，要不是几国联军共同击退了秦军的进攻，邯郸城可能早已成为秦国的囊中之物。赵国对秦国的仇恨源远流长，绵绵不绝，现在却又找到赵姬母子，并好心地把他们送回了秦国，岂不怪哉？

这期间，秦国也并没有做什么令赵国感动之事，反而一步步蚕食着赵国的土地，是什么原因使得赵国把赵姬母子送回秦国的呢？有人认为，其实，赵国已经被秦国打怕了，好不容易有个机会休养生息，万不能再惹风波，为了区区一对母子，而惹得被秦攻伐，这才不得已忍气吞声地送赵姬母子回秦。而且，赵国已经明白，不管杀不杀赵姬母子，对秦国的攻伐大业并没有影响，反而留着母子二人，却好处多多。一方面，子楚已经被确立为继承人，现在子楚只有一个儿子，对赵姬更是宠爱有加，把他们留在赵国，可能便多了一个安全的屏障，尽管这个可能性极小，但总是有一点儿机会。如果把他们送回秦国，那么，就什么机会都没有了。秦国以后攻打赵国更是没有了任何后顾之忧，赵国又曾经那么急切地想杀掉子楚，俗话说，"有仇不报非君子"。子楚登上秦国王位之后，肯定会攻打赵国，以泄当年被追杀之仇。此时，把赵姬母子送回去，岂不是放虎归山？这种事，赵国不可能想不到。所以，按照常理来说，赵国是断不会将赵姬母子好心地送回的。除非像《战国策》说的那样，子楚是被赵国送回的。但是，我们从子楚刚继位就攻打赵国的表现来看，基本推翻了《战国策》的说法。所以，在此方面仍有疑问。

也有人认为，此赵国，非赵王，而是赵姬的本家赵家豪族。吕不韦是知道赵姬躲在什么地方的，因为他要保证赵姬儿子的安全，赵姬的安全对他来说已经不重要。所以，在秦孝文王登基，秦赵短暂和平之际，他便派人到了赵国，找到了赵家豪族，再找到赵姬母子，暗地里把他们接回了秦国。这种可能性比赵国送还的可能性要大得多，也合理得多。如果赵国知道赵姬母子的下落，定不会放过他们，不杀至少也要监禁。但是，几年以来却毫无动静。《史记》中更是写得清清楚楚，赵姬母子因为躲在赵家豪族，才幸免于难。那么，送还赵姬母子的便不再是赵国，而是赵家豪族了。

赵姬母子的回秦，了却了吕不韦的心思，也了却了子楚的心思。至于最后的一桩心思，便是子楚即位秦王了。

（三）　巧解危机

吕不韦用六百金贿赂门吏，得以与子楚顺利地从赵国逃脱，将一场生命的危机化为无形。由此可见，化解危机的招数不在于华丽，而在于实用。用最实际的招数去化解最迫切的危机，这是不二之选，也是必须下定决心去做的。当危机来临之时，首先要想到的是身边可有化解危机之物，然后立即采取行动，使得损失降到最低，也为自己争取到稍纵即逝的机会。吕不韦面对门吏的纠缠，既不能晓之以理、动之以情，更不能与其婆婆妈妈说个不停，时间不等人，只能考虑用最直接的手段去行事。这就是他动用六百金的原因所在。

秦昭王在位期间，孟尝君曾率领着他所养的宾客们出使秦国。孟尝君的名声很大，时人都认为他是个贤良有才之士，又有宰相之度量。秦昭王很喜欢他，便想把他留在秦国做相国。孟尝君身在虎穴，对秦昭王不敢稍有得罪，怕引来杀身之祸，只好委曲求全。可是没过多久，就有大臣对秦王说："孟尝君是齐国王族，而且家人都在齐国，更重要的是他在齐国还有着数目可观的封地，这对秦国很不利。您想一想，他怎么会真心真意地为我们国家服务呢？"秦昭王一听觉得大有道理，一个"身在秦国心在齐"的相国可不是他想要的，于是便抛弃了让孟尝君做相国的想法，但又不想放虎归山，让其为别的国家效力，便把孟尝君及其所有随从全部软禁起来，等待时机，再将其杀掉。

孟尝君很是着急，但又无可奈何。有人告诉他说，秦昭王对一个妃子最为宠爱，对其从来都是言听计从，"妃子往东秦昭王绝不往西"。孟尝君不方便出门，便偷偷派人去向妃子求救。妃子爽快地答应了。但是，天下没有免费的午餐，她的条件就是要孟尝君拿齐国那件举世无双的狐皮白裘来交换。这下孟尝君又苦恼了，因为他一来到秦国就把狐皮白裘作为礼物献给了秦昭王，如今哪里还会有第二件？这个时候，有一个门客站了出来，对孟尝君说："我可以把狐皮白裘拿回来！"说完，他扭头就去了。

这个门客的自信源于他的特长是钻洞偷东西，是一位"大师级"的盗者。但偷亦有道，不可盲目行事。他先去探查狐皮白裘的下落，得知秦昭王对这个举世无双的狐皮白裘很是喜欢，但又不舍得穿，于是就放在宫中的储藏室内保存了起来。有了地点，便要选择行动的时间了。在一个夜晚，门客趁着月色偷偷溜进了宫中，一路潜行，躲过了巡逻的士兵，悄悄地进入储藏室将狐皮白裘偷了出来，然后又无声无息地回到孟尝君那里交差。当孟尝君把狐皮白裘交给秦昭王妃子的时候，她兴奋不已，便立即兑现自己的承诺向秦昭王进谏。秦昭王听着自己心爱的妃子软语相劝，决定放孟尝君一马，过两天就送他回齐国。这样一来，秦昭王做了不杀孟尝君的决定以后，便不再对其软禁，孟尝君又恢复了自由身。

孟尝君一见软禁他的人已经撤去，便立即率随从趁夜黑骑马向东就跑，他可没有胆量再等上两天，两天可能发生的事情太多了，到时候再行动恐怕就迟了。他一路不曾歇息，在半夜的时候就到了秦东方要塞函谷关。不过，来得早了问题也随之而来。秦国的法律规定，关口大门鸡叫方才可以开。但半夜时分，何来鸡叫？这门自然也就不可能开。孟尝君只能干着急，一众门客也没有良方，便陪着孟尝君着急。正在大家吵吵嚷嚷犯愁的时候，突然一声鸡叫在夜空里传了开去，紧接着又是几声鸣叫。本来还

孟尝君

在睡梦之中的雄鸡们听到叫声的呼唤，也都醒了过来，扯开嗓子叫个不停。守关士兵们虽然觉得今日鸡鸣与往日相比太早了些，倍感纳闷，但仍旧按照规定把门打开。于是，孟尝君一行赶紧纵马而出，一路直奔齐国。原来，这件事的最大功臣是孟尝君手下的一位门客，这位门客的独门绝技便是口技，可以学习各种鸟类的叫声，鸡叫更是不在话下。

天亮之后，秦昭王派人探听孟尝君的动静，却发现人去楼空，立刻派人追赶，想在他们出关前追回来。但等人马赶到函谷关之时，孟尝君已离去半日之久了，追兵只能失望而回。听到消息后，秦昭王更是后悔不已。

孟尝君便是依靠鸡鸣狗盗之徒得以安然地逃回齐国。

曾有许多人对孟尝君依靠鸡鸣狗盗之徒才得以逃命表示不屑与嘲讽，认为其有失君子风度。但相对于风度而言，保全性命才是第一位的。俗话说，"留得青山在，不怕没柴烧。"青山都保不住了，何谈其他？所以，孟尝君能够有鸡鸣狗盗之徒当门客也是他的福气。在关键时刻，其他门客虽都有一张利嘴，但秀才遇到兵，有理也说不清，想给孟尝君解围已然不可能。这个时候，孟尝君需要的就是最为直接、最为有效的办法。第一次，要想逃命，必须要狐皮白裘，

但白裘又在秦昭王那里，又不能开口去要，只剩下最后一条路——偷。可是，会耍嘴皮子的门客哪里会这种路数？于是，狗盗之士站了出来，化解了这次危机。第二次，要想尽快出关，只能要鸡鸣响起。可是，如何让鸡鸣声起呢？靠门客们去说服公鸡起来打鸣？这显然是天方夜谭。可是，不让公鸡打鸣，他们就出不去。关键时刻，会口技的鸡鸣之士站了出来，化解了危机。由此可见，解决危机的手法不必看起来有多高明，只要实效有用便可，最为实用的便是最好的。至于看起来如何，仅仅是个面子问题，也无伤大雅。

还有一个故事，也同样说明了这个道理。

刘邦打败项羽建立汉朝之后，最大的威胁就是来自草原的匈奴。为了消除大汉王朝的威胁，公元前 200 年，汉高祖率三十多万大军御驾亲征，并顺便镇压韩王信的叛乱。汉军一路所向披靡，很快就将韩王信的叛乱镇压下去，斩首韩王信的大将王喜，并将其军队击得所剩无几。韩王信见大势已去，便投奔了匈奴。余下的将领王黄等人收拾了残兵，与匈奴汇合在了一起。

汉军持续北上，冒顿单于令左、右贤王率兵与王黄等人所率韩王信之残兵在广武至晋阳一带进行阻击，以求将汉军兵锋挡住。汉军气势汹汹，在晋阳以势不可挡之势将匈奴与韩王信的联军击溃，一路追至离石，再次将其击溃。匈奴韩王信联军不得不退到楼烦，重新组织起防线。但是，汉军没有给他们喘息的机会，一鼓作气，第三次将其击溃。

刘邦见北伐军进展顺利，胜利指日可待，便派人打听到匈奴主力驻兵所在，其地点是代谷。于是，刘邦派使臣出使匈奴，一方面劝其向大汉称臣，一方面探听对方的军事情报。刘邦便驻扎晋阳等候消息。刘邦一连派出十余批使臣出使，他们回来都说可以与匈奴一战。而实际上，匈奴使了迷惑计，将精锐部队全部隐藏起来，而将老弱病残充阵于前，让汉使臣以为匈奴羸弱不堪，根本经不起大汉雄壮之师的攻击。刘邦为了进一步确定可击的情报，便再派娄敬出使匈奴，做最后的确定。结果，娄敬回来之后，对刘邦说："两国交战，本应该尽量将自己的优势展现出来，好使对方不战而退，或打击对方的信心。可是，现在我出使匈奴，却只见些羸弱老病残之士。这不合常理，肯定是匈奴故意迷惑我们，将其短处夸大地展现出来。所以，他们必定埋伏了奇兵，以等待我们的攻击。所以，我认为不可以出击匈奴，以免遭到算计！"刘邦本是让他去给自己攻击匈奴找理由的，没想到他回来却说不可攻击，便十分愤怒，骂道："你一个齐国的俘虏，以口舌之利获得了官位，今天竟然口出狂言，打击我军的士气！"于是，便将娄敬抓了起来，准备等打败匈奴之后，再处决他。

刘邦踌躇满志地率领骑兵先到达了平城，步兵由于速度较慢远远地落后于骑兵，离到达平城的时间还有很久。冒顿单于可是一位很有军事才华的匈奴领袖，他见刘邦仅率骑兵而至，与步兵相互脱节，乃是一股孤军，便在白登山下设下了埋伏，等候刘邦的骑兵钻入口袋阵。到时候把口一封，就可以包饺子了。刘邦果然中计，率着兵马直直地冲进了埋伏圈，冒顿单于四十万大军冲出，将白登山周围所有的出路牢牢地把守住，将刘邦死死地围困在白登山。刘邦的处境极其危险，因为骑兵先行，粮草未至，而步兵又远，无法救援，看来已成死局。

刘邦率众左冲右突，企图打开一个缺口，逃将出去。但是，四十万匈奴军队何其多哉，根本不给刘邦机会。而冒顿单于也多次率军冲锋，想将刘邦孤军歼灭。但是，刘邦所领为汉军之精锐，又加上已上死局，下定了拼死一战的心思，个个骁勇无敌，使得冒顿单于的多次冲锋也以失败告终。双方你来我往，经过多次交战，均未占到便宜。这时已至隆冬，寒冷异常，双方军队都冻伤很多。匈奴围困了汉军七天七夜，未能占领白登；而汉军突围了七天七夜，也未能打开一个缺口。

这个时候，刘邦将士饥寒交迫，将近崩溃。最后，陈平向刘邦献计，贿赂冒顿单于的皇后阏氏，让她在冒顿单于面前吹枕边风，放刘邦一马。阏氏对冒顿单于说："两主不相互围困。如今已围七日未能攻克，汉王刘邦亦非池中之物。就算单于你打下汉地，也不能占领。不如网开一面，也好留有余地。"冒顿单于思量着与王黄等人的会师日期已过，但他们的军队却仍不见踪影，心里起了疑忌，怕他们已经投入到汉军的怀抱之中。而且进攻的最佳时机已失，汉军的援军将至，到时候可能会损伤惨重，得不偿失。于是，冒顿单于听从了阏氏的建议，让包围圈开了一角，给了汉军逃走的机会。当时正值大雾迷漫，刘邦带领着军队悄悄地借着大雾溜走了。脱险回国后，刘邦将那些说可以攻击匈奴的使臣全部杀掉，而赦免了娄敬。

刘邦得以逃脱险境也不是由于有着什么样的大智慧，而是采取了最为简单的有些难以启齿的贿赂的手段。但是，这种手段在战争时期却屡试不爽。

吕不韦为了逃命，用六百金贿赂门吏。孟尝君为了逃命，贿赂秦昭王的妃子。刘邦为了逃命，贿赂冒顿单于的王后。这都不是一些高明的计谋，但却是最有效、最直接的手段。我们不是鼓励人们去贿赂，而是鼓励人们面对困境的时候，多想想最直接有效的方法，而不是好高骛远，只考虑一些不切实际的办法。

最有效的方法就是找到正确的对话对象，用正确的方式与对方进行有效的沟通，然后找到解决问题的正确办法。吕不韦与子楚出逃邯郸城，面对的对象是门吏。这个时候，不能去找他的上司，也不能去利用其他的动之以情、晓之以理的方法，因为时不我待，在不确知对方的喜好之前，也无从下手，能做的便是用最直接的手段——重金利诱。吕不韦的急中生智在那一刻得到了体现，利用人们最常有的重财心理，通过重金打开对方防守的心理战线，然后就顺利地获得了逃跑的机会。如果吕不韦只运用他的口才，而不以金钱作为最主要的手段，那么，便不会取得逃跑的机会。孟尝君在面对几乎绝境的情况下，唯有一条路供他选择——偷出狐裘。这个时候，他的门客挺身而出，去做了这件事。在逃到秦国函谷关的时候，也只有一个选择——使鸡打鸣。于是，又有门客挺身而出。这都是用正确的方式解决了关键的问题。刘邦得以脱围也是如此，他利用了阏氏爱财的弱点，找到她，并用财与之建立沟通的渠道，然后取得脱围的机会。如果他拿着财物去找冒顿单于，那么，结果可想而知。所以，找准对话对象至为关键。

（四） 子楚回秦的谜团

子楚能够回秦国，靠的是吕不韦六百金对赵国门吏的贿赂。《史记》里清清楚楚地记载着这件事，并没有笼统含糊地说是吕不韦贿赂了门吏，而是将这件事详细到了六百金这个数目上。由此可见，司马迁是十分确信这件事发生的。关于这段历史的记载，如果仅《史记》一家，那么，就不会有其他的说法了。不幸的是《战国策》中也有这段记载，更不幸的是，《战国策》的记载与《史记》完全不同。

吕不韦说服华阳夫人的弟弟阳泉君后，阳泉君又说服了华阳夫人，华阳夫人就请求赵国遣回子楚，但赵国哪里肯同意。于是，吕不韦就跑去见赵王。下面就是《战国策·秦策五》的记载：不韦说赵曰："子异人，秦之宠子也，无母于中，王后欲取而子之。使秦而欲屠赵，不顾一子以留计，是抱空质也。若使子异人归而得立，赵厚送遣之，是不敢倍德畔施，是自为德讲。秦工老矣，一日晏驾，虽有子异人，不足以结秦。"赵乃遣之。

意思是说，吕不韦去游说赵王，企图让他放走子楚，说："公子异人是秦王非常宠爱的儿子，虽然母亲不能在宫中给他什么帮助，但华阳王后却想认他为儿子。尽管如此，秦国若真的要攻伐赵国，绝不会因小失大，为了一个小小的质子而放弃攻打赵国的大计。这样一来，这个人质一点作用也没起到，岂不就相当于没有了吗？如果您让他回国，一旦被立为秦王的继承人，那情况就完全不同了。在他回国的时候，赵国厚礼相送。公子是个懂得感恩的人，一定不会忘记您的大恩大德。这就是以礼相交的好处啊。更何况，当今秦王已是老迈昏弱，随时都可能归西。一旦如此，赵国虽有异人为人质，但却失去了与秦国交好的缘分。大王，您得好好考虑考虑。"赵王一考虑，也是这个道理，没有哪个国家会为了区区一个质子而放弃攻伐的，质子质子，就是弃子而已。如果将弃子用好了，说不定会是一着妙棋。万一真的将棋盘活了，将来的回报便比一颗弃子要强得多了。于是，赵王听从了吕不韦的劝说，放子楚回去了。

与《史记》相验证的话，这个时候的秦王应该还是秦昭王。但是，《战国策》认为这个时候安国君已经继位了。可见在这上面，二者存在着很大的分歧，一般认为《战国策》的说法不尽可信，而优先选择《史记》的说法。当然，这一点并不是我们讨论的重点。

吕不韦劝说赵王的话很有特点。第一，先点明子楚其实是很有用处的，他回国可能会成为新一代的秦王。第二，为了防止赵王有其他的想法，比如拿子楚来要挟秦国等，便又讲虽然子楚很有用处，不过用处不在于拿他去与秦国谈判——作为退兵的砝码，因为秦王虽然宠爱子楚，但绝不会为了他而放弃攻赵，这是大计与小失之间的区别。第三，这样一来便打消了赵王其他的想法，但又会使赵王觉得子楚是没用之人，吕不韦再接着说出子楚的用处。子楚虽然不能用来要挟秦国，但可以用来作为将来的投资。现在来看，秦国攻打赵国是一定的了。但正是在这个时候放走子楚，才会更使得他对赵王感恩戴德。当他成为秦王的时候，便不会再攻打赵国，赵国便可以安枕无忧了。一旦当今秦王死去，子楚得宠的优势就没有了，到时候赵国就什么都得不到了，安全自然也没有了保障。

这样一说，赵王心里就一下子明朗起来，觉得放走子楚还真是个不错的选择。然后，他便安排子楚走了。

其实，赵王安排子楚离开赵国也是没有办法中的办法。我们前面提到过，子楚在赵为质期间，秦国数次攻打赵国。秦昭王四十七年（公元前260年）的时候更是通过长平之战坑杀了赵国四十万大军。秦昭王四十八年（公元前259年），秦国又攻打赵国，更是围困了邯郸。秦昭王四十九年（公元前258年），秦国仍旧不减对赵的攻势。秦国攻打赵国多年，也多次围困过邯郸城。在如此情景之下，赵国都没有对子楚采取过行动，可见赵国也认识到子楚这个质子对战争并不能起到有效地阻止作用，实际上是个可有可无的角色。那么，如今，这个可有可无的角色以后或许会有些用处。于是，赵王决定听从吕不韦的建议，放子楚回国。这样一来，子楚才能安然无恙地回到秦国，也才成就了以后的庄襄王，既成就了吕不韦的理想，也成就了以后的秦始皇。这样的推测是也有一定的合理性。

古往今来的战争，几乎未见有拿质子做筹码的。即使是在战国那样一个流行质子的年代同样如此，质子更大的意义是双方盟约的象征，而不是战争讨价还价的砝码。所以说，赵王放还子楚非常可信。

司马迁《史记》中所记载的贿赂门吏而得以逃脱，与《战国策》的记载有了很大的冲突。有人认为，吕不韦见赵王这样机密的事情，《战国策》的作者怎么会记载得如此详细，就如亲临其境一般？这样的疑问本是想支持《史记》的说法的，但这样的疑问反而又同样套住了《史记》的作者司马迁。司马迁在《史记》中同样记载了吕不韦贿赂门吏之事，也如亲临现场一般。按照常理。吕不韦贿赂门吏是最最机密之事了，吕不韦是绝不会说的，子楚也不会说，门吏为了保住性命更是不会说。那么，没有说的事情，司马迁又是如何知道的呢？而且还将数字精确到了"六百金"，更是令人觉得匪夷所思。这真是一件令人费解的事。

有人认为，司马迁的记载也不可尽信。吕不韦与子楚知道赵王要杀他们后，匆忙逃走。在这样危急的关头，一般人都会带一些细软，越是轻便越好，目标越小，走得越快，逃起来越也容易。吕不韦却是带着六百金，还加着个子楚"浩浩荡荡"地逃跑，这不是将目标扩大了好多倍吗，好像就怕赵国人找不到他们一般。此是违反常理之一。吕不韦到了赵国门前，见门吏不放他们走，便将六百金拿了出来，送给门吏，然后获得逃跑的机会。六百金是一个非常大的数目，好比我们今天送给一个村官一亿人民币一样，想不引起人们的注意都难，更何况门前人多眼杂，门吏如何保证收受贿赂不被发现？一旦被发现，那是有命拿钱，没命花钱，到头来钱和命都保不住，这钱又要来何用？但凡是一个稍微有脑子的人都会知道，这钱是万万不能要的，而且要了也没用，还会搭上性命。那么，门吏在此情景之下，又如何敢收吕不韦的贿赂？抛开这个不谈，秦国坑杀赵国四十余万兵士，更是围困赵国多年，是个赵国人对秦人都会恨入骨髓。如今，吕不韦带着赵国的大仇人逃回秦国，而身为赵国士兵的门吏却反常地收受了吕不韦的贿赂，这不令人生疑吗？

不过，战时的城门前是否会有人出入，现在不得而知，很可能没有什么人在城门前，只有门吏守门，这才使得吕不韦有了机会得以贿赂门吏。很可能是赵王后来查到了门吏受贿之事，并让史官记载了下来，而且使得民间也知晓了这件事，才得以将事件的原委流传下来，使得司马迁能够记载下来。当然，这只是一种推测。

总而言之，相比于《战国策》赵王送还子楚的记载，《史记》中关于吕不韦贿赂门吏的记载也很令人难以置信。不过，一般人认为《史记》总体而言较为可信，而《战国策》可信度则低了许多。所以，笔者更愿意相信《史记》所载为事实。

不过，子楚当成秦王之后的第二年便派大将蒙骜攻打赵国，取下了太原，翌年又攻下赵国的三十七个城池，完全没有像吕不韦说的那样。这给《史记》的记载提供了一个旁证。如果子楚受到了赵王送还的恩惠，为什么刚刚即位两年，也就是刚刚给秦孝文王守完丧就立即去攻打赵国，而且连续两年都攻打赵国，还拿下了赵国的三十七个城池？按照《史记》的说法，就很容易理解了。有人说国家之事不存私情，攻打赵国不过是秦国政策的延续而已。但是，我们从子楚封吕不韦为相之事上可以看出，子楚还是比较念旧与报恩的。那么，赵王送他回国，即使不报恩，也不会那么快去攻打赵国，意思一下也可以啊。

　　我们知道，春秋战国那个时候最重诚信。如果赵王真对子楚有放生之大恩的话，即使要攻打赵国，也不会那么早，以回报对赵国的恩情。

　　我们来看个例子。春秋时期，晋献公将太子申生处死，并想同时除掉申生的哥哥重耳。重耳得到消息后，立即出逃保命，这一逃就是十九年。在流亡过程中，重耳到了楚国。

　　楚成王知道晋国公子重耳流亡到自己的国家后，便设宴招待重耳。所谓天下没有免费的午餐，这宴也无好宴。楚成王开口就问：“我如此厚待于你，将来有一天，公子能够返回晋国，将怎么样报答我？”重耳不慌不忙地饮一口酒，回答说：“美女，您不缺；珍宝，您亦不缺；至于丝绸，您更是多得穿不过来。漂亮的羽毛、珍贵的兽皮以及象牙和皮草，都是贵国所特有的。即便有些流入了晋国，也都是您看不上眼的。您说，我该如何报答您？”重耳知道楚成王并非无的放矢，他只不过是想用一个问句引出下面的要求，所以便没有正面回答楚成王的问话。楚成王可不满意这样的回答，仍旧问道：“虽然如此，但是您总要对我有所报答吧？”重耳一听，知道不许下诺言是不行了，思量了一下便说：“承您吉言，如若我还有回到晋国的那一天，将来晋楚若是交战于中原大地，我将带领晋军退避楚军九十里地，以示对您的报答。如果您仍旧紧追不舍，不肯退兵，我将引弓驾马与您一决雌雄！”楚国大夫子玉听后，便暗中请求楚成王杀掉公子重耳，以免留下祸患，因为从重耳的话中可见此子不凡。楚成王却说：“公子重耳有远大的志向，但生活却极尽简朴，言辞有君子之风，文雅合礼。他的随从也都非凡人，待人宽厚而态度恭亲，对公子重耳也是忠诚有加，办事更是尽心尽力。当今的晋惠公薄情寡义，在国内几乎没有亲近之人，人们都对他非常憎恨。重耳一族在晋国是衰落得最慢的，将来肯定要靠公子重耳来振兴晋国。上天都想要让他来兴盛了，我们又有什么办法？与天意背道而驰，将来必遭祸害。”楚成王没有听从大夫子玉的建议，就派人把重耳送回了晋国。

　　后来，楚晋两国军队果然相遇。重耳遵守自己许下的诺言退避三舍，结果

正好将楚军引进了包围圈，一举将楚军打败。大夫子玉更是在此役之后自杀，楚国也在此战之后元气大伤，而重耳则成就了一番霸业。

虽然重耳令晋军退避三舍别有用意，但还是遵守了此前的约定的。由此我们可以看出，春秋战国时期，在军事上还是有诚信的事迹存在的。按照子楚的性格，理应报答一下赵国的恩情。不过，他在位总共三年，一年要守丧，剩下的两年便是对赵国大举进攻，真是一点也不留情面，似乎不灭赵国誓不罢休。

就此，我们推测，子楚对赵国有深仇大恨，至少完全没有好感。那么，赵王送还之说便不能成立。当然，也不排除子楚恩将仇报的可能，但这种可能性实在是太小。而赵国追杀子楚的说法更是很好地印证了子楚此后攻打赵国的行为，可谓是情理之中。还有一点，就是如果赵国送还子楚，后来又送还赵姬母子成立的话，这可谓是双重恩惠，子楚断不会登基之初就对赵国进行大规模的军事行动。而赵国先是追杀子楚，后又追杀赵姬母子之说成立的话，那么，子楚的军事行动就得到了最好的解释。

由此，我们仍旧采取《史记》的说法，虽然《史记》的说法可能也不准确。

（五）范雎辞相

在吕不韦与异人一起期待继位的这些日子里，秦国国内政治、外交、军事上都取得重大进展，客观上为吕不韦将来的执政准备了基础。

在秦国内部，范雎和白起的矛盾以白起被逼自杀而告终，范雎依旧当权。秦昭王只得让范雎打理朝政，因为他已经越来越老无力过问太多的事务了。

范雎命令同党郑安平为将军，与王龁共同率兵攻打已围困数月之久的邯郸。赵国的形势急剧恶化，因为秦军的威胁始终不能解除，邯郸一直处于危险之中。

赵国原来政治极黑暗，君臣之间、大臣之间、官民之间，相互不信任、排挤，矛盾重重。但长平战败后一直有敌人围困，这些矛盾逐步降到次要矛盾。

多难兴邦，赵国的内部安定多了。

秦昭王五十年（公元前 257 年），秦军在邯郸城外与楚、魏、赵联军展开恶战。赵军里应外合，军民同仇敌忾，接应城外的魏、楚军拼命向外冲杀。被长期包围的邯郸。终于在坚持到最后一刻时转危为安，取得了抗秦的胜利。秦昭王五十一年（公元前 256 年），秦又继续向韩国开战，取阳城。这时秦国有王稽在河东防守。范雎入秦时，曾依赖王稽进见昭王，为报答王稽提拔之恩，范雎当权后就任命王稽为河东守。但王稽既无统帅才能，而且是个软骨头，在河东与外国勾结，做了卖国贼。秦军在邯郸战败不久后，又在河东遇到魏、楚联军的打击，从此河东和太原郡都丢了。

秦国在邯郸和河东的失败，主要原因是用人不当。郑安平和王稽都是范雎引荐任命的。按照秦国法令：“任人而所任不善者，各以其罪罪之。”就是说：推荐、任命的人对被推荐、任命的人有责任，万一被推荐、任命的人在工作中有过失，那么推荐、任命他的官吏，也要受到同样的处罚。根据这条法律，范雎无论如何也脱不了干系的。

秦昭王五十二年（公元前 255 年）。一天，秦王在早朝上叹气，范雎开始说话：“我听说‘主忧则臣辱，主辱则臣死。’今天大王如此叹气，由于我等职务的原因，不能为大王分忧，请处罚我吧！”秦王说：“如果物品不充分，不可以应卒。如今武安君被判死罪，而郑安平背叛我，外多强敌，国内又没有良将，所以我忧心。”范雎又惭愧又害怕，不敢答对。

当时有个燕人蔡泽知识渊博、善于言辞、自命不凡，乘车到处游说诸侯，无所不往。至大梁，蔡泽身穿布衣脚穿草鞋去见范雎。雎傲慢地自己坐着，蔡泽作长揖不下跪。范雎也不叫他落座，大声骂他：“外边传言，是你想要取代我做丞相吗？”蔡泽笔直站立于一边说：“正是！”范雎说：“你有什么本事可以夺走我的位子？”蔡泽说：“你的见识太过时了。成功者退，将来者进，你现在可以引退了！”范雎说：“我自己不退，谁能辞退我？”蔡泽说：“人一生百体坚

强，手足便利，聪明而且智慧高，对天下广施仁义道德．难道非要世人把你当圣人吗？"范雎回答："对。"蔡泽又说："既然已经得志于天下，可以安享晚年了，把荣华富贵传给子孙后代，世世不替，与天地共存，这难道不是吉祥善事者？"范雎说："好！"蔡泽说："就像秦有商君，越有大夫种，楚有吴起，事业成功了而自己却死了，你以为自己也想这样吗？"范雎心中暗想："这个人说话真厉害，渐渐相逼，若说不愿，就中了他的圈套了。"于是假装说："有什么不愿的。公孙鞅事孝公，尽公无私，制定法令治理同家，使秦获地千里；吴起效力楚悼王，废除亲贵的权势养战士，南平吴越，北抗三晋；大夫种效力越王，能转弱为强，兼并强大吴国，为其君报会稽之仇，虽然他们死得很惨，但是大丈夫杀身成仁，视死如归，功在当时，名垂后世，又有什么不可以呢？"此时范雎虽然嘴硬，却也坐不住了，站起身来听讲。蔡泽对答："国君圣明，臣子贤良，国家的福分；父慈子孝，家庭的福气。作为孝子，谁不愿有一个慈父？作为贤臣，准不想有一个明君？比干因为忠诚而死，申生孝可是国乱，身虽恶死，而无济于君父，为什么呢？君父不贤明也不仁慈。商君、吴起、大夫种也不幸而死，怎能用死来求得后世英名呢？比干被剖杀而微子去，召忽被刺杀而管仲生，微子、管仲之名，为什么会在比干、召忽之下呢？故大丈夫处世，身名俱全者，上等；名可传而身死者，其次；只有名声受辱而身体还在，这才是最下等的。"这段话说得范雎心中爽快，不知不觉离开席位，移步下堂，口中称赞："讲得好！"蔡泽又说："君以商君、吴起、大夫种杀身成仁为可愿也，然而谁能相比闳夭之事文王，周公辅佐成王？"范雎说："商君等不如。"蔡泽说："可是现在王之信任忠良，悖厚故旧，与秦孝公、楚悼王相比如何？"范雎想了一下说："不知怎样？"蔡泽说："君自量功在国家，算无失策，谁能比得上商君、吴起、大夫种？"范雎又说："我不知道！"蔡泽说："今王之亲信功臣，既不能超过秦孝公、楚悼王、越王勾践，你的功绩，又不如商君、吴起、大夫种，可是你的俸禄过盛，私家之富倍于三子，如此而不思急流勇退，为自己着想，这三个人都不能躲过祸难，何况是你呢？翠鹄犀象，他的处势本不至于会死，可是却死了，受人诱惑。苏秦、智伯的智慧，不是不足以保护自己，可是却死了，由于贪图大利啊。你自从遇到秦王，身居上相，富贵已到极点了，恩怨德都已回报了。可是还贪恋势利，只进不退，只怕要招来苏秦、智伯他们那样的灾祸。有句话说：'日中必移，月满必亏。'你为什么不趁此时归相印，选个贤人而引荐他呢？所荐的是贤人，而荐贤的人更加位重，你更有名气，实则卸担。于是寻找山川自然界快乐，享乔松之寿，子孙后世都享有俸禄，谁又会不知轻重，不明就理地来趟这趟浑水呢？"范雎说："先生自称雄辩有智，果然如此，雎怎敢不接受！"于是摆酒请上坐，用客礼招待他，把他留在宾馆，设酒食款待。第二天入朝，奏秦王说："有一客人从山东来，叫蔡泽，这人有王伯之才，通时达变，能够帮助秦国的政治得以巩固和发展。臣所见的人很多，还没有能超过他的，臣万万比不上他。臣不敢埋没人才，把他荐给大王。"秦王召蔡泽见于小殿，向他询问兼并六国大计，蔡泽从容对答，深合秦王之意，即日拜为客卿。范雎以病想告退，归还相印，秦王不批准。雎于是称病笃不起。秦王只好封蔡泽为丞相，取代范雎。秦王赐范雎食物，比平常更多，应侯甚不过意，想劝说秦王灭周称帝，以此来报答秦王。于是派张唐为大将伐韩，欲先取阳城，打通三川之路。雎退隐老于应。

（六）九鼎归秦

楚考烈王听说信陵君大败秦军，春申君黄歇一点功绩也没有，叹惜说："平原'合纵'之谋，不是胡说！寡人后悔没有让信陵君为将，怎能不担心秦人！"春申君有惭色，说："从前'合纵'之议，大王为长。今秦兵受到新的打击，气势大不如以前，大王如果派人约会列国，全力攻秦，假说周王奉以为主，挟持天子以声诛讨，五伯之功，没什么了不起。"楚上十分欢喜，于是派人去周国，以伐秦之谋报告赧王。赧王已听说秦王欲通三川，目的是伐周，今日伐秦，正合着《兵法》"先发制人"的说法，为什么不可以？楚王于是与五国定纵约，选定日子准备进攻。

原来，周天子在春秋以前被各诸侯国奉为共主，可是春秋以来地位逐渐下降。"大国争霸"的局面把周天子所能直接控制的地盘弄得只有一小块。进入战国以后，周天子的权力能达到的范围，只限于现在河南境内洛阳附近的几个县，还不如一个小诸侯。周国经常出内乱，旁边的魏、赵、韩等国就经常骚扰，使周愈来愈弱小。公元前 267 年，周威公去世，少子公子根和太子公子朝争权，发生内乱，韩、赵两国支援公子根在巩独立。这样，周就一分为二——西周和东周。各国联军从伊阙，企图堵住秦通向阳城的后路。当时，欲发兵攻秦，命令西周公签丁组成军队，只有五六千人，尚不能配足车马之费。于是寻找国中有钱富民，借钱充军费，订下合约，约定班师之日，将所得战利品，加利息偿还。西周公带领众兵，屯于伊阙，等候诸侯兵。当时韩国有战难，自身难保；赵初解围，还有危险；齐与秦和好，不想跟从；只有燕将乐闲、楚将景阳二支兵先到，都驻营观望。秦王听说各国人心不一，没有进取之意，于是增兵援助张唐攻下阳城，另外又派将军嬴摎，耀兵十万来到函谷关之外。燕、楚之兵约屯三个多月，兵力不集中，人心懒散，遂各班师。西周公也带兵引退。赧王出兵一番，一点功劳都没有，富民俱执券索赔，宫门前每天集聚群民，哗声直达内寝。赧王惭愧，无力回应，于是躲在高台上，后人所说的"债台高筑"就是南此而来。

秦王听到燕、楚兵散，立刻命令嬴摎与张唐合兵，取路阳城，去攻打西周。赧王兵粮两缺，无法抵挡，欲奔三晋。西周公进言说："过去太史说：'周、秦五百年合并后，有伯王出。'现在是时候了！秦一统天下的势力，三晋不久也要为秦有，王不可以再辱，不如捧土自归，犹不失宗祀的封地。"赧王无计可施，于是带领群臣子侄，哭于文武之庙，三日把所存舆图，亲手送给秦军投献，愿束身归咸阳。嬴摎接受其献，共三十六城，户三万。西周所属地没有了，只有东周仅存。嬴樛先让张唐护送赧王君臣子孙回秦奏捷，自己领兵进入雒阳城，经略地界。赧王谒见秦王，当面请罪，秦王可怜他，把梁城封给赧王，身份降为周公，相当于附庸。来日西周公降为家臣，东周公贬爵为君，这就是东周君。赧王上了年纪，在周、秦之间来往觉得疲劳得不得了，等到梁城后，不超过一个月病死，秦王下令灭掉他的国家。又命令嬴樛发功雒阳丁壮，捣坏周宗庙，把祭祀礼器搬走，并且要搬运九鼎，安放咸阳去。周民不愿为秦效劳的，都逃奔巩城，依东周君住下，可见人心都不肯忘记周啊！

第二年，秦把象征天子的九鼎从西周迁到秦。

将要迁鼎的前一天，居民有人听到鼎中有哭泣声。等到运向泗水，一鼎忽然从船中飞沉于水底，嬴樛派人下水去捞，不见有鼎，只有一条苍龙，鳞鬣怒张，一会儿波涛大作，舟人恐惧，没人敢碰苍龙。嬴樛当晚梦周武王坐于太庙，呼唤樛前去，责怪他说："你为什么要迁我重器、毁我宗庙？"命左右人用鞭子抽打他的背三百。嬴樛梦觉，即患背疽，带病归秦，将八鼎献给秦王，并奏明当时情况。秦王查阅所丢失的鼎，正好豫州之鼎。秦王叹息说："地皆入秦，鼎却不归附于我？"欲多发卒徒，再去把鼎带回来。嬴樛谏说："这是神物有灵，不可以强取。"秦王才停止，嬴樛因疽病死了。

相传九鼎是夏禹时所铸，象征九州，夏、商、周时当作传国宝，拥有九鼎者成为天子。成汤时把他迁到商邑，周武王迁之于洛阳。进入春秋后，周分为东、西两个小国，西周拥有九鼎。因两周王名义上还是天子，公元前 255 年，九鼎被秦取走，也就表明秦王将为天下共主，即可明目张胆地讨伐各诸侯围而统一中国了。这对于即将主持秦国朝政的吕不韦来说，也是一个极好的时机。

关于九鼎，因为其中有一鼎掉进泗水，实际秦国只得到八个，但习惯上仍称九鼎。后来在汉武帝时，还一度派人在泗水打捞，也未捞到。

因九鼎入于秦，昭王五十三年（公元前 254 年），各诸侯国都让使者来咸阳向秦祝功。韩同的国君孝成王也亲自到秦国入朝。可是魏国却总是不来。

魏国为什么不来向秦祝贺呢？

原来，趁秦在邯郸城外开战失利之后，魏国就向秦地进攻。昭王五十三年（公元前 254 年）魏国一下子夺取了秦在东方的属地陶郡，而且向卫国开战，将吕不韦的家乡、也就是魏国附庸的卫国彻底吞并。卫的灭亡在吕不韦的年代也算是一件不小的事，虽然这个小国早已只剩下空名头，但它毕竟是吕不韦的家乡。魏消灭卫，对吕不韦来说必定有灭家之仇。所以，吕不韦日后在秦国掌握实权时，又重新立了一个卫郡，作为秦的附庸而存在。这只不过是当权的吕不韦借以思乡念家之情而已。

魏国攻打陶、吞并卫，无非趁秦忙得不可开交之时趁火打劫而已。其实秦军实力此时魏是比不上的。伐陶、卫的行动及不来朝贺，深深激怒了秦王。于是，秦昭王命令大将摎疼打魏，夺取吴城，魏国见状害怕的不得了，紧急派人来到咸阳，表示"魏国听令"。

八、庄襄王登基

（一）连丧二王

自秦灭西周后，东方各诸侯国都没有了反攻的实力，想要扭转秦兼并各国的大潮流根本不可能。于是，就有游说之士来到秦国替东方六国开脱罪行，企图阻止被覆亡的命运。

"土地广大并不一定代表国内太平，人口多也不一定就很强大。"游说之士向秦王提出这样的忠告，表明秦国能否取得最后胜利还要走着瞧。这种带有恐吓性的话是战国时代的说客常用的把戏："如果地广人众就可胜利，那么桀、纣之后岂不是今天仍在，以前赵氏不是也曾强盛过吗？"

“你说这些是什么图谋？”年老的昭王不明白来客的用意。

“赵国原是大国，那时齐、魏成为赵的手下败将，千乘之国的宋也听命于赵，卫国的国土也被赵国夺走一大块。”说客先说赵国曾经强大的过去，接着话锋一转，才说出主题，“当时，天下之士相互与谋，都说：‘难道我们就甘心向赵投降吗？’于是，大家决心联合起来，在魏国率领下共同对付赵国。结果，赵国的势力被压下去了。从此赵王不再跋扈称雄。”

“魏同打败赵国之后，也当起英雄来。”说客见昭王不做分辩，进一步又说，“魏要称天子。齐国接着又率诸侯兵攻打魏。结果，魏被齐打败，魏国国王只好用人质加礼物请求和好。”如此这般说了一大套，中心只有一个：强者不足恃，强国易招天下所忌妒而怀恨，而令众国联合起来攻打它，故有被攻击灾难。其实，这种老掉牙的话早已不适合当时的局势：秦的强大能够抵抗东方各国的联合进攻。横扫六国的阵势已摆好，费尽口舌的说客自然无力改变现实。所以，昭王面对这种说辞根本不加理会。

不过，昭王毕竟年纪大了。昭王五十四年（公元前 253 年），大概他已预感到不久将于人世，就返回雍郊祠上帝。第二年，这个统治秦国达五十六年之久的昭王就撒手人世了。

继昭王之位的是太了安国君柱，是为孝文王。他把赵女立为王后，子楚立为太子。这位五十三岁的太子，经过了几十年的苦等，终于成了最大的一个诸侯国的国王，自然是兴奋无比。

登基大典以后，孝文王接二连三发布笼络臣民的政令：赦免罪人，不修园林。把正在服刑的罪犯赦免出狱，打开王家园林大门，令民众出入采摘果物。这本是秦昭王一直反对的、徇情枉法的做法。但孝文王不像他父亲的作风，迫不及待地公布了这几项伪善措施。此外，孝文王又犒赏先王功臣，王室亲族都一一得到赏赐，这些做法无非希望在臣民面前塑造贤明君主临朝的形象。

韩王听说秦王去世，首先穿着丧服来凭吊观察，像个臣子一般，诸侯也都派将相大臣来会葬。孝文王办了三天丧事，大宴群臣，席散回宫就死了。国人都怀疑是客卿吕不韦想要子楚快速成为王，于是重金贿赂左右人，把毒药放在酒中，孝文王中毒而死，然而大家都害怕不韦，没有一个人敢说出来。

全朝百官亦为孝文王举哀，丧事办完后，吕不韦说："天下不能一天没有国君，如今孝文王已死，太子可以坐君位了，从而镇住诸侯万民。"太子楚说："今孝文王虽死了，但是尸骨未寒，怎么就能坐王位呢？我想以孝治天下，怎能自己先不孝呢？我愿意守服三年，再登大位。"群臣听了他的决定，都不敢发话。不韦又说："今天下诸侯纷纭，都在觊觎强秦的心思，如果不早日登大宝，分兵阻隘，恐怕秦地更为他人，况且乘王子服丧之时，以日易月，从古就有这样的例子，殿下为什么不明白？"

孝文王去世的殡葬礼仪在规模等级上也应与昭王相同，不过隆重场面就远远不及国君了。这位刚坐上王位仅三天的国王还没有时间给自己建陵墓就一命归天，而他死后的王位是由庄襄王来继承，不用怀疑是由相国吕不韦主政，修建陵墓的也是吕不韦。孝文王早点儿死，是公子异人和吕不韦求之不得的事，哪里还会用心思给他大肆建造陵墓。孝文王的葬礼在吕不韦主持下马马虎虎地就完成了，陵墓也是很简陋、狭小，在灞河东岸的一块平地一埋就是了。至今，埋有孝文王的寿陵，既没有一丁点儿陵冢的遗迹，而且任何贵物也不能找到。吕不韦一登上秦国的政治舞台，就展现出他个人的风度。

丧礼之后是吉礼，殡葬的哀乐刚停不久又奏起登基典礼的丹墀大乐。公元前 250 年的九月，秦国大事连连，昭襄王、孝文王连续去世，紧接着就是公子异人不费吹灰之力地登上了秦国王位。

吕不韦的苦心策划已是初见"功绩"。

芷阳宫内金碧辉煌，九宫人意昂然，上朝的文武大臣安安静静地排列在殿下，等待着即将进行的登基大典。突然，钟鼓之声大作，笙磬管弦共奏出丹墀大乐。随着庄严、肃穆的乐曲，三十二岁的异人坐到秦王的御座上，正式成为王，是为庄襄王。把华阳夫人封为太后，赵姬被立为王后，子赵政封为太子，除掉赵字单名政。蔡泽明白庄襄王对吕不韦有感情会让吕不韦当丞相，于是托病把相印让出来了。

（二）兑现承诺

庄襄王登极后的第一道召令就是为吕不韦起草的："以吕不韦为丞相，封为文信侯，以今陕西兰田县西兰田十二个县作为食邑。"当这道命令刚一发布下来时，秦国的文武大臣目瞪口呆。当朝的百官中还没有一人能有如此大的荣誉，在秦国的历史上把官、爵、食邑最高等级都一个人占有，也是少有的。在秦国的历史上，既封丞相又封侯的只不过二人，那就是范雎和魏冉。秦昭王时期的魏冉被封为穰侯，范雎当了应侯。但应侯范雎是在特殊的社会情况下继魏冉之后为秦相的，这是一个特别的例子，而魏冉既是相国又是穰侯，除了他在秦国掌握朝政数十年外，更重要的是他与宣太后是亲戚。可是，吕不韦既不是秦国宗室贵族，也没有对秦有功，在任相国之前一点官、爵和政绩都没有，却在庄襄王继位之后马上就做了丞相，授以文信侯，赐赏了十万户食邑。新国王刚一即位就把官、爵、封地统统给了吕不韦。满朝文武如何也想不出原因。

吕不韦一心一意谋取秦国权位。从秦昭王四十五年（公元前 240 年）在邯郸控制公子异人开始，十年风霜磨一剑，全家财富，悉数投入到这笔投赏"买卖"之中。他那"富累千金"的家已不留分文，吕不韦在生活上已举步维艰，终于在秦昭王五十六年（公元前 251 年）到了尽头。

吕不韦本人心如明镜：这是十年前在邯郸风险投资回收成本的时候了。那时异人曾亲口答应，有一天能回国当上国王，定与吕不韦一起分享秦国。当了庄襄王之后的异人，开始遵守自己的承诺了。

从此正式步入政坛，发挥出了他积累多年的才华。

（三）吞灭东周

吕不韦也没有让庄襄王失望，他竭尽全力以报知遇之恩。

庄襄王元年（公元前 249 年），东周国君听说秦接连死了二王，国中多事，于是派宾客去游说诸国，想再次"合纵"去攻打秦。本来秦昭王五十一年（公元前 256 年），西周的赧王被秦吞并之后，挂名的周"天子"已名存实亡。但在巩地还留下一个东周君。这个东周君也就是周公，虽不称为"天子"，但毕竟是周王室的传人，他的出现无疑是各诸侯国君统一中国的心头阻碍。要无缘无故地把他灭了，在名声上又会受到谴责。恰好，这时机会来了，东周君竟图谋攻秦，正给吕不韦创造了建立功业的机会。丞相吕不韦对庄襄王说："西周已灭亡，而东周还有一些存余，自以为是文武之子孙，想要鼓动天下，不如尽早灭掉他，以除后患。"秦王于是任命不韦为大将，率兵十万攻打东周，活捉了国君回来，一共收复了巩城等七邑。周始于武王己酉登上王位，终于东周君壬子，历经三十七王，共经历了八百七十三年，而被秦国灭掉。

吕不韦轻轻松松地征服东周，将东周国土收入秦国版图，彻底除掉了统一中国前进途中最后的政治障碍。但在灭东周之后，吕不韦实施了一个特别的措施：把东周君迁移阳人，让他侍奉祭礼，延续着空余名头的周人宗室。吕不韦的这一行动，显示出与过去君王的政治思想不同：消灭东周国，又不把他宗祀灭掉，是按照儒家"兴灭国，继绝世，举逸民"理想的具体实施。秦国百余年来用武力攻打东方各诸侯国，在各诸侯国中留下极其恶劣的印象。"虎狼之国""凶残暴虐""仁义不施"等不堪入耳的名字，总是与秦围紧密相连的。不少有识之士也因秦国无礼义，而站在反秦立场上不与其为友。吕不韦将东周君迁往阳人，一方面达到彻底铲除东周，扫除统一天下的障碍；同时又为自己竖起崇奉礼义，施行"兴灭""继绝"的好形象，从而赢得世人的赞同，也减少一些姜、姬姓诸侯国的仇恨、反抗情绪，为大批士人投奔秦国和顺利地完成统一做好铺垫。

灭东周这一行动，可称吕不韦不同凡响。

站到秦国最高权力的金字塔尖上，吕不韦雄心壮志，自任丞相以后，筹划东进的军事行动刻不容缓。

除掉东周君的同时，吕不韦又派大将蒙骜率兵抢占韩，攻打了成皋和荥阳，建立三川郡。成皋和荥阳是由关西通向关东各诸侯国的交通要道，一直是个是非决胜之地。秦国取得它们，并设郡管理，军事上和经济上都具有重要意义，为秦东进打开了场面。吕不韦刚开始执政，秦国在军事上和政治上就虎虎生威。这一年，秦国的国界已快要到达魏国的国都大梁，魏国的国都变成一团混乱。

（四）击破合纵

秦庄襄王癸丑二年（公元前 248 年），秦王对群臣说："我们如今国富兵强，欲攻伐赵围，你们认为怎样？"群臣回答："陛下主意很好，马上举兵伐赵。"秦王立刻命令武安君到殿，命其领兵去征。武安君说："邯郸其实不好攻打，而且诸侯救援不久就会来，怨秦也很长时间了！现在秦想打败长平军而秦卒死者过半，国库空亏，行走很远的江河而争人国都，赵与诸侯国里应外合，攻破秦军是肯定的！今臣身染重病，恐负王命，等到秋高马肥。我身体健康了，即行！"秦王见武安君辞病不行，又让王齕为领兵元帅，章邯、王翦为左右将军，领兵二十万，去攻打赵国。

于是，二将领兵分为五队而行，不到一天就来到赵地，赵国郡邑，不敢抵挡，望风归降。于是，不费一兵一卒，取得三十七城。军队来到太原，太原郡守来投降，章邯入城安顿平民，军兵屯于城。赵王升殿，群臣进奏言说："如今秦遣章邯为将，攻取了赵之邑三十七城，如今军马中定太原！"赵王非常害怕忙问："这可怎么办？"蔺相如说："我有一个办法可保住！"赵王说："何计可保？"相如说："为今之计，不如深沟高垒，分兵守住险地，他们一定不能进！

然后发使向各诸侯国求救，等到他们粮尽弹绝，然后以奇兵攻打必胜！"赵王分兵守拒险隘，不出来迎战。

第二天，赵王宣平原君赵胜来到要他们出兵相救，合纵于楚、魏，约退秦兵。

秦王在朝上对众人说："朕兴兵伐赵，多次被魏王引兵相救，真是很气人。现在你们文武之中，谁人与朕出主意，带兵去打他？"蒙骜说："食君之禄，忠君之事，这是臣子的职责！我虽然没本领，愿带兵去伐魏！"于是，秦王命蒙骜为将，领兵二十万前去魏国，离城三十里下寨。魏王临朝，门下太史官说："今天秦王命令蒙骜为将，率兵二十万来伐我国，现在军马离城三十里顿扎，希望您马上发兵出战，不然要来攻城！"魏王大惊，马上命令伪公、假公："你们二人领兵出迎！"于是，二公引兵五万迎敌，蒙骜也领兵来攻城，两军相遇摆开阵势，二公战不十合，无力抵抗，逃回城中，紧闭四门不出。二公走入，向魏王报告："臣该万死！我们不是不想取胜而立功，但是年纪高迈，气势不佳，以致大败，不能取胜。"

蒙骜仍然率兵向东进攻，先后攻占魏国的高都、汲，以及赵国的狼孟、新城、榆次等三十七城。秦军进军一路顺风，咸阳城内捷报频传。就靠着秦国几十年来强国的基础，吕不韦为相立下的功劳当然能加强他在秦国的地位，独揽国家军政大权。

秦国的胜利使魏、赵等国非常害怕。当秦国夺取魏的高都、汲以后，吕不韦正策划向魏国国都进攻，魏王急派人去赵国请信陵君魏无忌帮助。原来，魏公子信陵君无忌在秦昭王五十年（公元前 257 年）为解赵国邯郸之围偷得兵符打败秦军之后，并没有回到魏国。他知道计窃兵符、谋杀大将大罪难免，虽然救赵得胜，回国后也要受到惩罚。故信陵君令部下率魏国军队凯旋，自己则待在赵国。赵国君臣很尊敬他，因而信陵君在赵国一住就是十年。在这十年中，他的智慧和能力均大为增长。刚来赵时，赵孝成王因感谢信陵君窃符救赵的功劳，曾与平原君商定送给信陵君五座城。平原君赵胜乃信陵君的姐丈，当然拥护赵王的动议。

信陵君听说后，却认为自己无功于赵，对魏有罪，使得赵王赠城之事不得实现。信陵君也得以在赵国平平安安地住下，免遭赵国文武大臣的排挤和压迫。魏国国王对信陵君也表示谅解，仍将信陵君领地的贡物送到赵国，让他在赵定居。

吕不韦明白，信陵君在赵的十年很有才干而且名声很大，得知魏王派人去请信陵君时，开始有些忧心忡忡，赶快加派人员打听信陵君的情况。

秦庄襄王三年（公元前 247 年），魏国被秦军打得一败再败时，魏王担心秦兵强盛，不能抵敌，于是叹息说："如此还有谁能打得过？"二公说："公子信陵君无忌，固大王不肯以兵救应赵，因此偷去晋鄙之兵，往赵退秦。害怕大王怪罪，不敢回国，现在仍留在赵地，望大王写信请回。小臣二人为使，请公子回国，公子一见王书，肯定会思念故乡。公子一归，马上命令他，求救于诸侯，诸侯必应，大家一起就能攻破秦师！"于是，魏王写诏书，令二公为使者，到赵国去见信陵君，详细说明事情，将书与信陵君。看毕，无忌说："我已经假借王的命令，夺晋鄙之兵而救诸侯，只怕我一回去，王又生我气，我如今还是不能回去。"

魏安釐王派人来邯郸要招信陵君回国，但信陵君离开魏国已十年，不想再插手魏国事务，避开不接见。他还下令禁止仆从者与魏使臣联系，宾客们没有人敢说话。此刻吕不韦得知这个信息，命令秦军加紧攻魏。秦军来势凶猛地向魏国国都推进，魏安釐王不知所措。派到赵国的使臣见不到信陵君，也不敢回

信陵君

国复命。在这紧要关头，毛公、薛公起了决定性作用。这两位信陵君很尊敬的处士，对信陵君动之以情、晓之以理，劝他道：

"公子之所以被众人崇敬，是因为您是魏国贵族。现在魏国危在旦夕公子不救，国都大梁一旦被秦占领，把魏国宗室祖先的宗庙夷为平地，您还能有脸面对天下的诸侯呢？"

话还没说完，信陵君就脸色大变，驾车急忙回魏。

第二天，信陵君见魏王，拜倒在台阶下面，说："臣该万死！幸我王以至亲之情而赦，今臣归国，与诸侯们联合，一定能打败秦师！我王不用担心。"魏王走下座位，持信陵君哭着说："是我一时糊涂，致使卿不肯归国，今天你千万不要记恨在心！"于是封信陵君为上将军。信陵君谢恩出朝，派使往楚、韩、赵、燕、齐五国求救，五国听说信陵君为将，各自派兵五万，前来援助。

五国军队聚集在信陵君的指挥下向秦军猛烈出击，双方大战于河外。尽管吕不韦多才多智，也没有办法与联军对抗。蒙骜所率曾屡战屡胜的秦军，这次竟遇到联军的沉重打击损失惨重，最后只得撤退回函谷关。信陵君带兵一直追杀到函谷关，见关势险要，一时攻克不下，遂退兵。

五国联军给了秦国军队严重的打击，秦军一时间不敢东出函谷关，这是吕不韦在秦国当政后遇到的第一次挫折。从此，魏公子之名声威振四海，各诸侯国凡是与秦国有仇的，都纷纷向信陵君聚拢。各国的军事理论家，也都把他们写下的兵法拿来送给信陵君。信陵君也乐得可以流芳百世，派人把这些兵书编辑起来，世称《魏公子兵法》，从此名气更大了。

（五）离间之计

五国联合抗秦，把秦军打得落花流水。也给正在意气风发的吕不韦当头一棒，这是吕不韦当政后，秦国遇到的第一次失败。从此，他用兵更加小心、谨慎。

蒙骜与王龁把残兵败将合作一处，来见秦庄襄王，报告说："魏公子无忌'合纵'五国，人多势力大，所以臣等不能取胜。打了败仗，罪该万死！"秦王说："你们已立下许多战功，开疆拓土，今天是敌多我寡打的败仗，不是你们的过错。"刚成君蔡泽进言说："诸国所以'合纵'，都是公子无忌的原因。如今王遣一使于魏修好，并且请无忌至秦面会，等到他一入关，就捉住杀之，永绝后患，这难道不是美事吗？"秦王采用他的计谋，遣使至魏修好，并请信陵君。冯谖说："孟尝、平原皆为秦所羁，幸亏得以逃脱，公子千万不可以复蹈其辙。"信陵君也不愿意前往，言于魏王，使朱亥为使，奉璧一双向秦谢罪。秦王见信陵君没来，计谋行不通，心中大怒，蒙骜秘密告诉秦王："魏使者朱亥就是锤击晋鄙的那个人。他是魏国的勇士，应该收留他为秦用。"秦王欲封朱亥官职，朱亥坚辞不受，秦王更加愤怒，令左右引朱亥投进虎圈中。圈中斑斓大虎，看见有人来就想吃，朱亥大喝一声："畜生何敢无礼！"睁开双睛，如两个血盏，虎视眈眈看着老虎。老虎蹲伏大腿发抖，很久不敢动，左右于是又带他出来。秦王叹气说："乌获、任鄙不是过失啊！要是放他归魏，是与信陵君添翼也。"企图诱降他之，亥不从。命拘于驿舍，继绝他的饮食，朱亥说："我受信陵君知遇，当以死报之！"于是用头撞屋柱，柱折而头不破，于是以手自探其喉，绝咽而死，这才是真正的义士！

秦王已经杀了朱亥，又与众臣谋划："朱亥虽死，信陵君用事如故，寡人想要离间他们君臣，你们有什么好办法？"刚成君蔡泽说："过去信陵君窃符救赵，得罪魏王，魏王把他丢弃在赵国，不许相见。后因秦兵围急，不得已才召他回国，虽然纠连四国得成大功，可是信陵君有震主的嫌疑，魏王哪能不怀疑他？信陵君锤杀晋鄙，鄙宗族宾客怀恨必深，大王如果捐金万斤，秘密派密探去魏，访求晋鄙之党，给他许多钱，使之布散流言，说：'诸侯畏信陵君之威，都想让他当魏王，信陵君不日将进行篡夺王位。'如此，则魏王必定疏远他而害怕夺其权。信陵君不用事，天下诸侯，也就自行解散了，我们趁此用兵就轻而易举了。"秦王说："你的计划很好！可是魏既败吾军，其太子增还在我国作人质，寡人想把他杀，以慰我心怎么样？"蔡泽说："杀一太子，彼复立一太子，对魏有什么损失？不若借太子的使者为反间于魏。"秦王大悟，对太子比以前更好，一面派密探带着万金往魏国行事；一面使其宾客部与太子增往来相善。因而密告太子说："信陵君在外十年，交结诸侯，诸侯之将都很敬重而且害怕他，现在成了魏大将，诸侯兵都属于他，天下只知道有信陵君，不知有魏王。即使我们秦国，也害怕信陵君之威，欲立为王，与之连和。信陵君若立，必使秦杀太子，以便断绝民望，否则太子也要老死在秦了。有什么办法！"太子增流泪求救，使客说："秦只是想和魏通和，太子为什么不写一信给魏王，请求他让太子归国？"太子增说："虽向秦请求又怎会肯放我走？"客说："泰王之欲奉信陵，非其本意，只是特害怕而已。如果太子愿以国事秦，原本是秦之愿，还用怕不答应你？"太子增于是密书，书中详细说明诸侯归心信陵，秦也想要拥立为王等等后，再说自己求归之意，将书交给客，委托密使给魏王。于是秦王写了两封信，一封给魏王报朱亥死丧，托言病死；一封奉贺信陵君，另外还有金币等物。

　　魏王由于晋鄙宾客布散谣言，已经开始怀疑。等到秦使捧国书来，想要和魏息兵修好，看他们的书信，都是敬慕信陵之语，又接得太子增家信，心中更加疑惑。使者再把书、币送到信陵府中，故意泄露风声，使魏王听到消息。信陵君听说秦使讲和，对宾客说："秦非有兵戎之事，为什么要向魏求和？这肯定有阴谋！"语音刚落，阍人报秦使者在门外说："秦王也有书奉贺。"信陵君说："我与他没有私交，秦王之书、币无忌不能接受。"使者再三表达秦王之意，信陵君再三推辞。恰好魏王遣使来到，要取秦王书来看，信陵君说："魏王既然知道有书，如果说我不受，必不肯信。"于是命驾车原封不动，将秦王书、币，送上魏王，并说："臣已再三辞之，不敢启封。现在大王要看，只得呈上，随你处理了！"魏王说："书中必有情节，不看不知道。"于是打开书观之，信上说：

　　"公子威名远扬天下，天下侯王没有不仰慕公子的人。将来当正位南面，为诸侯领袖，但不知魏王让位会在哪一天？希望你早日引领大众！现送上一份薄薄贺礼，希望公子不见怪罪！"

魏王看完，交给信陵君看，信陵君赶紧说："秦人很狡诈，此书是离间我君臣，我之所以不敢打开看，是担心其中的话会让我中计。"魏王说："公子既无此心，你可以在寡人面前，作书回复。"即命左右取纸笔，付信陵君作回书。大略说：

"国君对我大恩大德，报答都来不及，让我称帝，是不足以让臣民信服的。这样的事，我万万不能做！"

把信交给秦使，并金、币带回，魏王也派使者去谢秦，并说："寡君年老，欲请太子增回国。"秦王允许了。太子增回魏后又说信陵君不可以重用，信陵君虽然于心无愧，但一想到与王有猜忌，心中就不愉快。于是假托生病不朝，将相印、兵符俱交还魏王。

信陵君被谗言和谣言中伤，心灰意冷。但他既没有多说什么，也没有想要争取国君的信任。而是自暴自弃，谢病不朝，整天在家中花天酒地，日夜与宾客、姬妾厮混。从此不再过问政治事务。四年以后从魏国传来消息：魏无忌在一次酒后纵欲而暴死。曾经名声大震，曾经联合各国抗魏有功的政治家、军事家魏无忌就这样终其一生。

魏国的信陵君失败，为秦国创造了条件。吕不韦的离间计不仅搞垮了一个有远见的政治家，也拆散了东方各国联合起来组成的军事集团。秦国举国上下，少不了庆贺一番。

九、仲父专权

（一）嬴政继位

正当吕不韦在庄襄王手下，尽情发挥其政治才干之时，一件意外的事情发

生了。秦庄襄王三年（公元前 247 年），年仅三十五岁的庄襄王撒手而去，空留下一个极其强大的秦国以及一位年仅十三岁的王子嬴政。很快，嬴政（即后来的秦始皇）继位，而委一切国事于吕不韦，并且将仲父之名加在吕不韦头上。

"仲父"既不是官名，也不是爵名，而是叔父之称，是颇具感情色彩的称呼。最早称仲父的是春秋时期的管仲，他帮助齐桓公改革，使齐国称霸于诸侯，成为强国。齐桓公非常尊敬、信任管仲，并把齐国朝政交给管仲，尊称管仲为"仲父"。

以仲父、相国的身份辅佐，使吕不韦的权势几至顶点。在嬴政尚未成名的这数年间，吕不韦成为秦国真正意义上的主政者。

当然，这一过程谈不上风平浪静，而源于庄襄王死因的谜团，以及嬴政是否秦王血脉的悬案一直萦绕在当权者的心目中。

与其父安国君不同，在继位之时，庄襄王仅过而立之年，身强力壮，他的突然驾崩似乎令人生疑。

子楚早死一事，令后人产生了许多联想。有人认为，是吕不韦害死了他。这是因为，子楚只有早一点死掉，所谓的私生子儿子嬴政才能早一点继承王位。再说，吕不韦与老情人赵姬一直"藕断丝连"，也只有让子楚死掉，这对"老鸳鸯"才能"破镜重圆"。

《东周列国志》在写到子楚之死时，就采用了闪烁其词的笔法："再说秦庄襄王在位三年，得疾，丞相吕不韦问疾。因使内侍以缄书密致王后，追述往日之誓。后旧情未断，遂召不韦，与之私通。不韦以医药进王，王病一月而薨。不韦扶太子政即位，时年仅一十三岁。尊庄襄后为太后。封其母弟成峤为长安君，国事皆决于不韦，比于太公，号为尚父。"一句"不韦以医药进王，王病一月而薨"，虽未明说吕不韦将庄襄王毒死，但其意昭然。如此春秋笔法，怎么不令人产生某些联想！当然，吕不韦将庄襄王药死之说，只是后人的猜测，于史无据。

秦始皇虽是秦国君王，但他的生死都与赵国都城邯郸密切相关。他生在赵国都城邯郸，死在邯郸附近的沙丘平台。

在邯郸民间，相传位于丛台附近的朱家巷就是秦始皇出生的地方。民间还传说，在丛台附近原来有一座院子，就是吕不韦和秦始皇的母亲赵姬居住的地方。后来，吕不韦把这处宅子和自己的爱姬赵姬送给了秦始皇的父亲异人。

至于秦始皇是吕不韦私生子的传说，则在民间流传了上千年。

秦始皇出生在邯郸，不是民间传说，而是千真万确的史实。他的母亲赵姬原本是邯郸富商吕不韦的爱妾，这也是史籍中记载确凿的史实。

总之，一切都是未知数，而唯一的事实便是年仅十三岁的嬴政正式继位。然而，关于嬴政究竟是否出自秦王血脉却又是一宗悬案。

秦始皇到底是子楚的儿子，还是吕不韦的儿子，后人一直争议不休。

相当一部分人引《史记·吕不韦列传》之材料，据太史公所述，嬴政的母亲原本是吕不韦之姬，但子楚被她的美色所迷而要她，吕不韦勉强地把她献给了子楚。赵姬足月后生下嬴政，子楚遂立赵姬为夫人。根据太史公的记载，她来到子楚之处时已经怀孕，而子楚并不知道。在文中所描述的"至大期时"，她生下政。因此，他的生父是吕不韦——虽然由于怀孕期长，子楚及世人都认为是子楚之子。后来，子楚登上王位，封赵姬为王后，嬴政为太子，吕不韦为丞相。此说为班固所接受，于是《汉书》径自称嬴政为吕政。

然而，恰恰在这段材料之中，却有着一个致命的漏洞，那就是吕不韦将赵姬献给子楚之后，十余月后才产下子嗣的。倘若之前赵姬便已怀孕，嬴政居然在胎盘里缠绵了十多个月，这显然有违一般的医学常识。

另外，在《史记》中，一边说嬴政乃吕不韦之子，一边说其实是子楚之子，类似这样的"乌龙"材料为数不少。还有，《史记》中有时说赵姬是吕不韦买来的歌女，有时又说赵姬是赵国豪门之女，身份如此悬殊。况且，赵姬婚前怀孕一事，乃是她与吕不韦两个人的惊天秘密，他人又如何得知？况且，在

吕不韦在世时，秦始皇显然从未听说过吕不韦是其生父的传言。所以，在决定除掉吕不韦时，还责问他："君何亲于秦？"

此外，同属战国时代重要史书的《战国策》并没有涉及秦始皇为吕不韦私生子一说。诸多材料的漏洞，并不能真正指向嬴政的身世。

明代王世贞《读书后记》怀疑《吕不韦列传》这段记载的真实性，提出两条理由：一是吕不韦为使自己长保富贵，故意编造自己是秦始皇的父亲的故事；二是吕不韦的门客骂秦始皇是私生子以泄愤，而编造此说。

近代史学家郭沫若在《十批判书》指出三个疑点：①仅见于《史记》而《战国策》却不记载，没有其他的旁证；②和春申君与女环的故事如同一个刻板印出的文章，情节大类小说；③《史记·吕不韦列传》又有"子楚夫人赵豪家女"之说，显然与上述故事自相矛盾。显然，他也不认可嬴政是为吕不韦的私生子。

此外，卜德《中国的第一个统治者》对此有进一步的讨论，认为这一描述不寻常的怀孕期的话是一个不知其名的人加在《史记》之中的，为的就是诽谤秦始皇，说明他政治的和出生的非正统性。要做到这一点，难道还有什么更好的办法——不但把他说成是私生子，而且把他说成是商人（在传统上商人被后世的儒生列在社会最低的阶层）之子？这句插入的话取得了明显的效果，因为直到近期为止，关于秦始皇是私生子的说法几乎没有人怀疑过。

后代史学家经过研究，认定吕不韦和秦始皇有父子关系乃是别有用心者的篡改。

其一，这样可以说明秦始皇不是秦王室的嫡传，于是反对秦始皇的人就找到了很好的造反理由。

其二，是吕不韦采取的战胜长信侯的一种政治斗争策略，企图以父子亲情，取得秦始皇的支持，以增强自己的斗争力量。

其三，解秦灭六国之恨。"六国"之人吕不韦不动一兵一卒，运用计谋，就将自己的儿子推上秦国的王位，夺其江山。因此，灭国之愤就可以消除。

其四，汉之后的资料多认为嬴政是吕不韦之子，这实际上是为汉取代秦寻求历史借口。他们的逻辑是，秦王内宫如此污秽，何以治理好国家，秦亡是必然的。

转眼间，两千多年过去了，有关秦始皇身世的争论仍未取得一致看法。但不论赵姬是有娠而嫁，还是嬴政真为皇室血脉，这些诤议均无法掩映他在中国历史上的重要地位及作用。或许，这本不足道矣。

"秦始皇不立皇后" 的千古之谜

中国古代帝王均立后，秦始皇却未曾立皇后，致使秦始皇陵园内一墓独尊，没有皇后墓。许多研究学者认为，立后关系到秦王朝的政权建设，但根本原因在于秦始皇的个人性格及其家庭环境之影响。

中国古代帝王有多个夫人及众多妃嫔，后妃制度中"第一夫人"又称皇后，皇后是太子之母，立后制遂与储君制相互表里，成为中国古代后宫制度乃至君主政治的重要组成部分，并演出了一幕幕的政治活剧。

秦人在秦孝公（公元前 4 世纪）以后，对于立后和立太子之事已制度化。秦国在发展壮大的过程中，国家制度已臻完善。秦统一中国后，更全面建立了各种制度，并定出了皇帝的正妻为皇后、母亲为皇太后的制度。但是，秦始皇帝始终没有设立皇后，这成为令人费解的千古之谜。

观点一——为求长生延迟立皇后

一种观点认为，秦始皇十三岁即位到二十二岁亲政，中间有九年的太平天子时间，也正是古代男子要娶妻的时间。即位三年，他便有资格立后，但前后九年都未立后。二十二岁到三十九岁的十七年是其自己掌权、统一六国的时间，国事繁忙，在后方立后也不费事。从三十九岁到五十岁时，秦始皇多在巡游路上。但是，立后以"母仪天下"也花不了多少时间。秦朝虽短，但秦始皇有充足的时间立皇后，不是他来不及立皇后，实际上是他自己不愿意，更非其母亲不操心，也非大臣不尽职。

秦始皇在有机会立皇后的时间内未立皇后有许多原因，但主要原因是很复杂的。除性格多疑恐皇后掣肘外，还跟秦始皇追求长生不老和后宫美女过多有关。秦始皇曾四次巡视六国故地，其中三次都会见了徐福等方士以求长生不老之药，甚至派徐福率领三千童男童女赴东海神山求药。正是有长生不老的厚望和六国佳丽充斥着后宫，一定程度上延迟了秦始皇立后的进程。

观点二——由怨母而仇视女人

史载，秦始皇的母亲行为失谨，秽乱后宫，并生了两个儿子。这使秦始皇在思想上受害甚深，可谓是终生难忘的伤痛。为此，他把母亲赶出了国都咸阳。由怨母而仇视女人的心理阴影，使秦始皇长大后在婚姻能力上未能健康发展。宫中众多女人，仅仅是为满足他的生理需要。由母亲行为而形成的心理障碍，也是秦始皇迟迟未立后的重要因素之一。

秦始皇统一六国后，东方六国的佳丽尽充后宫，要选一个名门之后的贤淑女子也是一个难题。何况秦始皇自认功德超过古代的圣王——三皇五帝，皇后的标准难定，选定皇后就更难了。

（二）顺应时势

长平战后，出现了秦国越来越强而六国日见衰败的局面。经过一系列战争，到秦昭王晚期，秦的领土十分辽阔。北面占有上郡，东面占有河东、太原、上党以及南阳等地。南面占有巴蜀、黔中、汉中和巫郡。秦昭王末年（公元前251年）又吞并西周，素称经济、文化中心的中原地区大都为秦所有。"韩王入朝，魏听命于秦。"公元前251年，秦昭王死时，"韩王衰绖入吊祠，诸侯也都派将相来吊祠，视丧事。"至此，秦一统天下的形势已成定局。

到庄襄王时，仅仅三年时间，秦诛灭东周，消灭了周王朝的最后一个支系；

连年攻城略地，连连胜仗，领土增加了两个郡；五国联军前来挑衅，虽获小胜，但却被围在河外。这些成果，真是令人咋舌。这说明吕不韦对庄襄王、对秦国的事业是十分尽力的。

但要强调的是，吕不韦在这段时期里已经初步展现出他的王佐之才。这种才能不单单是在战争胜利方面，而且表现在战前战后的日常工作上。在战争之前，他采取了四大措施：第一，"释放罪犯"；第二，"表扬前代国王有功之臣"；第三，"以德治天下"；第四，"对平民百姓广施恩惠。"这些行动无疑给新王朝树立了一个心胸宽广的形象。这种形象当然会赢得各种人——罪人、功臣、骨肉——的好感与拥护。这样，在国内就能呈现一个安定和谐的局面，从此没有了后顾之忧。同时也刺激了他们的积极性，激起人们的爱国热情，从而心甘情愿地参加和支持兼并战争。吕不韦在消灭东周之后，还"以阳人地赐周君，奉其祭祀。"这也是一项明智的行动。通过这一举措，便在六国中树立了一个"王者"形象。这个形象等于向列国人民宣布：秦国对外用兵，并非穷兵黩武、灭人宗祀，而是为民除害、为民谋福。这样，不仅可以安慰已灭国家人民的对抗情绪，而且更能瓦解未灭国家人民的斗志。总而言之，秦国在三年兼并战争中，之所以战无不胜、攻无不克，与这些行动是有很大关系的。

对于秦国本国，吕不韦大赦罪人，奖赏先王功臣以及对百姓施行一些小恩小惠。这无非是历代国王上台后的一套例行程序，不能发挥实际作用。但对吕不韦来说作用非同一般。他并非秦国人，任丞相之前又毫无贡献，在秦国臣民中的影响不大。当政后首先发布的这些收买人心的政令，对于"罪人""功臣"和"民"，其用心十分明了，无非是要用以德服人，使秦国各阶层都对新任丞相吕不韦感恩戴德。这一办法不是吕氏"发明"，却也有相当大的用途。从他执政之后，秦国一点儿大动乱都没有就可得到证明。

战国晚期，由于商品经济不断发展和水陆交通的先进，各地区各部族之间的联系十分密切，天下成了"四海之内若一家"的形势。与此同时，天下统一成为人心所向。因此，由分裂走向统一已是大势所趋，成为不可逆转的潮流了。

（三）招贤纳士

1. 养士纳才

吕不韦当丞相前，文韬武略虽然也有一些，但英雄无用武之地。可是掌握秦国政权之后，却在国内取得安定团结，在国外赢得了一个个胜利。这些靠的就是人才。

在吕不韦当政前，秦国有一批十分优秀的文臣武将。这些大臣有的足智多谋，有的功绩显赫，前朝国王主要依赖各位臣子。他们自己当然也不可一世，往往看不起靠宠幸继位的幼主及新贵。而吕不韦仅以一个平民发迹，仅因与异人的特殊交情登上相同尊位。历来在这种时候多造成新旧官僚、贵族间相互看不起，甚至导致残害和内乱。"功高震主"及"内轻外重"的现象均使国家功荡不安。但是，吕不韦上台后，不仅这些问题一点不存在，而且前朝元老重臣都甘心为他效命。原因何在呢？吕不韦登上秦国一人之下、万人之上的丞相之位虽晚，但一点不像普通暴发政客具有嫉贤妒能的缺点，对元老重臣更是器重。在吕氏执政时期，统兵作战的名将虒公、蒙骜、王龁等将军都是自昭王时代功绩盖世的数朝元老，而在吕不韦时代，他们仍能驱马赴疆，再立新功，为国捐躯。

然而，仅依赖原有的或秦国本土的一些人才，是远不能满足急剧发展的军事、政治、经济、文化需要的。不分朝代，国力的竞争首先表现为人才的竞争，在突飞猛进的战国时代更是如此。各诸侯国敞开大门"招贤养士"，就是招揽、网罗人才的一种表现。

在吕不韦还没到秦国以前，各诸侯国当权的贵族有先见之明的人，都大力笼络人才。其中历史上有名的"四公子"，即齐国的孟尝君，魏国的信陵君，赵国的平原君，楚国的春申君，他们都喜欢招贤养士，家里常常供养一批"食客"。这些"食客"不仅作为供养者的私家势力，而且帮助主人辅政治国，简直作为这些诸侯国的智囊团和"人才库"而存在，即使"鸡鸣狗盗"之徒在关键的时候也能发挥巨大作用。故秦昭王以来，秦军虽凭借强大军事实力大力东扩，而齐、楚、魏、赵四国却未能马上垮台，且与强秦对抗达数十年之久，其中养士起了不小的作用。

秦国一贯坚持吸收外来人才的优良传统，其态度远比东方各国开明。早在春秋时就有大批秦地以外的有识之士投奔而来，并取得秦国国君信任而且都身居要职。如穆公时期的晋人百里奚、戎人由余，皆在秦国受到重用，且立下了大功。战国时仍有关东六国人士不断入秦，如从卫国来的有改革家商鞅。商鞅以后，秦又制定吸引东方有志之士的"招徕三晋之民"的开放政策，有一大批无地农人来秦开发耕地。就在春秋战国数百年间，秦以外各地、各族人士不断融合，才使秦地国力增强，生产水平不断提高。至战国末年跃居强国之首位。

然而，在长期吸收、融汇外来人口的过程中，秦国接纳外来人才的范围是有限的，欢迎持法家观点的人物，而排斥其他观点的人。所以严格地说秦国算不上有"养士"之风。

战国时代有各种流派的学说，他们有的主张"仁义"，有的宣传"刑名""无为"等等，因此产生了儒、道、法、墨等各种学派。这些学派各有所长。当时的"士"在社会上已形成一种特殊的势力。他们拥有家学传统，善谈说，不受国家、宗教、经济和政治地位限制，以自己的才能游走于各诸侯国，取得官位、待遇。这些士为追求富贵而奔走于各国，在政治舞台上发挥着重要的作用，所谓在楚国就能使楚国成为强国，离开齐国后，齐国马上变弱，可以使赵国完蛋，也可以背叛使魏国受损。上述"四公子"所养的"宾客"多是这种"士"。

但是秦国一贯推崇法家主张，认为富国强兵第一在于耕战。除农业生产和作战以外，其他各业均不很重视，对读书之士人甚为轻视，尤其蔑视儒生。法家将读书之士当作社会寄生者，给以打击，所以在吕不韦入秦以前，荀卿在秦国游历时，这里还是没有儒，法家也是一种士，但法家力主愚民政策，不喜欢讲"士"。结果，自孝公时代到昭王去世之前。秦国之士数不出几个，更无人明目张胆地"养士"。

吕不韦是秦国历史上把"士"放到重要地位的人，从而大规模招揽宾客，打开国门大批吸引养士。

早在邯郸同异人策划谋取王位的时候，吕不韦就为此后的养士打下了基础。他送给异人"万金"让他在邯郸结交宾客，已创造网罗人才的条件。当庄襄王一上台，吕不韦初任相国，就在相府内修建了许多的高堂广舍，家里延聘了众多的名厨。首都和边城墙上贴满了告示：欢迎各国和国内士人光临相府做客。吕不韦一改秦国排斥"上"的作风，效仿"四公子"招引各国宾客，大开养士之门户。

吕不韦在秦养士有三个与众不同点：第一，他自己不是秦人，却官至秦相国，这对秦以外追求功名利禄人士，具有极大的诱惑力；第二，吕不韦在秦庄襄王和秦王政八年的权势，比东方养士的"四公子"有势力，实为不称王的秦王，养士之举绝不会有任何人加以评论；第三，秦国军事上正值最强盛时期，兼并各诸侯国只是迟早的问题。故吕不韦招揽宾客的告示刚一张贴，有识之士争先恐后奔向这位新上任的丞相府。由于以上三个有利条件，吕不韦执政之后不久，在吕不韦门下为"食客"的不久就聚集了三千人之多，变成各国中养士最多的一家。只见那相府内外，褒衣博带的儒生和紧衣窄袖的武士来来往往，书声琅琅和高谈阔论此伏彼起、热闹非凡。

冲着吕不韦而来的"食客"，其中有一些人是根本没有本领只是混饭吃的，平时则无所事事。但多数还是学有特长的士。在吕不韦招致的宾客中，还有一个极为显著的特点：那就是百花齐放、百家争鸣。

战同时代的思想界，因所持宇宙观、伦理观、政治观不同，由于活动方式、研究对象不同又分化成不同学派。其中儒、法、墨、道四家影响最大，此外尚有阴阳、纵横、农、名各家。他们一味宣扬各自主张，相互争鸣，有时水火不容，难决高下。可是吕不韦的门下，则接收了各种派别的宾客。这些宾客中，不仅有秦国地位最高的法家，而且也有一向遭秦打击的儒家，还有道家、阴阳、墨家、名家等等，凡是秦国时代存在的各个学派，都有投奔到吕不韦门下的。这样，吕不韦在秦国养士虽不如齐、楚、魏、赵的"四公子"时代早，但其数量和士的整体素质则远远超过他们。

2. 李斯入秦

吕不韦家中食客的名字，绝大多数都随着时间推移而被人忘记，能让人记住名字的只有两人：一个是司空马，一个是李斯。

司空马青年时就从关东来到吕不韦的身边，当了尚书，长期以来无所作为，但到吕不韦最后失败时，却跟随吕不韦出走，这是后话。

李斯是吕不韦招揽的士，他开始与其他的"食客"没什么区别，可是不久就成为秦国的一位杰出的政治家。

李斯的功绩主要是在秦统一中国之后表现出来的。然而他本人在秦统一前投奔到秦来了，正是冲着吕不韦的招贤政策而来的。他原本不是秦国人，而是出生于楚国的上蔡。年轻时的李斯，曾做过掌乡文书的小吏。他身居社会下层，体会了人间的艰辛和苦难，对爬上社会上层有着极其强烈的愿望。有一次，他看到厕所中的老鼠，吃的是脏东西，见到人和狗，吓得慌忙逃窜；可是仓库中老鼠，长得很壮很肥，能吃到好粮食，住在宽敞的房里，不会有人和狗前来惊扰。此情此景，李斯感慨万千地叹道：

"人的运气不同，跟这老鼠没什么区别？所谓'贤'或是'不肖'，就看各人有什么样的机遇了！"

战国时代的自由讲学的风气和诸侯国战争，给"士"的活动创造了便利空间，也为深为社会下层的"士"进入各国上流社会提供了可能。为了有朝一日

爬到上层社会去，李斯从小曾向著名的思想家荀卿学习"帝王之术"，同时拜荀卿为师的还有韩非，他后来成为著名的法家代表人物。但韩非和李斯的观点和其老师荀卿不尽相同，韩非舍弃荀卿以仁义为本的儒家主张，而系统地扩充了其性"恶"说，创造一套严格的法家理论。李斯的学术水平不高，但对帝王面南之术研究很深，形成阴谋诡计的权术论。学成后，李斯从功利出发，审视当时的各国情势，觉得在自己的家乡楚国的国王不会有大发展，而其他各国也很弱小，也无胜利的可能，唯一有希望的国家就是秦国。于是，决定投奔秦国。临行前，李斯向老师荀卿告辞：

"弟子要去秦国了，今天特地与先生辞行。"

"你为什么这么着急呢？"荀卿这位老先生不了解李斯那种急功近利的心情。

"俗话说'得时无怠'，机不可失，失不再来。当今各国争雄之时，充当智囊、发挥重要作用的都是'士'，这正是我们大显身手的时候。"对老师，李斯毫不隐瞒。

"那你为何非去秦国不可呢？"可能因为荀卿曾经到过秦国，虽然对那里的吏治非常赞赏，然而对其"无儒"很不欣赏。李斯要入秦，老先生大概不太乐意。

"局势已经很明显：现在秦王有吞并天下的意图，称帝的条件已具备。这正是布衣之士各显神通的时候，弟子当然要西入秦以求建功立业啦。"李斯愈说愈激动，一下子把积压在胸中多年的酸楚和积愤全都倾诉出来："地位极卑微而不设法改变自身状况的人，就连野兽都不如！所以说，最大的耻辱莫过于地位卑微，最大的悲哀莫过于贫穷。要是甘心处于卑贱的地位，一生过着清贫的日子，而不思进取，还标榜什么'无为'，不谋'利'。这绝不是士所心甘情愿的事情，是虚伪骗人的！因此，弟子李斯立志西去向秦王游说啦！"

于是，李斯就来到秦国。

李斯来到秦国之初，正当庄襄王去世，吕不韦大权在握。具有政治敏感的李斯不加思索地投到吕不韦的门下，在吕不韦家中充当一名极为平凡的宾客——"舍人"。不久，慧眼识珠的吕不韦发现李斯是个人才，把他选任为郎。这是一个伴随主人左右出谋献计、帮助主人处理各种事务的职位，既可以混饭吃，碌碌无为，也可以认真做事，发挥才智。李斯一心要获得名利，肯定是后者。他在吕不韦门下，利用一切机会以表现自己的才能，引起别人注意。有一次，李斯趁晋见秦王之际，说出对眼前局势的分析，他说：

"要成大业，必须等待好时机，该进取时进取，该忍耐时忍耐。以前秦国在穆公时代，虽国力强盛，独霸西戎，但终未统一关东六国。这究竟原因何在呢？因为当时诸侯国势力都很强，周天子作为天下共主，尚没有到彻底垮台的时候。所以，各诸侯国争霸只能以周天子为名头，在'尊王攘夷'的幌子下进行，当时秦穆公也只能这样如此。而自秦孝公以后，周天子这个招牌逐渐失去了作用，诸侯国公开相互攻战，秦国则乘势发展起来。到现在，秦国已经六代不断取胜了，东方各诸侯国被秦打得俯首称臣。多么好的一个机会，若不趁热打铁消灭东方各国，早日统一天下，将来这些国家联手对抗秦国，恐怕就难办了！"

李斯的话表面上是说给秦王听的，但众所周知，庄襄王死后，刚即位的秦王政年纪还小，所以他实际是对吕不韦说的。而李斯的这一番话，正确的分析了当时的形势，说明他对秦国内外局势了如指掌，这就越发引起当权的吕不韦对他的关注。为此，把李斯任命为长史，成为一名有实权的秦国官吏。

李斯的建议，促使吕不韦加快了对东方各诸侯国的吞并行动，除了派兵向东方不时扰乱之外。此期间，秦国还派出了大批的说客兼刺客在东方各诸侯国秘密活动。这些人遵从吕不韦的指示，携带大量的财物和随身武器，分散于东方各诸侯国，结交各国可以左右政治的贵族和大臣名士。能以财物打动的，就用金钱、财物奉上，使他们替秦国效力；若不肯接受贿赂的，则用随身的利剑将他们谋杀。此外，还运用一些挑拨离间的计谋，使各诸侯国内部分离不和，在内耗中丧失战斗力……这一切都是李斯出的主意。不久之后，这些阴谋活动有了成效，秦国的军队在正面战场上不断得胜，就是证明。

像后来的蒙骜、甘罗、李斯这些武将、谋士都忠心耿耿的为秦国和吕不韦奔走效劳。这些现象与东方各国内部君臣之间矛盾重重、文臣武将相互猜忌、外来宾客与国内元老互不相容等等现象对比，就明显地看出秦国的优势。君臣一心，有识之士也都集中到这里来了，人才的优势发挥得充分，从而秦国胜利有了极其重要的保障，这正是吕不韦成功的奥秘之处。

（四）富国兴利

财富为吕不韦创造了投机的时机，财富又为他在秦国获得成就奠定了物质基础。

简单明了，吕不韦在秦国掌权十余年间的成就，是在以前良好的基础和秦国原有的政治、经济、军事和文化成就之上取得的。

吕不韦所能达到的成果，没有秦国原有的经济、文化的坚实基础是根本不可能的。

早在吕不韦没到秦国以前，秦国就是一个经济实力最强、国土面积最大的诸侯国。在吕不韦当权前的半个世纪，谋士苏秦去楚国，联合楚与东方各国与秦对抗，他说：如今楚国是南方的一个大国，"地方五千里，带甲百万，车千乘，骑万匹，粟支十年"。比起齐、魏、燕、赵、韩等国来，已是谁也打不败的强国了。可是另外一个谋士张仪后来告诫楚国国王说："秦地占天下的一半，车千乘，骑万匹，虎贲之士百余万，粮食多得像丘山。各诸侯国没有是秦的对手的"。

不说别的，仅以"粟"——粮食，这一条，楚国的"粟支十年"多得不得了。但秦国却能"粟如丘山"，堆积如山的粮食表明秦国的富有。不用说，张仪的鼓吹存在一些不合乎实际情况。但秦国的国力强盛，确是可以从中略见一般的。

秦国的国力是建立在物质条件不断发达的基础之上的。到吕不韦当政的时候，秦本土是全国财富中心之地。这时的秦国人口不足全国的 3/10，却占有全国 1/3 土地，而拥有全国的 60% 财富，俨然已是个"超级大国"了。

财富的源泉是生产，而古代的生产主要是农业。

1. 发展农业

秦国的农业生产有非常好的自然条件。秦国本土关中，黄土地肥沃，八百里秦川给人们创造了栖息、生产的绝佳条件。这里自古就是农作物生长的理想之地，北依靠黄土高原，南有巍峨葱郁的秦岭，中间是渭河流域的冲积平原。他的主要部分由渭河一、二级阶地组成，地势平缓，地下水丰富，土壤肥沃，有一系列黄土台塬分布其间：马额原、乐游原、翠峰原、横岭原、神禾原、白鹿原等。原面全都是平坦阶状地形。泾河、渭水、浐河、灞河、皂河、黑河、沣河、石川河、涝河、陇水、戏河、并水，纵横蜿蜒，形成错综复杂的水道网。这个自然条件是农业生产有利的环境。自商鞅变法之后，秦国又实行赐爵、免除徭役的方式刺激人们勤劳从事农业生产，凡生产搞得好的，可获得与在前线杀敌立功一样的待遇和荣誉。这种奖励耕、战的政策，刺激秦国的物质条件迅速发展起来。吕不韦时代郑国渠的修建，使关中大片土地变为良田，这为秦国的战争走向胜利提供了保障。

秦惠文王时代秦国占有了巴、蜀地区。这也是一块自然条件优越，农业生产水平很高，秦国粮食主要供应地。

所以，当吕不韦执政时，秦国南有泾、渭之沃野，占有巴、汉之饶土。占有农业生产的优势，粮食多得如山丘就不足为怪了。

秦国的富庶还不仅表现在占有优越的地理位置，而且还表现在生产工具的先进。

用牛耕地是人类从事农业生产中的一大发明。在中国，春秋末年才开始出现用牛耕地，但没有推广开来。战国末期，也只有少数先进地区才采用牛耕，秦国就是这少数先进地区的代表。有一次，赵国国王准备攻打秦国，赵国大臣赵豹劝说赵王不要与秦开战，其中原因之一就是"秦以牛田"，即用牛耕田，这在当时是一种先进的生产方式。由于牛在生产上成为生产工具，不像它的祖先那样，只有用来当牺牲祭品，被送上祭台。所以它在人们生活中的地位就大不一样。秦国法律规定：每年正月、四月、七月、十月由政府安排视察耕井喂养情况。考察结果如果把牛养好，则给予奖励，养不好牛的啬夫、牛长则有罚，说明耕牛在秦国受到的重视。

和牛耕紧密相关使用的是铁农具。中国先前最早使用的生产工具是石、木质的。石、木以后改进的金属工具开始时是青铜质地的，殷商、西周时代广泛运用这种青铜工具，虽然我国古代的青铜冶铸业就其水平而言是世界罕见的，但若在农业生产中普遍使用青铜农具，肯定是相当困难的。因此，春秋时期使用了铁质工具。铁工具的发明，是人类生产发展史上的一大进步。因为铁矿较铜矿多，开采又较容易。冶、炼、铸技术达到相当水平后，其铁质工具的坚韧程度也比青铜器高。我国最早的一批铁工具发现于春秋时代。在秦国，春秋时代的秦公大墓中，就随葬有铁工具。可见，春秋时代秦国已运用铁工具进行生产。到战国时期，秦国已广泛使用铁工具了。牛耕发展以后，犁变成了主要耕具。秦国在吕不韦执政时候，耕种早已普遍运用铁犁了。考古工作者在今陕西原秦本土境内已找到了许多铁犁铧。铁犁配合牛耕促使农业生产技术得到了极大的发展。除铁犁外，铁质工具还有斧、斤、锛、凿、镰、刀、锸、铲、锄、锉、削、耙、锤、锥、针、钻等等。这些工具这些年来在秦故地陕西都有出土，表明战国时代铁工具在秦地已相当广泛地使用。

2. 兴修水利

秦国的农业生产发展还与水利建设有紧密联系。秦国统治者和百姓都认为应该注意水利建设，修渠、引水灌田在秦国本土相当成熟。世界著名的水利工程都江堰就是秦昭王时在蜀地修建的。

秦惠文王时代被秦国吞并的蜀地，水陆交通发达，物产丰富，山阜相连，含谿怀谷。尤其是成都平原总面积 2700 余平方公里，土地平坦，气候温和，青山绿水、地杰人灵，自然条件得天独厚。但是，由于早年对河流开发利用不合理，长年不断闹旱灾和涝灾，其主要祸根是岷江。

岷江，这条凶猛的大河，从高山环抱的四川盆地边缘沿着陡峭的山脉，穿过万山丛中，水流汹涌澎湃，奔腾咆哮、一泻千里地投进成都平原的怀抱。到今灌县一带，因地势变得平缓，水流降速，一路挟来的泥沙沉积下来，结果造成河道淤塞，水流不畅。当雨季来时，岷江及其支流水量猛增，溢出河道的水像脱缰的野马，放肆地在大平原上泛滥，淹没了大片肥沃的土地。而雨量不足时，又造成方圆千里的旱灾。在这种环境下，有效地治理岷江，就成为发展生产的关键。秦昭王时代的蜀守李冰，负责治理岷江，他与儿子二郎一道，领导了修建都江堰治理岷江的水利工程。

李冰父子选择在岷江中游丛山溪急转入平原河槽的灌县一带，修筑一道江堰。工程的主要分为三个部分：分鱼嘴、飞沙堰、宝瓶口。分鱼嘴的作用是将岷江水流分成两支；东边一支为内江，西边一支为外江。内江流到飞沙堰，开了一个宝瓶口，即一个人工出水孔，使江水顺畅地流出，并由此修建一个分支灌溉渠道。在分鱼嘴和宝瓶口之间的飞沙堰，是人工修建的洪道。洪水暴发时，分鱼嘴失去分水作用，过多的内江水，翻过飞沙堰流入外江。这时堰坝发挥着第二道分鱼嘴的作用。枯水期时，大部分水由此流入内江，从而灌溉用水得到保障。这一个水利设施系统建成之后，使岷江由害变利，发挥了多种作用，防洪、灌溉又平添了成都平原的壮丽景观。都江堰的建成，成都平原三百万亩土地得到灌溉，饱受水、旱之灾的原野也由此成为肥沃的良田。到了这个时候，蜀地被称为"天府之国"。

秦国的另一个宏伟水利工程，就是秦王政元年（公元前 246 年）由郑国主

持修筑的郑国渠。当时，郑国渠正在建造之中，它所发挥的作用不小于都江堰，并且这次水利工程的完成是在吕不韦执政时。郑国渠、秦国的都江堪两大水利系统在当时各国是独一无二的。在水利史上至今仍发挥着重要作用。凭借如此先进的水利灌溉系统，秦国的农业生产水平无疑是突飞猛进了。

3. 提倡科技

秦国的农业生产技术也发展到一个新的台阶。从吕不韦时代秦国编著的农业生产技术书籍中可以了解，秦国人们已积累了从播种到收获一整套生产技术。对于土地利用、农具使用、排水施肥以及选择节气、预防害虫等与农业生产相关的知识，都有全面的、科学的认识。比如对于地利、天时和农作物的关系，提出：没有天时、地利，农作物就不可能"生""养"。对于土地的性质和利用，也有较科学的认识和做法：太松太软的土地要使它变坚硬，坚硬的土地要使它变松软。田地要适当地休耕，合理地种植。没有休耕的土地不能连续种植，土地贫瘠应该施肥，但也要控制施肥量，土地过湿需使之干燥，过燥者必须加湿。精耕细作也总结出一套系统的方法："上田弃亩，下田弃甽，五耕五耨，必审以尽"，意思是：高旱的土地，要把庄稼尽量种在低洼之处；地势低且湿的田，要把庄稼种在高出的地方；在种植之前，要耕五次，下种以后，要耨（锄）五次，耕耨一定要仔细精作。此外，还有播种、覆土、定苗等办法，以及其他的有关农业生产知识。在吕不韦当政的年代，秦国就拥有这种全面概括农业生产经验的书，当然，这些生产技术在此时极其低下的状况下是相当先进的。这都反映了秦国的农业生产水平居于全国的前列，而这种优势既给吕不韦政治军事上的成就提供了物质基础，也说明吕不韦是很重视农业生产。

农业是立国之本，基础雄厚那么国内就富足。秦国在吕不韦当权时期有丰厚的粮食供给军队、王室、官吏及百姓食用，此外还储备了大量粟米。秦国的粮食散布于全境，单单是栎阳仓就"二万石一积"，而首都咸阳仓内收有粮达"十万石"。这些仓里堆放的粮食，分黄、青、白三种禾和糯等各种稻。这时的秦国"富天下十倍"，大概一点也不吹牛。

4. 推动工业

在农业发展的同时，秦国的手工业也具有十分高的生产水平。采铁和冶铁业在战国末年发展极为普遍。秦国则是首屈一指的采铁、冶铁主要地点。《管子·地数》篇提到产铁之山有 3690 处。在这些铁山中，现能确认产地的有十五处，而这十五处中，在秦国就占了六处。巴、蜀地区有矿产很丰富的"铁山"。所以，冶铁业在秦国发展很迅速。在秦国首都咸阳就有私营的和不少官办的手工作坊，有的作坊水平很高。近年来，在陕西咸阳原秦国宫殿区附近，找到了秦国的铸铁作坊遗址，保存至今仍有大量的铁块、红烧土、炉渣、草灰等等。可以想象当年冶铁在秦国的情况。

铁器已经进入百姓之家成为常见之物，当然与采铁、冶铁的兴盛有直接影响。秦国官府内特别设有监管生产铁器和使用的官吏，有"右采铁""左采铁"等等。

在战国时代，炼铁的技术已经达到十分高的水平，而水平最高的地区是宛，有"宛钜铁惨如逢虿"之称，表明宛地铁器制作技术十分考究。吕不韦当政时期，宛地也由楚国被并入到秦国版图之内。这无疑推动秦国冶铁工业的极大发展。

秦国还拥有先进的青铜制造业。秦国政府直接掌握一批规模很大的冶铜作坊，仅咸阳宫殿区附近的一处冶铜作坊就相当的大。秦国和战国时代各诸侯国使用的兵器，还有一部分青铜制造。秦国生产的青铜兵器，其制作工艺十分精湛。近年来在秦始皇陵遗址附近发掘出的秦剑，出土时锋满刃利，色青光洁，寒光森冷。从铸造技术上看，可以看出经过错磨、抛光等制作程序；出土的三棱镞，截面的等边三角形，三面或平或鼓，误差仅在 0.8——2.6% 之间，充分说明了秦国青铜铸造业的生产水准极高。

吕不韦上台后，对秦国的武器铸造业的发展，有十分重要的作用。

首先，吕不韦当权的几年中，秦国拥有三个制造兵器的地方：雍、栎阳、咸阳。三地都由秦国中央直接控制兵器制造基地，这是其他诸侯国不能相比的。

其次，为进一步加强对兵器制造的监管，吕不韦改革了秦国政府对兵器制造的管理机构。在他上台以前，秦国朝廷负责兵器制造的部门和官吏为内史下辖的栎阳工师、雍工师、咸阳工师。吕不韦当政后，主管制造兵器的部门和官吏又加设了少府工室和寺工，另外还有属邦辖下的属邦工（室）和诏吏等等。

值得一提的是，吕不韦当政期间强化了对兵器的监造，扩大兵器生产，把兵器的制造权控制在中央。根据新近发表的考古资料，现发现有秦国兵器三十余件。在这些兵器中，明确标识吕不韦造的就有九件，如"三年吕不韦"。而其余的兵器，标明相邦义造的一件，商鞅造的有两件，相邦冉造的二件，丞相斯造的一件，丞相角造的一件。余下的则标以"少府""寺工""属邦"之类造。值得一提的是，"相邦冉"即秦昭王时的魏冉，此人在秦掌权二十余年，且一家世代权贵，终昭王之世差不多有五十余年，都有极高的地位。而南其署名制造的兵器也只有两件。"丞相斯"也就是李斯，由他署名制造的武器也只有一件；而先后于吕不韦在秦为相的蔡泽、范雎、王绾、去疾、隗状等等，在已发现的兵器中没有一件铸有他们的名字。但由吕不韦监造的兵器居然就有九件之多。这件事情说明：吕不韦在秦为相的时间尽管只有十年，但其所掌握的权力，发挥的作用都大大超过以往的以及后来的相国。同时也表明吕不韦本人对武器制造的重视程度，是历代相同及君主都无法比拟的。

秦国的陶器制造业也是十分先进的。陶器是日常生活品，陶器制造业的状况说明了人民和上层贵族的一般生活状况。从现在已发现的秦国陶器遗物来看，日常生活用品的陶器种类繁多，除罐、盆、缶以外，还有瓦水管等建筑用品。这些实用器皿制作得都十分坚固、精良、实用、美观。如板瓦制作的前端比后端宽厚。简瓦的筒径尾端大于唇端，唇端向里稍收，做成一个瓦榫部分。这对于修筑房屋时装置有用。在瓦当上，绝大多数饰以植物纹、云纹和动物纹，变成了极佳的艺术品。陶管则用来做地下水道管，按实际情况做成圆筒形及曲管形等各种形状，都一头大一头小，可以连串套装。很明显，这都是在有计划、统一规划下制造出来的。

另外，秦国的漆器生产、纺织业、皮革和煮盐等都有很发达的水平，在当时全国经济中占有举足轻重的地位。

5. 繁荣城市

由于农业、手工业的高度发达，秦国的商业、货币和城市经济在吕不韦当权的时代也发展到前所未有的繁荣程度。

秦国历来的传统是重农轻商，但这在吕不韦入秦后就有所改变。在秦国的历史上，只有在他掌权时，才在《月令》中提出了有关商业活动的言论：即在"仲秋之月"易关市，来商旅，入货贿。这在先前视商贾为"末业"的时代，是难以出现的现象。除此之外，吕不韦还鼓吹商业活动的重要意义，认为只有商业活动发达才能使物资流通，经济发展。"四方来杂，远远皆至，则财物不匮，上无乏用，百事乃遂。"恰恰是由于吕不韦在秦当权，秦国的商品生产在战国末年发展惊人。这时，关中地区的竹、木、粟、帛都当作商品与其他地区的其他商品走进了市场。"商"在那时发展成为不可或缺的行业。有的商品价格已相对稳定，例如猪羊之类的小畜约值二百五十钱左右，禾粟一石值三十钱，大麻十八斤值六十钱等等。在渭河沿岸种一千亩竹，或种千树栗，一年就能收入二十万钱，财富一点不少于一般食邑千户的封君。由此可见，在秦国也出现了专门进行商品生产的园林，也出现了财富超过封君的大商人。巴地有个寡妇名清，就是个大财主。秦始皇时曾封其为"贞妇"，为她筑怀清台，实际上只不过她很富，多得足以与万乘相比。而巴寡妇清发财的原因，则是她的祖先专门贩卖朱砂等矿产品，几代下来积聚了大批钱财。仔细推算起来，巴寡妇清的祖先正是在秦庄襄王上台、吕不韦当权开始后发家致富的。在以前，不是秦国贵族宗室，普通的商人百姓是难以如此显赫的。

　　商品经济的发达促进了对货币的需求和流通。身为商品等价物的货币，虽很早就出现，据考证在殷商时期就出现了当作货币之用的"贝"，到春秋时代开始使用"钱""布""刀"等以及黄金。但是，货币是商品经济的产物，只有商品经济有相当的发展，才会出现更多的货币需求。秦国固定形式的货币出现于公元前336年"初行钱"，从此秦国开始使用圆形中间有圆孔的、文为半两的铜铸钱币。然而，那时货币的应用面积不够大、不能普及。到战国末年，在吕不韦掌权前后，秦国用货币进行交易已相当普遍，甚至犯罪判罚都以钱来表示。秦律规定：平民盗窃一百一十钱，是为隶臣；盗窃六百六十钱的，就处于城旦之黥刑；甲盗不盈一钱，乙而不捕的赀一盾，盗采桑叶不盈一钱的，赀徭三旬等等。这里把所犯的罪都以钱来折算，表明了货币已被广泛使用、相当普及。在秦国法律中另外有"赎刑"，即犯罪后可使用钱来"赎"。假设货币没有得到推广，这种法律是不可能存在的。

　　由于货币具有这么大的效用，秦国在战国末年就出现私铸钱的行为。秦国政府制造了严厉的法律，禁止私人铸钱。货币的作用进一步发展，必然表现为金钱的借贷关系，秦国的法律中也有关于集团个人之间及官府与个人之间借贷关系的种种约束法令。这些现象都反映当时社会商品货币关系的状况，表明了秦国经济的繁荣。

　　经济的发展和繁荣必定推动文化的进步。秦国文化在战国末年有相当繁荣程度，其间与吕不韦为相有很大关系。因为吕不韦本人生长于文化相当开放的中原卫国，又往来于风气开明的邯郸道上，来到秦国执政，肯定会带来或多或少东南的风气和影响。其次，吕不韦入秦后招贤纳良，东方各国游学之士纷纷入秦，形形色色的文化因素也必然会被带到秦国来。更关键的是经济的繁荣。商品经济的不断发展，秦国一贯闭关自守、拒绝外来文化的外部条件已经不复存在。东方各国所产的珠宝美玉、纤离之马、太阿之剑、灵鼍之鼓、翠凤之旗等珍贵物品源源不断传进秦国宫内，王室贵族轻易就能享用。而那关东的"郑卫之音"、轻歌曼舞，另外还有秦以外的刻石绘画，也当然一概照收。所以，在秦王的宫中，以前那种粗野的"呜呜"歌声和敲盆击缶的秦国音乐，也逐渐被声调悠扬、舞姿优雅的东方传来的歌舞所取替。此外，美术作品也从国外传来。

秦国经济、文化的长足发展，给吕不韦当权时期施展其才能奠定了有利基础。而吕不韦在秦国当政时期的军事、政治成就又大大加速了秦国经济、文化发展和社会的进步。同时他自己的权势和富贵也达到不可攀登的高度。"多财善贾"，经济实力是从商的后盾，亦是治国的根本。吕不韦体会极深刻，并因此而取得了成功。

吕不韦从庄襄王上台以后开始执政，到秦王政九年（公元前 238 年）之前当政，这十余年间是他一生中最辉煌的阶段。秦国在这个时期内，政治、军事、经济都取得巨大成果，这十余年也是统一中国进程中前后转折的关键时刻。吕不韦只凭着一个卫国商人出身的政客进入秦国宫廷，并控制了整个朝政，国内没有发生过任何反叛、内乱；在外，他也取得了一系列军事上和外交上的胜利。从而为他死后秦始皇统一中国打下了基础。

吕不韦在秦国取得的成绩，不仅证实当年在邯郸时背水一战地向异人冒险投资的成功，也证明了他从商人到政客进而发展成为政治家的轨迹中，拥有足够管理秦国、指挥统一战争的谋略和才能。这其中不乏吕不韦在以后的生活中，不断通过各种方式获取知识、提高自己的结果。但广招宾客、礼贤下士，应该是使吕不韦收获最多的一种方法。

（五）骊山建陵

从咸阳向东，路过柳树葱郁的灞河，眼前就呈现一幅恬静而广阔的田园画卷。这里，耸立于北面的骊山，像一匹黑色的骏马，停留于秦国首都的阙右。登高远望，漫山遍野郁郁葱葱，青松挺拔，到处鸟语花香。那山脚下的温泉，千百年来川流不息地冒着热气，从地下涌出，又从容不迫地向远方流去。

鸟瞰着三秦大地的骊山，她的风采曾使得无数人神往！而在她葱郁的中心腹地，却留下一连串苍凉伤痕。早在公元前八世纪的周代晚年，昏庸暴虐的周幽王，为了能见到他心爱的宠妃褒姒欢颜一笑，竟在安宁的日子里点燃了骊山顶上警报来敌的烽火。一时狼烟滚滚，

骊山

遮天盖地，各地领兵诸侯一眼看见烽火点起，以为爆发战争，急忙领兵前来救援。当各路大军从四面八方汇集至骊山脚下的时候，心急火燎的诸侯们才发现：原来幽王是在开他们的玩笑。而那位平时不苟言笑的冷美人褒姒，见诸侯们急忙赶来的狼狈相，居然开心地大笑起来。幽王博得了宠妃的欢心，然而却失掉了他对所有诸侯的威信。后来，西方的犬戎真的向周朝首都镐京开战，危难中幽王又燃起骊山的烽火。但是幽王在诸侯面前一点威信也没有了，诸侯们都不理睬。结果，犬戎攻进西周首都，周王只得逃奔到关东。历经二百多年的西周王朝就这样不复存在。

幽王的闹剧落幕五百余年后，骊山顶上的烽火早被山下的袅袅炊烟代替。这时是秦王政刚坐上王位的公元前 247 年。有一天朝会散后，文武官员纷纷退出王宫。吕不韦特意召令负责管理秦国宫室、陵墓工程的左、右司空二位大臣来见王。

"新王登上宝座，建陵之事你们安排得怎样？"吕不韦在上发问。依照传统惯例：每个国王当政后都要亲自策划修建陵墓，秦王政才十三岁，这事理所当然由丞相负责了。"启奏相国，陵址还需要进一步商量。"左司空先提示了一个需要解决的问题。

"你们的意见怎么样？"吕不韦知道左、右司空早已心中有底，因此故意问他们。

“秦国先公先王，自孝公以前都埋在故都雍地，此所谓‘西陵’。孝公葬于栎阳。悼武王‘永陵’、惠文王“公陵’则在咸陵西侧北原。昭襄王与唐太后合葬‘芷陵’。庄襄王‘阳陵’、孝文王‘寿陵’都在骊山西麓芷阳、咸阳东地带，这就是‘东陵’。”左、右司空一口气历数秦国先公、先王陵墓地址，供吕不韦参考，“依臣等参照祖宗旧制，多次考虑按阴阳风水测量，新王陵址如果选定在‘东陵’之东、骊山北麓，那就既与礼制相吻合，又占了地脉优势。”

“妙！那就确选东陵东端，骊山北麓！挑个良辰吉日就破土动工吧！”吕不韦说：“但是，秦国自先王惠文、武、昭、庄襄各王所建陵墓，丘陵都很高大，多随殉葬宝藏。此说你们不应照办。”

“是！”左、右司空从《吕氏春秋》中就猜测吕不韦主张薄葬，对秦国厚葬之风不很赞同，急忙点头。

“世人埋葬死者时，把坟墓修建极高，墓上栽的树多得像森林，还在陵墓旁建造寝殿、宫室甚至城邑，大兴土木，我看用这种方法摆阔是可以的，以此送死则纯属浪费。”

吕不韦慷慨激昂，口若悬河，滔滔不绝地发表一通“节丧”的主张。见左、右司空点头赞同，更加自信地接着说：“人活在世上没有不死的，死后与生前的短暂光阴相比，即使活一万年也像是弹指一挥间的工夫。可是寿长者不过百岁，一般的不过活六十岁。以百八十年活的工夫为遥遥无期的死后之事打算，怎么能想得尽善尽美呢？”吕不韦谈到“生”“死”的问题突然上升到哲学的高度。这些是写入《吕氏春秋》中《安死》和《节丧》篇的话，不知是记史者根据吕不韦的谈话整理的，还是吕不韦从书上学来的，总之是合情合理。反映了古人对生、死和丧葬有一系列观点。他又接着说：

“凡生于天地间的生物，都难逃一死！”

这个观点显然与秦王嬴政不同。秦王嬴政后来统一天下的目的达到，接着就乞求长生不死。在这一点上确实没有吕不韦高明：“父子之情这是天性，若人死后就抛弃荒野，也是人情所不忍，故有葬死之举，所谓'葬'就是'藏'，把尸体藏起来，不要被抛尸荒野就行了。作为活着的人，无论儿子埋葬老人，或是老子埋葬夭折的后代，最重要的目的是一定要把尸体藏好，不要被从土里发掘出来，不要被人或者动物乱拉乱动。这就叫作'重闭。"

"臣下明白！"左、右司空口头回答着，至于心里有何打算，只有他们自己清楚。

"古人把死人埋葬于广野深山就觉得放心了！"吕不韦听到左、右司空同意他的观点更加有话，又拿出"古人"来攻击，其实他说的"古人"也许就指秦国的先公、先王。因为这些王、公都喜欢厚葬。"葬在高陵上，埋在深山里，躲开狐狸骚扰，免得水泉潮湿。这就足够了。可是，何必要把墓修得那样壮观？棺椁内又何须放那么多珍宝？如此做法只能是生者为炫耀富贵，而不是替死者打算。他们就没考虑到把那么多财宝埋在墓里会引来盗贼吗？他们就没想到这样奢侈办丧事死者一无所知，反而给尸体造成灾难吗？"

吕不韦对厚葬的批评，使得他滔滔不绝，大概在胸中积郁已久的观点，非要一吐为快：

"利、财这些东西对百姓来说极具诱惑力。为财、利，有的人宁可冒流血、杀头危险，甚至那些没有教养的野人，为夺取利更抛弃亲戚、兄弟的情义。如今有机会让他们发大财，吃好的、穿好的还能给子孙留下取之不尽的财富，而又没有任何危险，谁还不干呢？那些把财宝埋在墓里，把陵墓修得像宫殿一样的人，实际上是招引盗贼来盗墓。尽管法令严禁掘坟盗墓，然而既有那么多的财宝诱惑，哪能阻止这种无本万利的做法呢？并且死者埋在地下愈久，就是活人的关系也日渐疏远，对死尸也就很少关注。结果，埋在墓中的金银财宝，羽旄旗、珍玉玩好，黼黻文章，还不知落到谁的手里呢？所以，我以为这些好东西被生者享用是可以的，送给死者有百害无一益。"

吕不韦的观点实际是墨家的主张，不过他的分析比《墨子》中的议论具体，具体事情具体分析，大约他批判的对象是秦国的王公贵族，但作为外来人而身居丞相职位，又不便直斥秦国先辈，所以故意空泛而谈。这样，他的话就不免海阔天空，周而复始："现在如果有人在墓上立一石碑，碑上刻写：'此墓中埋有财宝甚多，不可不掘。掘出来的人一定大富，世世代代享用不尽。'人们肯定笑这个立碑的是个没脑子的大傻瓜。然而，世界上厚葬的人没一个不是这样的笨蛋，从古至今，根本不存在不亡之同。同样，亡国之贵族、王室的大墓没有不被盗开的。正是那些被打败国家的墓地被敌国霸占过的国家，诸如齐、燕、楚、宋、魏、中山、韩、赵等都有如此下场，此前还有许多的国家或亡或败，而这些国家的大墓也都被一一掘开过。每个人都明白这些事理，却还争着建造豪华陵墓，真是悲哀。"吕不韦提到一些诸侯国战败后国君或贵族陵墓被掘的事例，目的是引起秦国贵族和国君注意，不要明知故犯。不料，这些简单的道理秦王却不加理会无法认同。不知坐在吕不韦身旁的嬴政当时有何想法，但后来的历史表明他对吕不韦的这套论证不以为然，更不屑于接受他所提出的教导。见到秦王嬴政无动于衷，吕不韦费尽心思一遍又一遍地说：

"浪费财物修建陵墓，只能给死者带来灾害。故孝子、忠臣都提倡丧事节俭，古代名君尧葬于谷林，只栽了一棵树作为标记而已；舜葬于纪市，也不随意移动原来的市肆，禹葬于会稽，更不打扰当地百姓的安居乐业。他们如此节俭丧葬并非吝啬，而是节省财力，实实在在为后人谋富啊！"直接列举尧、舜、禹这几位古代国君为例，差不多是对着秦王嬴政耳提面命。吕不韦唠叨半天，还觉不够，最后又强调地说："死去的先王如果有知，肯定会以坟墓被掘为最大耻辱。而要保证先王陵墓不被掘发，则只有俭、同、合。俭是说俭朴，同、合就是因地制宜，葬在平地就按平地形势埋葬，葬在山林就借山林地势，不必大动土木。做到珍惜民力，只有爱惜民力的人，才能被人保护。不知爱惜民力，劳民伤财兴建豪华陵墓的往往不会有好下场，请注意宋未亡而宋文公的冢就被人盗掘了，齐未亡而齐庄公的坟也被掘开的情形。这还是在国未亡之时盗掘的，何况百年之后国家不复存在呢？"

吕不韦最后几句话是对秦国的警示。可是嬴政既没有重视《吕氏春秋》中有关俭丧、节葬的议论，对吕不韦的苦口婆心也没产生过任何感想。

"相国分析得极对，臣下必照办无误"。左、右司空领旨回衙，立即着手修陵事宜，不日就破土动工。

按照吕不韦的标准，秦王政的陵墓应当简朴无华，至少不能高于其父王及先祖昭王、孝文王和庄襄王的陵丘。实际上，吕不韦执政的期间，秦王陵的修建刚开始也是遵照这个意思以低标准的规格进行的。这时，朝廷使用不多的劳动力，在骊山北侧整理出一片不大的陵园，选择风水最佳处开始动手挖几个简单的墓坑。按吕不韦的设计意图，建造的秦王陵其高大、豪华状况绝不会超过秦东陵的任何一陵。

可是，今天人们所见到的秦始皇陵的规模，和吕不韦最初的意图不可同日而语！其高大、豪华程度，不仅远远超过秦东陵的任何一陵，而且秦国历史上所有先公、先王的陵墓所不能比拟。在中国历代帝王陵中也是独一无二的。从而发生了一些震惊世界的奇迹。

现在，让我们暂时把目光从两千年前放到今天，投向陕西省临潼东约五公里的地方。一眼望见的是骊山与渭河之间的广阔田野，在一片茫茫的麦田中可看见郁郁葱葱的矮树和长满树丛的土丘。如果仔细察看，在田垄、草丛中四处可以找到秦代的残砖碎瓦，这里就是秦始皇的陵园区。

秦始皇陵园区的规模，包括三个主要部分：陵墓、陪葬及城垣。这三个部分都包含让人浮想联翩的内容，以及无法说明白的被时间长河湮灭了的动人故事。

陵墓包括地上和地下两部分。地面以上有高达 76 米的封土，像一座小山与南面的骊山遥相呼应。如此大的坟丘，在中国历史上是举世无双的。本来，人的死亡无非是物质从一种形态转化到另一种形态，对死人的处置完全取决于生人的想法。原始社会初期，当人死后就随便下土完事，没有任何神秘和繁琐的仪式。埋死人的"墓"字在古文字中，与"没"字是相同的意思，埋在地下就灰飞烟灭了。后来，人们有了灵魂观念，认为人死之后灵魂到另一个世界去，于是对死人的埋葬才开始复杂起来。为祭奠死者，需要在墓地竖立标志，最初的方法是种树，后来就除种树外又垒上土成为"坟"。中国古代夏、商的帝王坟上还不见封土的痕迹。大概自周代左右，在君主和贵族的墓上才开始有封土坟头。它的形成方法是在墓坑上面，用黄土层层夯筑，做成上小下大的方锥体。由于它的顶部做成方形平顶，好像被割去头部，因此又叫"方上"。自有封土坟头的做法以后，其"方上"的大小都按官爵地位高低修筑。春秋战国时代，各诸侯国国君竞相称霸，坟头也因而越做越大，有的大得好像一座山。秦国君王的陵墓从春秋到战国初年还不见封土，到秦献公以后墓上才出现封土，而秦始皇陵的"方上"却是历史上国君、帝王坟中最大的一个。原封土的底部东西宽 485 米，南北长 515 米，总面积 249.775 平方米。经两千年风吹雨打，现仍存封土东西长 24 米，高 76 米，南北宽 10.4 米，面积尚有 249.6 平方米。站在始皇陵封土堆上登高远眺，东面是一片广阔的平原，右依骊山，左靠渭水，东边原野一览无余。设想当年秦王在关中注视关东，挥师东进，如驱猛虎而入羊群，那场面和气势是多么的壮观啊！从封土堆向下走，一路缓坡，"方上"变得高大起来，站在远处向南瞭望，墓上雄伟耸立的封土竟与远方的骊山一争高下，其气势令人赞叹不已，真不愧以"山陵"的"陵"字称这里为"秦始皇陵"。回想当年在平地上用一担担土堆成的这个山陵，不知多少人为此贡献了他们的血肉之躯！

不过，最"精采"的部分还在地下。

秦始皇陵的地下部分，由于目前还没有经过考古发掘，所以仍然是个谜。根据勘探资料和有关记载可知，在封土的正下方掩埋着一座富丽堂皇的地下宫殿。地宫的宫墙如咸阳城内的宫墙一样坚实，宫墙东西宽 392 米，南北长 460

米，墙体厚和高各 4 米，其顶部与地表相距深约 2.4—7 米，面积有 180, 320 平方米。西门都有斜坡形状通道，东面有通道五个，其他三面各有一个，金碧辉煌的地下宫殿也是按照咸阳城内的宫殿布局建成，其中埋藏着无数的财宝，以及供君主享用之物。又用水银模仿百川、江河、大海在地宫中流动，又依照天象制成日、月、星、辰在地宫里转动。在墓道和棺椁周围又设置了弩矢机关，墓主赢政就放置在特制的铜棺中。地宫内还常年点烧不灭的人鱼膏烛，永远不灭，把地宫照得像白天。但这一座富丽堂皇的地下宫殿究竟怎么样，具体情况至今仍停留在人们的想象之中，甚至墓道的走向、地宫的朝向等等基本问题也只能凭想象。这座神秘的地宫使得后人联想翩翩，也反映出当年吕不韦和秦王赢政之间的分歧。

秦始皇大肆修建陵墓是在公元前 221 年秦统一天下之后。当时征发的徭役，不单单是修建陵园，尚有戍五岭、修长城、修驰道、建阿房宫等等。这些徭役繁重得几乎使百姓喘不过气，人们不堪苦役，十分痛苦，悲愤地喊出："生男慎勿举，生女哺同脯，不见长城下，尸骸相支柱"。残酷的劳役把他们吓得连儿女都不敢养，宁可饿死自己的儿女，也不想让他们长大后给秦始皇服劳役。在这些名目众多的劳役中，修始皇陵是其中不可缺少的任务。史书说仅这一项就动用民工七十万人。南此又一次印证了秦始皇陵所留下来的"奇迹"都是数十万人血肉之躯积累起来的。

我们要是用吕不韦薄葬、俭丧的倡导与秦始皇陵铺张、豪华的奇迹对比，就可看出两者有巨大的差距。公元前 247 年，当吕不韦负责建秦王陵时，确是遵照他的薄葬主张动工的。但是，这种薄葬的指导思想在建陵过程中，延续到赢政十年就由于吕不韦罢相而中断。此后，建陵就按赢政的意图实施。秦王赢政对生死、鬼神和丧葬的观点，全不与吕不韦相同。贪大务多、好大喜功、铺张奢侈是赢政的风格，这种风格也表现到陵墓修建上面。特别是公元前 221 年秦统一中国之后，秦王赢政成了秦始皇，这样的风气更是进一步得到发扬。不惜动用人力、物力、财力修筑始皇陵。就在公元前 221 年之后，全国的劳动人民任由他征发来关中修陵。在已挖掘始皇陵旁陪葬坑中，已经出土了一大批的从关东地区征发来的刑徒遗骨。元代张养浩有一首小曲《山坡羊》，体现了为秦服劳役的艰辛："峰峦如聚，波涛如怒，山河表里潼关路。望西都，意踟蹰。伤心秦汉经行处，宫阙万间都做了土。兴，百姓苦；亡，百姓苦。"始皇陵大幅度修建，从公元前 221 年一直持续到秦始皇死时的公元前 210 年仍然没有完成。在秦始皇死后，其陵墓又由二世和子婴继续修建。直到公元前 206 年，反秦大起义的人们在刘邦和项羽指挥下，攻入关中，秦始皇陵的修建才不得不停止。如此长时间的大规模修陵，秦始皇陵怎么不能成为奇迹！

但秦陵这一奇迹的境遇，却被吕不韦早就猜中。就在公元前 210 年嬴政死后不到三年的时间问，当秦陵还没有最后竣工时，反秦大起义的队伍就杀进咸阳。公元前 206 年，秦王子婴向刘邦投降，秦朝灭亡。然后项羽率兵入关，到咸阳后，一把大火烧光了秦国的宫殿，三十天的大火也烧尽了始皇陵上的建筑。他又挖开地下的地宫，将能带走的财物抢掠而去，不能搬走的放火烧掉。项羽走后，又有牧童因寻找丢失的羊，手持火把进入秦陵地宫，地宫又遭了一次大火，大火在陵中烧了二个月都没灭掉。结果，正像吕不韦预言的那样，浪费财力、历经数十年修建陵墓，还没完成就化为灰烬。只留下的遗迹变成后人伤感、凭吊、发思古之幽情的场所。

（六）伐韩攻魏

秦王当权之初，首要任务依然是取得对东方各国的胜利。军事斗争成为时代的主题。韩、魏两国仍是秦国兼并战争的首要对象。

秦王政元年（公元前 246 年），吕不韦得知信陵君被废除退位后，才开始商议用兵，派大将蒙骜同张唐改打赵国，攻下晋阳。三年，再次派蒙骜同王龁攻韩，韩国派公孙婴抵挡。王龁说："我一败于赵，再败于魏，然后秦王赦免不杀我，这次我要以死相报！"于是率领他的私属千人，直犯韩营，龁战死。韩兵大乱，蒙骜乘机攻入，大败韩师，杀公孙婴，攻取韩十二城。自信陵君被废权，而赵、魏绝交，赵孝成王派廉颇讨伐魏。围繁阳，没有攻克，而孝成王死了。太子偃继位，就是悼襄王。当时廉颇已经攻克繁阳，乘胜进取，而大夫郭开素一向因喜献谄而被廉颇所嫉，常常当众人面责骂他。郭开素怀怨在心，对悼襄王说起坏话："廉颇已经老了，不能重任了，伐魏很久都没有功劳。"悼襄王于是派武襄君乐乘往取代廉颇。廉颇愤怒地说："我从惠文王为将，至今四十余年，没有失败过，为什么要派人来代我？"于是命令士兵攻乘，乘害怕逃走回国。廉颇于是投奔到魏，魏王虽尊为客将，疑而不用，廉颇于是一直住在大梁。

秦王政四年（公元前242年）十月，蔽天蝗虫从东方飞来，庄稼没有收成，而且民间疾病四处流行。吕不韦与宾客商议要百姓纳粟千石，拜爵一级。后世纳粟之例，由此开始。当年，魏信陵君由于贪图酒色，得疾而亡，冯谖伤心过度也死，宾客自杀陪死的人达百余人，足见信陵君多么能得人心！第二年，魏安釐王也死了，太子增嗣位，是为景湣王。秦得知魏近来国君死了，又信陵君已死，想起报败绩之仇，派遣大将蒙骜攻魏，攻拔酸枣等二十城，设置东郡。

秦王政五年（公元前241年），秦攻下魏的朝歌。在这里，秦扫荡了卫国故地，并把一个卫君角迁到野王。关于卫君在这里出现，历史记载也很不清楚。在数年前，卫国就被魏打败，这个附庸小国早已不复存在。但秦王政六年却又有"拔卫""其君角""徙居野王"的记载。这种矛盾的现象背后，正表现出吕不韦情感和理智的矛盾。卫毕竟是他的祖国，在魏国灭卫之后，秦在吕不韦的控制下又重新立了一个角为卫君，作为秦的附庸。在秦王政六年扫荡卫地以后，吕不韦还是不忍心灭卫宗祠，将卫君角迁至野王，继续保持其有名无实的国君地位。吕不韦这样做，不仅像他对待东周国君一样，表示"兴灭""继绝"，而且说明了他有一种怀恋之情。

（七）　再溃五国

在吕不韦直接掌权的几年中，秦军向东挺进的步伐一天天加快，已逐渐由蚕食变为鲸吞，国家面积急速的增大。自建立东郡以后，秦国疆域就从三面将魏、韩两国包围起来，并与东方的齐国接壤。这种局面对东方的各个诸侯国都造成极大的威胁。

魏景湣王叹惜地说："假设信陵君还健在，应当不会让秦兵纵横至此！"于是派使者去与赵通好。赵悼襄王重新伐秦无果，正想派人联合列国，重新恢复信陵、平原二君"合纵"之约。

公元前241年，楚、赵、韩、燕、魏五国又一次聚集起来，推楚王为纵长，以赵国名将庞涓为统帅向秦国进军。

赵任命公孙乾为将，引五万兵前来；韩命令陈悼为将，引五万兵前来；燕任命傅补为将，引五万兵前来；楚王为纵长，命令春申君为军师出谋策划，也带领十万兵前来，都至秦寿陵城下下寨。到第二天，五国之兵攻城，城被攻下，守将王龁率领百骑杀出东门回到秦。五国首将，领兵人寿陵城，安顿平民，赏赐军队。第二天，率兵前往函谷关下屯住。

秦王升早朝，群臣朝拜完毕，王龁失败回来，急忙入朝上奏："今楚、魏、韩、赵、燕，五国兴兵五十万，来攻打秦国！现在军至函谷关下下寨，我势单力薄，以致失寿陵而回，奏知陛下，还望陛下宽恕我！"秦王说："胜负乃兵家常事，这不是你的过失！"于是询问群臣说："谁可以击退五国之兵！"话音刚落，王翦出班奏说："给我三十万兵，足够攻破五国之兵！"王说："就封卿为大将军，领兵三十万前去函谷关，攻破五国联军！"于是，王翦出朝，遂即领兵三十万前去函谷关东一百二十里下寨屯住。第二天王翦命令蒙骜："将军带领精兵十万，分作二队，埋伏在函谷关百里内之东西，等待五国之兵上关过半拦截住，可以取胜！"又令章邯："可以引兵十万，伏于函谷关之左右，等到五国之兵过，你可先搬山石，把关卡绝断，等我杀来，两下夹攻，可以斩掉五国之将！"于是，二将带兵埋伏去了。王翦又遣使往关上叫守关将蒙武下关与战。假装失败，弃城逃走。

蒙武收到信得知计划。马上带兵挑战。春申君当先出马，与蒙武迎战十多个来回，武假装逃走，五国之兵都抢过关。章邯伏兵见敌军过了，把关垒绝断，将兵分二队，屯列关之两旁。春申君引五国将兵，一直追了一百里，忽然听前面金鼓齐鸣，前头一员大将，引兵阻住去路，大声说："来兵何处军马？那路诸侯？"春申君出马言说："我是楚大将春申君！因为你们秦王无道，我合纵五国之兵，来伐秦。你是什么人？愿闻姓名！"王翦曰："我可是秦国大将王翦！"说完，抢枪杀来！春申君持刀去迎，春申君大败，王翦领兵后追，五国之兵无人能抵挡住。

五国之兵败走，蒙骜引二队伏兵齐杀出来，合兵同赶，五国军马败至函谷关，绝断关卡要道。军人报春申君曰："函谷关垒断，无路可出，又有伏兵拦路，怎么办呢？"春申君急传令说："五国之兵可尽力杀退章邯兵，然后都脱下衣甲，堆成山岭，可以度过关！"春申君同李牧、无忌三将一马当先，说："挡我者死！避我者生！"杀退章邯、王翦，往山谷方向逃走。三军脱弃衣甲为路道，一会儿就走过关。王翦与蒙骜、章邯、蒙武四将合兵杀来，一直追了三百余里，才收军回秦。四国诸侯，收拾残兵各自回本国去了。

春申君回到楚国，楚王责骂他说："你还敢回来，你为军师，军过山谷却不知道防伏兵！"春申君知罪退出。于是楚王更加疏远春申君。王翦收军回朝，秦王特别欢喜，大摆宴席赏赐诸将。

联军攻秦的失败也使得楚国内部矛盾不断激化。

考烈王是当时的楚王，而实际掌权者却是春申君黄歇。黄歇在楚当丞相已二十二年，位高权重，这肯定会遭到考烈王的猜忌。五国联军虽然任庞涓为帅，楚国却被指为纵长。出兵时声势浩大，气焰嚣张，刚一到函谷关就被打败了。

这对身为纵长的楚考烈王来说，确实是奇耻大辱。气愤的楚考烈王难免不把所有的不愉快撒在春申君黄歇身上。

在此之前，秦国与楚国从来没有爆发过大的战争。这次五国联军楚为纵长，使得秦国仇恨楚国。结果秦把攻击目标投向楚国。楚王之所以怨恨春申君，这当然是原因之一。春申君当时也深感内疚，后悔当时自己出的主意不好。殊不知秦、楚间的关系紧张，是战国时代军事斗争发展的必然趋势，楚国是否担任联军纵长并不是根本原因。有一天，春申君的宾客朱英向他分析当前的局势：

"如今有人说您把一个好端端的楚国弄得不得安宁。这个说法是不恰当的。"朱英一开始就提出问题的关键，表明自己的看法。

"说来听听。"春申君一听这样论断就喜欢。

"先君时秦国二十年没有攻打楚，什么原因呢？"朱英又说："那时秦、楚之间隔着两周、魏、韩。他们不可能跳过这些地方向楚进攻。现在情况不同以前了，韩、魏的大片土地已属秦国所有，两周已亡。秦兵可以来到距离楚国首都陈六十里远的地方。就我判断来看，秦、楚之间的大战是在所难免的了。"

朱英的分析确是说到了问题的要害，指出秦、楚冲突其实是战争发展的必然结果。春申君听到后稍稍减少了自责、内疚之情，并通过各种方式向楚考烈王反复申明形势的危险性。使楚考烈王终于意识到秦兵大军压境，楚国已处非常危险的境地。为躲开秦军锋芒，就在五国联军攻秦失败的当年，楚国把国都赶紧从陈迁到寿春，但仍然称郢。

（八）故伎重演

楚考烈王虽然妃嫔众多，却一直没有儿子。攻秦失败后，春申君为了博取楚王的信任及宠幸，就多方贡献美妇人供楚王淫乐。但是，肥臀细腰、明眸皓齿、莲脸朱唇的楚地美女佳丽，虽被春申君送入楚宫数不胜数，但就是没有一点儿后宫产子的消息。心急的春申君不知所措。

有一天，门下人说，有个叫李园的客人要见他。以"招贤"闻名的春申君当然热情接见，并依惯例以"舍人"的礼遇收留在府中。原来，李园来自吕不韦曾投机成功的邯郸，从赵国来到楚国得到热情招待。

李园妹李嫣是个美女，想进献给楚王，又担心以后由于无子失宠，心下犯难："必须将妹先献春申君，等她怀孕，然后再进献给楚王。如果生子，他日得以立为楚王，那就是我的外甥了。"又想："我要是自献其妹，不见贵重，还须施一小计，要春申君自己来求我。"于是请求五日假回家，故意过期，等到了十天才回来。

等他回到楚国后，春申君不免要盘问他迟回的原因。

"臣之所以未能如期返回楚国，都是因为齐国国王派人向我的妹妹求婚。"李园将早已计划好的谎言说出。

"你妹嫁给齐王了吗？"春申君关心地问到。

"没有答应。"

"我能见一见她吗？"春申君听到齐王都要向她求婚的女子，不免有些心动。

"当然可以！"这正是李园所等待的。

春申君一看见李园漂亮的妹妹，就将她占为己有。于是，李园的妹妹就成了春申君姬妾成群中的一员。不久，她就怀上了春申君的孩子。

一天，李园妹趁春申君心情很好对他说："你在楚国做了二十多年的丞相。楚王对您的信赖胜过兄弟。但楚王无子。等他死后，楚另立新君，您还能确保像如今这样呼风唤雨吗？"李园妹提出的问题正好一下就指到了春申君的心病上，这正是专制制度下世代为官制中官僚们普遍担忧的问题。春申君当然清楚自己所处的恶劣形势，也极希望听听这位宠姬有什么见解。"不仅您不能保证长期受宠于国君"，这位美人接着甜蜜蜜地说："而且您当权这么多年，怎么会没有不得罪楚王众兄弟地方呢？假如他的众兄弟继位为王，您恐怕连封给您的土地都没有了！"

春申君大概没想到会有如此险恶的后果，一时不知如何答对。只是急切地想知道面前这位很有心眼的美人会提出什么良方。

"如今我已经怀孕，只有您知我知。若以您的身份将妾献给楚王，一定能得到王的宠幸。将来妾要是生下一子，而且能够继承王位，您不就是未来楚王的真正父亲吗？那时楚国就属于您的啦！"李园妹提出的这个计谋，正好在吕不韦将怀孕的邯郸姬献给公子异人的十余年后，不知是从吕不韦那里得到真传，还是心心相通。

尽管春申君对这位美若仙女的美妇人宠爱有加，在锦帐绣帷中也有过海誓山盟。可是，对于他们来说，女人和爱情只不过是交易中的筹码。没有什么可珍贵的。春申君听罢李园妹献计就心领神会，不久就找机会将她献给楚王。楚王一见如此美貌又善解人意的妇人，哪能有不爱之理，果然接受下来，并且朝夜着迷，不久即生一男。长期无子的楚王突然有后，高兴得不得了，即立为太子。这样，在不到一年之内，李园之妹就变成楚国的王后，李园因其妹为后，在楚王面前的宠幸立刻在春申君之上。

李元与春申君合谋而在楚取得权势后，唯一的心病的就是知其底细的春申君。因此得势后李园就暗地收买杀手，准备找机会除掉春申君灭口。春申君及朝臣中许多人亲眼看见李园的权力蒸蒸日上，也估计李园迟早必置春申君于死地。双方剑拔弩张，冲突日渐加剧，随时有可能爆发。春申君是承担楚国政局的重臣。一旦陷入上层的阴谋圈中。根本没有力量抵挡外部强秦的进攻。所以，自五国联军失败后，楚国对秦的战争一直节节退败，以至无可挽回。

孙子兵法说："上兵伐谋"，"善用兵者"，"必以全力争于天下，故兵不顿而利可全。"大意就是说：没有花费一兵一卒而将敌国打败才是上策。五国联军之败，就种下了秦军使楚不攻自破的苗头。又过了几年，公元前 238 年，楚考烈王快要去世的时候，上层内部矛盾已白热化。李园急不可耐地要杀死春申君，春申君已料到李园有害己之心，但一直就不把这个政治小丑放在心上。但他门下的宾客却非常着急、担心。一天，宾客朱英对春申君说："世上有无法预测的福，也有无法估计的祸。如今你正处不可估计的时刻，又侍奉无法预测的主，难道能侥幸躲过飞来的横祸吗？"用恐吓性的话题引起听话人的注意，这正是战国时代游说之士的惯用技巧。朱英也用同样的方式对春申君的献策。

"什么叫料不到的福？"春申君问。

"君在楚为相二十余年，名义上已经是相国，事实上你已经拥有楚王的权力。现在楚王病重，性命朝夕不保。若少主登基，您一定会像伊尹、周公一样辅政。少主成年之后。您也能随意操纵楚国大政，这难道不是料不到之大福吗？"

"那什么又叫不料之大祸呢？"

"李园有实权但一直没有官位，他正是与你势不两立的仇人。此人不居领兵的职位却私养一批杀手。假如楚王有一天死了，李园肯定会先入宫夺权，先杀了你来灭口，这就是您料不到的横祸。"

"谁又是料不到的人？"

"您如果将臣派进宫内为郎中。楚王一旦身亡，李园要先入。那时我就可以马上杀李园以保君。我就是您未料到的人。"这个计谋虽不是万全之策，但也不失为防身之策。岂料春申君并不重视，他说："足下还是省点心吧！李园是个微不足道的角色，我又待他不错，怎么会像你说的那么严重呢？"朱英见春申君不接受他的建议，恐有后祸，急忙逃走。

十七天后，楚考烈王去世，李园果然先下手，把一些杀手布置在寿春棘门之内。春申君入棘门时大模大样，毫无防备。最后被刺客刺死，把他的头扔在棘门之外。李园从此直接操纵楚国政权，并将春申君满门抄斩，而那个李园之妹所生、名义上是楚考烈王之子、实为春申君之儿则坐上了王位，是为楚幽王。这尽管已是楚率五国攻秦失败后的三年，却清楚地看出春申君失去权势以至最后的被害，与秦军的打击有直接影响，而李园的阴谋得逞则与吕不韦的投机成功不谋而合。这种现象的真实原因究竟是什么，究竟李园是不是吕不韦有意派到楚国的奸细，也变成了吕不韦生命中的难解之谜。

（九）谋取赵国

1. 甘罗使赵

秦王政四年（公元前242年），吕不韦计划攻赵，以扩大秦国已侵占的河间之地。为联合燕从南北两个方面同时攻打赵国，吕不韦把刚成君蔡泽派到燕国去，燕王喜又将自己的儿子太子丹送到秦国作为人质。公元前239年，吕不韦加紧实施攻赵的计划。

当时秦王政已成年，生得八尺五寸身长，英伟非常，而且天性聪明，气度超凡，每事自能主张，不依靠太后、吕不韦。已经平定长安君之乱，于是谋划报蒙骜之仇，聚集群臣议伐赵。刚成君蔡泽进言说："赵国与燕国世代有仇，燕国附属于赵国，并不是他们的本意。我请求派使者到燕，使燕王俯首称臣，以便孤立赵之势，然后与燕共伐赵，我趁此推广河间之地，这可是很大的好处。"秦王以为他说的对，马上派蔡泽往燕。泽游说燕王说："燕、赵都是泱泱大国，打第一仗而栗腹死，打第二仗而剧辛亡，大王忘记了两次败仗之仇，而与赵共事，共同对付西边强秦，胜利则好处都归于赵，不胜就坏处都属于燕，是为燕计划的过失。"燕王说："我并不是甘心于赵，只是无奈打不过他们。"蔡泽说："如今秦王想要重提五国'合纵'之怨，我私下认为燕与赵世仇，跟从用兵，实属迫不得已，大王若遣太子为质于秦，以便相信我的话，更请秦之大臣一人，以为燕相，那么燕、秦之交固于胶漆，合两国之力，要报赵国雪耻就不难了。"燕王听从他的话，于是派太子丹为质于秦，因请大臣一人，以为燕相。吕不韦想派张唐，让太史官占卜问卦，大吉，张唐托病不肯行。不韦驾车亲自往请，张唐推辞说："臣屡次伐赵，赵国对我忌恨很深！现在去燕国，必须路过赵国，臣不可以去。"不韦再三勉强他去，张唐坚执不从，使吕不韦心中十分不愉快，但对于张唐不接受命令也无可奈何，心中闷闷不乐。

此时，吕不韦的家臣、才十二岁的少庶子甘罗发现吕不韦似乎遇到难题，就主动上前询问："君侯有什么心事不高兴啊？""唉！烦死人啦！"吕不韦并没有因甘罗是小孩子而不把他放在眼里，有什么说什么地回答："我命令刚成君蔡泽去燕国，蔡泽过去已经三年了，燕国的太子丹也被送到秦国为质。如今，我们要拓宽河间地，想叫张唐去燕国，可这个张唐就是不听从，我真是没办法啦！"

"让我来劝解张唐吧！"甘罗自告奋勇要帮助吕不韦劝说张唐。

"你一个小孩能有什么用！"吕不韦生气地说，"就是我都没能把他劝动，你个小孩子怎么能叫他接受任务！"

"请你先沉住气！"甘罗不甘示弱，开始劝说吕不韦，"项橐七岁就可以当孔子的老师，我现在十二岁了，为什么不能让我去试试呢！为什么要骂我呢？"这个项橐七岁为孔子师的事，纯属传闻，不存在一点儿根据。不过经甘罗理直气壮一再强调，吕不韦也没什么话可说了，知道不能小看了眼前这个颇为自信的小甘罗。于是就听凭他去行动。

知道张唐胆小如鼠，甘罗想好了说服的方案后，就去找张唐谈话：

"拿你与武安君白起比，谁的功劳大呢？"甘罗一见张唐先不提上门来的目的，而突然跟他讲起了早已入土作古的白起来，感到很奇怪。

"武安君白起率兵打仗，战胜敌军，占领土地无法计算，我当然是比不上他了！"张唐倒也诚实，知道自己比不上白起的功劳大。

"你知道自己的功劳没有武安君大呀！"甘罗又重复了一次。

"当然知道！"张唐直言不讳。

"应侯范雎当年为相之时的权力与现在吕不韦为相比较，谁的权力大呢？"甘罗开始接近正题。

“理所当然是当今的文信侯吕不韦！”张唐如实回答。这也正好说明了吕不韦当时在秦专权的情况。事实上秦王的权力还没有吕不韦的权大，这一点谁也明白。

“你也明白文信侯吕不韦的权大呀！”甘罗又故意反复问他。

“当然知道！”张唐依然深表赞同。

“既然你什么都知道，为何现在这样无知！”甘罗对他指出：“想当初应侯范雎要攻赵，武安君白起不赞同，不肯带兵出战。结果怎么样？最后被处死，尸首就扔在咸阳西边！现在文信侯请你去燕国，你推辞不去，我看将来你的尸体不知道要上哪儿去找呢！”

甘罗用历史的事实和当前吕不韦专权的局势分析给张唐听，使这个胆小鬼想通了，他似乎看到了自己抗命不从被杀的悲惨的场景，连忙答应：“我去！我去！请你帮我向文信侯转告一声，我立刻就动身启程！”

吕不韦得知张唐的态度转变后，当然心花怒放，下令备车马礼品，挑了个好天气打发张唐出发。

张唐离开秦后，有一天甘罗又遇见吕不韦，要吕不韦给他车五乘，去燕国帮助张唐完成使命。吕不韦毫不犹豫，当即答应。

甘罗乘车马不停蹄地来到赵国，闻秦国甘罗来临，赵悼襄王出城迎接。年轻的甘罗摆出一副大国使臣的风度，以居高临下的姿态，用让赵王难以猜测的口吻劈头问道：

“知道燕太子丹入秦为质了吗？”

“是！听说了。”赵王回答。

“知道张唐去燕为相的事了吗？”

“是！知道了。”赵王一个劲地点头。

“尽管你都已经知道了，我还是要提醒你：燕太子丹入秦，表明燕国不再欺骗秦国；张唐相燕，说明秦国也不欺负燕国。”甘罗向赵王采用攻心战，“秦、

燕互不相欺，目的是对付赵国来的，陛下的赵国灾难不久就要来了！"

"……"赵王吓得瞠目结舌，一句话也说不出来。

"燕、秦两国之间结成联盟，理由只有一个，就是要占领河间的领土。"甘罗不加掩饰地向赵王开口索要土地："如今大王假使愿意割五座城给秦，以满足扩大河间土地的目标，秦就马上命令燕太子丹回国，秦可和赵联合起来攻燕。"

甘罗的威胁利诱真是立竿见影。秦王高兴地说："河间那块地方，对于我们来说太宽广了！你的聪明才智果真过人。"于是阻止把张唐派遣出去，张唐十分感激。赵听到张唐不出行了，知道了秦国不会帮助燕，于是命令庞煖、李牧合兵伐燕，攻取上谷三十城，赵国得到了十九城，却把其中的十一个城给了秦国。秦王封甘罗为上卿，又把过去所封甘茂田宅封给他，现今传说甘罗十二为丞相，说的就是这个。

吕不韦用人面面俱到，最有名的是小甘罗十二岁就授给他出使的重任这件事，成国中国历史上的佳话。

2. 弱赵之计

秦军在关东长驱直入无所阻挡。秦国取得一连串胜利，除军事力量上占了很大的优势以外，关键的原因还在于吕不韦有效采取政治和外交的策略，削弱敌对诸侯国的势力。

自秦王政当政以来，秦赵两国始终保持亲密关系，相互继续交换质子，互相信任。有时吕不韦也要一点政治花招。赵国太子春平侯在秦国作人质，秦国也把宗室公子送到赵国当人质。公元前244年，秦国公子自赵返国，按规矩秦国也应放赵国的春平侯回国。开始吕不韦计划将春平侯扣留在秦，不准他回赵国。依秦国当时的情况，这样做赵国也没有办法。但是，秦国大臣世钧却站出来劝阻，他劝阻吕不韦说："春平侯是赵王所信赖的公子。其他的近侍郎中与他也是有仇恨的。"世钧所说的确是事实，据悉春平侯与刚刚上台的赵悼王王后关系特殊，宗室人极为关注他们的暧昧关系，赵悼王当然毫不知情。吕不韦听世钧的话后表示同意。

　　"赵国宫室族人早就到处流传这样的谣言，'春平侯入秦，秦必留之'。"世钧接着说："所以相国若扣留春平侯，那就刚好中了赵国的一些人奸计，等于替赵国当权的一派人平息一场内乱。"吕不韦听世钧的分析合情合理，表示赞同。

　　"我看干脆把春平侯放回。"世钧最后指出分化赵国内部的计划，"可以扣押赵国的另一个公子平都侯。赵王与春平侯有特殊关系，赵王对他唯命是从。春平侯回国后一定会说服赵王割地送给秦国，而赎平都侯。

　　世钧的计谋一方面收买了赵国的春平侯，使他变成亲秦派，另一方面打击了赵国内部的另外一派，使双方矛盾又重新开始，从而达到削弱赵国的势力。这正是秦国所希望的。吕不韦对此心知肚明，连连点头称好，并把春平侯放回国。不出所料，赵国内部的两派矛盾愈演愈烈、热闹非凡，直至吕不韦死后仍未终止。最后，赵国终于在内部矛盾中被秦灭亡。

（十）　韩国疲秦

　　公元前 240 年，秦军趁打败五国联军余威和各国内部逐渐崩溃的空档，又开始攻占赵国的龙、庆都、孤和魏国的汲。到公元前 238 年，秦将杨端和又攻取了魏的蒲和衍氏、首垣。

　　秦国步步逼近，这在东方各诸侯国中造成人心惶惶的局面。各国除加速合纵活动、联手抗秦外，都纷纷各自寻求保身之法，以免除立刻亡国的悲剧。

　　最紧急的是秦国东边的韩国。韩国屡遭秦军骚扰，国家土地一天天变小。眼看秦国大军逼近，韩国极其危险，君臣急得如热锅上蚂蚁，惶惶不可终日。早在秦昭王的时代，韩国的国君就做过一次愚蠢的事，当时韩王发现秦国日见强大，而韩却没有力量抵挡，就异想天开地想出了一个"妙计"：把本国美女挑选出来明码高价，对外公开推销，每个美女价高三千金之多。韩王认为美女如此昂贵，当时只有好色而富足的秦国国君才有力购买。若秦君重金购回韩国美女，一旦沉迷于女色，无心攻韩，而韩国由于出卖美女不仅得到秦国财货，又有韩女在秦，肯定能挡住秦军的入侵。如此愚昧的计划竟付诸实施，可以想象韩国君臣是多么的昏庸。后来，韩国美女虽然被卖到秦国，但一点不能动摇秦军对韩的进攻和吞食。结果韩国"赔了夫人又折兵"，被天下人讥笑。

当时，秦国新君即位，吕不韦用心策划，对韩的打击力度远比从前程度深得多，而韩国实力则日见衰退。怎样才能延缓秦军攻韩速度、推迟自身亡国的灾难，成为摆在韩桓惠王及文武大臣面前的棘手难题。

正当韩桓惠王担惊受怕，唯恐秦军继续攻打之际，有人"适时"为他出谋划策。听到那人一番教导后，韩桓惠王心中的忧虑立即消散，吩咐照计而行。

几天后，有一个人出现在秦国首都咸阳王宫前，请求见秦王。在允许后该人被引入前殿。来者向殿上的秦王及国王右侧的相同说明意图：自称名郑国，受韩国桓惠王委托，自愿来秦国来帮助兴修水利。秦国有重农耕的传统，关中地区虽土地肥沃，又有河道纵横，但河水网络渠道不合理，大片土地得不到河水灌溉，因而不能种植，所以国君和大臣都十分重视水利建设。尤其是相国吕不韦，作为秦国执政者，深知水利对农业的重要性。听郑国一席话之后，立刻接受他的建议：从关中东部修一条长三百里的水渠，把泾水引进河，起自池阳瓠口，横跨渭北高原，以灌溉关中大片荒废的土地，使这些土地成为可耕之良田。吕不韦安排郑国主管此项工作规划和施工。水工郑国也真的是个优秀的水利专家，领命后即率人在关中破土动工，负责兴修水利的工程。这一工程规模巨大，历经几年才能完成。

经常算计别人的吕不韦这次却中了韩国的圈套，原来郑国水利工匠是被韩王派来实行"疲秦"阴谋的。韩国君臣的计划是：如果能劝说秦王将大批人力、物力投入到巨大的水利工程建设上去，就可以减轻秦国向韩攻打的力量，而消耗其国力。可是，韩国的这个美梦又做错了，他们不明白，秦国实力强盛，尽管郑国主持兴建的水利工程，消耗了大批劳力、物资，但对秦的进攻计划一点不影响。前线的秦军仍照计划好的速度向各诸侯国挺进。韩桓惠王的"疲秦"阴谋比先前那个卖美女的方法更加不奏效。吕不韦这次中"计"，却使秦国得到万世之利。

十、秦宫丑闻

（一）深宫寂寞

所谓贫家好过、富贵难安，当人生处于穷困之时，人们因强烈希望改变现状，常常可以艰苦努力，为未来的人生打拼。但当功成名就、安享富贵之时，人们就心思多虑，不再单纯，总希望找些事情来做，甚至不惜违背道德伦理、社会公序。在司马迁看来，秦王嬴政的母亲赵姬就是如此。当年在赵国时，她兢兢业业一心一意为自己和儿子周旋在冷酷的生活之中。但来到秦国后，尤其是秦庄襄王离世后，她便做出种种不容于当世之事来。在《史记》中，司马迁留下了这样的文字："始皇帝益壮，太后淫不止。吕不韦恐觉祸及己，乃私求大阴人嫪毐以为舍人，时纵倡乐，使毐以其阴关桐轮而行，令太后闻之，以啗太后。太后闻，果欲私得之。吕不韦乃进嫪毐，诈令人以腐罪告之。不韦又阴谓太后曰：'可事诈腐，则得给事中。'太后乃阴厚赐主腐者吏，诈论之，拔其须眉为宦者，遂得侍太后。太后私与通，绝爱之。有身，太后恐人知之，诈卜当避时，徙宫居雍。嫪毐常从，赏赐甚厚，事皆决于嫪毐。嫪毐家僮数千人，诸客求宦为嫪毐舍人千馀人。"（《史记·吕不韦列传》）

秦庄襄王子楚去世之时，赵姬也就三十出头。俗话说，"三十如狼，四十如虎"，赵姬隋欲旺盛，偏偏年纪轻轻就成了寡妇。如果嫁与贫困人家，丈夫一死，她整天为生计忙碌，倒也不会感到无聊。偏偏她成了一国王太后，养尊处优，无所事事，寂寞的日子难以打发。这时，她自然想起了老情人吕不韦。

　　丈夫已死，儿子尚小，秦国大权又掌握在老情人吕不韦的手中。因此，赵姬与吕不韦破镜重圆，自然是谁也阻拦不了的事情。从此，吕不韦与赵姬不是夫妻，胜似夫妻。司马迁记此事只用了两句话："秦王年少，太后时时窃私通吕不韦。""始皇帝益壮，太后淫不止。"（《史记·吕不韦列传》）

　　清朝洪亮吉、纪晓岚等人认为，司马迁记载的吕不韦与赵姬偷情之事是司马迁"以莫须有败人名节"，其实他们是想"为尊者讳"。中华民族的"千古一帝"秦始皇怎么可能是私生子呢？威严的王宫怎么能是男女偷情私通的场所呢？这也太不给皇家留面子了！尤其是在程朱理学统治下的清朝环境中，"非上"，非议朝廷及皇帝是重罪，甚至有可能诛九族，就是前朝皇帝的坏话也是不能乱讲的。所以，清朝就借着编修《四库全书》的机会，扶植有利于清朝统治的言论，打压不利于皇权的著述。正如乔治·奥威尔在《1984》中所说，"控制了过去，就控制了未来；控制了现在，就控制了过去"，清朝统治者在三四百年前就已经纯熟运用。他们为了维护统治，在下一代心目中树立起清朝的完美形象，就利用现有的政治权力，打击消灭异己言论，并通过《四库全书》《古今图书集成》等一批文化项目，掌握了对历史的解释权。像《史记》这样影响巨大的书籍，因为清朝要留个维护华夏道统、重视汉族文化的名声，不能直接焚毁消灭，所以就组织了一批人专门考据批判，将其中不利于自己的言论完全打压，形成舆论优势。而《史记》中记载的一些与当前道德不相容的内容就成为他们首先攻击的对象。

　　也可能有人会问：人家秦国王宫里的秘事，司马迁是如何知道的？这和司马迁的长时间调查有关系。据史书记载，他的故事多采自古老传说。按照现代历史学理论，就是采用目前最流行的口述历史记述。

　　俗话说："无风不起浪。"有些事情是很有意思的，譬如宫闱秘事，皇亲国戚们自以为做得天衣无缝，其实天下早已传得沸沸扬扬。就如安徒生笔下那个愚蠢的皇帝，自己一丝不挂地展示在老百姓面前，却以为自己的躯体上穿有华丽的衣裳，在大庭广众之下还摆出"伟人"的样子龙行虎步呢！吕不韦与赵姬私通之初，一定认为这事做得神不知、鬼不觉。但时间一长，能瞒得住谁呢？

让吕不韦感到恐慌的是，嬴政一天一天长大了。早晚有一天，嬴政会发现这桩宫闱秘事。吕不韦不得不未雨绸缪，苦思摆脱赵姬的良策。恐怕还有一个原因，司马公没说明白。此时的吕不韦大概有五十多岁了，这个年纪正是男人每况愈下的时候。而赵姬才三十多岁，正是如狼似虎的时候。显然，吕不韦在满足赵姬情欲方面已经有些力不从心了。而且，吕不韦贵为一国之相，仅家仆就养了一万人，美女也肯定少不了，比赵姬年轻漂亮的自然大有人在。吕不韦既要满足赵姬的欲望，又要应付自

秦始皇嬴政

己府里的姬妾，未免也太累了，所以才有了抽身而退的强烈愿望。吕不韦明白，如果长期这样下去，绝对是不行的，事情迟早会败露。而一旦此事让嬴政知道，为了维护秦国的脸面，那个虎狼之子是不会对自己手下留情的。吕不韦知道，届时等待他的将是什么。

如果让赵姬看出他对她已经厌倦，对他同样不利。毕竟，赵姬是秦王嬴政的母亲，是秦国的太后，对嬴政有着强大的影响力。最好的办法是让赵姬移情别恋，这样就可以在不与赵姬反目成仇的前提下金蝉脱壳。

应该说，吕不韦的想法是不错的，可惜他偏偏在这事上栽了跟头。

（二）引狼入室

吕不韦思来想去，觉得摆脱赵姬的最好办法，就是找一个男人替代自己。而找这样一个人物也不容易，不仅得让赵姬一见倾心，而且要年轻貌美、身强

体健。

　　一天，吕不韦打听到，咸阳城内有个叫嫪大的人，据说阳具奇大，是个远近闻名的大淫棍。周围的放荡女人都与他"有一腿"，而且为他争风吃醋。由于嫪大行为不端，伤风败俗，人们便叫他嫪毐。"毐"是秦国人的土语，指人的品行不端。吕不韦得到这个信息后，如获至宝，立即以"淫罪"逮捕嫪毐，将此人押回府中，留"舍人"，即让嫪毐做了他的门客。

　　关于吕不韦发现嫪毐之事，司马迁如是记载："始皇帝益壮，太后淫不止。吕不韦恐觉祸及己，乃私求大阴人嫪毐以为舍人，时纵倡乐，使毐以其阴关桐轮而行，令太后闻之，以啖太后。"（《史记·吕不韦列传》）其中"使毐以其阴关桐轮而行"一句颇令人费解。有人解释为，吕不韦命嫪毐用其阴茎穿在桐木车轮上，使之转动而行；有人解释为，吕不韦使嫪毐以其阳具穿于桐木车轮之中，车轮转而其阳具不受伤；也有人解释为，吕不韦让嫪毐将其阴茎插到正在转动的车轮中，其阴茎竟将车轮止住而不受伤……

　　无论怎么解释，都说明这个"大阴人"的阴茎非同小可。吕不韦导演或者说编造这一出丑剧，为的是让赵姬知道，"以啖太后"，即以此来引诱赵姬。果然，赵姬很快听说了嫪毐"以其阴关桐轮而行"之事，便问吕不韦是否真有此事，言下颇有欣羡之色。吕不韦见鱼儿已经上钩，便说："此人正在臣的府中。太后想见见此人吗？臣请将这个人献给太后。"

　　赵姬闻言，笑而不答。这分明是默许了。

　　过了片刻，赵姬道："君戏言耶？此外人，安得入内！"

　　看来，赵姬十分想见这个"大阴人"，已经考虑如何将这个人召进宫内了。

　　吕不韦当然将这些细节都想到了。他向赵姬讲了自己的计划："臣有一计在此。使人发其旧罪，下之腐刑，太后行重赂于行刑者，诈为阉割，然后以宦者给事宫中，乃可长久。"（《史记·吕不韦列传》）意思是，吕不韦派人调查嫪毐过去犯下的罪状，然后判其"腐刑"（即将罪犯阉割）。赵姬可以花点钱打点行刑的官吏，让他们伪装给嫪毐动了"腐刑"，这样嫪毐就成了"宦者"（当时还不叫太监）。然后，让嫪毐以"宦者"身份到宫中服役，伺候赵姬。这样一来，赵姬就可以长久地和嫪毐在一起了。

赵姬闻言大喜，令吕不韦速去办理，厚赐主管阉割的官吏，让他们佯装已将嫪毐阉割，其实只是将嫪毐的胡子眉毛拔去，冒充宦官送进宫中。赵姬一试，这个嫪毐果然名不虚传，比吕不韦强十倍不止。一下子得到这么一个可意的人儿，赵姬欢喜得不得了，满意极了。用司马迁的话说，就是"绝爱之"。

《东周列国志》将这个故事演绎得绘声绘色。

却说吕不韦以阳伟善战，得宠于庄襄后，出入宫闱，素无忌惮；及见秦王年长，英明过人，始有惧意。奈太后淫心愈炽，不时宣召入甘泉宫。不韦怕一旦事发，祸及于己，欲进一人以自代，想可以称太后之意者，而难其人。闻市人嫪大，其阳具有名，里中淫妇人争事之。秦语呼人之无士行者曰毐，因称为嫪毐。偶犯淫罪，不韦曲赦之，留为府中舍人。秦俗：农事毕，国中纵倡乐三日，以节其劳。凡百戏任人陈设，有一长一艺，人所不能者，全在此日施逞。吕不韦以桐木为车轮，使嫪毐以其阳具穿于桐轮之中，轮转而具不伤，市人皆掩口人笑。太后闻其事，私问于不韦，似有欣羡之意。不韦曰："太后欲见其人乎？臣请进之。"太后笑而不答，良久曰："君戏言耶？此外人，安得入内？"不韦曰："臣有一计在此。使人发其旧罪，下之腐刑，太后行重赂于行刑者，诈为阉割，然后以宦者给事宫中，乃可长久。"太后大悦曰："此计甚妙！"乃以百金授不韦，不韦密召嫪毐，告之以故。毐性淫，欣然自以为奇遇矣。不韦果使人发其淫罪，论以腐刑。因以百金分赂主刑官吏，取驴阳具及他血，诈作阉割，拔其须眉。行刑者故意将驴阳传示左右，尽以为嫪毐之具。传闻者莫不骇异。嫪毐既诈腐如宦者状，遂杂于内侍之中以进。太后留侍宫中。夜令侍寝，试之，大畅所欲，以为胜不韦十倍也。明日，厚赐不韦，以酬其功。不韦乃幸得自脱。太后与嫪毐相处如夫妇。

赵姬自从得到嫪毐之后，便将老情人吕不韦忘到爪哇国去了，这的确让吕不韦摆脱了许多烦恼。

所有的失败计划在实现之前看起来都是完美的。就在吕不韦暗自庆幸比较圆满地处理了与赵姬的关系之时，殊不知，他根本不可能从这场麻烦中脱身。而且，事情因为有了嫪毐而变得更加糟糕。

可能是因为吕不韦年纪大了，所以与赵姬私通很长时间，也没能使赵姬怀孕。而嫪毐一出马，不久就让赵姬有了身孕。眼见肚子一天一天大起来，赵姬明白，这事迟早会让嬴政及群臣知晓，怎么办呢？也不知是吕不韦的点子，还是赵姬的主意，赵姬骗嬴政说，她请人算了一卦，卦算得不太好，说她最近有灾，应该到雍县的宫中避一下。嬴政当然说不出别的，便派人将母亲送到雍县。

雍县在今陕西省凤翔县以南，三百年前曾是秦国的都城，但因为地势难以满足首都发展而被废止了。此处有一座大郑宫，虽然不够华丽，但胜在人烟稀少，往来贵族不多，正好可以供赵姬居住。

赵姬居于深宫之中，如何知道这个大郑宫？如何想到要搬到这个地方生孩子？可见此事十之八九又是出自吕不韦之手。作为太后宫中的宦官，嫪毐自然跟随赵姬搬到这里。这里虽然离咸阳城不算太远，但毕竟不在一个地方，嬴政及秦国贵族很少到这里。于是，赵姬与嫪毐便在这里过起了夫妻生活。赵姬在大郑宫中顺利生下了一个儿子。不久，她又怀孕了。

赵姬跑到外面生儿子，这事太大，不会隐瞒得了多久。而且，嬴政不会长年不去探望一下母亲，如果嬴政在赵姬快分娩的时候前去探望，赵姬该如何掩饰呢？有趣的是，赵姬又生下了一个儿子。母亲连生两个儿子，作为儿子的嬴政居然会不知道，这可真是咄咄怪事！

赵姬与嫪毐在大郑宫中至少住了三年。雍县距咸阳不太远，赵姬虽然不会回咸阳，但估计嫪毐没少回去。而且令人不解的是，嫪毐竟成了秦王嬴政的红人！秦王政八年（公元前 239 年），嫪毐被封为长信侯。

由于与赵姬的特殊关系，嫪毐一夜之间成了政治暴发户，不仅"家僮数千人"，而且"事皆决于嫪毐"。（《史记·吕不韦列传》）

《史记·秦始皇本纪》则说："嫪毐封为长信侯。予之山阳地，令毐居之。宫室车马衣服苑囿驰猎恣毐。事无大小皆决于毐。又以河西太原郡更为毐国。"也就是说，嫪毐不仅在与赵姬的性关系上取代了吕不韦，在朝廷中也大有取而代之之势。

吕不韦广招门客，形成了自己的"智囊团"，嫪毐不甘落后，也学吕不韦的样子养起了门客，"客求宦为嫪毐舍人千余人"。司马迁这一句，点明跑到嫪毐府中做舍人的，都是去求官跑官的狗苟蝇营之徒。由此可见，只要在嫪毐府中做了舍人，不久就可以成为朝廷命官。

秦王嬴政五年（公元前 242 年），吕不韦派秦国军队大举伐魏，著名学者子顺此时正在魏国。魏王便去请教他。子顺说："今秦四境之内，执政以下，固曰与嫪氏乎？与吕氏乎？门闾之下，廊庙之上，犹皆如是。今王诚能割地赂秦以为嫪毐功，卑身尊秦以固嫪毐，王是以国赞嫪毐也，则嫪毐胜矣。于是太后之德王也，深如骨肉，王之交最为天下之主矣。孰不弃吕氏而从嫪毐？天下皆然，则王怨必报矣。"（《孔丛子·论势第十五》）

子顺在为魏王分析当前秦国局势时说："秦国上下，从朝廷官员到平民百姓，都在议论一件事，'我们是为了嫪毐而做事呢，还是为了吕不韦而做事'？街谈巷议，几乎全是这个话题。"

子顺接着说："大王您若割地给秦国，就说是屈服于缪毐的强大力量，以魏国的名义赞美缪毐，对缪毐表示敬意。那么，秦国的太后一定会感激您。用这个方法交好秦国，是最好的方法了。秦国对于魏国，有时友好，有时欺骗。如果此时魏国去结交嫪毐，天下人就会背弃吕不韦，而都去结交嫪毐。其实，目前对魏国威胁最大的是吕不韦。您如果能让天下人背弃吕不韦而去结交嫪毐，不就可以报仇了吗？"

有人便根据这段记录做出了如下分析。

第一，嫪毐与秦国太后赵姬的关系已是尽人皆知，连子顺这样一个生活在外国的人都很清楚了。连国外的人都知道了太后的风流韵事，难道只有秦王嬴政还茫然无知？更有可能的是，嬴政也知道了母亲与嫪毐之事，只不过他认为此事很隐秘，做儿子的睁一眼闭一眼罢了。

第二，嫪毐的确在秦国权势熏天，甚至与吕不韦不相上下。嫪毐本是吕不韦的一个门客，在成了赵姬的情夫之后，竟与吕不韦的权力相当，以至于秦国上上下下都不知道到底是吕不韦说了算，还是嫪毐说了算。这也印证了司马迁所记载的"事皆决于嫪毐"。

第三，吕不韦此时一定有苦难言。他本想只让嫪毐成为赵姬的性伴侣以解脱自己，没想到嫪毐一跃而成了他的主要政敌。看来，只要时间允许，嫪毐晚会在朝廷上取代吕不韦。

第四，虽然嫪毐不可一世，但秦国的实权依然掌握在吕不韦手里。子顺说得很明白，对魏国威胁最大的是吕不韦！可见嫪毐弄权，只是限于内政方面。军权还是掌握在吕不韦的手中。子顺异想天开地想让魏国使用离间之计，促使吕不韦与嫪毐的权力斗争激烈化，从而阻止秦国四处扩张的步伐。（引自周华文《吕不韦十讲》）

更有人根据《东周列国志》说嬴政重用嫪毐是赵姬起了作用。书中说，赵姬向嬴政夸奖嫪毐伺候得她非常好，要求嬴政赏赐嫪毐。于是，嬴政封嫪毐为长信侯，将山阳一带的土地封给他。"毐骤贵，愈益恣肆。太后每日赏赐无算，宫室舆马，田猎游戏，任其所欲。事无大小，皆决于毐。毐蓄家僮数千人，宾客求宦达，愿为舍人者，复千余人。又贿结朝贵为己党，趋权者争附之，声势反过于文信侯矣。"出现了仅仅靠服侍太后，就能得到嬴政如此恩宠的咄咄怪事！

据前人研究，《孔丛子》一书疑为三国时期魏人王肃及其门徒伪托之作。

此时，距吕不韦时代已经过去五六百年了，许多故事已经被人们传得物是人非。正如顾颉刚先生所说，时代距离越久远的人与事，其附会夸饰程度越深。在近代，张献忠屠杀几十万上百万川民，并筑"七杀碑"一事被传得沸沸扬扬，人们信以为真，就是今天一些不明真相的人们仍旧以这个故事来强调民族融合。但事实是什么？事实是张献忠在屠杀川民之事只在清朝官方史料中有记载。在清朝统治时期，满族人通过国家机构宣传，让人们相信四川由几千万人口减少到清初的八九十万是张献忠做的好事，以掩饰他们在四川的大屠杀。张献忠之事距今，或者说距离民国时期只有三四百年，便被传得面目全非，《孔丛子》这样一本五六百年后的伪书根本不能在任何一个侧面证明当时的史实。它只能证明在三国时代，天下已经形成嫪毐与吕不韦争斗的舆论氛围。同样，《东周列国志》这样的明清小说更不能作为史料使用。

无怪乎有人感慨，"嫪毐只是一个宦官，反而压过了吕不韦，俨然成了秦国的正相，吕不韦倒成了副相，这的确是个反常现象"。

许多人听信传言，不做分辨，甚至以讹传讹，如果不出现反常现象那才是最大的不正常。

虽然《史记》被称为"良史""信史"，但毕竟时间已经走过两百年。再加上汉朝虽然在文物制度上继承了秦朝，但实际上仍旧是取代者。如果前朝太好，我们有什么理由取代它。这就是中国历史上的另一个普遍现象，每当朝代更替，尤其是新朝经历了十几年、几十年的平稳时期后，必然以盖棺定论的姿态为前朝编修史书。这一方面固然因为时代较近，许多当事人还健在，历史真相可以相对完整地保存。但在另一方面，却因为新朝需要法统上的合法地位，它会自觉不自觉地宣扬前朝恶劣之处，很难达到不扬恶不隐善的理想。纵观中国历代正史，反而是争议不断的元朝为中国人留下的国史相对可信些。当然，元朝所修的《宋史》《辽史》《金史》在可读性上差了很多，但作为史料却相对其他史书更具价值。

　　说得远了，回到赵姬、吕不韦、嫪毐这些事中。前文提到赵姬在大郑宫曾生育了两个孩子，已经传得沸沸扬扬，嬴政会不知道吗？从常理上讲，那是不可能的。唯一的解释就是嬴政当时年纪尚幼，大权又旁落在吕不韦手中，他必须韬光养晦，暂时按下心头的愤怒，虚与委蛇。通过扶植目前弱小的嫪毐的势力，逐步削弱吕不韦手中的权力。

（三）嫪毐政变

　　嫪毐毕竟不是一个政治家，凭借床上功夫大富大贵，未免有些得意忘形。没过多久，这个市井无赖便惹下滔天大祸。

　　古人二十岁的时候要举行一个仪式，由父母主持，内容是将一顶帽子戴到子女头上，称为"冠礼"，说明已经成人。所以，男人二十岁便可称作"弱冠"之年。嬴政二十二岁的时候，尚未行冠礼。赵姬便令人在大郑宫附近的德公之庙为嬴政行冠礼。仪式举行完毕，要办五天的盛大酒会来庆祝秦王成人。朝中百官天天有酒喝，倒也其乐融融。

　　喝到了第四天，嫪毐与中大夫颜泄饮酒，嫪毐连续赌输，喝了个酩酊大醉。颜泄也喝多了，便想罢席。不料，嫪毐非要再与颜泄一决高下，颜泄不从。嫪毐大怒，上去就给了颜泄一个大耳光。颜泄岂能受此大辱，借着酒劲扑上去将嫪毐的冠缨拔了下来。嫪毐怒不可遏，瞪着眼睛大吼道："我是当今大王的仲父，你算什么东西，敢和我作对！"一句话，让颜泄酒醒了许多。他这才知道自己得罪了太后的情夫，不觉有些害怕，慌忙退了出来。

　　恰巧，颜泄刚出来便遇到了嬴政。为了免祸，颜泄"扑通"一声跪倒在地，叩头如捣蒜。嬴政感到奇怪，便令人将颜泄扶到祈年宫，询问颜泄到底发生了什么事。颜泄遂将得罪嫪毐之事说了一遍，并奏道："嫪毐实非宦者，诈为腐刑，私侍太后。现今产下二子，在于宫中，不久谋篡秦国。"

　　嬴政闻言，吃惊非小。考虑到他现在身在雍县，此乃太后与嫪毐的地盘，一旦嫪毐先下手为强，后果不堪设想。为策万全，嬴政立即派人召大将桓率兵前来保驾。令嬴政感到恐慌的，倒不是太后与嫪毐同居生子之事，而是颜泄所说的"不久谋篡秦国"这几个字。

大凡专制君主最害怕的，便是别人篡位。颜泄的这句话，可谓点中了嬴政的软肋。嬴政毕竟还年轻，还做不到处变不惊。调兵之事，立即被嫪毐的亲信探知。嫪毐得到密报，知道是自己酒后失言，料定嬴政调兵遣将是冲他来的，遂急忙跑进宫中与赵姬商议对策。

赵姬不过一介女子，只解风情，岂关大计！面对突如其来的变故，能有什么主意！嫪毐道："今日之计，除非乘桓未到，尽发宫中卫卒及宾客舍人，攻祈年宫，杀却今王，我夫妻尚可相保。"

赵姬此时已六神无主，说："宫中卫兵能听我们的命令吗？"

嫪毐道："愿借太后的玉玺，冒充秦王的御宝，就说祈年宫有贼，秦王有令，召宫中卫士前往救驾，应该没人不敢听从。"

赵姬此时的心里一定是矛盾重重。毕竟，嬴政也是她的亲生儿子，而且与她在赵国共同度过了最艰苦的岁月，不会没有感情。在这生死抉择面前，赵姬方寸大乱。

如果赵姬在生死关头站到嬴政一边，她不仅会失去好不容易得到的让她在床上欲仙欲死的"大阴人"嫪毐，而且，她与嫪毐的两个儿子也必定性命不保。四十多岁的女人生了两个小儿子，一定视若心肝宝贝。让她在已经成人的嬴政与这两个尚在襁褓之中的小儿子之间做选择，她宁愿要这两个小儿子！无奈之下，赵姬也只好让嫪毐铤而走险了。

先秦时，军权掌握在国君手中。权臣的权力再大，也无权调动军队。所以，嫪毐伪造了秦王的御书，盖上了太后的玉玺，然后召集宫中卫士以及他府中的宾客舍人，乱哄哄地一直忙到第二天中午才发兵前往嬴政所住的祈年宫。

这群乌合之众将祈年宫围住后，毫无准备的嬴政急忙来到祈年宫的大台上，问士兵们为何犯驾。

士兵们嚷嚷着，说奉秦王之命，前来捉拿盗贼。

嬴政大声说："长信侯嫪毐便是贼，宫中哪来的贼？"宫中的卫士大多认得秦王嬴政，听嬴政如此一说，便知上了嫪毐的当，有一半人立刻就跑了。还有一些胆子大的，反戈一击，与忠于嫪毐的门客打了起来。

嬴政见状，向士兵们喊道："有生擒嫪毐者，赐钱百万；杀之而以其首献者，赐钱五十万；得逆党一首者，赐爵一级。"并且申明：无论是谁，赏格一样！

这一来，祈年宫中的将士纷纷出战，连宦官和养马赶车的人也拿起武器参加了平叛战斗。附近百姓早就对嫪毐恨之入骨，听说嫪毐犯上作乱，也一呼百应地前来帮助秦王。

没多久，嫪毐的门客就已战死数百人。嫪毐见大势已去，忙夺路而逃。也该他倒霉，没逃多远，正好遇到赶来救驾的桓的大军，嫪毐只好束手就擒。

嬴政平定嫪毐之乱后，立即来到大郑宫，将嫪毐与赵姬的两个私生子搜了出来，"使左右置于布囊中扑杀之"。赵姬此时心痛欲绝，却只能躲在宫中暗自吞声，没有脸面出来见儿子嬴政。

嬴政下令，将嫪毐车裂于东门之外，并夷其三族。其死党皆枭首示众。

处死了嫪毐及其二子，嬴政仍觉得不解气，又将凡是与嫪毐有关系的人，包括其未参与叛乱的门客，全部迁到蜀地，共迁了四千余家。

当时的蜀地由于都江堰水利工程的建成，大量良田亟须开发，亟须移民。虽然发展前景不错，但相对于关中等开发成熟地区，这里瘴疠横行，生活环境很差。所以，秦国政府经常将罪犯流放到这里，既是移民，也是一种惩罚。

以上是《东周列国志》对史实的演义。《史记·吕不韦列传》记载得则比较简略："始皇九年，有告嫪毐实非宦者，常与太后私乱，生子二人，皆匿之。与太后谋曰'王即薨，以子为后'。于是秦王下吏治，具得情实，事连相国吕不韦。九月，夷嫪毐三族，杀太后所生两子，而遂迁太后于雍。"再对照汉代刘向《说苑》的记载，可知《东周列国志》的演义不离大谱。

嬴政对于赵姬，念在是他生母的分上，没将她处死。不过，发生了这样的事，不仅让嬴政丢尽脸面，而且使秦国成为天下笑柄。如何处置赵姬，成了摆在嬴政以及秦国公卿面前的一道难题，而这也是考验他们政治智慧的机会。

如果说在此之前嬴政对母亲的所作所为睁一眼闭一眼，还相信朝野上下无人知道赵姬的丑事的话，而嫪毐叛乱无疑将丑事完全揭了起来。堂堂太后，有何脸面再做一国之母？堂堂秦国国王，竟有这样一个不知羞耻的母亲，又让嬴政的脸面往哪儿搁？秦国原本就被山东六国视为蛮夷，发生这样的事，秦国公卿如何在山东抬起头来？

而更令嬴政难以原谅的是，赵姬竟要伙同嫪毐杀死他！

嬴政可以对母亲的丑行睁一眼闭一眼，可以容忍母亲的面首嫪毐在朝中飞扬跋扈，但绝不能容忍嫪毐对他的王位构成威胁，更不能容忍母亲伙同他人要杀死自己。恼怒之下，嬴政下令：太后用玉玺帮助嫪毐反叛，不可为国母，迁居阳宫。

阳宫是雍县旧宫中最小的一处，为秦昭王时所建，已闲置多年。嬴政将赵姬迁到此处，以示对其母的薄惩。嬴政还不放心，又派兵三百守于此处，凡有人出入，必加盘问。这实际上是将赵姬囚禁起来了。

（四）茅焦死谏

嬴政软禁母亲赵姬的这一年初夏，用今天天气预报的话说，忽然来了一股寒流，有些地方居然降了霜雪，出现了冻死人的情况。

这种反常的天气，使得朝野上下人心惶惶。初夏飞雪，这可是天地异变的前兆。不要说是在科技尚不发达的先秦时代，就是在当今社会都是了不得的大事。于是，有人便根据传统的谶纬学说推论，说这是由于秦王对自己的母亲不孝，所以老天爷才突降霜雪，冻死秦国的百姓，以示对秦王不孝的惩罚。

现代的很多人都不明白，秦王不孝，与老百姓有什么关系？即使老天爷要惩罚，也应该惩罚秦王一人，为什么将账算到老百姓的头上？

这涉及西周至明清中国传统的政治规则。西周以吊民伐罪的名义推翻殷商的统治之后，一直在建立自己统治的法理基础。西周人认为，商朝那样强大的统治者之所以灭亡，是由于"天"（中国传统中的最高神）厌弃了商王。为什么会出现这样的情况？他们进一步分析，是由于商王不关心普通百姓，因而实际上虽然王者最直接的管理者是"天"，但"天"是很难预测和想象的存在，她（指"天"）通过民众的眼睛和耳朵来了解王对世间的管理，这就是《尚书》中"天视自我民视，天听自我民听"的由来。百姓觉得国王不好了，那么天就会觉得国王不称职。这是统治者了解自己统治稳固程度的一个途径，另一个途径就是天象变化。凡是天气反常、地壳运动都代表着"天"的变动，都带有某些预警性质。其实，这一点与现代科学并不矛盾，反常的天气、变动的地壳是自然界变动的结果，这种变动必然带来一系列相应的变化，人们必须做好适应这种变化的准备。从这个角度来说，中国古人以其淳朴的思维为人事变化提供了一种依据。这样一来，"天"通过自然变化昭示帝王，帝王统治平民，平民又是"天"的意志体现，最终完成中国式政治循环理论，为中国政治发展提供了基本规则。当然，随着人们对自然认识的加深，这种理论受到越来越多的挑战，在唐宋以后几乎变成政治斗争的借口，这是先民始料未及的。但话又说来，在秦朝所处的战国时代，这种政治理论是人们的共识之一。所以，民间就有这样的议论："秦王迁谪太后，子不认母，天发大寒，故有此异。"

许多公卿大夫便跑到朝廷向秦王进谏，要求嬴政将其母亲接回咸阳，以尽孝道。

大夫陈忠的进谏就很有代表性。他说："天下无无母之子，宜迎归咸阳，以尽孝道，庶几天变可回。"

　　此时，秦王嬴政正在气头上。再说他也决不接受因为他不孝而导致天变之说，故而勃然大怒，令将陈忠剥去衣服，置其身于蒺藜之上，活活地将他打死了。说嬴政不孝而招致天怨人怒，这不是去找死吗？有的书上说，嬴政杀死陈忠后，余怒未息，将陈忠的尸体扔到宫殿大门的台阶下，在其尸体前竖一牌子，上面榜书曰："有以太后事来谏者视此！"偏偏就有人不接受陈忠的教训，仍绕过陈忠的尸体跑进宫殿去"死谏"。秦王此时暴露出了他残忍好杀的性格，凡是去进谏的，一律杀死，"陈尸阙下"，前后居然杀了二十七个大臣。

　　这是不可能的！难道秦王嬴政真的害怕别人不知道他们家的丑事，自己主动去向天下人展示吗？一定是后代的小说家无聊杜撰的情节，不必认真对待。但某些不负责任的人更是杜撰出更为离谱的情节说："这时，齐王田建和赵悼襄王前来朝见秦王，意在与秦国商谈建立睦邻友好关系。他们应秦王之邀到咸阳宫饮酒时，发现了摆在台阶下面的二十七具尸体。问明原因后，皆摇头叹息，私下都认为秦王太过残暴。时人提到秦国，都习惯性地在秦前面加上一个'暴'字，称之为'暴秦'。这全是嬴政之残暴为秦国赢得的'荣誉'。秦王拒谏，竟因此杀死了二十七个大臣，秦国百姓对此事当然议论纷纷。"

　　这些全部是无稽之谈。熟悉历史的人都知道，战国时各国战争非常激烈，莫说国王就是丞相这样的大臣都很少见面。尤其是对秦国这样的虎狼之国，山东六国与他们只能刀兵相见，否则的话回顾一下楚怀王的经历就让人望而却步了。公元前299年，秦国攻占了楚国八座城池，秦昭襄王约楚怀王在武关会面。楚怀王这孩子太过纯真，不听昭睢、屈原他们的劝告，决定前往武关，结果被秦国扣留。秦王胁迫怀王割地，怀王不肯。怀王被扣留期间，楚人立太子为王，是为顷襄王。公元前297年，楚怀王逃走，秦人封锁了通往楚地的道路。怀王又逃到赵境，赵国不敢收留他。怀王企图逃往魏国，但被秦国追兵捉回。公元前296年，怀王在秦国病逝，秦国把遗体送还楚国。有了这样的前例，谁还敢去秦国？更何况当时齐国与秦国并称东西帝，齐王正享受霸主的荣耀，会去秦国，还是朝见？这样的故事，只有一点也不懂历史的人才能编得出来。

批判完那些无稽的小说后，还是让我们回到嬴政和他母亲赵姬这件事上。秦国上下被六月飞雪弄得人心惶惶，这件事必须尽快解决。这时，出现了一个齐国说客茅焦。至于他是如何来的秦国，谁把他引荐到嬴政面前都不得而知。但不得不承认，这个家伙口才了得。

某一天，茅焦来到嬴政宫殿外面，古代所说的阙下，大呼道："臣齐客茅焦，愿上谏大王。"秦王听到宫殿外有人大喊，便令内侍出去看看发生了什么事。内侍问明情况后回去报告说："有个外国人为太后之事而来进谏。"

秦王一听，懒得见这个不知天高地厚的人，便对内侍说："汝可指阙下积尸告之。"反正是外国人，而且没什么名气，嬴政就想让人把他赶走了事。

内侍跑出去对茅焦说："客不见阙下死人累累耶？何不畏死若是！"

茅焦道："臣闻天有二十八宿，降生于地，则为正人。今死者已有二十七人矣，尚缺其一。臣所以来者，欲满其数耳。古圣贤谁人不死？臣又何畏哉！"

所谓二十八宿，是古人观察天象时，将天上的恒星分成东方苍龙七宿、北方玄武七宿、西方白虎七宿、南方朱雀七宿，共二十八个星座，俗称二十八宿。茅焦说，天上有二十八宿，对应地上的人，则天下一定有二十八个正人君子。如今因为进谏秦王，已经死了二十七个正人君子，还差一个，就正好与天上的二十八宿相对应了，所以他来凑个数。

内侍回殿禀报后，嬴政大怒道："狂夫故犯吾禁！"向左右下令："炊镬汤于庭，当生煮之。彼安得全尸阙下为二十七人满数乎？"

嬴政也够毒的。你茅焦不是想以一死凑够二十八宿这个数吗？我既要让你死，又不让你如愿！于是，嬴政令人在宫殿中架起一口大锅，烧上一锅热水，准备将这个不知好歹的人煮成肉泥。那样一来，他不得全尸，怎么与已被杀死的二十七人一起凑成二十八之数呢？左右不敢不从，忙找来大锅，盛上水，在宫殿中烧了起来。然后，嬴政"按剑而坐，龙眉倒竖，口中沫出，怒气勃勃不可遏”，连呼："把那个疯子叫进来煮了！"

　　内侍去召茅焦进殿的时候，茅焦故意迈很小的步子，走得很慢。内侍催他快点走，茅焦说："我见秦王后就得死，我拖延一下时间又有何妨？"内侍见他一会儿便要被活活煮死，不禁心生怜悯，乃扶着他进殿。

　　茅焦进殿后跪倒叩头，说："臣闻之，'有生者不讳其死，有国者不讳其亡；讳亡者不可以得存，讳死者不可以得生。'夫死生存亡之计，明主之所究心也。不审大王欲闻之否？"意思是说，他听说活着的人不讳言死亡，拥有一个国家的人不讳言亡国，对亡国讳莫如深一定不会得以生存，忌讳说"死亡"一词，其生命力一定不强。生死存亡之计，这一国之明主都很关心的，不知秦王愿不愿听一听他的观点。

　　秦王见茅焦没提赵姬之事，怒火消了一些。茅焦继续道："夫忠臣不进阿顺之言，明主不蹈狂悖之行。主有悖行而臣不言，是臣负其君也；臣有忠言而君不听，是君负其臣也。大王有逆天之悖行，而大王不自知，微臣有逆耳之忠言，而大王又不欲闻，臣恐秦国从此危矣。"茅焦仍没提太后之事，也没提"天变"之事，而是提醒嬴政，忠臣不说让君王听着顺耳的话，明君不做疯狂悖逆之事。如果国君做了错事而臣子不为国君指出来，是做臣子的对不起国君；如果臣子有忠言进谏而国君不听，则是做国君的对不起臣子。茅焦进而指出：如果大王有违背天理的错误，大王自己不知道；而他茅焦有逆耳之忠言，秦王又不想听，那么，秦国以后恐怕就很危险了。

　　嬴政闻言吓了一跳，"悚然良久"，脸色也缓和了许多，不禁问茅焦："你想说什么事？寡人愿意听听。"

　　茅焦说："大王今日难道不以统一天下为己任吗？"

　　一说统一天下，正中嬴政的下怀。秦国经过东征北伐，已成为七国中秦国一强独大的局面。实力强了，嬴政当然梦寐以求要灭掉六国，统一天下。

　　茅焦继续说："今天下之所以尊秦者，非独威力使然；亦以大王为天下之雄主，忠臣烈士，毕集秦庭故也。今大王车裂假父，有不仁之心；囊扑两弟，有不友之名；迁母于阳宫，有不孝之行；诛戮谏士，陈尸阙下，有桀纣之治。夫以天下为事，而所行如此，何以服天下乎？昔舜事母尽道，升庸为帝；桀杀龙逢，纣戮比干，天下叛之。臣自知必死，第恐臣死之后，更无有继二十八人之后，而复以言进者。怨谤日腾，忠谋结舌，中外离心，诸侯将叛，惜哉，秦之帝业垂成，而败之自大王也。臣言已毕，请就烹！"

看来，茅焦是个出色的辩士，其进谏之前颇动了一番心思。他在批评嬴政之前，先吹捧了嬴政几句：如今天下尊秦，并不仅仅因为秦国实力强大，也因为秦王是天下英雄之主，忠臣义士都因为秦王的领袖魅力而来到秦国。

这几句捧得秦王颇为受用。就在秦王如坐春风之时，茅焦话锋一转，开始严厉批评秦王，说他车裂嫪毐，这是不仁。不管怎么说，嫪毐与他的母亲赵姬已经是事实上的夫妻，是他的后爹（假父）。茅焦又说，嬴政杀死两个同母异父的弟弟，这是没有友爱的表现；将母亲迁到冷宫之中，这是不孝；诛杀直言进谏之臣，将这些直言敢谏之士的尸体扔在阙下，这是桀纣之类的暴君的行为。茅焦接着说，秦王目前正以统一天下为己任，而其当下所作所为，怎么能让天下人心服口服呢？茅焦还举了舜因为尽了孝道而当上帝王，桀纣这两个暴君因为杀了龙逢和比干等忠臣而招致天下叛乱的例子，说明秦王若学桀纣这样的暴君，国将不国。

其实说到这里，秦王嬴政已经开始检点自己的错误了。茅焦做出大义凛然的样子，说："我知道我一定会被大王处死，我们这二十八个忠直的人死了之后，再也不会有人直言进谏了。虽然不会有人再来进谏，但天下一定怨声载道，中外离心，而且依附秦国的诸侯将背叛秦国，真是可惜啊！"

说罢，便解开衣带要进大锅受烹。

嬴政虽然暴虐，但却有明君的气度。否则，一个一无是处的人，也不会横扫天下、统一六国。茅焦的话，句句撞击在他的心坎上，已经深深说服了他。

见茅焦要进大锅受刑，嬴政急走下殿，左手扶住茅焦，右手指示左右将大锅抬走。不料，茅焦却不依不饶，非要跳到锅里不可。他说："大王已悬榜拒谏，不烹臣，无以立信。"嬴政连忙令人收起榜文，又命内侍给茅焦穿好衣服，赐他坐下，说："前谏者，但数寡人之罪，未尝明悉存亡之计。天使先生开寡人之茅塞，寡人敢不恭听！"秦王此时想通了。先前那二十七个进谏者言不及义，只是一味地指责他的罪过，而没有设身处地地为他分析利害得失。只有茅焦，句句话都讲到了点子上，令他茅塞顿开。

就在这一天，嬴政为了显示自己知错即改、从善如流，令茅焦为自己驾车，亲自前去迎接母亲回咸阳。秦王的车驾来到阳宫外，嬴政先令使者进去报信，然后跪在地上，膝行而进。见了母亲赵姬，叩头大哭。赵姬百感交集，也垂泪不止。

嬴政表演完自己的孝行后，便将茅焦引见给赵姬，说："这是我的颍考叔啊！"此处，嬴政暗表了一个典故。颍考叔是春秋时期郑国人。郑庄公的母亲姜氏因为更疼爱庄公之弟共叔段，便欲夺庄公之位给共叔段。在太后的支持下，共叔段悍然发动兵变，结果被早有准备的郑庄公镇压。郑庄公气愤于母亲支持弟弟，乃将母亲囚禁起来，立誓与其母"不及黄泉无相见"，意思是他只要活着就决不见母亲一面。颍考叔觉得郑庄公这样做不妥，便前往进谏，给郑庄公出了个"阙地及泉，隧而相见"的主意，使郑庄公与其母恢复了母子关系，此事被传为美谈。

姜氏与赵姬之事，颇有几分相似之处。更巧的是，劝导郑庄公的有个颍考叔，劝导嬴政的有个茅焦，历史有时竟是如此惊人地相似。

为了答谢茅焦，嬴政拜茅焦为太傅，封上卿爵位。

嬴政与母亲的过节，就这么解决了。《资治通鉴》说，嬴政与赵姬从此之后"复为母子如初"。

茅焦说秦王一事，司马迁一笔带过："秦王十年十月，免相国吕不韦。及齐人茅焦说秦王，秦王乃迎太后于雍，归复咸阳，而出文信侯就国河南。"

汉代刘向所著的《说苑》，对这段史实有着详细的补充记载。

应该说，经过这次变故，赵姬也无颜为一国之母后了。她爱得如痴如狂的"大阴人"嫪毐死了，老情人吕不韦被免职了，今后也只好收敛起自己那旺盛的情欲，在冷宫之中默默度过余生了。

自此之后，赵姬便正式退出了历史舞台。秦王嬴政十九年（公元前228年），赵姬死了。如果推算一下的话，赵姬死时也不过五十岁左右。赵姬死后，嬴政将她与秦庄襄王子楚葬在一起。

就在赵姬去世的这一年，嬴政灭掉了赵国。

十一、资政新典

（一）集士著书

吕不韦很擅长发挥下属的才能，能让他们为统一的目的奉献才智。但是，他在家中收留的三千"食客"，当然不能个个都像李斯得以承担重大的责任。那些无所适从的宾客们，岂能只是让他们白混饭吗？根本就不可能的！吕不韦养士与"四公子"以扩大声誉为主要目的是不一样的。不能收到实际效益的投入，这是他从来不会做的傻事。

吕不韦有什么绝招让那如此多的宾客都能发挥应有的作用呢？他一再思考，终于想出了一个方法。于是，一项历史奇迹又制造出来了。

有一天，吕不韦突发奇想，他把门下一部分宾客聚集到一起，其中当然也包括已经锋芒初现的李斯，而大多数是那些没有任何成就的"食客"。

"各位初来乍到，几乎人人都表示过自己有了不得的本领，或有经天纬地之才，或有治国安邦的计谋。我知道你们个个都了不起。"除了最后一句，吕不韦说的的确没错，那时无论哪个"游说之士""说客""食客"来到权贵门下的时候，没有不炫耀自己一通的。"请你们将各自所学的知识，你们的主张、见闻和对宇宙、天地、政治、经济、人事、哲学、生产的见解和观点，都给我清楚地用纸和笔写下来。"

他独特之处在哪一点？吕相国的特点是尤其注重效益的原则。虽说'养士'的方式是仿效春申君、信陵君等公子创造的例子，但吕相国与那几位阔少爷不同，他'养士'的目的就是为了收买人心，买个虚名。花这么多钱，让咱们多数人都不干活，他心里可不好受。

"但是，他让咱们著书写作又是什么目的呢？"

"我看他是为提高名气，他自己是商人出身，担心那些贵族和文人轻视他，也来附庸风雅罢了。"

"你说得对，不过也不一定单只为了个空名头。"

"大概相国想的事情多了：战争就要获得最后胜利，天下马上就要统一起来。战争结束，这个大一统的天下如何治理？相国的权势也达到顶点，上了年纪，一定会想到宇宙、人生、社会的等许多问题。他自己感到无从解释，这不正是用我们的时候了吗？"有人客观地分析道。"对！这个看法有点像样！"多数人都同意这样解释。

对于吕不韦组织著书的目的，也是后世分析吕不韦和《吕氏春秋》的学者们的一大课题。究竟是为留名后世、附庸风雅？还是仅仅为解决当时面临的种种难题？今天看来，两种可能都存在。从吕不韦注重实效的风格来推测，大概更偏向于后者。他想要通过编一部书，使自己与当时的著名思想家荀况、庄周、老聃、李悝、墨翟、商鞅平起平坐，成一家之言，流芳百世，这种可能是存在的。但更重要的目的可能还是为了解决一些难题，当时的中华大地正处于一个巨大的动荡时期，每个人处于社会大变革时不免要考虑到许多问题。而身为相国的吕不韦自己，更处在极其重要的转折时期。特别是一个前所未有的幅员辽阔、人口众多的国家即将出现，采用什么办法治理这个国家，以及由此而采用的对历史、对人生的种种属于哲学的、政治的、经济的理论议题，都急待理论解答。吕不韦大概觉察到了要回答这些问题的紧迫性，但自己又找不到答案，因此，只有借助这批宾客的聪明才智了。

吕不韦家中收养宾客十分繁杂。来秦国的宾客中，几乎包括了战国时代的所有学派和各种派别的学者。现在要求这些学者宾客奉献出自己的研究成果，且要把如此繁杂的内容编成一部书，这在当时是空前之举。

一方面不能改变各派学者自己的观点、风格的独立性；另一方面又要合编在一本书中，成为很完整的作品，这办起来的确很困难。但经过分析，终于得到比较圆满的处理，即按照统一规定的模式，以大体相等的字数把各派学说收录在各篇章中。因此，这部书无论是在形式上还是内容上与其他诸子的著作都不一样。体例是统一的，内容则具有多样性。真如"杂花生树，群莺乱飞"，齐而不纯，杂中有序。吕不韦借此创造了中国文化史上的两个第一：

第一次有策划、有目的的私人集体编书诞生；

第一部"杂家"著作的诞生。

宾客们所著的文章即将完成，总编任务马上要开始之时，还有一个问题没有得到解决。"给这本书命以什么名呢？"吕不韦提出了这个疑问。

后来，这部由吕不韦组织编著的，由许多学者完成的杂家首部著作，就叫作《吕氏春秋》。

那么，编成后的《吕氏春秋》究竟是怎样的呢？

在形式上，《吕氏春秋》非常规范。全书共分作《十二纪》《八览》《六论》三个部分。《十二纪》则是以"孟春""仲春""季春""孟夏""仲夏""季夏""孟秋""仲秋""季秋""孟冬""仲冬""季冬"十二季节为"纪"，每一纪包含五篇文章；《八览》就是"有始览""孝行览""慎大览""审分览""先识览""离俗览"

"审应览""恃君览"，每"览"含八篇文章；《六论》为"慎行论""开春论""贵直论""似顺论""不苟论""士容论"，每"论"有六篇文章。包括序言《序意》，本来应该有一百六十一篇论文。但后来因不断地散失，现存的《吕氏春秋》中"有始览"的只有七篇，很明显少了一篇论文，《序意》也只剩下残文，故全书现在一共收录了一百六十篇论文。

<h2 style="text-align:center">（二）别出心裁</h2>

1. 旨在典礼

《汉书·艺文志》"杂家"记载："《吕氏春秋》共有二十六篇。"从此以后历代学者多相信此种说法。陈澧《东塾读书记》有记载："刘《略》班《志》品目之认为杂家，用词精确得不能让人改易了。"汪中《<吕氏春秋>序》也表示："最后《吕氏春秋》出，则诸子之说兼有之。……《艺文志》列之杂家，良有以也。"但是，从清代开始后也有人不断想破除《艺文志》的禁锢，设想把它列入某一家或几家之言中去。章学诚《校雠通义》说："《吕氏春秋》亦春秋家言，……虽非依经为文，而宗仰获麟之意。"《四库总目·子部》说："《吕氏春秋》大抵以儒为主，而参以道家、墨家。"卢文弨《书<吕氏春秋>后》写道："《吕氏春秋》一书，大约宗墨氏之学，而缘饰以儒术，其《重己》《重生》《节葬》《安死》《尊师》《下贤》，皆墨道也。"后来又有人认为《吕氏春秋》为"阴阳家者""道家""新道家"。如此种种就不一一细说了。

众说纷纭，正好表明了《吕氏春秋》划分到任何一家或数家都不恰当。同时也正好如实反映了对《吕氏春秋》这部书的性质看法很不相同。我们认为应该打破《汉书·艺文志》所设定的框框，不必局限某家某派的格式，用现代分类的标准，依据全书内容，恰如其分地再给它取另外一个名号，以标明该书的性质。

吕不韦在《序意》中说："凡十二纪者，所以纪治乱存亡也，所以知寿天吉凶也。上揆之天，下验之地，中审之人，若此则是非可不可无所遁矣。"他所说的"治乱存亡"是针对国家社会而言，所谓"寿夭吉凶"，是对君主而言，在封建时代君主是国家政治生活中的权力代表。因此"是非可不可"绝不是平常小事，而是指国家大事，或重大政治问题的策划。由此可以知道吕不韦要主持编写这部书，根本意图是为马上要统一的国家设置一套政治理论。后世学者也有如此观点。《汉书·艺文志》说："杂家者流，盖出于议官。兼儒墨，合名法，知国体之有此，见王治之无不贯，此其所以长也。"这里的"议官""王治""国体"，所指都是政治思想。元代有个人叫陈澔的人说："吕不韦相秦十年，此时已有必得天下之势，故大集群儒，损益先王之礼，而作此书，名曰《春秋》，将欲为一代兴王之典礼也。"他所说的"典礼"，也就是制度。

政治思想部分内容是十分广阔的，这里只从几个方面来看看：

"公天下"是吕不韦政治思想的基本点。他认为，天下应该是公有的，不是某一个人私有财产。他说："天下非一人之天下也，天下之天下也。"所以，他认为当权者首要任务要立公破私。"昔先圣王之治天下也必先公，公则天下平矣，平得于公"。"诛暴而不私，以封天下之贤者，故可以为王霸。"反过来讲，要是君主不具有"公天下"的意识，事情就严重了。"智不公，则福日衰，灾日隆。""俗主之佐，其欲名实也，与三王之佐同，而其名无不辱者，其实无不危者，无公故也。"吕不韦所指的"公"不可能是全民的"公"，而是封建地主阶级的"公"。仅此而已，这种想法在当时仍然是极其开明的。《礼记·礼运》的作者虽然也表示过"天下为公"的"大同"观点，但那是作者对过去的怀念，现在早已不存在了，重点还是放在"天下为家"的"小康"上面。吕不韦并没有把"公天下"看作是一个美好的回忆，而是要把这些观点实施于现实政治的，二者之间有天壤之别。不用说，吕不韦的这种观念也不是空穴来风的。从意识角度上看来，春秋战国以后，作为"家天下"理论基础的"天命论"，不断地受到批判和冲击。到了战国末年，这块旗帜已经是残破不已了。从现实角度着想，下层逐渐超越上层的情况大有存在，谁的本事大谁就能拥有国家，甚至可以拥有天下，形成了"天下为公"的局面。吕不韦的"公天下"正是在这种背景下形成的。

在"公天下"的基础上，"君道"成了吕不韦政治观念中的一个重点。这一点不难想通，因为君主在当时的国家政治中发挥着决定性作用，因此《吕氏春秋》中关于"君道"的论证十分详尽。诸如君主的产生、君主的权力、君主的职责……都有十分透彻的论断。

君主是如何出现的呢？原来是不存在君主的，"昔太古尝无君矣"。后来因为社会发展需要才出现了君主。所谓社会发展需要，又分两种：一是与自然对抗的需要，他说：

凡人之性，爪牙不足以自守卫，肌肤不足以捍寒暑，筋骨不足以从利避害，勇敢不足以却猛禁悍。然且犹裁万物，制禽兽，服狡虫，寒暑燥湿弗能害，不唯先有其备，而以群聚耶？群之可聚也，相与利之也，利之出于群也，君道立也。

很明显，每当人类和自然界做斗争时，一定要联合成一个群体，而每个群体又需要有一个领导者和组织者，这就是"君"。同时，"君"也是维持群体秩序的需要。他举了周边少数民族作例子，说明没有君主是不行的：

少者使长，长者畏壮，有力者贤，暴傲者尊。日夜相残，无时休息，以尽其类。圣人深见此患也，故为天下长虑，莫如置天子也；为一国长虑，莫如置君也。

意思是指，为了避免群体自相残杀而自己毁灭，必须有一个人出来主持公道，调解纠纷，维护秩序。这个人也就是"君"。总而言之，君主是符合群体利益的需要而出现的。什么人才可以担任君主呢？《吕氏春秋》讲了一个故事："（武王）亲殷如周，视人如己，天下美其德，万民悦其义，故立为天子。"就是说，只有受到天下人拥护爱戴的人才有能力担任君主。至于君主是通过什么

吕不韦其人

途径产生出来的，《吕氏春秋》认为是"圣人""置"的。他当然不清楚君主是部落酋长发展而成的。

按照"利之出于群"的标准，《吕氏春秋》又为君主的任务做了一个规定："君道何如？利而物（勿）利，章。"这后一句话的意思，依据训诂家们："意谓利民而勿自利，以为标志。"意思是说，是否利民是君主的天职。"执民之命，重任也，不得以快志为故（事）。"更进一步地说，君主的主要义务是因道任德，掌握准则，督管臣民。"君也者，处平静，任德化，以听其要。""古之王者，其所为少，其所因多，因者君术也……因则静矣。"所以"因"，就是指按照自然的规律，顺应民心的趋势。"凡主有识，言不欲先，人唱我和，人先我随。以其出为之人，以其言为之名，取其实以责其名，则说者不敢妄言，而人主之所执其要矣。"还有"夫君也者处虚，素服而无智，胡能使众智也；智反无能，故能使众能也；能执无为，故能使众为也。无智、无能、无为，此君之所执也。"这两段话的大意是，贤明的君主是从来不好大喜功，只会运用准则，要求臣下实事求是，使他们的积极性能得到充分发挥。这就是君主的具体任务。

至于对君主权力的观点，《吕氏春秋》主张是至高无上的。所谓"为民父母"，"执民之命"，正好恰如其分地反映了这个问题。然而，君主却不能滥用权力，不顾臣民的生死。《吕氏春秋》把不称职的君主分为暴君和愚君两类，并区别运用两种不同的对付策略。

对于暴君，采用暴力的策略，这一招又叫作"行罚不避天子。"；对于愚君，则运用禅让的策略，即"与贤"，就是把王位禅让给有才能的人，这招也就是"废其非君而立其行君道者。"

《吕氏春秋》是维护地主阶级统治的理论，所以它主张身为专政的代表君主，是整个地主阶级利益的代表，不是代表一家或一人的利益。因此，一旦君主不顾整个地主阶段的利益，而仅仅只考虑一家或一人的利益，那就应该把他废弃掉。尽管如此，这种思想在当时却是进步的。因为这中间包含了一些民主的成分，尽管它仅仅是地主阶级的民主。

臣是辅佐君的，因此，臣一定要效忠君主。《吕氏春秋》中也谈得很多。但是，忠君是有限制的，也就是说只能效忠于能够代表整个地主阶级利益的君，而并非忠于个人。最佳的君臣关系是互相信任，互相协助的。

故贤主之求有道之士，无不在以（用）也；有道之士求贤主，无不行也，相得然后乐。不谋而亲，不约而信，相为殚智竭力，犯危行苦，志欢乐之。此功名所以大成也，固不独。

这就是说，君离不开臣，臣离开了君主也是行不通的。只有君臣互相"不独"，"功名"才能成就。如果君臣之间出现分歧，那忠臣就应该尽死进谏言。"忠臣亦然，苟便于主，利于国，无敢辞违，杀身出生以徇之。"这里的"便于主"和"利于国"是连成一体的。所说的"便于主"，是对主的长远利益有便利之处；"利于国"是对整个地主阶级的利益有利的方面。二者统一才是尽忠的表现。如果国家一旦发生了危机和上下梗阻的形势，这时忠臣应该尽力疏通，防患于未然：

国亦有郁，生德不通，民欲不达，此国之郁也。国郁处久，则百恶并起，而万灾丛至矣。上下之相忍也，由此出矣。故圣王之贵豪上与忠臣也，为其敢直言而决郁塞也。

可是，如果君不能采纳臣的正确意见，不分好歹，那么大臣们就要拒绝合作，坚决不能与他同流合污。"君同则来，异则去。故君虽尊，以白为黑，臣不能听。"显而易见，他所主张的臣道，是从"利于群"和"公天下"的准则出发的。

在《吕氏春秋》中还着重强调的一个问题——治民。

治民，第一位是要对民有所了解。从《吕氏春秋》可以看出，吕不韦对民是有比较独到认识的。吕不韦在《适威》中曾以厉王奔彘的例子来警告君主：

《周书》曰："民，善之则畜（好）也，不善则仇也，有仇而众，不若无

有。"厉王，天子也，有仇而众，故流于彘。

并上升到理论高度说明君主不能与民众脱离关系的原因：

凡君之所以立，出乎众也。立已定而舍其众，是得其末而失其本，得其末而失其本，不闻安居。……夫以众者，此人君之大宝也。

所以，他说："宗庙之本在于民。"如何才不失民，并使民为自己所利用呢？关键在于"顺民心"。"先王先顺民心，故功名成。"究竟什么是"民心"呢？那就是与生俱来的恶与欲的本性。

始生人者，天也。……天使人有欲，人弗得不求，天使人有恶，人弗得不避。欲与恶所受于天也，人不得与焉。

只要把握欲与恶这条准则，顺应民心，进行治理，就可以做到用民的目的了。

用民有纪有纲。一引其纪，万目皆起，一引其纲，万目皆张。为民纪纲者，何也？欲也，恶也。何欲？何恶？欲荣利，恶辱害。辱害所以为罚充也，荣利所以为赏实也。赏罚皆有充实，则民无不用矣。

这只不过是用民的第一步。如果再进一步使民心服口服，一直拥护君主，教化就可以派上用场了。

赏罚之柄，此上之所以使也。其所以加者义，则忠信亲爱之道彰。久彰而愈长，民之安之若性。此之谓教成。教成则虽有厚赏严威弗能禁。故善教者，不以赏罚而教成。

古之君民者，仁义以治之，爱利以安之，忠信以导之。务除其灾，思致其福。故民之于上也，若玺之于涂也。抑之以方则方，抑之以圆则圆。……此五帝三王之所以无敌也。

这样才能达到治民的最高境界。

然而，吕不韦又把人分为两类：一类是"不肖"，一类是"圣贤"。"圣贤"一旦学习了知识，是能够明白礼仪了，能够"修节止欲"；"不肖"一类的人相反。因此，对待不同公民的方法也要区别对待。

凡用民，太上以义，其次以赏罚。

凡使贤、不肖异：使不肖以赏罚，使贤以义。故贤主之使其下也必义，审赏罚，然后贤、不肖尽为用矣。

最后，吕不韦把天下和国、家、个人、小、大、贵、贱当作一个整体来看待，以期达到统一、安乐、和谐的局面。他说：

天下大乱，无有安国；一国尽乱，无有安家；一家皆乱，无有安身。…故小之定也必恃大，大之安也必恃小。大小贵贱，交相为恃，然后皆得其乐！

这就是吕不韦的政治思想希望达到的最高理想。

吕不韦的政治思想是一个不可分割、互相制约的统一体系。从"公天下"出发，中经臣道、君道、落脚于治民，最后达到一个稳定统一的政治局面。

这套政治思想体系当然借用了前人的思想内容，容纳了当时的思想精华。可是，吕不韦并不是简单的取舍和拼凑，而是通过自己的观察、实践、思考，然后把所有资料中的精华部分融会贯通，形成他本人一套别具一格的模式。他的特点表现在以下几点：第一，从君主的形成，讨论了"公天下"的性质；第二，从君主的产生，规定了君主的职责，并以让贤、谏诤，直至暴力限制君主的独裁；第三，从"公天下"和君主职责的前提出发，规定了忠臣的含义：不仅要忠于国，尤其要忠于君，一定要效忠于贤明的君主，不能忠于愚君和暴君；第四，从认识民力出发，确立了民本思想，又从民本思想出发，引发出了"顺民心"的要求；在"顺民心"的前提下，又把仁义和赏罚结合起来，形成两种互为补充的手段和两个互相联系的方法，才能做到"贤、不肖尽为用"的目标；第五，提出了"大小贵贱，交相为恃"的思想，把君主也归入互相制约之中。从这五点得出，吕不韦的政治思想，既为先秦政治思想做了一个很好的总结，又把先秦政治思想提高到了 一个更高深的层次。

2. 妙手成章

《吕氏春秋》的兼收并容，把战国晚期诸子百家思想融会贯通的潮流大大向前推进了一步。

《吕氏春秋》的资料收集的范围很广，但通过提炼、加工、处理，却形成了一个十分严谨的结构框架。"众狐之白"成就了一件"粹白之裘"。

那么，《吕氏春秋》用什么方式构建了自己独具一格的结构呢？《吕氏春秋》的编制：书由三大块组成，第一块《十二纪》是讲解"天"的；第二块《八览》是阐述"人"的；第三块《六论》是分析"地"的。这正切合《序意》中所说的旨意："上揆之天，下验之地，中

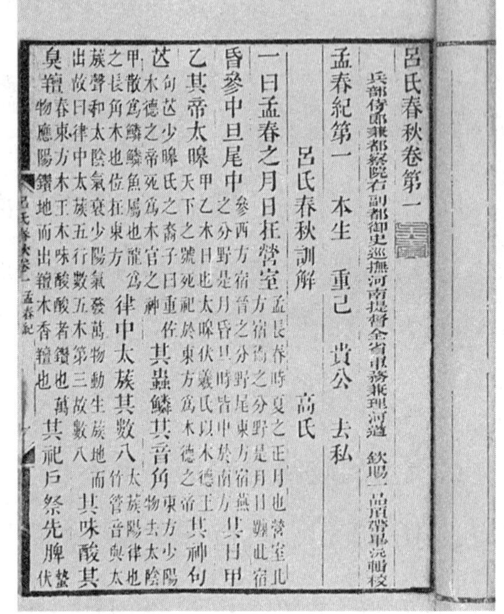

《吕氏春秋》书影

审之人。"不管是形式上，还是内容上它都成一个完整的系统。但是，人们往往对于形式上的系统比较容易理解，而对于内容上的系统则需要一个漫长的历史认识过程。

《四库全书》说：

其《十二纪》即《礼记》之《月令》，顾以十二月割为十二篇，每篇之后各间他文四篇。惟夏令多言乐，秋令多言兵，似乎有义，其余则绝不可晓，先儒无说，莫之详矣。

这是第一次认识到《吕氏春秋》内容上是相互有关系的，但还很浅陋。后来，有一个叫余嘉锡的先生在《〈四库提要〉辩正》中进行更详细阐述。他说：

《提要》谓"夏令言乐，秋令言兵"，是也，谓"其余绝不可晓"者，非也。今以《春纪》《冬纪》之文考之，盖春令言生，冬令言死耳。其《孟春纪》五篇……此皆于每《纪》之第二篇发凡起例，极言节欲养生之义。其《重己》

《贵公》诸篇则示人以修身立命之道，以祈各遂其生也。其《孟冬纪》五篇，……此二篇为冬令诸篇之发凡起例，极言薄葬送死之义。……至于《至忠》《忠廉》以下诸篇，则示人以舍生取义之道，以祈善处其死也。斯其义例，昭然可见，安得如《提要》所言"绝不可晓"也乎?！然则春生而冬死，夏乐而秋刑，其取义何也？曰：此所谓春生夏长秋收冬藏也……《提要》谓夏令多言乐，非言乐也，言长养也。长养人之道，莫大于教化，故《孟夏纪》所附四篇曰《劝学》、曰《尊师》、曰《诬徒》、曰《用众》。乐也者，所以移风易俗也，故《仲夏》《季夏纪》皆言乐。此其义例昭然可见也。

通过余先生的一番清晰的分析，不但把《十二纪》的内容进行逻辑化了，而且也把内容与形式统一起来了。

如果我们按照他的这个方向继续前进，是否也可以发现一些关于《八览》内容之间的相互关联以及《六论》内在的联系呢？我们可以去试一试。

先从《八览》讲起。《八览》今存63篇，只看篇题，不能看出各篇之间有什么逻辑联系。但是，体会内涵，却似乎可以发现各篇之间的衔接点。这个衔接点就是"人"，换句话，《八览》中心是谈"人"的。

《有始览》说的是：天地的形成，万物的生长，以及天地的布局和结构。表明人与天地万物的源头只有一个，展示人类生存的空间和条件。这是总领《八览》整体内容的。以下各篇，或言人际关系；或言天人感应；或重要的地位人与客观整体、条件之间的关系；或讲人的自身修养和提高。其中以人际关系为重心。在各种人际关系中又把君臣关系放在最重要的地位。

《应同》是从国家社会的高度，谈天人之间的关系的。天是人的主宰。人永远摆脱不了天的限制。这种关系具有神秘色彩，但却主宰着当时人们的意识，是自然与人关系的一种形式，是人的第一个重要关系。《召类》是说因果关系的，按照"类同相召"的道理，企图寻找祸福产生的根源以及祸福转化的关系。这肯定也带有浓郁的神秘色彩，但在那时却是人们普遍注意的问题。《孝行览》是讲解亲子关系的，又由亲子关系延伸一切人际关系。

在人际关系中，存在普遍矛盾，也有特殊矛盾。《遇合》《必己》《首时》是谈人际关系的不可预测性。他认为，人与人的关系是一种巧合，有的人一辈子也见不着，可是有的人却很巧合的相遇了。有的动机与结果完全相反，"孝未必爱"，"忠未必信"。所以，明主与贤者，贤主、黔首与秀士，都在于等待时机遇合。这是人际关系中普遍存在的问题。《离俗》《高义》说的是一些区别于一般人的特殊人物，他们"赏不当，虽与之不辞；罚诚当，虽赦之不外。""高节厉行，独乐其意"。与这类人来往要特别尊敬，以礼相待。这是很不一般的关系。

因为人与人之间有不确定性，所以在人与人交往中，要尤其仔细观察，小心谨慎。《察微》说的是细微小事，往往造成国与国、家与家、人与人之间的险恶后果。《观表》论述的是"凡论人心，观事传（迹），不可不熟，不可不深。"

在普通人际交往中，首先第一步是消除误解和偏见，虚心采纳他人的观点，了解双方的真实意图后，达到互相默契的程度。《去有》《去尤》说的都是误解、偏见的危害性，只有除去这些误解和偏见，人与人之间的关系才能友好化。《听言》《谨听》说的都是虚心听取别人的意见，搞明白真实情况，要善于分清善恶，判断是非。《精谕》则是说人与人之间的思想交流，有时不需要任何话语，也不用听觉，"以精相告"就可以做到一种默契的程度。然而，对于那些"言心相离"，"言意相离"，"饰非惑愚"的言语，就一定要严加杜绝，这是《离谓》《不屈》《淫辞》所要阐明的道理。由于一些险恶用心的言论是致使人际关系恶化的催化剂。

在人际关系中最重要的是君臣关系。君臣关系中，君占有主要地位，因此谈君道、任贤的内容占大多数。其次是君民关系。无论是君民关系或君臣关系，都处于全局之中。《谕大》是谈全局问题的，"务在事大"，"国""家""身"三者"交相为恃，然后皆得其乐。"《恃君》是讲述君道形成的原因，"利之出于群也，君道立也。"《君守》《审分》《任数》《慎势》《勿躬》《重言》《审应》《应言》等篇，都是讲解君道的。中心的思想是君道无所作为，而臣道有为，"因者，君道也；为者，臣道也。""王也者，势无敌也。"《务本》《权勋》《顺说》是讨论臣道的。臣下要"以公及私"，一定不能行"诈诬之道"。要善于进谏言，"陈其势，言其方"。另外还应该注意讲"大利"而去"小利"，讲"大忠"而去"小忠"。《下贤》《报更》《观世》《先识》《达郁》《义赏》《举难》等篇，是谈君主应该怎样去礼贤下士、礼贤下士的重要性、怎样任贤等等。"士虽骄之，而已愈礼之。""必礼必知，然后其智能可尽也。""圣王之贵豪士与忠臣也，为其敢直言而决郁塞也。"

选任贤才要"权而用其长者"。奖赏贤才要以义为重。《本味》是论君臣合作的关系，"不谋而亲，不约而信，相为殚智竭力，犯危行苦，志欢乐之，此功名所以大成也。"

在君臣关系之后讲的是君民关系。《慎大》《为欲》《适威》《用民》《乐成》等篇，说的是民心向背的重要意义，得民的方式，以及如何用民，怎样教民的问题。"桀为无道，国人大崩"。"汤立为天子，夏民大悦。""善为上者，能令人得欲无穷，故人之可得用亦无穷也""赏罚皆有充实，则民无不用矣。""占之君民者，仁义以治之，爱利以安之，忠信以导之。"有些策略，如果人民当时还不能了解，也不妨先实施起来，完成以后，人民自然会易于认同，"故民不可与虑始，而可以乐成功。"

《察今》《贵因》《具备》等篇，评论的是人与客观规律、客观形势、客观条件之间的关系。强调发挥人的主观能动性，必须首先遵循客观规律，因时因地制宜，创造条件。"因则功，专则拙（屈），因者无敌。""变法者因时而化。""夫立功名者亦有具，不得其具，贤虽过汤、武，则劳而无功矣。"这中间明显地反映了《吕氏春秋》的科学态度和理性精神。

要使上述各种关系合理化，主要问题还要依赖于人的道德修养和智慧的不断提高，尤其是对君主，任务更加重大。《骄恣》《行论》《贵信》《上德》《长利》都是讲述君主修养问题的。"凡人主必信。信而又信，谁人不亲。"而最关键的一条是"利人之心""仁爱之心"。《悔过》《知接》《正名》《不二》《知分》《执一》等篇，分别从不同方面谈君主聪明才智不断锻炼的重要性。"夫能齐万不同，愚智工拙，皆尽力竭能，如出乎一穴者，其唯圣人矣乎！""故凡能全国完身者，其唯知长短赢绌之化邪。"总之，身为一个君主，一方面应具有爱利之心的高尚道德，另一方面又要有洞察是非的智能。《慎人》《不广》则是针对普通士人的规范。士人要注重修身问题。"古之得道者，穷亦乐，达亦乐。""智者举事必因时。时不可必成，其人事则不广。"

从而可知，《八览》的内容中心是围绕"人"这个主题而展开讲解的。当然，人和事是不可分割的，但一定不能搞混了主题是人而不是事。

《六论》共 36 篇，仅仅看一眼篇题，是看不出各篇之间有什么逻辑联系，但如果仔细推敲，却也可以找出各篇之间的许多关键。这个关键点就是"事"。换句话说，《六论》主要是谈"事"的。"事"与"人"相对而言，"事理"与"人际"相对讲述，含义更深，与"地"义接近。"地者，底也"，"地者，理也。"这从部分题目上也能够知道：《八览》中的"览"有"视""观"等义，通常是讲观察事务的表面现象。《六论》中的"论"有"谋虑""理""纶"等义，一般指深层内涵。因此，《六论》除《上农》等 4 篇显然与"地"相应外，其余各篇由于讲述事理，与"地"意思接近，故亦归纳于"地"。

例如：

《开春》表示春天又到，开始农作。"开春始雷则蛰虫动矣，时雨降则草木育矣。……王者厚其德，积众善，而凤凰、圣人皆来至矣，……以此言物之相应也，……言尽量而得失利害定矣。"这是《六论》的主题。

《有度》《壹行》《分职》《贵当》《无义》《处方》等篇是论述君主办事的总指导思想，主张静静呆着，无所作为，要有坚定不移的信念。"正则静，静则清明，清明则虚，虚则无为而不无为也。""先王所恶，无恶于不可知，不可知则君臣、父子、兄弟、朋友、夫妻之际败矣。十际皆败，乱莫大焉。""故贤主察之，以为不可，弗为；以为可，故为之。""谋出乎不可用，事出乎不可同，以此先王之所舍也。""故义者，百事之始也，万利之本也。……以义动，则无旷事矣。"

《期贤》《求人》《察贤》《赞能》《壅塞》《贵直》《直谏》《自知》等篇讲的是君主怎么样去挑选贤才能人并加以任命，还有一些关于任用贤才能人的重要性。"立功名亦然，要在得贤。""贤主之所贵莫如士。所以贵士，为其直言也。""功无大乎进贤"。"非直士其孰能不阿主?""人主欲自知，则必直士。"

《审为》《不苟》《慎行》《当赏》《爱类》《博志》等篇，讨论的是行为标准和原则。例如"身者所为也，天下者所以为也，审所以为而轻重得矣。……知轻重，故论不过。""君子计行虑义，小人计行其利，乃不利。有知不利之利者，则可与言理矣。""贤者之事也，虽贵不苟为，虽听不自阿，必中理然后动，必当义然后举。""仁也者，仁乎其类者也。故仁人之于民也，可以便之，无不行也。"

《贵卒》《慎小》《知化》《原乱》《过理》等文章主要分析办事的敏捷性、谨慎性、预见性。如果行为超出常理，则必造成大乱。"力贵突，智贵卒（猝），得之同则速（迅急）为上，胜之同则湿（迟缓）为下。""凡智之贵也，贵知化也。……危困之道，身死国亡，在于不先知化也。""故贤主谨小物以论好恶。""亡国之主一贯，天时虽异，其事虽殊，所以亡同者，乐不适也。""自上世以来，乱未尝一。而乱人之患也，皆曰一而已，此事虑不同情也。"

《别类》《察传》《似顺》《疑似》是说事象变幻莫测，不可捉摸。所以，听人讲话观察事情，一定要从事理角度考虑才不会被假象蒙住了眼睛。"相似之物，此愚者之所大惑，而圣人之所加虑也。""凡闻言必熟论，其于人必验之以理。"

《士容》是论述士人的风度和操守。"执固横敢而不可辱害，临患涉难而处义不越，……淳淳乎慎谨畏化而不肯自足。"这样，才能恰当对待和处理一切问题。

《务大》向我们讲解一个"细大贵贱，交相为赞"的道理，也能当作是

《六论》的概括。

一言以蔽之，《六论》36 篇，除上农等 4 篇外，其余各篇主要是以"事理"或"事"为中心展开阐述的。当然，"事"与"人"是相互关联的，可是本书的重点仍然还在于论述"事"。

《吕氏春秋》的成书，不是毫无章法、任意随人凑合成的，而是有十分严密的体系，有计划、有目的的编写法。

近代有个叫徐复观的人说：

在十二纪纪首中，把许多事物都组入进去，而成为阴阳与五行所显露之一体，以构成包罗广大的构造。于是使人们感到，我们所生存的世界，都是阴阳五行所支配的世界，由此而成为尔后中国的宇宙观，世界观。……这确要算是吕氏门客的一大杰作，而为以前所没有的具体、完整而统一的宇宙观，世界观。这段话有点夸张的成分，但这种世界观的确是《吕氏春秋》所开创。这是《吕氏春秋》的总体结构。

要是从内容方面讲，也具备相当全面而统一的布局。在《吕氏春秋》中，除政治理论这个中心外，还有围绕这个中心、为这个中心服务的各个分支。社会生产、各项制度、经济构成、礼乐法令、文化教育、科学技术、思想理论等等，在书中都占有一定的比例，根据他们各自与政治关系的大小轻重，恰当分配，从而形成了一个严谨的体系。这个体系当然不能称其为"备天地万物古今之事"。但在当时的封建社会，作为一个国家或社会，已经是一个相当完美的形态了。相关内容散见于本书相应章节，读者看后自能明了，这里就不再多说了。

《吕氏春秋》是吕不韦倡导和负责召集人来编写的，在动手之前他向参加者说明了指导方针。最后又经他集中、修订、简选、编次成书。就这些而论，主编之名，非他莫属了。

《吕氏春秋》采用了前人和时人的许多材料，但这本书却不是单纯的资料汇编，也不是折中调和，更不是思想杂烩，而是遵照自己的准则，经过筛选、熔合、提炼、消化而成的一部完整著作。这部著作至少在三个方面有自己的特色，即系统性、一贯性和全面性。

《吕氏春秋》以阴阳五行学说为指导，把整个宇宙组成一个整体，然后又分了三部分，即天、地、人。这本书可以分成三部分——《十二纪》《六论》《八览》。《十二纪》每纪又有 5 篇，共 60 篇，主要是讲述天时的。《六论》每论分别有 6 篇，共 36 篇，主要是阐明地利的。《八览》每览 8 篇，共 64 篇，主要是分析人事的。通过"人法天地"又把三者又统一成整体。从各个部分看，讲求天时离不开人事和地利，谈地利离不开人事与天时，同样谈人事离不开天时和地利。

这一整套思想的产生和形成，自然是春秋战国以来，生产力的不断发达，社会斗争的实践，科学技术发明的涌现，诸子百家又分门别类进行钻研的结果。但是，把这些成果总结起来，抽象化，从而提升到另一种崭新的思想，则是《吕氏春秋》开创先例的。

如果用今天的眼光看这种思想，当然存在最致命的缺点。那就是没有把自然和社会的不同性质区别开来，从而把自然规律当作社会规律，把自然秩序当作是社会秩序，把自然法则视为社会法则。这样，就为封建统治制造了一个亘古不变的理论基础。然而我们应该知道，这种思想在古代社会却是难能可贵的。因为一则揭示了整个宇宙间互相制约、互相联系的普遍规律，这就为进一步深入研究"天人之际"和"古今之变"提供了一种理论和方法。二则当时封建制度刚刚诞生，它是代表新兴生产力的生产方式，需要这种理论来支持和巩固。所以，如果按照当时的标准来衡量，还是应该认可《吕氏春秋》的功绩。

《吕氏春秋》的全面性体现在两方面：一方面，在资料收集方面，它突破了当时各种流派间的门户之见；另一方面模糊了地区文化的界限，以高屋建瓴的姿态，全面而且广泛地用批判的眼光吸取了各家各派的思想精华。用文章中的话说：

物固莫不有长，莫不有短。人亦然。故善学者，假人之长以补其短。

无丑（耻也）不能，无恶（惧也）不知。丑不能，恶不知，病（困也）

吕氏春秋

吕不韦其人

矣；不丑不能，不恶不知，尚矣。虽桀、纣犹有可畏可取者，而况于贤者乎？

天下无粹白之狐，而有粹白之裘，取之众白也。

这本书正是以这样的态度兼收并容百家的。总体看来，《慎人》《当务》《壹行》《贵信》等编，多采纳孔子思想；《孝行》多吸取曾子思想主张；《忠廉》《观表》《介立》多体现孟子观点；《音初》《用民》《劝学》多取荀子学术精华；《具备》《精通》多取《中庸》思想；《应同》《召类》多吸收《易传》与阴阳家主张；《精喻》《执一》《博志》多汲取老子思想；《重己》《贵生》等篇，多运用杨朱思想；《任数》《知度》多取老庄思想；《察今》多取商鞅思想；《序意》《圆道》多取黄、老思想；《慎势》多取慎到思想；《权勋》多取韩非思想；《节丧》《安死》多取墨子思想；《上农》《任地》等篇多取农家思想；《振乱》《荡兵》多取兵家思想；《察微》《正名》多实施名家思想；诸如此类。这些例子说明《吕氏春秋》对于各门各派的思想、学术都采纳了，并不是说某篇就只限于某家或某人的学说，即使在同一篇中各家思想是难以分离的。此外，《吕氏春秋》吸收各家思想并不是把它们胡乱拼凑，而是有批判、有取舍、有加工、有发展的。其实，这些思想学说被纳入到了一个新的结构框架中，置于一个新的体系中，所发挥的意义和作用都大相径庭了。

（三）传世奇书

1. 扬弃诸说

《吕氏春秋》包括了差不多先秦时代各个流派的学说思想和观点，而在讲述这些主张时，书中各篇遵循"百花齐放"。名言、警句、思想和哲理的火花，异彩纷呈，争奇斗艳。特别值得一说的是，在许多篇中穿插了一些小故事或历史典故，使各种生硬理论都显得十分浅显、生动。这是本书一大独特之处。下面先分别进行讲解：

在《吕氏春秋》的《恃君》篇中论述君权的重要性。在这一篇中，作者开始从人的生理特点阐明"君"的产生是人类生存的选择的产物：

> 凡人之性，爪牙不足以自守卫，肌肤不足以扞寒暑，筋骨不足以从利辟害，勇敢不足以却猛禁悍，然且犹裁万物，制禽兽，服狡虫，寒暑燥湿弗能害，不唯先有其备，而以群聚邪。群之可聚也，相与利之也。利之出于群也，君道立也。故君道立则利出于群。而人备可完矣。

这里指出，人群只有"群聚"才能对抗大自然的灾害和禽兽的袭击，而"群聚"又必须有一个领导人物来统率，这就是"君"。然后，作者又举出"太古"时期不存在"君"，后来社会进步才形成了"君"。这种分析应当说是合乎事理的。最后，落到文章的重点上表明"君臣之义"，但论述这一理论时，却采用两个小故事加以说明：

春秋时代晋国有一个贵族叫智伯遭到赵襄子伤害，晋国一些土地也被赵占领。智伯这支贵族灭亡之后，其臣豫让决定为智伯报仇，他先是剃完了自己的胡子眉毛，又用漆涂黑全身，还把自己搞得断肢残手，换上破烂衣服，打扮成乞丐模样，回到家中向妻子行乞：

"好心的太太，请赐我一口剩饭吧！"

豫让夫人仔细看着门口这个要饭的，心里一直犯嘀咕。

"看你这副可怜的模样，本来想送给你一点吃的东西。可是，听声音我好像觉得你有点像我相公？"

听到妻子的话，装成乞丐的豫让明白还没有把自己的声音改变掉，又硬吞木炭，弄坏了嗓子，声音嘶哑得像个破锣，这次连他妻子也听不出来了。于是，他明白自己伪装成功，准备去行刺赵襄子。

此时，豫让的一个亲密朋友看到他这样摧残自己，就前来询问他：

"老兄为何作这么个打算？"

"我要为智伯复仇。"豫让坚决地回答。

"但是，"这位朋友说："你这样办只不过是活受罪，而且没有成效。要是说你精神可贵倒可以，若说这样做是聪明的，那就另当别论了。"

吕不韦其人

豫让不说话，听他继续说下去：

"以你的本事去投靠赵襄子，赵襄子肯定会委托给你重任。等到取得他的信任时，你再采取策划好的办法杀他，不知要有用多少呢！"

"这话说得不对啦！"豫让笑着反对说，"按照你说的这个做法，简直是出卖新朋友回报旧朋友。为了过去的君主而背叛新的主人。背叛君臣之义，还有比这种事更危险的吗？这和我报仇的初衷是不能统一的。我之所以要为智伯报仇，目的就是要维护和发扬君臣之义，而不是靠些便当的路走捷径！"

又有一个故事：

春秋时，莒国的柱厉叔是莒敖公的大臣。柱厉叔发觉莒敖公并不怎么相信自己，于是便自觉地辞去官职，隐居在海边。他夏天拾菱芡充饥，冬天拣橡实等东西吃，过着艰难的生活。突然有一天，他听说莒敖公已经被敌军包围住了，处于危险之中不久就将死了。柱厉叔马上向友人辞别，去莒敖公那儿去与他共死。柱厉叔的知心朋友劝他说："当初，由于莒敖公不信任你，你才离他而去，你如今去与他共死，这难道不是对你信任和不信任都没分别了嘛！"

"不对！"柱厉叔坚决地反驳："以前，因为他不信赖我，我才离开他。如今，他有危险。若我不去，这正好说明他当初不信任我是正确的。我就是在这个时候去与他共患难，用这种行为做给后世不能辨别忠臣的君主看，让他们感到内疚，自责。这样，以后的忠臣就不会像我一样再被误会，忠臣不被君所误会，则君王的地位就可以永远稳定了！"

这两个小故事充分体现儒家讲的"义"，在君臣关系上具有什么内容。《慎大》篇中宣扬君主不可骄傲自大，《贵信》篇中则主张君主不可失信于民，《达郁》篇中论述君主纳谏的重要性，《权勋》《举难》篇中强调君主用人要注意适当原则等等。

《吕氏春秋》中有许多篇都和教育有关系。《劝学》篇说明学习重要性，在《吕氏春秋》之前，《荀子》书中也有《劝学篇》，这两篇文章都是告诉人们学习的用处是很大的。《吕氏春秋》中的《劝学》特别强调"尊师"的重要意义。

这里说明："圣人"是由于学习的结果。不学习而能出现有名的人物，那是根本不存在的，而学习的前提在于尊敬师长，凡不尊重老师而想学习，就好比是抱着臭狗屎却想闻到香味，明知道自己不会游泳却一心往深水里跳一样，不会收到好结果的。儒家倡导教育、尊重师长，在这篇文章中论述得透彻极了。《尊师》列举了许多老师与学生之间的关系，表明尊师之重要；《诬徒》反映不学习的害处；《用众》说明勤奋好学的人可以扬长避短等等。

"乐"是"六艺"之一，也是治国之要。《吕氏春秋》中有《大乐》《适音》《侈乐》《音律》《古乐》《音初》《制乐》《明理》等篇专门研究音乐问题，说明音乐产生的原因、作用以及帝王如何采用音乐进行教化等问题。

《吕氏春秋》中《孝行》摘抄了一些儒家经典，如《小戴记》中曾子讨论孝道的观点。《务本》《观世》《论人》《知分》《观表》等篇讲述自我修养及处世待人、品评、观察别人的准则和方法。在这些文章中都不乏一些生动、感人的故事。如《观世》中说：列子在极其贫穷时，连饭都没得吃，由于饥饿变得面黄肌瘦、只剩下一口气。此时，有人向郑国的相子阳报告说：

"报告相爷，你可知道列子是个有学问的人，如今居住在咱们郑国，大人不是一向注意礼贤下士的官吗？"话中的意思是鼓动郑子阳沽名钓誉，去列子那里做点善事。当然，郑子阳明白事理，马上派人给列子送去几大包粮食。当送粮的人到达列子家门口的时候，列子感恩戴德地对派来送粮的一再敬礼，感谢的话说了一大堆。但是，坚决不收下那些粮食。看列子立场坚定，来人也没有办法，不得不把粮食原封运回。

列子送走送粮人之后，刚进家门，就听到妻子无比生气地大声骂道：

"人家有身份的人，都把妻子养得悠闲自在，起码是不愁吃穿，可是，你的老婆，连饭都没有吃。现在，人家相爷白送你粮食，您可又硬着脸面不要，我这个命为什么这样苦啊！"说着还一边抚摸着胸口，看来气得心脏病也复发了。

"哈哈哈"，见到妻子气得如此，列子反而笑起来。"你不了解我为什么不接受他的粮食吧？这位郑相爷他自己并不清楚我列子是个贤才，而是经过别人鼓吹才给我送粮食的。既然他那么听信别人，将来如果有人说我坏，怂恿他把我定罪，那我岂不很容易获罪了吗？这种方式得来的东西还是不要算了！"

这一席话把列子太太说得如梦初醒，即使仍然饥肠辘辘，但也不再吱声了。

果然，不久郑国暴发民众叛乱，因子阳做下坏事太多，民愤极大，愤怒的民众将子阳杀死了。得知这个消息后，列子十分高兴地对妻子和朋友说：

"现在你们应当明白我为什么不接受子阳的施舍了吧！如果当初我要了他的粮食，接受了他的恩惠，子阳有难时我不闻不问那是不义。如果我和他一道去死，却又死的不值，没有意义的死是和我一贯主张相悖的。"

说完列子摇摇头，一副得意十足的模样，虽然下午饭还不知道有没有着落。在《吕氏春秋》中《君守》《重言》《贵公》《首时》《先己》《别类》各篇从几个角度论述"君""圣人"治世贵"无知""无为"。在《贵公》中，有以下两个小故事：

楚国有个人的一把弓弄丢了，他心里清楚丢在哪里，却不去寻找。朋友问他：

"你既然知道弓掉在哪里了，为什么还不去找回来呢！"

"嘻！楚国人丢的弓，被楚国人拾到了，何苦去找它！"丢弓的人不动声色地回答。

孔子听说这件事后，对丢弓人的做法非常欣赏，不过他认为这个人淡泊得还达不到程度：

"何必申明楚国？"

也就是说，只要是"人"捡到了也就跟弓在自己手中没区别了。

孔子的老师，道家祖师爷老聃听说这个故事后，又补充说：

"人也没有必要说明了！"

意思是说：是不是被人拾去也都无所谓。天地万物都不属任何个人私人，让其随大自然发展，没有必要去刻意追求。

以这种思想治国的，齐国的管仲就是有名的代表。管仲在齐国做丞相，几十年来把齐治理得井然有序，百姓安居乐业。终于有一天，管仲年纪大了，卧躺在床上，人们都猜测他将不久要去世。齐桓公见贤相生命垂危，赶忙前去探望，并准备安排后事："仲父病得太严重了。"和秦始皇对吕不韦一样，齐桓公也称管仲为"仲父"。"万一您有什么不测，我以后要把这个国家托付给谁呐？"齐桓公的想法是请管仲帮他选定一个顶替自己当相的人选。

"臣以前身体好的时候，绞尽脑汁也没给大王选出一个适当的人选，如今我病得不省人事，哪里还能有正确的思考呢？"

管仲此时说的都是谦虚的话，但是他说的也有合乎情理。可惜的是古今中外政治上当政的，常常是在年老病重，神智比不上青年的时候做出决策。这种决策的可靠性，就只能凭许多偶然条件来判定了。

"这是件极重要的事情，希望仲父教导我，一定不能推辞。"齐桓公坚持要管仲发表看法，纠缠不休。

"那么依您看让谁当相恰当呢？"管仲被问得无法躲避，仍不正面作答，反问齐桓公。

"鲍叔牙可以吗？"齐桓公小心翼翼地说。

"不可以！"管仲的态度非常肯定。"我是鲍叔牙的知己，鲍叔牙这个人我太清楚了。此人刚正不阿，绝对是个好人。但是，这位老兄对比自己差的人，不想靠近，一了解到别人有缺点和过错，就会记住一辈子！"

管仲的想法是，鲍叔牙为人太正直，不能容纳那些能力、水平低的，有错误和缺点的人在手下服务。没有肚量宽容别人的相国是不行的。桓公明白管仲的意图，继续问：

"那么，隰朋这个人合适吧？"

"隰朋这个人，对自己的要求很苛刻，而对国家，却是许多事不闻不问，对外界的许多事都漠不关心，对于别人却不苛求，不是任何事情都要自己动手。隰朋是适合当相国的。"

《吕氏春秋·贵公》引了管仲这段话以后，展开论述道：相是国家的大官，而当大官的不必要去管那些小事，不要玩弄些什么都知道的小聪明。因此一个好的工匠不需要锯、斧之类的工具，技艺精湛的厨师不轻易动锅、盘，最勇敢的人不去和人打斗，大军事家不一定要率兵作战。这种观点正是西汉初期实行的"无为而治"的理论基石。

《吕氏春秋》中《重己》《本生》《贵生》《尽数》《情欲》《瘆人》《必己》《诚廉》都反复强调人。一个人应当按照人的本性，不沉迷于声色，而应该以生命为贵为中心。功名、富贵不可强求，由于追求富贵而失去现有的幸福快乐，在有道者看来是最不值得的。在《必己》中有庄子的一个例子：

有一次庄子来到山中，见到山上的树木长得很茂盛，浓荫遮地。但是有个砍树的人只在树下休憩而没有砍伐它。

庄子问道："这棵树你为什么不砍呢？"

"这棵树不是好木材，所以我不砍它。"

"正是因为不成材，才辜负于被砍。"庄子若有所思地总结道。他又继续向前行，出了山，来到一个小村庄，来到一个熟悉的朋友家。朋友见庄子这个哲学家老朋友上门了，喜出望外，赶快叫仆人杀雁招待。仆人问主人：

"咱们家有两只雁，一只能鸣，一只不能鸣，哪个该杀呢？"

"杀那只不能叫的！"主人答应说。

吃完了美味的晚宴，住了一晚。第二天，庄子辞别朋友，回到家中。

回到家中，庄子的学生们听说老师出行后的言论，不免产生疑问，就前来发问：

"老师，听说您到山中遇见伐木的，不砍不成材的树，您说：这棵树是由于不成材，才活了下来。但是，你在朋友家那只被吃了的雁，也是个不成才的家伙，都不会叫。您说是成才好还是不成才好呢？"言下之意是：你说不成才的可以幸免于难，可是不成才的也有活不下去的，看你怎么解释这个问题。

"要是问我究竟应当成才还是不应成才，我选择成才和不成才之间。"庄子不紧不慢地回答，这正是他宣扬哲学主张的机会。"这样，我处于似是而非之间，可以说成材也可以说不成材，比成材的树木和不成才的雁可以少掉许多麻烦。"说到这里庄子停了一停，他在发表哲学见解的时候往往由浅入深，一层一层向深奥的理论发展。接下来的话就使得一般人不可捉摸了。"处于似是而非、材与不材之间的状态，还可能会受累。而如果是道德则完全不存在累不累的问题。道德这个东西，无誉无毁，随时代而变迁，没有踪影，是万物的祖先，体现在万物当中；却又不能看作是万物本身，它是无所谓累的。"这里，庄子指示的"累"并非"劳累"的"累"，是他哲学概念的专有术语，有"拖累"的意思，与它相对的就是"清静无为"，下面的话就更明白了："这种没有声誉也没有毁灭，没有形影也无所谓累的道德就是神农、黄帝之术。"

在《吕氏春秋》中体现的道家对精神生活的研究更为明显。《精谕》《去尤》《精通》等篇中多处抄《庄子》《老子》原话，如"至言无言，至为无为"等。

《吕氏春秋》中《当染》篇即主张接近贤人，远离坏人。而《爱类》篇中，除讲述贤臣之益外，又讨论非攻、节俭之事。在《安死》《节丧》篇中，专门强调丧礼要节俭，在《爱类》《听言》篇中倡导"非攻"之义，反对战争。后世普遍流传的墨子止楚攻宋的典故就是在这里记载的：

楚国的君主请来了公输班——即著名的工匠祖师爷鲁班——设计攻城的云梯，准备去进攻宋国。墨子得知秘密后，立即从鲁国赶到楚国，去阻止这场不义之战。他一路奔走，马不停蹄，衣服和鞋子都被走坏了，脚上包着破布，走了十天十夜，满面倦容地到达了楚国的国都郢。想尽办法见到楚王。

"在下是北方的一介布衣。"墨子在楚国王宫内拜见楚王时卑微地说。实际此时，墨子已是世人皆知的学者，要不然怎能轻而易举地见到楚王。

"据说大王要向宋进军了，真的有此事吗？"

不绕弯子，墨子不留情面地提出问题。

"是的！有这件事。"楚王明确地回话。

"是预计一定能打败宋，您才决定进行这次战争，还是即使打不败宋，而且出师无名，也要进行这场战争呢?”墨子问。

“明明知道打不败宋，又出师无名，我打这一仗有什么用!”楚王明显不太高兴。

“说得妙!”墨子想听就是楚王这句话。“在下以为，大王肯定打不败宋国。”“胡说!”楚王当然不会就此认输。“公输班是天下唯一的能工巧匠。如今，他已经为我做好了攻城的器械。一个小小的宋国怎能打不败?”

“有攻城的武器，就会有守城的对策。大王如果不相信，可以让公输班表演一番，他攻，我守，看谁胜谁负?”

“就试一下吧!”楚王要看看墨子到底有何对策，同时也想试试公输班的攻城云梯是否战无不胜。于是下令：把公输班叫来与墨子捉对厮杀。

公输班接到王命，将已经做好的攻城武器随身带来，墨子也准备好守城的工具和武器。于是，两人便在楚王面前一枪一刀的表演起来。公输班总共用了九种攻城方法，而墨子也使用了九种对策防御，最后还是不能攻破，公输班也不得不认为，这个攻城的器械不能保证攻无不克、战无不胜。楚王在事实面前也只有信服墨子的话是对的，取消了攻宋的计划。

《吕氏春秋·爱类》叙述的这个故事，在《墨子》和后来的《淮南子》中也有体现。但是，在这里引用此事，在于论证“人主”要以“利民”为主要任务，“能以民为务者，则天下归之矣。王也者，非必坚甲利兵选卒练士也，非必堕人之成郭，杀人之士民也。上世之王者众矣，而得皆不同。其当世之急、忧民之利、除民之害同。”很明显，墨家的非攻反战观念已经和儒家的“仁者爱人”主张统一了起来。这都是墨家别具一格的见解。在《长利》《离俗》《上德》《高义》等篇中都倡导“兼爱”的思想，并选择墨子及其弟子（钜子）自我牺牲的故事及精神的内容。这说明《吕氏春秋》中有非常大篇幅由墨家学者完成。

《吕氏春秋》中的《长见》《乐成》各篇都主张：建立非凡的功绩，一定要君主有决心，贤臣有计划，而不必考虑众人是否能够理解。这里记载一个魏襄王与史起的故事：

有一次魏襄王和群臣一起饮酒吃饭。大家都喝得兴起之时，襄王开心地说：

"祝愿大家万事如意。"

这无非是一句吉祥语，想不到遇到一个较真的大臣史起，听到这句贺词后有点想法，马上站出来反对道：

"大王说群臣都万事如意，我觉得您说得不恰当。群臣中有贤的，有不贤的，贤臣万事如意应该没错，如果奸臣也如意了，朝廷不就要有难了？"

这么一说，一下子把襄王搞得哑口无言了，只好自找台阶下：

"那么大家就都和西门豹一样做个好官吧！"

西门豹就是那个曾经在邺治过巫师的不相信"河伯娶妇"的县令，也算是个好官。然而，魏襄王的这句话也受到史起的驳斥：

"西门豹治理邺城时，漳水流过境内，他还不加以利用，这算什么好官？"

魏襄王被逼得无话可说。宴会搞得大家都很扫兴。

第二天，襄王召来史起问道：

"你昨天说可以利用漳水灌邺田，现在能利用它灌溉吗？"

"当然能！"

"那你能代替我主持这件事吗？"

"我害怕大王不支持我干！"

"我让你干！"

史起取得襄王支持，准备赴任去邺。临行前向襄王告别说：

"我去邺治漳水，当地百姓一定会起来反对，有可能他们会杀害我。如果我被人加害，希望大王不要考虑众人反对，继续派人坚持治漳。"

"好，你尽管放心去吧！"

史起辞别襄王，去邺当了县令。因为治理漳水要动用大量劳力去干活，引起百姓反对史起，许多人巴不得杀死他。吓得他不敢出门。襄王听说风声，按照史起的嘱咐，不顾民众反对，派人坚持治河。不久，漳水治理完成，使邺的

土地得到灌溉，百姓得到许多好处。这时，只有这时，百姓才认为还是史起好。他们用歌声来赞颂史起说：

邺有一个多好的令！

他的名字叫史公，

率领百姓治漳水。

水渠布满邺，

稻粱遍地生。

咸卤不再长，

笙歌庆太平。

《吕氏春秋·乐成》引这个例子，主要目的是要阐明："民不可与虑化肇始，而可以乐成功。"也就是说君主不必和老百姓讨论要做的事，百姓只能享受事情办好后的利益。所以"圣主""贤人"应当不受民众舆论所影响，该干什么就干什么。这正是法家的基本思想。

在《吕氏春秋》中《当务》《离谓》《不二》《察今》等篇都主张了注重现实的"法后王"这些思想。《吕氏春秋》中《慎势》《有度》《任数》《具备》《勿躬》《知度》等篇即专门论述以法治国及君主如何治理国家等等。

法家的主张在《吕氏春秋》中有很多体现。

除墨、道、儒、法四大家以外，在《吕氏春秋》中还能够见到其他各家和各派的主张：

《吕氏春秋》中有《审分》《正名》《不屈》《审应》《应言》等篇，内容或引证名家言论，或提倡正名、因名责实，或叙述名家各种大事。在《正名》中引用名家学者尹文进见齐宣王的事例，很能反映名家的思想。

"我觉得不是那样吧！"齐王自然是不肯承认。

"如果没有依据，我是绝不敢乱讲。"尹文愈说愈激动，"请让我说出几个例子给大王听。大王命令说：如果杀人就判死刑，伤人就受刑罚。于是百姓担心触犯这条法律就不敢打架，争斗。这正是听从大王命令的反映。可是，大王又说，受到别人羞辱不去抵抗，是个窝囊废，您却要惩罚这种窝囊废。真让人搞不明白大王说的杀人者死，伤人者刑与惩治窝囊废的话哪个对？"

尹文用齐王自己的话，自相矛盾，使齐王自己的话成了进退两难。实际上这只不过是一种形式逻辑的推理方法，真理并非都这样。但是这种方法对古代逻辑学的进步却有很大推动作用。名家的争论大多都是如此。如名家的代表人物公孙龙著名的论断是"白马非马"。说"白马"不是马，因为"白马"和"马"确实不是一个范畴。然而，在事实上，根本不存在抽象的"马"和抽象的"白"。所以，名家的这种推理，往往与事实背道而驰，乍一听好像很"玄"。这种"玄而又玄"的"侃大山"于现实生活一点用处也没有，但对推动古代逻辑思想进步，则有不小的作用。

秦国是崇尚武力的国家，吕不韦门下多数都谈论兵事，故《吕氏春秋》中兵家内容也不少。其中集中论兵的有《振动》《荡兵》《怀宠》《禁塞》《爱士》《论威》《决胜》《长攻》《顺民》《贵卒》《贵因》《》《悔过》《不广》《原乱》等篇。在《爱士》和《顺民》篇中引用了许多有趣味的例子论述战争的胜利关键在于是否顺应了民心，以及能否取得士卒的拥戴：

赵王勾践被吴王夫差打败，差一点亡国且丧命。勾践立志要报仇，回到会稽卧薪尝胆，放弃宽敞的住处，不吃好的东西，谢绝音乐。三年之内使自己经受劳累，忍受饥饿，以赢得百姓和君臣的支持、同情。在这三年之中，有好吃的食物，都分给大家的，宁可自己饿着。有酒也不自己一个人喝，全都倒入江中，让大家都能品尝一点。自己亲自耕种，妻子织麻做衣。出门时，车子后面总是装着食物，见到老弱病残或穷困之人，就把食物分给他们。不出所料，越王勾践取得了民众的拥护，大家誓同勾践一起报仇雪耻。"十年生聚，十年教训"，越国上下一心，齐心协力，终于一举打败吴国。这都是民心同国王一致的结果。

秦国在穆公时代与晋国常年战争不断。有一次，秦穆公最心爱的一匹马在国内弄丢了。不久，有消息说这匹马在岐山之下被"野人"捉住。穆公闻讯后，就急急忙忙地到岐山之下去找马，没想到在岐山之下只见到一群"野人"正在烤他的马吃。原来穆公最喜欢的马已成了这伙"野人"的美餐了！见到这种场景，穆公虽然心里很难受，可是表面上却说出一句出乎意料的话：

"吃马肉没有酒会伤身体的，快给他们送些酒来！"于是派人抬来几大桶酒给"野人"享用。

"太好了！真是个好君主。"

可以想象又吃又喝的一群"野人"一定兴致高昂，大家高兴以后就走了。

一年以后，秦穆公带领军队和晋国军队作战。晋军人数很多，一时秦穆公被围困在韩原，眼看穆公就要被活捉。正在危难之际，突然从晋军后面杀出一支猛将，一下把晋军打得落花流水，使穆公得救。等到安全后，穆公才得知，这支援军不是秦国的正规部队，原来是去年吃他马肉的歧下"野人"。这批人因受到穆公的恩赐，对他的好处一直记在心上，一听说他有困难，都跑过来帮忙。这就是"行德爱人则民亲其上，民亲其上则皆为其君死矣。"

《吕氏春秋》中有《审己》《知士》《忠廉》《至忠》《介立》《士节》《不侵》《更报》《下贤》《顺说》等篇，其内容有的与纵横家的口吻相似，有的只是讲述一些纵横家的故事。

秦国的传统是以农业为重，关中地区农业发达，所以吕不韦门下不乏一批农家。《吕氏春秋》中最后四篇《任地》《上农》《审时》《辩土》专门论述与农业生产密切相关的知识，如利用土壤、天时以及重视农耕的意义等等，是先秦农业生产的宝贵资料。

《吕氏春秋》中许多哲理或政论性的言论往往采用一些富有生活趣味、生动曲折的小故事一一讲解，既可给人以深刻的印象也可以看作是小说家起源。

如果将《吕氏春秋》通读一遍的话，就能体会这部书最大的特色在于一个字："杂"，即思想内容方面与同时代的论著《孟子》《论语》《道德经》等不同，并非只述一家之言，而是"兼儒墨、合名法"。只要是当时出现的学派：道、儒、墨、名、法、五行、阴阳等等学说、理论，没有哪个在这里找不到。

正因其"杂"，后世人就把这部书划入到"杂家"类，正是因为这个从而创立了学术史上"杂家"一派。

可是，一旦深究起来，《吕氏春秋》中杂得并非毫无重点。而是杂而有序，既全面又有中心。这部书的重点或中心不是道家，也不是儒、法、墨，而是一提便知的阴阳家的学说。《吕氏春秋》中，专门论述阴阳家学说的只有《有始》《应同》两篇。

《吕氏春秋》，其中"十二纪"的每纪开篇，"八览"的各览开篇，"六论"的各论开篇以及《精通》《明理》《长见》《至忠》《应同》《如类》《首时》等篇都应列入阴阳家的学说的范同。另外，还有许多篇文章都是谈论"春令生""夏令长""秋令杀""冬令死"的，将四时、四季与人事相结合，阐述春生、夏长、秋收、冬藏的规则，也都属于阴阳家的思想。在作为序言的《序意》中，还清楚指出本书主旨："所以纪治乱存亡也，所以知寿夭吉凶也。"也反映出本书主旨是崇尚阴阳家的思想。

以阴阳家学说为主体，《吕氏春秋》中的哲学思想十分明确。在解答使古今中外一切哲人、思想家困惑也都曾冥思苦想的"什么是世界本源"这一问题时，《吕氏春秋》提出了"道""太一"或者叫"精气"，在《仲夏纪·大乐》篇中有：

日月星辰，或疾或徐，日月不同，以尽其行。四时代兴，或暑或寒，或短或长，或柔或刚。万物所出，造于太一，化于阴阳。

这些句式整齐，读起来朗朗上口的文句在书中到处可见：

太一出两仪，两仪出阴阳，阴阳变化，一上一下，合而成章。浑浑沌沌，离则复合，合则复离，是谓天常。

这里蕴含着将宇宙本源归根为普普通通的"太一""道"等的朴素哲理。由这哲理衍生出金、水、木、土、火"五行"，并以"五行"结合春、夏、秋、冬四时的思想。

《吕氏春秋》中的阴阳五行为主导的历史观，其中有人类社会由低级阶段向高级阶段发展的观点，社会不断进步的主张。在《恃君览·恃君》中有：

> 昔太古尝无君矣，其民聚生群处，知母不知父；无亲戚、兄弟、夫妻、男女之别，无上下、长幼之道；无进退、揖让之礼；无衣服、履带、宫室、蓄积之便；无器械、舟车、城郭、险阻之备……。

这里描述了文明社会以前的景象，承认人类社会是在不断前进的。以这种观点为基调，书中指出建立中央集权制度的政治设想。在《审分览·不二》篇中记载有：

> 必同法令，所以一心也；智者不得巧，愚者不得拙，所以一众也；勇者不得先，惧者不得后，所以一力也。故一则治，异则乱，一则安，异则危。

这种倡导天下大统一的论调，与周室衰亡后平定诸侯分裂的局势，建立统一王国的历史潮流是统一的。在《有始览·谨听》中有：

> 今周室既灭，而天子已绝，乱莫大于无天子，无天子则强者胜弱，众者暴寡，以兵相残，不得休息。

组织写书的吕不韦极力主张"天子"当政，而他脑中的"天子"实际上就是自己。

依据阴阳五行的观点，《吕氏春秋》中将法家、儒家等有关学说都和谐地融为一体。如《孟子·尽心下》中说："民为贵，社稷次之，君为轻。"这是儒家的基本思想。《吕氏春秋》中也论述了这一思想。在《季秋纪·须民》中记载有："凡举事必先审民心，然后可举"。换句话说，君主办事必须顺应民心。在《有始览·务本》中也有类似的言论："宗庙之本在于民"。在《季秋纪·精通》中也有"圣人南面而立，以爱利民为心。"从这些语句中可以看到吕不韦通过《吕氏春秋》俨然以"圣人"自居，把"民"抬得高高在上。因此，《吕氏春秋》中主张"德政"与吕不韦在实际上执行"兴灭，继绝"的"德政"可以说是同出一辙了。在《离俗贤·上德》中写道：

> 为天下及国，莫如以德，莫如行义，以德以义，不赏而民劝，不罚而邪止。

提倡"德"和"义"本来就是儒家的特色。在这篇文章中，还列举事实论证用"德""义"超出法家主张的"赏""罚"。书中写道：上古时代，边远的民族"三苗"经常捣乱，禹请求去攻打。而舜则认为应用"德"政。结果，"行德"三年，三苗服顺。这是说用"德政"可使敌国归顺。书中又举"行义"的故事。晋献公时，那妖艳的丽姬谋害公子重耳，公子重耳只好逃出晋国，流亡于翟、齐、卫、宋、鲁各国。后来来到了郑国。鼠目寸光的郑文公对这位亡命的公子毫无敬意。郑国有一个大臣被瞻劝告文公说：

"我听说贤主不在人危难时加害于他，正好现在晋国公子有难，按理要帮助他一把，今后肯定会有好报。跟随公子重耳的都是一些贤人，大王如果不能恭敬的对待重耳，不如早点把他杀了。"

昏庸的郑文公并没有听从这个建议。重耳远离郑国之后，流徙周转了许多年，终于回到晋国，当上晋国国君。当了晋文公的重耳，还记得提议杀他的被瞻，马上就发兵攻郑。郑国得知晋军来攻，十分害怕。被瞻对郑君请命道："晋军攻郑全因被瞻，不如把我交给晋君，可以

郑文公书法

避免郑国遭殃"。郑君没有办法，只得照被瞻的要求将他送给晋军。被瞻被押到晋国后，晋文公重耳派人烧开大油锅，准备生烹被瞻。没想到被瞻在下油锅之前大声叫唤：

"三军之士都听清楚：我被瞻是由于忠于郑君而落得这个下场的。从今以后你们也不应该忠于君主了。忠君者最终下场是要下油锅被烹的。"

晋文公重耳听他这样一叫，似乎明白了什么，马上命令送被瞻回郑。结果郑国摆脱了晋国围攻之患，被瞻也幸免了被烹之灾。这就是"行义"的好处。《吕氏春秋》中这段记载，表明了作者对"义""忠"和"利"的立场和看法。原来"义""忠""德政"等等已不是空洞的道德标准和范围，它们也有实际的意义。在这一点上，和法家所提倡的"利"是统一的。而吕不韦所奉行的"德

政"，倡导的"行义"，恰恰是属于这个范围。

在《吕氏春秋》中提倡的道家思想，也有所指。《似顺论·分职》中说："无智、无能、无为，此君之所执也。"要君主无所作为，一般地说这确是道家的主张，但针对吕不韦当政的那个年代，他是不是刻意教导坐在国王位置上的秦王政"无智、无能、无为"呢？看来有点渊源。否则不会引起秦王政后来那么强烈的反应。

在《吕氏春秋》中，还可以了解吕不韦当权时的一些主张。例如善于用人。《审分·勿躬》中说：治国为君者不必事事都亲手去做，更不需要每件事都能做，只需选择恰当人做各种事，委派、监督他们各负其责就可以了。"圣人"治天下就是把各种有专长的人利用起来，上古时代大桡作甲子，容成作麻，黔如作虏首，羲和发明占日，尚仪作占月，后益作占岁，夷异制作弓，胡曹作衣，祝融作市，仪狄酿造酒，高元作室，虞构制作成了船只，伯益打了一口井，赤冀做好了石臼，乘雅驾马，寒哀御车，王冰作服牛，巫作巫，史皇作图。而"圣王"没有一样会做，可是"圣王"可以命令这二十个人当官，要他们各司专职，用尽他的技巧和专长，故天下得以治理。春秋时代的齐国，桓公任命管仲作相国。管仲对齐王说：

"关于农田耕作的事，臣比不上宁邀，请您命令宁邀为大田；礼仪方面的细节，我不及隰朋，请您任命隰朋作为大行；进言劝谏，我不如东郭牙，请您请来东郭牙为大谏臣；领兵打仗，我比不上王子城父，请任命王子城父当大司马；审判案情方面，我比不上弦章，请任弦章当大理。"

齐王按照管仲提示，任命上述各人分别做了官位，而授权给管仲管治。结果十年之内齐国就变成霸主，合并几个诸侯，一并天下。管仲是齐国的丞相，他并不凭一个人的才能，而充分挖掘他人的聪明才干，所以能使百官竭尽全力，而齐国能够国富民强。这正是吕不韦的作风。

世间一切活动都是由人完成的。英明君主，治国良才，善贾豪商和成功的军事家首先关注的就是选择人和应用人。在《知接》中讲述一个极动人的例子表明君主慧眼识珠的重要性。

齐国的相管仲身患重病，桓公前往探病，同时请他安排后事：

"仲父如果有个不可预测，有什么可交代的事吗？"齐王谦虚地问。

"我是个快要去世的人，不用来问我了。"

"请你不要拒绝，一定要听听你的意见不可！"

"好吧！那我就说一点。"管仲被逼无奈只好说，"我只想提醒大王对易牙、常之巫、竖刁、卫公子启方这几个人小心点！别总接近他们。"

"易牙这个人对我挺好。"齐桓公不知道管仲为什么对易牙印象如此之坏。就顺便说出自己的想法，"那一次我生了病想吃肉，易牙竟然忍心将自己的亲生儿子煮来给我吃。对这样的人还用怀疑吗？"

"我指的就是这件事！"管仲回答道："人哪有不爱惜自己的儿子的，可易牙这个人居然能忍心把自己亲生儿子煮了，对于您还有哪样不忍心残害？"

后来，果然易牙作乱，他们把宫门堵住，不让进出。借用桓公名义发号施令，一时国内不了解事实。桓公在床上当然不了解外界有什么事发生，多亏了他平时对女人还好，有一多情女子冒险跳墙进入桓公住的寿宫，看见这位躺在病床没人照看的老头。

"我要吃东西。"听到有人进来，桓公奄奄一息地请求，也许多日来他都没有吃东西了。

"我没有什么给您吃。"妇人实话实说也没有办法。

"我要喝水！"有气无力的桓公有气无力地说。

"水也没有。"妇人没有办法地说。

"到底怎么了？"桓公吃力地问道。

这个女子详细地将易牙等四人干的事述说了一遍。这时，桓公才省悟过来，老泪纵横后悔不已地叹道：

"咳！还是圣人先知先觉，如果死人有知道的话，我怎能有脸在地下见仲父管仲呢？"话说之后，蒙住脸气绝而死。

桓公死后三个月也无人来搭理，尸体都腐烂了。

《吕氏春秋·知接》中记载了这段故事后，发表感慨说：

桓公非轻难而恶管子也，无由接见也，无由接，固却其忠言，而爱其所尊贵也。

这里所说的"接"就是采纳贤臣的劝告。桓公不能采纳管仲的劝告，结果落得那么悲惨的下场。在《离俗览·难举》中说："善于使用人才的人，用其所长，不一定要责备求全。如果求全责备，那么天下就没有可以用的人了。"古代的尧、舜、武、汤、禹这些大"贤人"尚有"卑父""不慈""放弑""贪位"之类的恶名，更不用说其他人？对别人提要求的时候应该考虑到他也是个人，人是没有十全十美的，而对自己提要求的时候，不妨用"义"的标准来衡量，就会发现自己有许多缺陷。这样，就会有许多人可以任用。昔卫国的宁戚投奔齐桓公时，由于没有人引荐在路旁等待。齐桓公出来时，宁戚击牛角并且放声歌唱，被桓公发现。经过询问，桓公听说他是个治国安邦的能人，第二天想委托给他重任。但齐国旧臣闻讯反对，对齐桓公说："宁戚是卫国人，齐离卫不远，不妨派人去卫打听一下，如果真是贤才，用之还来得及。"但齐桓公却说："没有必要去问。一旦追究起来很可能会发现他存在小毛病——'小恶'。由于他有小恶而不运用他治国安邦之能'大美'。'以人之小恶，亡人之大美。这些正是一些君主永远找不到人才的关键之处啊。"齐桓公的这段事例和他的这句名言，正好说明了吕不韦用人标准的解释。用人就不要怀疑，若是怀疑就不要用。这是君主任人主要准则。

《吕氏春秋》中还提倡：君臣之间相互信任不猜忌，是成就功业的第一条件。对臣下的任命，一定不能听信那些无端的诬告和谣言而被迷惑，而君主应该具备判断是非的头脑，这就是"决善"。魏文侯派乐羊领军队去攻打中山。胜利之后乐羊回朝报功，十分得意。魏文侯知道后，命令负责文书的官吏将乐羊出征时群臣、宾客的奏书搬来让乐羊看。这些奏书当中竟有两大箱奏告自己和中山必会失败的文书，乐羊立刻明白："中山之举，并不是我乐羊的功劳，全是国王的功劳啊。"乐羊的话一下点到了问题的关键，如魏文侯不是坚持相信乐羊而听信谗言，怎么用得着两箱告密信，就是有一两件也足以使乐羊名誉丧尽了，哪还有攻中山的胜利。魏文侯坚持立场，不为流言蜚语所左右，一心相信乐羊，结果打了胜仗。这些记载，明显的是为吕不韦"决善"作注释。

上述这些内容都兼收并容到阴阳五行的大系统中，从而形成了以阴阳五行为中心的杂家学说系统。参照吕不韦为政的表现，也正好和这些相吻合。所以《吕氏春秋》即使不是吕不韦亲笔著作，却可体现吕不韦的许多思想。

同先秦时代的许多著作一样，《吕氏春秋》在鼓吹这些观点的时候，不单是单调的说教，常常引用一些历史故事来加以说明。这就增加了全书内容丰富、生动，容易被读者接受。例如《季冬纪·士节》篇中，耗费大量笔墨记了这样一段故事：

齐国有个名叫北郭骚的人，以打柴、结网、织履度日，却还是没有办法使母亲过得温饱。一天，北郭骚拜见齐相晏婴。

"我劳累终日还是连老母亲都养不活，请大人给我出个主意吧。"北郭骚向晏婴请求。

晏婴与北郭骚不相识，但他的手下人却了解此人，对晏婴说：

"这个人是齐国的贤人，一贯行为光明磊落，对天子没有利益、对诸侯不友善的事，即使自己能获利也不做。如今，他能上门求相爷，是崇拜您的为人，一定得答应他的请求！"

晏婴听手下人提醒，立即派人送给北郭骚粮食和钱财。而北郭骚只收下粮食没有收下钱财，就回家赡养老母去了。

几年后，晏婴失势，被齐国国王怀疑而出逃，路过北郭骚家时入门辞行。北郭骚正在洗澡，听说晏婴来访，马上出来迎接：

"先生准备去哪里？"

"国王怀疑我，不再信任我啦！我只好逃命去了！"

"那您就自己小心吧！"

吕不韦其人

晏婴原想北郭骚会有很贴心的话安慰他，更是没料到听到的只是这么一句冷冰冰毫无人情味的话，只好闷闷不乐地走了。

"唉！我晏婴走到如今地步，活该！谁让我不会识别坏人呢！"晏婴遭到北郭骚冷遇，有点心灰意冷。

晏婴走后，北郭骚对身边的朋友说：

"我曾经由于钦佩晏子的为人，向他乞求过援助以养活老母，俗话说接受了人家的恩惠，一定要以死相报答。今天晏子被人怀疑，名声受损，受冤枉，我要用死来为他洗清罪名。"

接着，北郭骚就收拾一番，请朋友帮他背着剑和竹箱，一同前往国君门下请义。国君的大门他们如何能进入？北郭骚对门前保卫的人说："晏子是齐国的贤人，听说他被迫逃离出齐，他这一走齐国必定遭到外敌侵略。与其见到外敌侵入，受欺压，不如先死。请将我的头送给大王，以替晏子申诉冤情。"又对一起来的友人说："请将我的头用竹箱装着，送上去！"

说完，就自杀而死。

北郭骚死后，他的朋友果真遵嘱把北郭骚的头割下来交给齐王。

"北郭先生为了国家而丧命，我也要去和北郭先生陪死了！"献上北郭的头后，那位朋友也用剑刺脖自杀。

齐国国君听说那么多为了晏婴出走而自杀的悲壮行为，吓得赶紧派人去寻找晏婴。这时晏婴已走出城外，但还没有到国境，使者追赶上来了，晏婴迫不得已又回来了。

当晏婴回到城里，才得知北郭骚自杀的事情，也才明白默默无闻的北郭骚为自己献出了生命。他悔恨自己曾误解了这位大勇大智的义士，非常后悔地责怪自己：

"像我如此有眼无珠的人，家破人亡，真是罪有应得啊！"

这个生动、曲折、颇为感人肺腑的故事，究竟想向我们说明什么呢？《吕氏春秋》的作者只归纳了十一个字：

贤主劳于求人，而佚于治事。

《吕氏春秋》的这种体裁风格使书中的大部分内容读起来耐人寻味，并且觉得有趣。尤其重要的一点是因其融会贯通，思想、资料极为丰富，它不仅有政治学的、哲学的、逻辑学的、经济学的、法学的、农学的、自然科学的第一手资料，而且文学、史学的价值也相当高。这部书不仅是秦国历史上一部最有影响的著作，也是先秦诸子中独一无二的"杂家"经典著作，在中国学术史上具有很大的影响，占有极重要的地位。吕氏春秋虽集各家学说，但也突出了自身的立场观点。

在《吕氏春秋·不二》一篇中说：

听群众议以治国，国危无日矣。……夫能齐万不同，愚智工拙，皆尽力竭能，如出乎一穴者，其唯圣人矣乎！

吕不韦既然能够明白地认识治理国家不能依靠群议，那么，在他主编的书中理所当然会有一个指导全书、贯穿前后的中心了。这个中心只能够是为"治国"服务的政治学说。这一点是历来大多数学者都有统一认识的。

《汉书·艺文志》说：

杂家者流，盖出于议官。兼儒、墨，合名、法，知国体之有此，见王治之无不贯，此其所长也。

这里所讲的"国体""议官""王治"，意在表明它是一种政治理论。

高诱说：

然此书所尚，以道德为标的，以无为为纲纪，以忠义为品式，以公方为检格，与孟轲、孙卿、淮南、扬雄相表里也。

所谓""道德""公方""忠义"，实际上讲的全是政治思想。

元人陈澔说：

吕不韦相秦十余年，此时已有必得天下之势，故大集群儒，……将欲为一代兴王之典礼也，故其间亦多有未见与礼经合者。

他所说的"典礼"也就是政治，那么他所讲的"多有未见与礼经合者"，自然

吕不韦其人

是针对政治态度而言的。

章学诚也说，《吕氏春秋》目的是要做出"一代之典制"。

孙人和说：

尝谓《吕氏春秋》一书，……《十二纪》初为一部，盖以秦势强大，行将一统，故不韦延集宾客，各据所闻，撰"月令"，释《圜道》，证人事，载天地阴阳四时日月星辰五行礼义之属，名曰《春秋》，欲以定天下，施政教，故以《序意》殿其后焉。

所谓"定天下. 施政策"，自然也与政治有关。

郭沫若也曾经说"这书却含有极大的政治上的意义"，毫无疑义，他也是把这书划分到政治理论书范围中。

根据以上叙述，不管是从写书目的看，还是从内容看，都可以说，《吕氏春秋》的中心是为政治服务的。

需要另加说明的是：这个中心还有一个不明显的内核，也即是开明君主制或有限君主制。《吕氏春秋》主张君主制，却反对君主"专独"。为了这个目的，他一方面对君主进行游说和诱导，甚至是运用威胁；另一方面摆出限制君权的许多种措施；同时又尽量扩大臣权。他的目的就在于把君权局限在一定范围内和一定程度上，使君权不能无限膨胀，无法无天。这正是《吕氏春秋》为封建政治所设计的政治蓝图。

事实上，在《吕氏春秋》中拥有许多智慧的精辟见解。例如，在自然观上主张的"法天地"，"因者无敌"；在教育学上提倡的"凡学，非能益也，达天性也，""师徒同体"；在生命观上申明的"达乎死生之分"；关于养生问题上倡导的"节性"，"全天"；在情欲问题上提出的"令人得欲无穷"；在人性问题上标明的"性异非性"；还有《有始》篇开创了分野说，《本味》篇可以看作是食谱学的鼻祖等等。这些都是吕氏门客聪明才智的精华部分。这就充分表明，吕氏门客并非都是"滕文公"，《吕氏春秋》并不是一部简单的杂抄汇集。

我们可以大胆地说，《吕氏春秋》可以称得上是代表一家之言的著作，而且“大出诸子之右”，他的历史作用应给予充分肯定。

2. 后世影响

《吕氏春秋》其书与吕不韦本人相比，遭遇没有那么差。长期以来，吕不韦被赋予种种不好的名头。从“奇货可居”的奸商，到“以吕易嬴”的窃盗，不可胜举。直到现代才出现有人想为他翻案，把他改称为“在中国历史上应该是一位少有的大政治家”。近代以来，除了承认“政治家”的身份外，还给他加上了“思想家”“军事家”等等。但保持传统看法的学者仍不在少数。

《吕氏春秋》这部书本身而言，从古到今的评价褒贬不一。褒者说他“大出诸子之右”，“采精录异，成一家言。”贬者认为“只能为最古之类书，不足以成一家言。”后来，学者从这部书的内容方面开始进行研究，肯定者占大部分，但是坚持否定的意见也不少。

从西汉到现在两千年来，对《吕氏春秋》性质和作用的评价一直断断续续地见于记载，虽然文字不多，却也是不能忽视的。

桓谭就曾在《新论》中说：

秦吕不韦请迎高妙作《吕氏春秋》。书成，布之都市，悬置千金，以延示众士，而莫能有变易者，乃其事约艳，具体而言微也。

一方面说“请迎高妙”，另一方面又说“言微”“事约”，从这方面开始说明“莫能有变易者”的原因。由此可见，桓谭是很重视《吕氏春秋》的。

高诱在他的《<吕氏春秋>序》中说：

此书所尚，以道德为标的，以无为为纲纪，以忠义为品式，以公方为检格，与孟轲、孙卿、淮南、扬雄相表里，是以著在》《略》。诱正《孟子》章句，作》《孝经》解，毕讫，家有此书，录绎案省，大出诸子之右。

这可以说是第一次较为完整地评论《吕氏春秋》的文字，而且他的评价很高。高诱对《吕氏春秋》做过详细的探讨，他的观点是值得后人注意的。

黄震在他的《黄氏日抄》中引了蔡伯尹和韩彦直的观点：

淳熙五年冬，尚书韩彦直为之序，谓：“《吕氏春秋》言天地万物之故，其书最为近古，今独无传焉，岂不以吕不韦而因废其书耶？愈久无传，恐天下无有识其书者，于是序而传之。"栝苍蔡伯尹又跋其书之后曰："今其书不得与诸子争衡者，徒以不韦病也。然不知不韦固无与焉者也。"

从这里可以看出，韩、蔡二位对《吕氏春秋》这部书的评价还是不错的。在他们看来，《吕氏春秋》之所以不被世人看好，只是受吕不韦的恶名牵连，否则，一定可以"与诸子争衡"。因此蔡氏竟不惜除掉吕不韦的主编的身份，"不韦固无与焉"，以便使《吕氏春秋》摆脱厄运。这种做法当然是不恰当的。

另外《四库全书总目提要·子部·杂家类》也曾有记载：

不韦固小人，而是书较诸子之言独为醇正，大抵以儒为主，而参以道家、墨家，故多引六籍之文与孔子、曾子之言。其他如论音则引《乐记》，论铸剑则引《考工记》，虽不著篇名，而其文可按。所引》《列》之言，皆不取其放诞恣肆者；墨翟之言，不取其》《明鬼》者。而纵横之术，刑名之说，一无及焉。其持论颇为不苟。论者鄙其为人，因不甚重其书，非公论也。

这个评价可以说是相当高的了。一是说"较诸子之言独为醇正"，然后又说"其持论颇为不苟"，而且反对凭人来判断学说，学术态度也是十分公正的。在内容上即使也存在一些取舍的准则，但没有看到对诸家有所批判的一面，这自然是不全面的。至于说"纵横之术，刑名之说，一无及焉"就不全都那样。"纵横之术"确实是"一无及焉"，而"刑名之说"却是有所取舍的。《勿躬篇》的"名实相保"，《审分篇》的"按其实而审其名"，《审应篇》的"取其实以责其名"等等，都是出于名家的。而《察今篇》的"变法者因时而化"，"世易时移，变法宜矣，"都是跟法家言论完全吻合。这些言论所占比例虽不大，但也不能看成是"一无及焉"吧！

卢文弨说：

世儒以不韦故，几欲弃绝此书，然书于不韦固无与也。以秦皇之严，秦丞相之势焰，而其书时寓规讽之旨，求其一言近于揣合而无有，此则风俗人心之古，可以明示天下后世而不作者也。也儒不察"猥欲并弃之，此与耳食何异也。

这是从写作态度的严谨性方面正面评价《吕氏春秋》的。但卢文弨采用蔡伯尹的方式，把《吕氏春秋》与吕不韦划清界限，就是为了摆脱吕不韦的坏名声对《吕氏春秋》的损害。卢氏这样做的目的也是为了解决自己论证方面的矛盾的。由于他一方面肯定《吕氏春秋》的写作态度是严肃的，赞扬它"风俗人心之古"；另一方面却逃不了传统的影响，把吕不韦看作是个"小人"，"为人无足论者"。这就形成了一个不可调和的矛盾——一个卑鄙小人如何能编出一部"风俗人心之古"的严肃著作呢？因此也不得不剥夺吕不韦的主编权了。

《吕氏春秋》虽然由于吕不韦其人的连累而不被世人看重，但因为这部书有他自身价值很可贵的地方，对后世还是起了一定的作用。虽然不提书名，但影响的脉络依然一目了然。在西汉，影响尤其深远而全面。这一方面是因为政治服务的需要，另一方面也由于吕书理论上的比较严密。刘安全面仿效《吕氏春秋》而作《淮南子》。董仲舒的《春秋繁露》是《吕氏春秋》中天人感应、阴阳五行部分的延伸和发展，其他如贾谊的《新书》，陆贾的《新语》，刘向的《新序》《说苑》多多少少也受到《吕氏春秋》的影响。但是，自从《汉书·艺文志》把《吕氏春秋》降格定名"杂家"之后，其影响力明显缩小。即便是这样，如果仔细寻找，还能找出依稀的踪影，踪迹如今仍然可见到。

（四）公布朝野

1. 午门悬赏

知识把书当作载体，书成为传播知识的媒介。著书立说就要把自己的思想主张公开，让别人都能知道。《吕氏春秋》写成后在什么场合发表，选择什么方式发表，吕不韦很是用了一番心思。

公元前239年的一天清晨，秦国首都咸阳似乎明显得比往常热闹起来。很多人都来到城东的市区，既不做买卖，也不是来闲逛，而是来看稀罕。原来，在咸阳的市场的门上，展示了一部书，还有一个布告，大家你一句我一言纷纷

地议论，争先恐后地奔往市区来看的，就是这部书和这份布告。

当时的秦国首都咸阳城，是十分有条理的。一个接一个建造起来的宫殿，组成咸阳的主体。富人、贵族的房舍耸立在宫殿以外的重要大道旁。普通平民百姓只能居住在僻街、陋巷或搭间草棚，茅屋栖身。而买卖物品的商贩，则必须到规定的市区内进行交易活动。因此，"市"区内是铺面、商号和小摊聚集的地方。咸阳的市是由围墙圈起来的，出入市区必须从市门通过。这样，朝廷或地方官要贴示什么告示，就经常在市门附近张贴，这样就有更多的人都了解。当时，还没有发明纸，书写的材料只能靠木牍和竹简，有时也用帛、绢等纺织品。如果出一本书，字数很多，用绢、帛成本太高，一般都写在牍、简之上。简，是由竹子做成经过刮平，截成长二十三厘米、宽一厘米的竹片，在上面写字，每支简大约容纳书写三、四十字。有时依据实际情况，竹简可以截得长一些。那就能多书写一些字。但无论简有多长，一支竹简能写上去的字数总是不能太多，所以古代人要写一篇文章、或一部书就需要许多支简。写好后这些简被麻绳或皮条连缀起来，就形成类似现代的书，当时叫作"编"。写在木头简上的文书，应当叫木牍，作法基本和竹简一样。只有木牍可以宽一点，做成方形的。此外，简、牍还有不同的式样和不同用法。

原来那数以千计的简上所写的，就是吕不韦主持编写的《吕氏春秋》。而《吕氏春秋》旁的那个布告内容是：

现将《吕氏春秋》全文公开展示，欢迎批评，有能增、损一字者，将获得千金的赏赐。

在这个告示之上，果真有货真价实的一大堆钱摆在那里，据说这就是"千金"。谁若能修改《吕氏春秋》中一个字的，马上如告示中宣布的兑现，将"千金"拿走。

市门上的《吕氏春秋》以及其旁的告示和"千金"，变成咸阳城人人讨论的时髦话题了，成了人们关注的热点。

但是，随着时间的推移，好奇的观众越来越少，聚集在市门前阅读《吕氏春秋》的人也慢慢不见了，最终也没有一个人能改动这部书的一个字，那极具诱惑的"千金"纹丝不动地始终放在那里，没有一个人能得到它。

《吕氏春秋》并非是部十全十美的书，咸阳市门的"千金"，也并非没有一个人能拿走："咸阳市门之金，固得载而归也。"当时没有一个人对挂在市门上的《吕氏春秋》损、增一字的真实内幕，归根结底是由于害怕相国吕不韦的权势而已，"盖惮相国畏其势耳"。不过，总体评价这部大著，体例完整，内容丰富，在当时也应该算是极有价值的作品，对后世的影响更深，理应看作是我国古代优秀的文化遗产。因此，"千金悬赏"尽管有抬高自己身价的意思，但是这本书毕竟也是不一般的。这部书的问世，不管是在秦国，还是在那个时代，也称得上一件大事。

话又说回来，吕不韦在秦王政八年（公元前 239 年），将《吕氏春秋》公之于世，并千金悬赏，目的单纯是为了抬高自己吗？错了，选在这个时间公布《吕氏春秋》，是吕不韦经过仔细推敲、反复思考，有目的、有计划布置的，是有其独特用意的。

自从秦庄襄王元年（公元前 249 年）庄襄王坐上王位后，吕不韦就一直是相国，执掌秦国内政。公元前 246 年，十三岁的秦王政当上国王，吕不韦便因"仲父"的身份进一步操纵政权。此期间，秦国的朝政完全控制在吕不韦手中，还不懂事的秦王政成了一个傀儡。可是，随着时间推移，吕不韦慢慢衰老，秦王政则逐渐长大成人，到秦王政八年（公元前 239 年）嬴政变成了二十一岁的青年。按秦国的惯例，青年国君到了二十二岁时必须进行加冕礼，戴上一顶代表进入成年的帽子，从此就可以亲手掌管朝政，而"辅政"的吕不韦也不得不把政权交还秦王政了。万一马上亲政的秦王是个有魄力的君主，或不愿听人指使的国王，那么吕不韦不仅没有了以前的一切权势，而且命运不会很好。惯于独揽政权的吕不韦肯定不希望自己走到这个地步，但他大约已经意识到秦王政并不是一个昏庸无能的软弱国君，甚至将会是自己最大的政敌，而自己又不敢明目张胆地取而代之。怎么办？只有加强对秦王政的控制。《吕氏春秋》抢在秦王政二十一岁时发表，其目的之一就是威慑秦王政。他用千金悬赏的方式向秦王政提供信息，令他知道：自己身为一个相国，对秦国百姓的威慑力是多么的大。《吕氏春秋》公布后没有人能改动一字，这就表明没有人敢公然反对他。用这种方式要这位年轻的国君明白吕相同的势力，从而不敢稍有反抗。

公开《吕氏春秋》的另一目的，还在于警示秦王亲政以后，要像古代传说中的颛顼遵从黄帝那样，听从吕不韦的教导。在作为《吕氏春秋》一书的序言的《序意》中写道："良人请问十二纪，文信侯曰：尝得黄帝之所以诲颛顼矣……"表示吕不韦像黄帝教导颛顼那样，要将自己的思想意识影响到秦王政身上。

最后，也是最主要的目的乃是：《吕氏春秋》代表了吕不韦个人对人生、政治、宇宙等重大问题的基本观点；即是他本人思想的代表作，也是成为掌管秦国十余年大政的指导思想和施政纲领。在秦王政临近亲政之时公布《吕氏春秋》，实际上是将吕不韦的思想、观点和政治纲领完全向秦王政交代，希望秦王政按照他的思想和政治路线继续执行。作为一部包罗百家的"杂家"著作，几乎看不出哪些内容、观点、主张和理论是代表吕不韦个人的东西。这里说的反映吕不韦人生观和政治思想的内容，仅仅是针对这部书中某几个具体观点和主张。因为这本书包含了诸子百家，所以许多具体方法和思想主张在本书中常常有前后不通、甚至是自相矛盾的地方。有时这个文章肯定这一观点，而另外一篇则反对。所以随意抽取书中某篇或某种观点就当作是吕不韦本人的看法、主张，则是很片面的。但是，如果只看《吕氏春秋》主题思想和总的倾向及全书突出特色来谈论吕不韦的思想及政治指导方针，那么这部书还是较为接近实际的，较为科学的。

《吕氏春秋》主体中心思想是以阴阳五行为主的"合儒墨，兼名法"，包容百家。书的一大特色是"杂"。本书的这个特色也就是吕不韦本人思想和政治作用的特点。

这种"杂"的偏向，指导了吕不韦既不拒绝法家，也不排斥墨家、儒道，而是统统收入，吸取各派的理论主张和思想观点。而这一特点在天命观方面表现尤为突出。吕不韦一方面不迷信神鬼，另一方面又不能摆脱对命运的恐惧。表现在统一天下的途径上，既推崇法家主张的武力进取，又崇尚儒家的怀柔的手段诱惑敌人投降；表现在治理国家方法上，即推崇严刑峻法，又不舍弃礼义教化，同时也提倡道家的"无为而治"；表现在君主的执政风格方面，一方面提倡君主专权，另一方面又排斥君主独断，在大权独揽的前提下，讲求无所作为，袖手旁观；在物欲的追求方面，既不宣扬禁欲的苦行主义，主张"任天性"，满足人身生理需求，又反对奢侈、过度欲求。以上五个方面不仅在《吕氏春秋》中有清晰地表述，而且在吕不韦的一生活动中也在奉为宗旨，把这些看作是吕不韦的思想和政治主张的特色，应该是不会错的。吕不韦公开发行《吕氏春秋》，目的在于要秦王政采纳的，显然是这些内容。

2. 训政秦王

此时正是吕、嫪之争的时候。吕不韦的权力当然是很大的，但他主要将这权势用于政治和军事方面。或人所说的"天下必（毕）合（舍）吕氏而从嫪氏，则王之怨报矣！"魏国仍然拥有"天下"，怎么会如此害怕吕不韦呢？究竟为何要帮助嫪氏取胜呢？答案很明显，那就是：吕不韦在位一天，一定要义无反顾地把兼并战争推行下去，这会使他们时刻受到灭国的威胁；而如果是嫪毐掌有实权了，那秦国就会昏暗混乱下去，这会留给他们生存的空间。从这里，我们不难看出，如果不存在嫪氏集团的干扰，秦国统一事业完成的日程可能会更提早一些。所以我们不能笼统地把吕、嫪看作是"一丘之貉"。他们是应区别对待的！

但是，对吕不韦来说，更重要、更为紧迫的，也更危险的职责却在于对少年嬴政的教导。从道理上讲，作为"仲父"，吕不韦是够资格，也有责任来训导嬴政。但是，凭嬴政那样一副性子，吕不韦能让他听从自己的话吗？吕不韦平时用什么办法对嬴政教育，我们无法知道。但可以推测，收效不会很大。嬴政一天天成长起来，吕不韦自然心急如焚。于是，他决定组织编写一部内容丰

富而有意义的教科书。

这是吕不韦主编《吕氏春秋》一个真实意图，那就是为了教育嬴政尽最终的职责，以圆满地完成他作为"仲父"的使命。

书编成后是众人皆知了。但是，吕不韦的一生却因此江河日下。

《吕氏春秋》的公布，像一个冲击波传递入宫墙里，年少且不太懂事的嬴政，一切又都回到了从前，似乎没有什么事发生过，御沟中流动的仍是散发出带有脂粉气息的细流；穿过梧桐、垂柳的密荫传到宫外的轻歌曼舞之声，依然优雅动人；巍峨的大殿上照旧神气十足的吕不韦仍旧在发号施令；而那个一言不发的秦王嬴政还是坐在饰满珠宝的硕大御座上。

清晨，天还灰蒙蒙、东方尚未露白之前，咸阳城的章台宫前早已钟鼓齐鸣。随着威严、肃穆的钟鼓声，秦国文武大臣匆匆奔往章台前殿（在今陕西省西安市西北的低堡子附近）。这里是秦国的朝宫所在，每日的早朝，商讨军国大事和重大政治活动均在这里完成。与平常一样，相国、"仲父"吕不韦神气昂然、志得意满地坐于嬴政左侧，临听大臣禀奏，发布各种命令。他连看都不看一眼坐在大殿正中的秦王，根本不把君主放在眼里。

秦王嬴政已经二十岁，却一点也说不上是年轻、英俊。他长得其貌不扬，坐在那阔大的王位上，听着吕不韦居高临下地发号施令，显得可怜而渺小，由于小时患软骨病成了鸡胸，使得他坐着似乎顶着一口大锅，那些跪在殿下的群臣们根本不能看到年轻君王的面孔。而他的面孔确实也不怎么好看，拧干的抹布似的脸上安了一副马鞍鼻，那两只突出眼球跟马眼没什么区别，时不时地闪出一道青冷冷寒光。当然很少说话，可一旦说话，嘶哑的声音像狼嚎，令人寒而栗。秦王政的这副"尊"容，不可能让人想起亲切、和蔼之类的印象。不过在他亲政之前，臣民们被吕不韦的权势压服，不会有许多人在意那个坐在宫殿中央却一声不吭的秦王。

"请大王处决"每次吕不韦裁决政务时，都不忘加上这么一句例行公事的话。

“按丞相意思执行吧。”秦王政也只能简单机械地回应。

于是群臣大声谢恩跪拜散朝。这一幕场景从秦王政继位到第八个年头天天如此，表面上看来一成不变。

可是，秦王政毕竟成熟起来了，虽然长得不那么英武，但脑袋里的东西肯定时刻在积累。吕不韦正是觉察到这些，才迫不及待地、大肆宣扬公布《吕氏春秋》，看看这个不吭不哈的秦王有什么动向。

“请大王定夺。”《吕氏春秋》公布后，吕不韦还是这句话，同时看看坐在殿中央的秦王政。他早已让人给嬴政的案头摆上一部《吕氏春秋》，心想他肯定翻过，吕不韦想了解嬴政看过后在朝廷上有什么变化。

“按丞相说的执行。”秦王嬴政重复那句已八年的话，如同一只坏了的留声唱片，连声调都一样。

“散朝！”吕不韦深深地看了嬴政一眼，毫无办法地吐出这两个字，转身回府去了。他暗暗地纳闷，猜不出这个从小看着长大的嬴政心里装的是什么，真是个谜！

望着远去的相国，嬴政也慢慢地转身回到后宫，谁也没有留意到他眼里带有凶光。虽然表面上一切平静，但嬴政内心里正经历一场史无前例的剧烈风暴。他的理智和感情正进行一场激战。只是因一贯形成的性格和残酷的冷静，使得他能在关键的时候保持沉默。这大概与他幼年的生活影响有关。他一定不会忘记刚刚懂事的时候就被遗弃在邯郸的日子，孤儿寡母过着乞行的日子，那时虽然母子相依为命，可风流成性的母亲在落难中仍不忘寻欢作乐，情人走马灯似的更换，最后遇到强悍的嫪毐，两人终于难解难分，哪里还顾得上无人疼爱的赵政呢？好不容易熬到回咸阳的日子，随着母亲成为宫中的后妃，嬴政也变成了一名王室贵胄了。可是在多如牛毛的王子、王孙堆中，这母子俩的身份难免不常常成为宫中背后闲谈的话题。

“不过是个娼妓罢了，不是什么好货色，也来宫中当妃子！”全都是秦国贵族门第的妃子冷嘲热讽。

"瞧那个小丑八怪，也不知道是哪来的野种，也能当个王子！"众多的王子、王孙歪着眼睛指责着赵政。

热讽、冷嘲、打击、排挤，以及歧视的话语、轻蔑的目光，像一盆盆冷水从头浇来。几年来宫中的生活虽也十分安逸，但宫内的氛围像三九天的严寒围困着嬴政母子二人。做母亲的邯郸姬一点不计较，反正身边有异人保护，左右有吕不韦护驾，对后宫的嫔妃姬妾的嫉妒不以为然，仍然每天寻欢作乐，日子也过得舒心。唯有可怜的嬴政似乎没人想起，孤独地在承受着周围的压力。他被忽视、被歧视。不仅生病得不到及时的医治，以致余下了一生难以断根的残疾，而且内心也有永远不能抚平的创伤。这使得他经常喜欢独处，不喜欢热闹，渐渐形成不愿意看到别人欢乐的心理。他以仇恨的心情洞察身边的一切，报复的苗头在他心中产生。到读书识字的年龄，秦国宫内完全按照本国模式向嬴政传授文化和价值观。在秦宫内奉为经典的教材无疑是《商君书》，因为商鞅是使秦国兴盛的开山人，百余年来秦国奉行的就是商鞅的指导思路。事实证明，商鞅确实使秦国强盛起来。他留下来的思想哪能不奉为宗旨，记载商鞅思想、言论的《商君书》又如何能不被秦宫奉为圭臬？

成大功者不谋于众。

论至德者不合于俗。

这是嬴政读《商君书》一开始就接触到的两句话。这两句话对他影响非同小可，使得这个本来就性格孤僻、心理阴暗的嬴政，在感受秦国传统文化熏陶后，变得更冷漠、残酷，不相信任何人，对众人都仇视，唯一的理想就是个人的功利。为了心中的目标，他可以忍耐旁人想象不出的压力，在历经多个春秋的秦王位上，甘心被人忽视，任凭吕不韦在身边颐指气使地发号施令。他甚至假装看不见，任凭吕不韦、嫪毐之流出入自己母亲的后宫，眼睁睁地看着他们在母后的床笫间寻欢作乐，让他们鬼混。但是，这种孤僻的性格下，潜伏着让吕不韦意料不到的仇恨：一旦得志，他会像豺狼一般吞吃任何一个人的。说他"居微易出人下，得志亦轻食人"，简直恰如其分极了。

但是，在秦王政八年（公元前 239 年）之前，他不得不保持沉默，不得不一声不吭，装得世事不闻不懂，任吕不韦操纵。尤其是《吕氏春秋》公布后的一段日子里，嬴政似乎是风平浪静一样，没发表一句评论的话，甚至没有丝毫反应，令吕不韦忐忑不安。

事实上嬴政这些日子异常紧张。下朝以后他赶紧回到后宫，顾不上与宫女们嬉闹。就伏在桌前一篇篇地阅读《吕氏春秋》，他迫切地想搞清楚吕不韦这部书里写的是什么内容，他的目的何在？

"咣咣"，"咚咚"，宫中巡夜的卫士敲着警器已经响过三次了，滴漏刻度指示已是半夜时分了。那时通行的是十八个时辰的计时制：即鸡鸣、晨时、平旦、日出、下铺、日人、昏时、夜时、人定、夜少半、夜半、夜大半。时至夜大半，接着就快要天亮了。然而在宫中的秦王寝殿内灯光一直亮着，嬴政彻夜都伏在案上看《吕氏春秋》。他眼睛从简上扫过，脑海里汹涌澎湃地掀起波涛。书中所写的内容有的使他拍案赞赏，有的却让他怒发冲冠，不知不觉已到深夜。宫女、侍卫们小心翼翼地看了几次，谁也不敢请他就寝，他们都在暗自思忖，究竟是什么使得秦王如此动情。

"好！说得好！"嬴政忽然大叫，下人赶紧进来看，谁知嬴政原来是看书着迷，自言自语，兴奋得大叫。他看到的是《有始览·谨听》中的一段文字：

今周室既灭，而天子已绝，乱莫大于无天子，无天子则强者胜弱，众者暴寡，以兵相残，不得休息。

当时东、西周都被秦所踏平，挂名的"天子"的确"已绝"，年轻气盛的秦王嬴政俨然以未来的天子自居，因此自然欣赏这种重新建立以"天子"为中心的、统一的中央集权的新局面的主张和言论。因此对于武力实现统一目标的思想也从心底里表示认同。同时，他对于以战争的方式完成统一大业，也很欣赏，比如《孟秋纪·禁塞》中所写的：

故攻伐者不可非，攻伐不可取；救守不可非，救守不可取。惟义兵为可。兵苟义，攻伐亦可，救守亦可。

这里说的"义兵"就是指消除各诸侯国分裂，实现统一的秦军。《吕氏春秋》中还清楚指出：战争胜利后要建设统一的国家、统一的律令。《审分览·不二》：

必同法令，所以一心也；智者不得巧，愚者不得拙，所以一众也；勇者不得先，惧者不得后，所以一力也。故一则治，异收乱：一则安，异则危。

吕不韦掌权时期进行的兼并战争，正是《吕氏春秋》中提出的上述思想的具体实践。读到这里，秦王嬴政明白，主张用战争清理掉各诸侯国，建立中央集权的统一政权，吕不韦这方面的设想是和自己相同的。

从以后的事实可以看出，秦王嬴政对于消灭分裂、武力统一天下的思路和《吕氏春秋》的主张确是一致的。他亲政之后，首先整顿朝廷和宫中的内乱，一旦内乱被平定下来，就立即把全部心思放在进行统一战争上。结果，终于在亲政后的十七年，即位后的二十六年，即公元前 221 年，结束了数百年分裂局面，创建了统一的秦王朝，在中国境内完成了史无前例的空前统一。对于此业绩，秦王政——统一中国后称秦始皇——是洋洋自得的。当公元前 221 年秦全歼了各诸侯国之后，在庆祝天下大一统的朝会上，秦始皇历数了消灭山东六国的过程之后，对群臣说：

"寡人以眇眇之身，兴兵诛暴乱，赖宗庙之灵，六王咸伏其辜。天下大定。"

这里，他把消灭山东六国叫作"诛暴乱"。接下来，秦始皇命令臣下议"帝号"，创立统一的制度：统一法令，规范文学，统一道路，统一度量衡，统一实行郡县制，在全国建立统一的官僚体制等等。这些丰功伟业的建立，与《吕氏春秋》中阐述的吕不韦的政治规划是相符合的。消灭诸侯分裂，创建中央集权的统一国家这个目标，如果说自秦孝公在商鞅变法以后就已经开始奋斗的话，那么在吕不韦当政时代，就以《吕氏春秋》系统地见诸文字而昭示于世，在秦始皇时代则最后达到了此目标。这是一个长达一个世纪之久的历史任务，吕不韦和秦始皇只是这根长链中的两个环扣，然而两人却是两个不可或缺的环扣。吕不韦时代前后转折，特别是汲取各家学说的精华论述统一中国和消灭割据的思想及以武力完成统一的合理性，第一次为秦国统一阐述了完整的理论依据，而秦始皇则使得中国统一成为了事实。这两个环扣都是必要条件。秦始皇本人也很清楚：他所进行的统一大业乃是完成秦国的先辈、包括吕不韦在内未实现的事业。在秦王政三十七年（公元前 210 年），当秦始皇快要死之前，在收录其一生事略的会稽刻石中就明白无误地宣布其统一大业是完成前代之未实现的事情的。

由此可以看出，秦王政和吕不韦在统一中国的谋略方面十分相似。因此也难怪他看到《吕氏春秋》就难以控制地拍案叫好。

"太有道理了！"当体会出《吕氏春秋》这部杂家著作是以阴阳五行学说为中心的时候，他情不自禁地脱口而出，自言自语。这一次宫女们可不再理会他了。在《吕氏春秋》中《有始览·应同》篇在现实中具体应用了五行学说：

二曰："凡帝王之将兴也，天必先见祥乎下民。黄帝之时，天先见大螾大蝼，黄帝曰土气胜。土气胜，故其色尚黄，其事则土。及禹之时，天先见草木，秋冬不杀，禹曰木气胜。木气胜，故其色尚青，其事则木。……代火者必将水，天且先见水气胜，水气胜，故其色尚黑，其事则水。……

秦王政十分推崇阴阳五行，因此对类似言论大加赞扬。从秦一统天下后的历史看，秦始皇虽然依照法家学说来治国，但其治理国家的思想理论确实是五行学说：即依照金、水、木、土、火的相克、相生思想，水克火，周为火德，而秦是水德。这是在战国时代就已经为阴阳五行家传播的观点，又被《吕氏春秋》加以体系化的学说。秦始皇在统一中国之后，更加努力地扶持这种"五行终始说"，以说明秦王朝建立的必然性和合理性。公元前 221 年，始皇自称"皇帝"的同时就宣传：秦取代周是水德代替火德，这个历史宿命早在五百年前就被确定下来了。传说五百年前，秦文公外出打猎时得到了一条黑龙，这条黑龙就暗示着化身为水德的秦人要取得天下。于是，秦统一中国后，便一切都依照五行学说办：规定河水更名为"德水"，各种颜色中以代表水的黑色为等级高的颜色，衣服带旄，旌旗都是黑色的，连宫殿中墙壁上画的龙都被画成了黑的。除此之外，与水德有关联的声音、数目也颁布法律规定：数字以六为尊，其原因是六代表五行中的水，故而秦王时代能凑成整数的皆为六：车六尺，乘六马，六尺为步，符、法冠都是六寸，凡是与数有关者，都以六为上。这一些例子都说明：秦始皇的政权是在五行学说之下运作的。

由上可见，对于《吕氏春秋》中提出的统治理论，秦王政绝对赞成。他肯定十分认可这部书说出了自己的肺腑之言，才兴奋得连连喝彩。

可是，在殿外侍候的宫女们注意到：读简的秦王嬴政并非总处在这种兴奋的情绪中，有时见到他自言自语，似在谩骂着什么。

"哗啦"，突然听到竹简落地的声音，这声音在寂静的深夜听起来非常恐怖。正在巡逻的宫中卫士也从远处赶来。大家看到秦王嬴政把竹简全摔到地下，愤怒地来回走动，灯光照着摇摆的人影映在窗纱上，像是一头被关在笼中发怒的野兽。宫娥、侍卫都清楚，在这个时刻最好让他一个人独处。一定是书中的某些观点激起年轻君王的怒火了。

宫娥、侍卫们的想法很正确，秦王嬴政确实是因《吕氏春秋》而爆发的怒火。特别是当他看出这部书不仅提倡法家思想，而且赞同儒、道、法、墨各派兼容并包的时候。秦王嬴政还看出这本书在治理国家方面除主张严刑酷法的法治以外，还鼓吹儒家的"仁义"、实行怀柔政策的言论。看到与这方面相关的内容，秦王嬴政肯定会联想到吕不韦在对关东六国的统一时，除动用暴力彻底消灭之外，有时还用笼络等缓请手段。吕不韦甚至有时采用"兴灭国，继绝世"的策略，以此获得某些诸侯的退让和支持。这种软硬兼施的两手策略，在吕不韦当权时期是最明显的一个特点，但秦王嬴政不大赞同这种做法。

长大成人的秦王嬴政，是不喜欢这种手法的，他不仅继承秦国一直推崇的尊法传统，而且将法家的严酷统治方法推向极端。对法家学说的赏识，首先是因为秦人的环境和传统。秦人起初处于黄土高原的陇地，这里土地贫瘠，气候寒冷，生活艰苦，人民性格爽朗。而历来的统治者都是采用重罚、重赏的办法统治人民。因此，秦民形成了"重功利、轻仁义"的价值观；其次是因为秦王政本人的品性。而他这种性格在认识李斯之后则与之不谋而合。李斯是荀卿的学生，但他的主张、思想都已经超出荀子儒家观点的范围，把荀卿的性恶论——即认为人性是先天"恶"的——发展成法家以严刑峻法的治国方式。李斯早在吕不韦当政时就来到了秦，后来深得秦王政的倚重。秦王政在统一中国的进程中及统一中国以后施行的政治、军事措施，可以很明显地看出和《吕氏春秋》中宣扬的刚柔相济、"德""刑"并用的做法不同；其繁法严刑前所未有，以至"囹圄成市"，"赫衣塞路"。在战争中杀人遍野就不说了，刚刚平定六国后又大搞建设，建六国宫殿，北筑长城，南戍五岭，致使数以百万计的劳动力死于边塞及工地。在这十余年中，唯有暴力的淫威在肆虐。吕不韦所推崇的仁、德与刑、罚兼施的统治方法，已为极端的、单一的严刑酷法的统治所取代。而此后的这一切进展，早在吕不韦掌权时期，已在秦王政的思想上慢慢地发展起来。怪不得秦王嬴政气愤至极地将《吕氏春秋》扔在了地上。

除此之外，还有让秦王嬴政更为恼火的地方：当他读到《吕氏春秋》有关用人之道的论述时，恨不得一把火烧掉这些竹片。在《孟夏纪·用众》中有："物固莫不有长，莫不有短"，善于经商者则取长补短，以长济短才能赢利，当权者也应该遵循这个道理。善于汲取别人长处以弥补自己短处的人，才能成功。而善于利用长处以弥补自己不足的人，才能获得天下。

天下无粹白之狐，而有粹白之裘，取之众白也。夫取于众，此三皇、五帝之所以大立功名也。凡君之所以立，出乎众也。立已定而舍其众，是得其末而失其本。得其末而失其本，不闻安居。

这段话认为：君主成就丰功伟业必须依靠众多比自己高强的臣下，只有这样才能"出乎众"。若不借助大家的力量，仅依靠自己的力量乃是舍本逐末，没有不以失败而告终的。事实上，这正是吕不韦所遵循的。在他掌权的数年间，其军事、政治的成就在名义上都是由其他大臣将军所做出的。吕不韦甚至没有直接发布命令。尽管如此，在他执政的十余年中，文武大臣们个个鞠躬尽瘁，

忠于职守。由此可见吕不韦极善用人，善于发挥众人之长，取积少成多之效。不独裁并听取臣下的意见，已是吕不韦为政作风的一大特色。

秦王政并不这么认为。他历来就不相信臣下，尤其在统一中国后，他变得更加独断专行，不信任任何臣下，成为名副其实的孤家寡人。这种作风在统一中国后发展到了极端，他不仅不相信臣下，而且对身边关系最为密切的大臣也不放心。他的行动诡秘，基本上没人知道。有一次，秦始皇到梁山宫，从山上远远看到丞相李斯的车骑很多，顿时龙颜不悦。伴随左右的宦官私下通知丞相，令其减损车骑以免使秦始皇不高兴。谁想到秦始皇见到丞相减损车骑后反而大为恼火："谁将我的话泄露出去了？"他质问身边的宦官，当然没人敢承认。于是，秦始皇命令：将当时在场的宦官全部杀掉。从此以后再没有人了解秦始皇的行迹了。一个国君怀疑臣民，甚至连左右近臣都不信任，还能信任臣下、扬长避短吗？难怪当时有人评论秦始皇"天性刚愎自用，起诸侯，并天下，意得欲从，以为自古莫及已。专任狱吏，狱吏得亲幸。博士七十人，特备员弗用，丞相诸大臣皆受成事，依办于上。上乐以刑杀为威，天下畏罪持禄，莫敢尽忠。"

这里提到他有"博士"却"备员弗用"，"丞相"也只不过是"皆受成事"，毕恭毕敬的"依办于上"，所有的人都"莫敢尽忠"。这同吕不韦放手让臣下享有充分的自主权的作风截然不同。而那些本应由臣下去做的事，秦始皇却喜欢自己动手。

"天下之事无大小皆决于上，上至以衡石量书，日夜有呈，不中呈不得休息，贪于权势如此。"

很明显，秦始皇喜欢独裁、事必躬亲、不信任臣下的性格和作风，绝不是在统一中国之后才出现的。它肯定早在吕不韦执政期间，就已慢慢地在步入青年时代的秦始皇身上形成了。只是，在没亲政之前，他不得不强忍着不显露出来而已。见到《吕氏春秋》中的论述，秦王嬴政自然怒发冲冠，气得在屋内走来走去。

晨光熹微，金鸡报晓，东方已露出鱼肚白。整晚没有睡觉的秦王嬴政挣扎着看完《吕氏春秋》的最后一支简，勉强撑着去上朝。当他坐在宝座上，例行公事地应付着吕不韦和群臣时，脑子里却全部是刚刚读过的《吕氏春秋》。对书中的说法，他始终感到有一点不满意，那就是对天命和鬼神的认识。在《吕氏春秋》中有墨家的学说，但《墨子》一书中专门辟有《名鬼》一章宣扬鬼神，而《吕氏春秋》中却与之相反，很少有相信鬼神之类的话语。反而常常见到强调人的作用，不赞同迷信天鬼的言论，例如《有始览·名类》中提道："祸福之所自来，众人以为命，安知其所?"《季春纪·尽数》中说："卜筮祷祠，故疾病愈来。"《不名论·博志》中有论述说："精而熟之，鬼将告之。非鬼告之也，精而熟之也。"这些言论实际上正是吕不韦所遵行的，他的一生中从来没有求神拜鬼，也没有放任自流的表现，始终都在靠自己打拼。

秦王政想到这些内心也十分不高兴，他不仅相信阳阴五行学说并努力将其神秘化，而且一直迷信命运、鬼神。这种心理到统一中国后愈来愈严重。最突出的例子就是为了获得长生不死之药，他多次派人到海中求仙。梦想长生不老已是荒唐，又妄图寻找神仙和灵丹妙药更属无稽。难怪一再上当受骗，而秦始皇始终执迷不悟。秦始皇二十八年（公元前219）年，方士徐福奏报，提到东海有蓬莱、瀛洲、方丈三座仙山，山上有仙人，可以获得长生之药。秦始皇马上派徐福率数千童男、童女入海求仙，但徐福一去便没了音讯。公元前215年，秦始皇又指派燕人卢生去求仙人，命令韩终、侯公、石生去寻找不死之药。不仅徒劳无功，反而被方士给耍了，先是向秦始皇呈献图书，后来又说"真人"必须十分秘密，才能得到不死之药。于是，秦始皇自己号称"真人"，行动隐蔽不被人知道"以辟鬼"。但不管怎样求神装鬼，都不可能得到原本就不存在的不死之药。最后，秦始皇怒而杀掉咒骂他的儒生、方士，制造了影响极坏的"坑儒"惨案。然而，屡屡上当的秦始皇，对寻求长生不老之药，对鬼神迷信矢志不渝。当他巡行到东海岸，听说海中有大鱼，射中就能找到仙人，竟然亲自乘船出海，不惜冒生命危险在风浪中射鱼求仙，见到"亡秦者胡也"的迷信

吕不韦其人

的话就认为胡人——匈奴绝对是秦王朝的死敌，马上下令伐匈奴。听说周鼎中有一个沉没在了泗水，他相信找到这个鼎就可永远保住皇位。就在公元前219年东巡至彭城时，斋戒祷祠，命令千人潜入水中求周鼎，结果一无所获。更可笑的是，这一年秦始皇南下渡淮，经南

徐福东渡

郡到湘山时，因船行水中遭遇大风影响过江。侍从说此地有湘山神乃是尧之女、舜之妻，因而触怒始皇，下令砍光湘山树赭其山。这种与"神"搏斗的毫无理性的行径，后来被某些史学家赞扬为"不惧鬼神的精神"。这实际上反映了秦始皇是深信鬼神的存在的，否则他何必对山和树如此大为恼火呢？从秦王政一生的活动中可以得出结论，他始终相信命运、鬼神，对于《吕氏春秋》中流露出不是很相信命运和鬼神的态度怎么能接受呢？

"散朝！"当耳边响起吕不韦下令散朝的声音时，秦王嬴政才从沉思中回到现实。他回到后宫，仍在思考，他想把看过的《吕氏春秋》在脑中整理一番。

"大王请您喝浆吧。"宫女们端上新酿的香气扑鼻的浆，紧接着又有人给他捶背、揉肩。尽管秦王嬴政还年轻气盛，平时宫娥彩女的这些温存也是不可或缺的。但近来却十分反常，他挥挥手赶走了温柔的宫女，独自呆坐在案旁，甚至茶不思饭不想。他要冷静地思考。

秦王政明白：《吕氏春秋》尽管不是吕不韦自己所写，但明白无误地表达了吕不韦的想法。待看完《吕氏春秋》之后，秦王嬴政又清楚了吕不韦为什么要赶在自己亲政之前的这一年将这部书公布于众。

秦宫的白天，幽静而显得漫长。上完早朝的秦王嬴政倚案凝思，不觉睡意盎然。待从睡梦中醒来，已见一抹夕阳挂在天边，窗外的天边一角映出金色的晚霞，他才知道昏睡了一整天，大概是近日连续深夜读书太累的原因吧。不过，一到晚上，秦王政的精神立刻就振作起来。这个习惯一直到他的晚年依然如此。

待吃过膳房做好的晚饭后，秦王政觉得脑子里已逐渐勾勒出他与吕不韦之间的异同。这种感觉早在几年前就隐约地萌生了，只是并不清晰。看完《吕氏春秋》之后，经过静下心来思考，他才得出明确的概念。

"乱莫大于无天子。"秦王嬴政踱着方步自言自语，他喜欢一个人沉思，一般不喜欢与别人探讨自己心中的问题。"要有统一天下的天子，这句话说得对！"

"用义兵取得天下。"他自己提出这个问题，然后自问自答："说得极对！我的秦军讨伐其他国家就是政义的士兵。我就是未来的天子。"

"阴阳五行支配宇宙中的万事万物。"他又想起《吕氏春秋》中浓厚的阴阳五行色彩，"说得一清二楚，不愧是一些有思想的人。"

想到这里秦王政心花怒放，他觉得在好多原则问题上和吕不韦根本就是英雄所见略同。

但是，笑容在秦王嬴政脸上停留了片刻就马上又不见了。他那一副阴森的"尊容"似乎刚被蛇咬了一口，扭曲得令人望而生畏。胆战心惊地侍候在门外的宫女和宦官们又听到耳熟而又沉闷的诅咒声。

"什么德政！什么仁义，纯属瞎扯！"他自己骂骂咧咧的话，明显是不赞同《吕氏春秋》的观点。

"不相信神鬼，也不信任命运?"一个接一个的问题都要经过他自己早年形成的成熟的理性天平上掂量一下，这是秦王嬴政在整理《吕氏春秋》留下的一大堆疑问，也是在检查自己与吕不韦的矛盾，"胡说，妄论！"

"君主要什么也不用干? 把权力交给臣下?"看到这个主张时，秦王嬴政不由自主地大声叫了起来。他怒不可遏，再一次抓起竹简摔到地上。

至此，秦王嬴政终于搞明白了，他与吕不韦在统一天下的大目标方面虽大体一致，可是在治理这个未来一统天下的手段、策略方面，以及个人主张方面，都和吕不韦格格不入。反过来他又想起吕不韦这么多年在秦国独断专权，使自己居于毫不起眼地位，以及吕不韦和自己母亲之间种种风流韵事，不由得怒火

吕氏春秋

吕不韦其人

中烧："势不两立""不共戴天！"。这就是秦王嬴政经过左右权衡后得出的最后想法。

不过，秦王嬴政也非常明白：现在还不到和吕不韦闹翻的时候，因为他还没有直接掌握实权，秦国的大权还控制在吕不韦手中。还需要默默地忍耐，仍需表现得似乎没有一点才能的样子，对吕不韦处理朝政不加干预，听其指挥。

神秘不可测的秦王政，难解的秦王之谜！千百年来又有无数人对这些谜加以想象和揣测。但是吕不韦面对的最难解的谜大约就是此刻秦王在想什么？吕不韦一生最大的遗憾，恐怕就是没有猜透这一造成吕氏悲惨命运的千古之谜。

吕不韦对秦王政即将亲政，虽有充分的防备和种种安排；但对这个逐渐懂事的年轻君主究竟想些什么，肯定是无从知道的。这样，在秦王政和吕不韦之间潜伏的矛盾中，一个在明处被人看得一清二楚；一个在暗处使对方捉摸不透。这种力量对比就注定了这场悲剧的最终结果。

十二、悲剧收场

（一）秦王亲政

吕不韦前半生风光无限，为商则日进斗金、金玉满堂，为政则位极人臣、权倾朝野。生命有时而极，晚年的吕不韦在耗尽才智的同时，也走入了生命的十字路口。自古权臣只有两条路，要么向上，要么向下。向上一步，改朝篡位，自立为帝，如王莽、赵匡胤之流；向下则只有灭亡一途，后世如西汉霍光、东汉梁冀、明朝张居正等虽位极人臣，但终究难逃身死族灭之恨。

吕不韦在这个封建社会末期，世卿世禄之制尚未完全破灭，自认为可以凭借多年的功劳及自身的势力颐养天年，进而传承家族，但结局却凄然悲惨。

为何如此？一方面固然是其在位期间树敌太多，另一方面也与秦王嬴政本人有关。

赢政也就是历史上的秦始皇，中国第一个多民族的统一帝国——秦王朝的创始人。公元前246年至前210年在位，公元前238年亲政。从公元前230年灭韩开始，到前公元221年灭齐，统一六国，结束了东周以来长期的诸侯割据混战局面。为了巩固统一多民族国家政权，他采取了一系列措施：加强中央集权，建立皇帝专制制度，以丞相、太尉、御史大夫并列制衡，废分封，在全国推行郡县制度；废除六国原有法令，在全国统一推行秦法、秦律；"车通轨"，统一度量衡，以秦国圆形方孔铜钱为法定货币；"书同文"，统一文字，以小篆为官方文字，推行全国；修筑长城，防御匈奴等。但因刑法苛虐，致使"赭衣塞路，囹圄成市""男子力耕不足粮赋，女子纺绩不足衣服"。同时，实行焚书坑儒政策，对中国文化的摧残极为严重。

因此，历来对于秦始皇的评价就出现了两种极端情况。要么是极端的厌恶，认为他是个暴君，没有干过一件好事。这种观点一直充斥着中国古代社会，自汉兴至民国一直是舆论的主流。要么认为他是"千古一帝"，把什么好事都算到他的头上。不过，由于其起因大有拍马屁之嫌，所以近年来又有翻案回去的趋势。

古史辨派，又称"疑古派"，为顾颉刚所创立。

"五四"运动后，顾颉刚等开始以西方现代科学方法来更新自己的治学方法，用"历史演进方法"研究古代历史，使历史上已被遏抑的几次抨击伪书的运动复苏起来，掀起一个新的辨伪浪潮。他们发表了不少古史辨伪的文章。这些文章后来由顾颉刚等人汇印成《古史辨》。全书共七册（九本），第一至三册和第五册由顾颉刚编辑，第四、六册由罗根泽编辑，第七册由吕思勉、童书业合编。共收入二十世纪二三十年代史学界研究中国古代史、考辨古代史料的文章三百五十篇，计三百二十五万字。其内容包括对《周易》《诗经》等经书的考辨，对儒、墨、道、法诸家的研究，对夏以前有关古史传说、"阴阳五行说"的起源、古代政治及古帝王系统的关系的考辨和研究，等等。

　　而另一方面，正如"古史辨"派的领袖，中国现代史学的奠基人顾颉刚先生所提出的"层累地造成中国古史"观一样，随着年代的久远，人们将历史的记忆逐渐放大。不仅孔子成为圣人，秦始皇也成为万恶的化身。而用平常心来审视一下秦始皇，恐怕就会得出一些有趣的结论。

　　先说武功。在许多人看来，秦始皇最大的成就就是统一了六国。不过，仔细想想，秦始皇的武功实在比不上刘邦、朱元璋，更别说康熙大帝了。秦始皇即位的时候，秦国已经历了历代秦王的治理，拥有了并吞天下的实力。尤其是秦昭襄王在位期间把两个最强大的竞争对手楚国和赵国打得一蹶不振。秦始皇扫平天下的阻力基本没有了，所谓"势如破竹，数节之后，迎刃而解"，说的就是这种情况。秦始皇除了在征服楚国的时候犯了一个轻敌的错误外，基本没有遇到像样的抵抗。即使是楚国，在增兵之后也就很顺利地征服了。可见，这也只是一个派多少人才能征服楚国的问题，而不是能不能够征服的问题。而刘邦和其以后诸王朝的建立者却大多数是白手起家。刘邦更是从无尺寸之地而成为万乘之尊。这个模式后来固定了下来。如果不能在一代人的时间内统一中国，则中国必然陷入长时间的混战。

　　刻薄一点说，只要是一个正常人坐到秦始皇的位置，基本都能统一六国。嬴政不过恰逢其时而已，所谓时势造英雄，大概就是说的这种情况。所以，在武功方面，秦始皇虽然不差，却显然并不是最好，而且因人成事的味道极浓。如果把秦始皇和刘邦以及后世的许多帝王换个位子，很难说他能脱颖而出。

　　秦始皇值得称道的反而应当是被人们骂了两千多年的文治。靠暴力强行纠合在一起的国家，往往在强有力的君主死后便长期四分五裂。举世闻名的亚历山大帝国就是如此。马其顿的亚历山大依靠他的强力军队，先后征服希腊、波斯，一直打到印度边界。但他并没有任何巩固大帝国的措施，只是依靠个人的威名压服自己的将领、各地的民族。最终的结果也显而易见，身死则国灭，马其顿这个民族也随着他走入了黑暗。另一个例子就是著名的"黄祸"——蒙元帝国，铁木真号称"成吉思汗"，打造了一个边界辽阔的帝国。但作为一个文化落后的民族，分封各地的蒙古族逐步为当地文明所同化。但秦朝却没有出现这样的情况，虽然因为嬴政的苛酷统治，秦朝很快灭亡，但相对西方亚历山大帝国等大帝国在君主死后，整个民族走入深渊不同，中国迎来了第一个盛世，这不得不归功于秦始皇。

究其原因，主要是秦始皇建立了一套中央集权制度。这套制度并不完全是他及其谋臣的发明。书同文，车同轨，统一度量衡，开郡置县，三公九卿等都可以在战国时期找到雏形。但是，秦朝有意识地把这套制度强行推广到了全国。战国时期的各国从人种和血缘上来说并不能够说是同一民族，尤其是秦国和楚国作为化外之地，其文化与山东五国有着明显的不同。然而，秦始皇强行推广的这套制度却将中华大地的人民不论民族和血缘都联系起来。从多元化的角度来看，这自然有不尊重各地方特色的嫌疑，进而造成多样性的缺失。然而，这也使得各地在文化特征上的相异点减少到最小。而相异点越少，认同感则越强。秦朝统治全国虽然只有短短十五年，但整整一代人都是在这样的同化中成长起来的。此后的汉朝全盘继承了秦朝的制度，使同化过程得以不断发展下去，终于形成了今天中国的主体民族。

秦始皇强迫同化的手段显然是残暴的，出现了"赭衣塞路，囹圄成市""男子力耕不足粮赋，女子纺绩不足衣服"的现象，而人民也的确不堪忍受而起来造反了。但从长远来看，这种强迫执行，却在最短的时间内把一个国家融合在了一起。

对于吕不韦的生命来说，嬴政在政治上的智慧、在历史中的地位都不是最重要的。对吕不韦最重要的是，嬴政对待周围的臣僚如何，对待政敌手段如何？因为这关系到吕不韦的生命安全。但嬴政究竟是一个什么样的人呢？我们只能从当时人的记忆中寻找。在吕不韦死后不久，一个魏国大梁的著名军事家来到了秦国，后人叫他尉缭。相传著名兵书《尉缭子》就是他的著作。尉缭与李斯、韩非等东方六国人一样，来到秦国，本来是想借助秦国的力量来建功立业的。但尉缭与嬴政晤谈之后，却决定离开秦国。

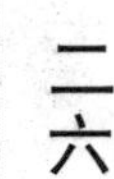

　　为什么会出现这样的情况呢？一般来说，嬴政作为历史的主角，按照现在有些人的想法，其情形应该是嬴政虎躯一震，霸气十足。尉缭应该纳头便拜，从此忠心耿耿，披肝沥胆，兢兢业业地为始皇帝拼命，虽九死犹未悔。但现实却是在这个世事大变动的时代，君择臣，臣亦择君。用现代汉语来说，就是双向选择，这完全不同于后世大一统时代的情形。在秦朝统一天下后，就算个人再有能力，但买主只有一家，除非想造反，否则的话只能任人挑选。处于强势地位的皇帝、政府或者各种雇主，他们根据自己的意愿去选择其跟随者，而不是根据能力表现来选拔有才能的人士。这也就出现了延续千年以淘汰为主要任务的科举制度、现代公务员考试制度以及各种其他考试制度。但在这样的变乱时代，却完全不同，人与人之间完全是一种合作关系，没有谁处于强势地位一说。只有双方都满意，才能达成最终的共赢。

　　而具体到嬴政与尉缭的关系，我们看到的就是嬴政重视尉缭却的才能，但尉缭对嬴政很不满意。据《史记》记载，嬴政会见尉缭时相当客气，"见尉缭亢礼，衣服饮食与缭同"，就是说嬴政会见尉缭时，是以平等的身份与他会谈的。而且，尉缭之语也引起嬴政的共鸣。尉缭说："以秦之强，诸侯譬如郡县之君，臣但恐诸侯合纵，翕而出不意，此乃智伯、夫差、湣王之所以亡也。愿大王毋爱财物，赂其豪臣，以乱其谋，不过亡三十万金，则诸侯可尽。"（《史记》）意思就是，对于强大的秦国来说，诸侯就像是秦国的郡县。但如果诸侯们联合起来，秦国就处于很不利的地位了。晋国的智伯、吴王夫差、齐国湣王之所以灭亡，就是因为对手们联合起来。秦国要避免这样的危险，希望秦王不要在意金钱财物，要舍得贿赂六国的权臣们，以打乱他们的谋略计划。不过破费三十万金，就可以将诸侯们一一收拾掉。

　　尉缭这个对六国实行贿赂、离间的主意，使嬴政非常满意。在以后的战争中，嬴政就曾多次使用。如在灭赵国时，为了除掉赵国的名将李牧，秦将王翦先贿赂赵国的权臣郭开。将郭开收买之后，再造谣说李牧私下与秦国讲和，想要和秦国共同灭赵，事成之后，李牧将为代王。郭开就将谣言禀报赵王迁，并

大肆渲染。赵王迁信以为真，就派遣使节带着兵符召李牧回朝问罪，并将正在李牧军中的赵葱提拔为将，代替李牧的职务。李牧得知是郭开陷害自己，自认为回到国都后凶多吉少，就想要奔逃到魏国，结果被赵葱派兵捕获斩首。赵王迁自毁长城后，王翦立即率秦军大举进攻赵国，一举击溃赵军主力，包围赵都邯郸。赵王迁对当前战事却一筹莫展，没有办法，只好投降，赵国就这样灭亡了。

秦王对于尉缭献的离间六国君臣之计是非常赞赏的，对尉缭也很赏识，准备重用尉缭。谁知尉缭却对秦王嬴政很失望，以至于想立即离开秦国。《史记·秦始皇本纪》记载：在与嬴政会谈后，尉缭回到住所，对人说："秦王为人，蜂准，长目，挚鸟膺，豺声，少恩而虎狼心，居约易出人下，得志亦轻食人。我布衣，然见我常身自下我。诚使秦王得志于天下，天下皆为虏矣。不可与久游。"

尉缭之言，可能是有史可查的唯一对秦始皇长相的细致描述。所谓"蜂准"，据《史记正义》的解释，就是高鼻梁；"长目"，即长长的眼睛。高高的鼻子，长长的眼睛——单就嬴的鼻子和眼睛来看，嬴政应该算是美男子了。在嬴政五官中，尉缭只描述了眼睛和鼻子，然后说嬴政长着"挚鸟膺"。"挚鸟"指鹰鹫之类的鸟，"膺"即胸，所谓"挚鸟膺"，即说嬴政的胸像鹰的胸，鸟禽类的胸都是凸起的。用今天的话说，嬴政长着一个"鸡胸脯"。接下来，尉缭形容嬴政说话的声音是很恐怖的"豺声"，即说嬴政说话的声音像豺狼嚎叫。由嬴政的长相和发声，尉缭进一步分析出嬴政的性格是"少恩而虎狼心"。"少恩"，即刻薄寡恩、忘恩负义。尉缭判断，嬴政的性格是虎狼之性，是个凶狠残暴的人。这种人，在不得志或需要别人帮助的时候，可能会表现得平易近人，甚至可能甘心屈居人下；而一旦得志，"亦轻食人"，即随便杀人，就如虎狼食人那样视为理所当然。所以，尉缭说："我现在只是个老百姓，他会见我时却肯平等地对待我，还时时表现得很谦逊；而一旦他统一天下的志向实现后，他会把天下之人都视作他的俘虏和奴隶。对这种虎狼之人，不可与之长期相处。"

吕不韦其人

虽然尉缭对嬴政评价很差，但仍旧有许多人认为这是他的个人偏见，才把秦始皇描述得丑陋不堪。如"鸷鸟膺"是现代医学中的鸡胸，"蜂准"是马鞍鼻，"豺声"表明有气管炎，这几项都是生理上的残缺。从这个角度来说，秦始皇的长相还要认真探讨。

在《太平御览》中，有一条记载："秦始皇帝名政，虎口，日角，大目，隆准，长八尺六寸，大七围。"虎口，日角，大目，隆准，是说雍容轩昂，是古代相书中典型的帝王之相。秦始皇的个子很高大，长八尺六寸，这有多高呢？秦制一尺约合 23.1 厘米，折合计算，秦始皇的身高有 1.98 米。一围约等于旧尺的 5 寸到 1 尺之间，7 围大约在 1.20 米。如果此处记载属实的话，秦始皇就是一个矫健魁伟的大"帅哥"了。

著名史学家翦伯赞在《秦汉史》（北京大学出版社，1983 年）中认为，秦始皇应该是英俊漂亮的。他说，（秦始皇）并不如后世所想象的他是生长着一副严肃得可怕的面孔。假如他多少有些父母的遗传，他应该是一位英俊漂亮的青年。

清华大学工艺美院杜大凯教授认为，秦始皇出生在秦地，属西北人，应是典型的西北大汉，高大魁梧，相貌堂堂。现在我们看到的秦始皇像是现代人根据阎立本的《历代帝王图》推演出来的。

然而，阎立本在画《历代帝王图》时，却因为自西汉推崇"罢黜百家，独尊儒术"以来，各朝代一直以儒家思想为正统，而秦始皇在历史上焚书坑儒，极端反对儒家思想，历代一直对秦始皇持否定态度，所以画了从西汉到隋朝的十三位帝王的画像，有开国帝王，也有亡国之君，却唯独没有号称"千古一帝"的秦始皇画像。

那么，后人推演秦始皇的画像有什么依据？清华大学美术学院教授薄松年介绍，《历代帝王图》中，凡开国之君都被画得威武刚毅、仪表堂堂、气度不凡，后人也难以跑出这个模式。很有可能根据晋武帝司马炎的画像推演出秦始皇挺腰站立、嘴角紧闭、双目有神的样子。

把历代开国帝王都画成方脸、高鼻、垂耳，生来一副帝王相，这多少带有一些迷信色彩。画像只是一件艺术的真实，而并不是还一个人的真实面目。特别是帝王像，包含了画像者的个人想象力和艺术概括力，还反映出一个时代对这个帝王的褒贬评价。特定的情感经历会改变一个人的外在形象。像秦始皇这样有着非凡帝王经历的人，不论身材威武还是身形猥琐，在五官表情上肯定有他的特殊之处。

中国人民大学历史系教授孙家洲认为，尉缭当时这么说秦始皇不是纯客观的，带有恶意的夸张。因此，郭沫若推断秦始皇有生理缺陷是不可靠的。至于秦始皇究竟长得怎么样，还将讨论下去。当然，真正的谜底是要到秦陵开掘后，发现了秦始皇的尸体后才会清楚。

但无论嬴政面相如何，尉缭对他的评价——可共患难不可共富贵却被历史所证明。可惜，吕不韦没有像尉缭那样看透嬴政的为人，或许是看明白，但也无力改变嬴政作为国君的事实，最终身死族灭。

（二）出居河南

在秦王嬴政九年（公元前238年）九月，嬴政下令车裂叛乱的嫪毐，并且此前他囚禁了自己的母亲——赵姬。《史记·吕不韦列传》中记载："九月，夷嫪毐三族，杀太后所生两子，而遂迁太后于雍。诸嫪毐舍人皆没其家而迁之蜀。"而对于那位"仲父"相国吕不韦，"王（嬴政）欲诛相国，为其奉先王功大，及宾客辩士为游说者众，王不忍致法"。司马迁用"不忍"二字，将这段错综复杂、形势紧张的权力更迭完全掩盖。

已然成年的嬴政将自己对权力的贪婪逐步展现，斩杀嫪毐，表面上是败坏王室声誉，实际却是为了争夺权力。宦海沉浮多年的吕不韦及秦国大臣都明白这一事件的实质，吕不韦更看到了嬴政对权力的执着，但他又能有什么办法？

自从魏国密使郑国渠"疲秦"的阴谋败露后，在秦国工作的外国人都处在人人自危的状态。就是美国这样一个移民国家，在太平洋战争爆发后，对日本移民也进行监视居住，有些极端的美国公民更是整天拿着枪在日本社区活动，由此也可以想象两千多年前秦国的情形。在这种情况下，吕不韦这位卫国来的丞相更是首当其冲，十余年来的揽权阻塞了充满欲望的人们的上升之路，引起诸多不满；外国人的身份，更引起了秦国本土公卿的疑虑。在嫪毐被杀的过程中，虽然吕不韦明知道自己的末日已不遥远，但他却不能有任何作为，只能眼睁睁地等待最后时刻的到来，只能战战兢兢地活着。人为刀俎，我为鱼肉，这种对命运无奈的心境缠绕在这位精明的商人身上。

而崭露爪牙的嬴政在完成掌控权力的第一步之后，却没有了进一步的动作，但每个人都知道吕不韦是下一个目标。等待的过程是痛苦的，而忐忑不安的心境更是让吕不韦彻夜难眠。

第二年（公元前 237 年）的十月，嫪毐叛国事件后的第十三个月，嬴政对吕不韦的处理结果出来了，仅仅是免去了吕不韦的相国之职，让他回到食邑洛阳赋闲。这种结果让后来的人们很不解，而当时的吕不韦或许也难以揣测这位"始龙"变幻莫测的内心。究竟是什么原因让连母后都敢软禁的嬴政对吕不韦放下了屠刀呢？

《史记·吕不韦列传》记载的原因很简单：一是吕不韦"奉先王功大"，二是"宾客辩士为游说者众"。前者讲吕不韦成就了庄襄王，后者讲为吕不韦说情的人太多。所以，"王不忍致法"。秦王嬴政念吕不韦功大，不愿惩罚。一直拖到第二年十月，在接回王太后赵姬的同时，才免去了吕不韦相国的职务，让他回到自己的封地。当然，为吕不韦说情者人数之多，也说明吕不韦的势力庞大，一下子除掉吕不韦恐会生出变乱。但正如今天的历史学者一样，司马迁也是在民间传说的基础上，揣摩古人心思而做出的结论。真实的历史究竟如何，已经难以从史书中查询。但从心理学及当时的形势来说，吕不韦"免相"的结果并不令人奇怪。

所谓"非我族类，其心必异"，秦国作为中华文明的边缘区，一直为东方六国所鄙视，秦国的公卿也自觉与东方六国不同。虽然一直有引进他国人才的传统，但正如现今美国族群矛盾一样，秦国也存在着东方移民与本土官员的矛盾，不久即颁布的"逐客令"恰恰是这种矛盾的体现。只不过，由于此前外国官员与本土官员矛盾并不如此强烈，再加上吕不韦长期掌握大权，秦国本土官员无奈接受现实而已。但此时秦王嬴政与吕不韦矛盾加剧，本土官员恰恰是其依靠的力量。《史记》中所记载的"宾客便士为游说者众"，的确证明当时吕不韦势力强大，多年的丞相生涯自然与许多人形成了利益共同体。而且在那个时代，整个社会风气是士为知己者死，许多出自吕不韦门下的官员一方面由于道德，一方面害怕嬴政收拾吕不韦而使他们也跟着倒霉，不得不向秦王求情，希望通过大臣的压力，让吕不韦继续立于朝廷之中，正所谓站在大树背后好乘凉！但他们的主要成员却是山东六国来秦的官员以及吕不韦的门客，并非秦国本土这些掌握实权的官员，并不能动摇嬴政收拾吕不韦、完全掌控权力的决心。反而是公卿官僚的分裂令嬴政决定放吕不韦一马，毕竟吕不韦虽有实力，但难以撼动秦王的权威；而不杀吕不韦，一方面可以拉拢吕不韦门下才华出众的人，另一方面也可以通过吕不韦制衡秦国本土公卿官僚。毕竟国君都是孤家寡人，平衡策略是这些独裁者最有效、最稳固的统治手段。

前几章曾提到秦庄襄王子楚即位之后，兑现诺言，任命吕不韦当了丞相，并将河南洛阳食邑十万户封给他。洛阳是吕不韦的食邑，秦王嬴政免去吕不韦的相国之后，吕不韦也就回到了洛阳。

（三）死亡之谜

吕不韦觉得，以六十多岁的高龄，长途跋涉到偏远荒凉的蜀地去，已是他难以承受的酷刑。吕不韦已经看出嬴政是在一步一步地逼迫他。他断定，嬴政早晚会将他处死。当天，吕不韦将鸩毒放进酒中，一饮而尽……

嬴政念吕不韦有立主定国之大功，只是免其相职，让他到洛阳的封地做个富家翁。这一处罚，并不算太重。而朝堂上吕不韦留下的一批人也并没有受到牵连，仍旧掌握着大量的权力。这在秦国人以及诸侯们看来，只不过是国君做样子给天下人看罢了。

此前世间就盛传嬴政是吕不韦的儿子，哪有儿子真想惩办自己父母的？赵姬不就如此吗！且当初，嬴政将赵姬囚禁起来，因为不愿原谅母亲，竟在一怒之下杀了二十七个求情者。但最终还是将赵姬迎接回朝，母子又和好如初了。于是，吕不韦的门客们以及诸侯们都认为，吕不韦被免职只是暂时的。过不了多久，嬴政便会亲自到洛阳迎接他回咸阳主持国政。所以，吕不韦这棵大树虽然倒了，但树倒猢狲未散。他的门客们大多仍聚集在他的府第，等待他官复原职。毕竟，在主子暂时倒霉的时候向主子表表忠心，是最容易赢得主子的好感的。最可笑的是别的国家的国君们。他们也都想当然地认为嬴政不会为难自己的父亲，吕不韦不久即会重掌秦国权柄。因此，竟有好几个诸侯国派使者到洛阳慰问吕不韦，并给吕不韦封官晋爵，想趁此机会讨好吕不韦，以便在吕不韦官复原职之后，能与秦国搞好关系。《史记·吕不韦列传》记载这种现象说："岁余，诸侯宾客使者相望于道，请文信侯。"

而吕不韦在子楚身上搞风险投资，固然是为了自己的荣华富贵，但没承想竟能偷天换日，使秦国实际上成了吕氏天下。这一额外收获，也足以令他志得意满了。他组织门客撰写了《吕氏春秋》，一统诸子学说，奠定了自己在学术上的地位。他也曾大权在握，十几年第一大国首相的地位，让他沉浸在权力的甘洌之中。忙活了二十多年，结果却因为嫪毐事件落得一个被免职的下场，自然心有不甘，希望还能成为人们关注的中心。诸侯及门客的阿谀逢迎正满足了他的心理需求，让他暂时沉迷其中，但这也成为他自己的催命符。

世事无常，东西方文明都曾感慨，这个世界变化最快的就是人心，难以揣摩、难以预测。但正如许多历史名人一样，强势人物的控制欲总是如此强烈，对权力总是极端敏感。各朝开国的君主们，哪一个不是如此呢！刘邦如此，唐太宗这样，纵使宋朝那样近于虚君的朝代，也难免赵匡胤"杯酒释兵权"，此后的朝代更不用说，否则历史为什么定性为君主专制中央集权逐步加强。如果吕不韦在洛阳闭门谢客，不这么招摇张扬，或许嬴政会让他安度余生。可惜，吕不韦此时迎来送往，交结宾客，串通诸侯，一点也不懂得韬光养晦之策，这也难怪嬴政对他不放心了。

公元前 235 年，此时的嬴政，早已不是那个刚到秦国之时八岁的孩童了。他的童年时代是在受尽欺侮、备受压抑的环境中度过的，少年时代又在宫廷中对尔虞我诈的权力斗争耳濡目染，形成了他嗜权如命、残忍暴虐的性格。当听说吕不韦回到封地后，仍旧结交诸侯、朝臣，甚至"诸侯宾客使者相望于道"，他非常震惊。他既怕吕不韦真的被别的国家请去，将来成为秦国的对手，又怕吕不韦发动政变，毕竟他曾经担任十多年的丞相。为了保住王位，为了自己的绝对权威，他决定进一步处罚吕不韦——将吕不韦迁到偏僻荒凉的蜀地去。

他不愿亲自下命令处死吕不韦，而是写了一封信，派人给吕不韦送去。信是这样写的："君何功于秦？秦封君河南，食十万户。君何亲于秦？号称仲父。其与家属徙处蜀！"（《史记·吕不韦列传》）

吕不韦接到嬴政的书信，方知嬴政要杀他灭口！嬴政这封短信，只有二十九个字，却流露出必欲杀之而后快的意思。

"君何功于秦？"

"君何亲于秦？"

这冷冰冰的质问，如同重锤，狠狠地击在吕不韦的心上。吕不韦此时，或许有所忏悔。也许，他真的认识到自己罪当一死。也许，他觉得，以六十多岁的高龄，长途跋涉到偏远荒凉的蜀地去，已是他难以承受的酷刑。恐怕还到不了蜀地，他这把老骨头就已经填了沟壑了……司马迁写吕不韦收到嬴政书信后的思想活动，只用了六个字："自度稍侵，恐诛。""稍侵"，原意是疾病逐渐加重。这里，可理解为吕不韦已经看出嬴政是在一步一步地逼迫他。他断定，嬴政早晚会将他处死。当天，吕不韦将鸩毒放进酒中，一饮而尽。

这似乎是一种对历史极其合理的解释，但随着近些年历史学理论的发展，各学科技术的综合运用成为历史学新的发展趋势。因此，有些人对吕不韦之死提出了异议。

现今可以作为史料的只有《史记·吕不韦列传》中的一段记载，其他如《东周列国志》之流都是后代小说家揣摩编撰不足以解释当时的史实。

《史记·吕不韦列传》中的记载为下："秦王恐其为变，乃赐文信侯书曰：'君何功于秦？秦封君河南，食十万户。君何亲于秦？号称仲父。其与家属徙处蜀！'吕不韦自度稍侵，恐诛，乃饮酖而死。"只有区区数十字，怎么会出现其他解读呢？业余历史爱好者"听歌"给出了对"酖"字的全新解读。

他认为，目前看到的几种文言文版本的《史记》，都是将这个"酖"字换成了"鸩"字。于是，白话文版本的译文，都将吕不韦"乃饮酖而死"译成了"喝鸩酒自杀了"。更有意思的是，许多字典（包括《康熙字典》）中也认为"酖"字通"鸩"字。

——鸩，是传说中的一种毒鸟。羽毛紫绿色，放在酒中能毒死人。

不过，这些字典中也注明了，"酖"还有另一种意思，即通"耽"字，意指"沉溺，喜好过度。如耽酒，耽乐"。

那么，吕不韦"乃饮酖而死"到底是"喝鸩酒自杀了"呢，还是"耽酒"过度而死呢？

东汉许慎《说文解字》的解说是，"酖：乐酒也。从酉尤声"。清人段玉裁为《说文解字》的这一条解说的注释是，"酒乐者，因酒而乐，乐酒所及湛以为酖。《氓》传曰：耽乐也。《鹿鸣》传曰：湛乐之久也。引申为凡乐之称（原文是单人傍的'称'字）。《左传》曰：宴安酖毒，不可怀也。从来谓即鸩字，窃谓非也。所乐非其正，即毒也，谓之酖毒。"从中可知，"酖"字本来只有一个意思，即乐酒也。只是"所乐非其正，即毒也，谓之酖毒"，因而让人产生误解，将"酖毒"误解成"鸩毒"。

"宴安酖毒，不可怀也"出自《左传·闵公元年》，晋人杜预的注解是："以宴安比之鸩毒。"也就是说，将"酖毒"误解成"鸩毒"，是晋人杜预干的好事。

　　既然如此，远在晋朝之前的西汉之时的《史记》中所载的吕不韦"乃饮酖而死"，又怎么可以译成"喝鸩酒自杀了"呢？

　　吕不韦分明是痛饮慷慨而死，怎能说是"喝鸩酒自杀了"如此窝囊呢？

　　秦始皇十年（公元前237年）十月，吕不韦罢相，离开咸阳，到了他在河南的封地，秦始皇十二年（公元前235年）才死。在这两年多的时间里，"诸侯宾客使者相望于道，请文信侯"，岂非正是与吕不韦日日"宴安酖毒"？

　　以吕不韦一生纵横天下的大志和他那旷古罕见的"奇货可居"的谋略，自当乐酒而死，才能对得起他这一生的所作所为。

　　由于对"酖"字的解读出现了误解，吕不韦死得可真是有点"冤"。而这一"冤"，又是长达千余年。

　　为《左传》做注解的晋人杜预，可不是一般的人物。他少年得志，素有才名，又贵为驸马，还为晋扫灭了孙吴政权，当真是一位文武双全的风云人物。

　　《晋书·杜预列传》有云："时王济解相马，又甚爱之，而和峤颇聚敛，预常称'济有马癖，峤有钱癖'。武帝闻之，谓预曰：'卿有何癖？'对曰：'臣有《左传》癖。'"

　　那么，这样一位在历史上有大影响的人物，又有"《左传》癖"的大才子，怎么会在他最痴爱的《左传》的注解中出现这样的"失误"呢？

　　经查，原来，在《左传·庄公》中还有一段记载，又用到了这个"酖"字。

　　公疾，问后于叔牙。对曰："庆父材。"问于季友，对曰："臣以死奉般。"公曰："乡者牙曰庆父材。"成季使以君命命僖叔待于针巫氏，使针季酖之，曰："饮此则有后于鲁国，不然，死且无后。"饮之，归及逵泉而卒。

　　《左传·庄公》中的这段记载，是说鲁国庄公临终前，想立他的儿子公子般为接班人，便试探他的二弟弟叔牙，叔牙认为应该立鲁庄公的大弟弟庆父。鲁庄公又问他的三弟弟季友，这季友头脑比较灵活，回答要以死奉公子般。鲁庄公便下令让季友去杀了叔牙，季友传令要叔牙在大夫针巫家等候，又让针巫"酖之"，说："喝了这杯酒，则在鲁国还有你的后人的立足之地。不然，死了都没有后代。"叔牙喝了之后，便死在回家的路上。

《左传·庄公》中的这段历史，是鲁庄公为了立他的儿子当接班人而导致的兄弟相残，所以在杀人时，风格还较为优雅（优雅的暴力），是以《左传》作者，鲁国人左丘明在行文之时，用词就较为委婉含蓄，这便出现了——"使针季酖之"——这样写意的记载。但是，联系上下文，读者完全可以想象针巫与叔牙在酒宴上出现的那一幕"暴力美学"。

当西汉大才子司马迁在他的《史记》中转录这段历史时，行文就没有左丘明那么多顾忌，用字就较为精练准确。据《史记·鲁周公世家》："季友以庄公命命牙待于针巫氏，使针季劫饮叔牙以鸩，曰：'饮此则有后奉祀；不然，死且无后。'牙遂饮鸩而死。""使针季酖之"换成了"使针季劫饮叔牙以鸩"，而且还清楚地加上了"牙遂饮鸩而死"这么一句，来说明叔牙是喝了毒酒而死的，以免产生歧义。

由此可知，杜预很有可能是出于对司马迁才学的信服，这才认为"酖毒"是可以通"鸩毒"的。

当然，杜预对"宴安酖毒"注解为"以宴安比之鸩毒"，不能就算是注解错了，这个注解基本还是能形象地解释"宴安"为何会如"酖毒"。只是后人若是不假思索，不免会据此而认为"酖毒"是可以通"鸩毒"，并更会进一步认为"酖"字可以通"鸩"字。

事实上，如今的字典，已是将错就错了。

也许有人会说，文字也是可不断发展的，每个字的意义完全可以随着时代的发展而发展。是的，这个观点完全可以成立。只是，在东汉许慎《说文解字》中，已经注明了"酖"字只有"乐酒也"这一种意思的情况下，后世的文言文译者，大可不必将东汉之前的"酖"字与"鸩"字相通，因为那时这两个字是不相通的。

吕不韦是一位十分善于学习先贤的人，他不但曾学百家之士汇编了《吕氏春秋》一书，也曾学信陵君等战国四大公子招收三千食客。而《史记·魏公子信陵君列传》在记载信陵君之死时，是这样写的："秦数使反间，伪贺公子得立为魏王未也。魏王日闻其毁，不能不信，后果使人代公子将。公子自知再以毁废，乃谢病不朝，与宾客为长夜饮，饮醇酒，多近妇女。日夜为乐饮者四岁，竟病酒而卒。"吕不韦"饮酖而死"的方式，难道不是在仿效他生前十分佩服的信陵君"病酒而卒"吗？

至于秦始皇最后对吕不韦所说的"君何功于秦？秦封君河南，食十万户。君何亲于秦？号称仲父。其与家属徙处蜀"，是不是可以有另一种解读呢？

——君有功于秦，所以秦封君河南，食十万户。

——君有亲于秦，所以秦尊君为仲父。

无论因何而死，吕不韦的离世最终巩固了嬴政的王位，嬴政终于完成了对权力的控制。泰山之高始于寸土，长江之广起于溪流。嬴政在嫪毐事件中开始崭露爪牙，而国相吕不韦之死则标志着他权术的大成。而从吕不韦的角度来说，他用自己的死亡为这位盛传的私生子、他的君上贡献了最后的力量。

"长江后浪推前浪，前浪拍死在沙滩上"——这一句戏谑之语充分展示了人生无情的一面。吕不韦在嬴政的上位、秦朝的霸权贡献颇多，最后却落得身死族灭，不得不让人感慨人生的无常。

（四）"逐客"风波

对于山东六国来秦的投机者们而言，吕不韦的死亡不仅仅是一个神话的破灭，更是一个投机市场的关闭。鉴于吕不韦生前所为，有些土生土长的秦国公卿大臣趁机劝嬴政下令，在全秦国范围内驱逐吕不韦的门客以及非秦国的官员，这就是著名的"逐客令"。

"逐客令"规定，他国之人，凡在秦国做官的，一律免职，限三日内驱逐出境；有胆敢收留者，一体治罪。秦国的大臣们之所以为嬴政出了这么一个主意，为的就是使秦国的贵族子弟有更多的出仕升官机会，也是秦国本土公卿与外来官员矛盾的一次总爆发。由于秦国地处中华文明边陲，在建国时人口稀少、人才缺乏，所以一直秉持开放的姿态，从山东六国引进人才。也正是这些外来人才的努力使得秦国虽然偏在西戎，却日益强大。也正由于外来人才占据了朝中的许多枢纽职位，才使得秦国的贵族颇感压抑。于是，土著派与外来派的矛盾也日渐突出。

及见嬴政因吕不韦之事迁怒于吕氏门客，"秦宗室大臣皆言秦王曰：'诸侯人来事秦者，大抵为其主游间于秦耳，请一切逐客。'"（《史记·李斯列传》）

"逐客令"一出，秦国顿时朝野大哗。有一个人，曾是吕不韦府中舍人，被秦王拜为客卿，此时也在被逐之列。此人即是李斯。

李斯是一个颇有才能的人，他正雄心勃勃准备在秦国建功立业，忽闻秦王将下"逐客令"，作为一个楚国人，自然也在被逐之列。眼见自己多年的奋斗成果将付之东流，对于一心追求富贵权势的李斯来说，实在是太过残酷。但在离开秦国途中，经过反复思考，他认为秦王逐客是不明智的举动，是因噎废食，极不利于秦国的发展。于是，他奋笔疾书，给秦王写了一封义正词严、酣畅淋漓的《谏逐客书》。这篇文章不仅改变了秦王的冲动决定，而且成为中国文学史上一篇不朽的名作。

《谏逐客书》全文如下。

臣闻吏议逐客，窃以为过矣！昔穆公求士，西取由余于戎，东得百里奚于宛，迎蹇叔于宋，求丕豹、公孙支于晋，此五子者，不产于秦，而穆公用之，并国二十，遂霸西戎。孝公用商鞅之法，移风易俗，民以殷盛，国以富强，百姓乐用，诸侯亲服，获楚、魏之师，举地千里，至今治强。惠王用张仪之计，拔三川之地，西并巴、蜀，北收上郡，南取汉中，包九夷，制鄢、郢，东据成皋之险，割膏腴之壤，遂散六国之从，使之西面事秦，功施到今。昭王得范雎，废穰侯，逐华阳，强公室，杜私门，蚕食诸侯，使秦成帝业。此四君者，皆以客之功。由此观之，客何负于秦哉！向使四君却客而不内，疏士而不用，是使国无富利之实，而秦无强大之名也。

今陛下致昆山之玉，有随、和之宝，垂明月之珠，服太阿之剑，乘纤离之马，建翠凤之旗，树灵鼍之鼓。此数宝者，秦不生一焉，而陛下说之，何也？必秦国之所生而然后可，则是夜光之璧不饰朝廷，犀象之器不为玩好，郑、卫之女不充后宫，而骏良駃騠不实外厩，江南金锡不为用，西蜀丹青不为采。所以饰后宫、充下陈、娱心意、说耳目者，必出于秦然后可，则是宛珠之簪，傅玑之珥，阿缟之衣，锦绣之饰不进于前，而随俗雅化，佳冶窈窕赵女不立于侧也。夫击瓮叩缶，弹筝搏髀，而歌呼呜呜快耳者，真秦之声也。郑、卫、桑间，昭虞、武象者，异国之乐也。今弃击瓮叩缶而就郑、卫，退弹筝而取昭虞，若是者何也？快意当前，适观而已矣。今取人则不然，不问可否，不论曲直，非秦者去，为客者逐。然则是所重者在乎色乐珠玉，而所轻者在乎人民也。此非所以跨海内、制诸侯之术也。

臣闻地广者粟多，国大者人众，兵强则士勇。是以泰山不让土壤，故能成其大；河海不择细流，故能就其深；王者不却众庶，故能明其德。是以地无四方，民无异国，四时充美，鬼神降福，此五帝、三王之所以无敌也。今乃弃黔首以资敌国，却宾客以业诸侯，使天下之士退而不敢西向，裹足不入秦，此所谓"藉寇兵而赍盗粮"者也。

夫物不产于秦，可宝者多；士不产于秦，而愿忠者众。今逐客以资敌国，损民以益仇，内自虚而外树怨于诸侯，求国无危，不可得也。

李斯的这篇文章极富说服力。首先，文章开门见山，直接指出逐客令是错误的。"臣闻吏议逐客，窃以为过矣。"

之后，他列举秦穆公重用百里奚等五名外来人才使秦国称霸西戎、秦孝公重用商鞅变法使秦国富强、秦惠王重用张仪破坏六国合纵、秦昭王得到范雎确立对六国的远交近攻战略等事例，说明客卿为秦国立下了不可磨灭的功绩，秦国的强盛离不开外来人才的帮助。

继而，李斯为了加强文章的说服力，举出生活中的现实事例，说明秦王喜用别国的珍宝、音乐、美色。而在用人问题却排斥别国的客卿，"不问可否，不论曲直，非秦者去，为客者逐"是"所重者在乎色乐珠玉，而所轻者在乎人民也"，这重物轻人的做法与秦王想统一天下的目的是相违背的。

李斯在文章中还总结出了一段千古传诵的名言："是以泰山不让土壤，故能成其大；河海不择细流，故能就其深；王者不却众庶，故能明其德。"要想成就一番大事业，必须要有博大的胸怀，知人善任。如果将各国来到秦国的卓越人才都赶跑了，这些人便会到别的国家去建功立业，将秦国的栋梁之材资助给敌国，是自己削弱自己而使敌人强大的愚蠢政策，这简直是自毁长城。

李斯的文章有理有据，几乎无懈可击。秦王读后，受到很大震撼。他终于明白了人才对于强秦统一天下的重要作用，逐客是错误的举动。于是，采纳了李斯的建议，废除了逐客的命令，不仅恢复了李斯的官职，还给其升官，任廷尉。廷尉主管刑法，是朝廷重要的官员。此后，李斯成了嬴政最重要的谋士，官至丞相，为嬴政统一天下立下了汗马功劳。

正因李斯的一篇《谏逐客书》，吕不韦的门客们以及山东的投机者均免于被驱逐的厄运，继续寻求人生发展的空间。而秦国也因此得以继续统一的进程。

而李斯上书之事只是吕不韦对秦国影响的一个案例而已，此后的秦国乃至统一天下的秦朝都被染上了吕不韦的色彩。

十三、功垂千古

在漫长的中国历史长河中，吕不韦论名气，比不上那些功名显赫的帝王，如秦始皇、汉武帝、唐太宗、康熙大帝等等；可能也比不上一代贤相管仲、诸葛亮等人。在人们心目中，吕不韦是一个有争议的人物，很难用一两句话就把他说清楚。但是，如果把吕不韦放到他生活的战国时代去考察，就会发现，吕不韦其实是一个很了不起的人，是对中国历史的发展有着卓越贡献的人。他的一生，有很多闪光点，当然也有过失。

吕不韦的功绩主要表现在：

第一，不惜散尽千金立异人为嫡嗣，虽然主观上吕不韦是为了个人的政治前途孤注一掷，但客观上这种做法使秦王室得以稳定。异人的祖父秦昭襄王是一个执政五十多年的老国王，他的父亲安国君是一个五十多岁的老太子，安国君有二十多个儿子，却迟迟没有确立嫡嗣，王室的这种状况潜伏着极大的不安定因素，一旦儿子们为争夺王位发生争斗，将会导致秦国内乱，甚至使秦国形势发生逆转。吕不韦通过游说秦国，打通关节，请华阳夫人说服安国君，确立异人为嫡嗣。虽然吕不韦此举有政治投机的目的，但立异人为嫡嗣客观上起到了稳定秦王室的作用，秦昭襄王去世后王室没有发生内乱，加之吕不韦以相国职位辅佐异人，整顿朝政，发展经济，休养生息，富国强民，使秦国在秦昭襄王、安国君死后不断发展，维持了对东方六国的高压态势，加快了统一六国的步伐。从这个角度看，吕不韦对中国历史的发展是有贡献的。

第二，吕不韦执政时期，对外战争讲究策略，避免打硬仗、打恶战。一部战国史，自始至终战争不绝，一场大战伤亡的人数往往在数十万以上。公元前260年，秦赵长平之战，赵国战俘竟有四十万人被坑杀！此战是古往今来最惨烈的战争之一。当时吕不韦正在赵国的都城邯郸，目睹了战争给赵国造成的创伤。秦军是出了名的虎狼之师，不分兵、民，见人就杀。因此，吕不韦在秦国执政后，反对在战争中进行大规模的屠杀，他提出了兴"义兵"的思想，所谓"义兵"，就是"兵入于敌之境，则民知所庇矣，黔首知不死矣。至于都国之郊，不虐五谷，不掘坟墓，不伐树木，不烧积聚，不焚室屋，不取六畜，得民房奉而题归之"。即不杀平民百姓，不掠夺百姓财产等。应该说，吕不韦的战争观是进步的，他在执政中尽量避免硬碰硬的战争，以减少损失，保护了平民的利益。公元前247年，东方五国联合抗秦，吕不韦设计破坏联军首领信陵君和魏王的关系，致使信陵君被撤职，联军遂告瓦解，避免了大规模杀伤有生力量。

吕不韦其人

第三，组织门客编著《吕氏春秋》，这是吕不韦执政期间的一件大事。在先秦诸子著作中，《吕氏春秋》被列为杂家，其实，这个"杂"不是杂乱无章，而是兼收并蓄，博采众家之长，"兼儒墨，合名法"，提倡在君主集权下实行无为而治，顺其自然。《吕氏春秋》吸取各家比较进步的思想。如对于儒家，主要吸取其民本思想、修齐治平思想；对于道家，主要吸收其清静无为的思想；对于墨家，主要吸收其薄葬的思想；对于法家，主要吸收其法治思想。

吕不韦在执政生涯中也存在一些过失：

一是他对权力的认识不够超脱，只知进不知退，没有做到有权而不恋权，到位而不越位。吕不韦的独断专权令秦王嬴政无法忍受，非要除掉他才安心，恋权的吕不韦最终被权力抛弃了。

二是他在处理和赵姬的关系时不够干净利落，在赵国邯郸时，吕不韦就已经把赵姬送给异人了，但仍与赵姬藕断丝连，以致一错再错，酿成大祸。当年他把赵姬送给了异人，异人称王，赵姬为王后，身为相国的吕不韦就应该彻底了结与赵姬的情缘，各得其所，相安无事。可他和赵姬仍有来往，赵姬对他也是恋恋不舍。尤其是异人死后，赵姬守寡，两人更加无所顾忌，内宫对于吕不韦来说就如自己家一样。这让日渐懂事的嬴政看在眼里，恨由心生。嬴政性格孤僻、暴躁，和他青少年时期受到的影响不无关系。相国和太后关系暧昧，在朝中、在民间都造成不良影响。精明的吕不韦后来也发现自己已经引火烧身，"恐觉祸及己"，主动和太后断绝来往，但是他又推荐了嫪毐，结果引狼入室，一错再错，招来灭顶之灾。

纵观吕不韦的一生，功过相比，还是功大于过，他在中国历史上起过重要的作用，开创了商人从政的先河，改变了中国历史的进程。

吕不韦死后，秦没有停下统一六国的脚步，秦王嬴政在李斯的辅佐下，实行郡县制，统一行政；焚书坑儒，统一思想；制定法律，依法治国；此外还统一了车轨、度量衡，统一了文字，以小篆为标准文字，李斯的小篆被公认为"小篆书法之祖"。这时的秦国可以说是兵强马壮，只待战车踏平中原了。

公元前 230 年，秦灭韩；公元前 228 年，秦灭赵；公元前 225 年，秦灭魏；公元前 223 年，秦灭楚；公元前 222 年，秦灭燕；公元前 221 年，秦灭齐，当年秦王称帝，为始皇帝。秦统一六国，结束了中国长期分裂割据的局面，为统一的、多民族的、中央集权的封建国家的确立创造了非常有利的条件。秦的统一奠定了中国的版图，加强了汉族和少数民族之间的联系，开创了中国历史的一个新纪元，促进了中国社会的飞速发展。

秦能完成统一大业，吕不韦功不可没！

（一） 吕不韦改变了我们的什么

春秋战国，群雄竞起，逐鹿中原，会盟称霸。其相互间拔城割地，你争我夺，到了秦一统全国，改郡县制，这才结束了纷争的社会现象，中国成为当时乃至后来相当长一段历史时期，世界上唯一的大一统国家，并且由此而永远存在下来。人们是否发现，在这之前，国家是以城堡为单位的。城里是国家，城外的地谁也不属。这一现象是谁改变的呢？

根据《夏商周断代工程 1996—2000 年阶段成果报告》商代存在总积年约 553 年，时间是，公元前 1600 年至公元前 1046 年。其实，在夏朝时期，商人已经立足在今豫、鲁、冀生活了很长时间，由于他们领导层管理能力的优秀，使人口的不断增长成为当时最为旺盛的氏族，因此而带来城里人口增长与粮食种植地面积之间的矛盾越来越激烈！他们能够解决的办法就是不断地迁徙，成立新城！这种现象一直到周后期，诸侯国的强大，争雄白热化，强大的诸侯国里地主仗着自己拥有兵力，便让奴隶与属于自己的"民"到城外开荒种地。这种现象在当时是很危险的，如果离城远，就有可能被别国掳去。新掳来的人都将是奴隶，可以进行集市交易。

到了秦朝，吕不韦推行新的富民政策，城外的地才有归属，即有些地属于城里的地主的，地主可以在城门开时派人外出务农！官家按需要可以派兵保护！

而在农忙之际，城里便派人住在城外。在这之前，城外是不能住的，你若住下了，就会被认为是野人（没有户口的），住在那里的人可能是奴隶，也可能是不属于任何城池（国家）的人！当然，城里的人有时也会称他们叫"民"！什么叫"民"？就是头顶太阳，手扶犁耕地的人。

为了使城外的地能够真正被利用起来，吕不韦任相期间实行允许地主让自己的奴隶与农民住在城外，并且规划出居住的地方，这就是村落的雏形。

吕不韦这一政策真正形成规模，还是在汉以后，那时开始有了庄！庄是供地主家的农民、奴隶居住的院落，而主人仍然住在城里。到了唐代，我国才真正开始有了农村，逐渐出现以农村为主要对象的贸易（即集市），这种现象的出现与逐步稳定，使中国成为真正的农业国家。

（二）世界村上的风景相近

吕不韦生活时代相同的这种现象，也出现在地球的另一端。在地球的这边努力着战争、称霸，企图统一，而地球的那一端却忙着宪政，忙着一种叫"城邦制度"的东西。

1982 年由中国社会科学出版社出版的《希腊城邦制度》一书里提到的有关希腊的城邦制度研究所提供的资料，竟然与我们吕不韦生活时代的社会现象一样。不同的是，秦国战胜列强逐步统一全国的封建社会时期，在希腊却开始了现代社会管理的试验并产生了城邦制度。

《伯罗奔尼撒战争史》告诉我们，人类各民族的发展史几乎都一样地毫无例外地脱胎于原始、氏族、酋长制社会后进入神权宗教式的王权社会，然后再迈向……但对于希腊在公元前出现的一些"试验"，过去一直被人们认为是神话传说，当近代人类的考古发现与《伊利亚特》《奥德赛》史诗中许多传说吻合时，我们就应该对这个在公元前两千五百年到公元前一千年初叶，发生在古代欧亚大陆多文化中心的史实更加关注。也就更应当认为这种关注具体到希腊

的一个叫"城邦制度"的形式上。探究
我们人类历史上的一些至今仍然被认为
有意义的事，对于我们理解昨天、认识
今天、构设明天都是极富价值的。

　　什么叫"城邦制度"呢？要说清这
一点，我们还是要回到春秋时代的晋、
齐、鲁、楚争霸说起。那时的诸侯国，

古希腊城邦制度危机

谁强了，谁就可以朝聘会盟做霸主。齐桓公可谓枭雄，他在位四十三年曾召集
主持会盟二十二次，但那时他的口号也只能是："尊王室"，他只能做至强，不
敢有至尊的野心。不是因为他没有周天子那样的神授王权，而是他始终没有那
种代周的力量。所以，他能做的是向加盟的国家征收贡赋，要加盟国家出兵去
帮他干涉别国的内政等等。因此，"助燕、迁邢、封卫"都是他引以为豪的大
事。那时，因为封地是以筑城的形式出现的，所谓的国家也都只是在城里，城
墙外面虽是封地却无兵把守，更没有疆哨兵卒。在这个城里有自己的王权，有
自己的法律，有自己的议事会、执政官和法庭，是个朝廷。但归根到底它只是
在一个城市里面进行活动的人们的天地，他这种形式便是一个国家所具有的，
因为那时的城外（其实也是国都之外）是不设防的，即便住人也是一些奴隶和
百姓（这样的百姓叫"民"）。"城邦制度"就是这样的一个设在城堡里的国
家，形式上与春秋时我国的诸侯国一样，但它们也是"独立主权国家"，一个
独立主权国家应该有的它都有。

　　这种现象在中国虽然也存在了几千年，也有"城邦"，但没有"制度"。因
为"城邦制度"一词是希腊的一种政治形式专用的词。而在中国，有"城邦"
却无"制度"。即便是制度，也不是与希腊的"城邦制度"相同，而是封建制
度、集权制度。

（三）"城邦制度"的核心

提到"城邦制度"，其中一个关键的问题是"主权在民与直接民主""公民与公民权""兵役制与公民军""官制与一整套的行政管理"等等。因为"城邦"毕竟不是城市而是国家。"城邦"需要有法制，需要有自给与贸易。这些，只要找本书读读即可明白。城邦的民主，是由公民来体现的；城邦的法庭由公民组成的陪审团做最后裁决的；城邦的军队是城邦里面的人员自愿组成的，连武器也是自己带的，真正体现"保家卫国，人人有责"！拿起武器能打仗，放下武器能做工；城邦里的官是一个最有特色的阶层，全体行政官员并不组成为某个行政首脑统一领导下的"政府"，行政官员则由公民大会根据各种行政官员任职时间长短需要来选，各自都对公民大会或其相应机构负责。许多问题，由议事会先拿出意见再交公民大会决定。因为公民大会出席的人数太多，不便于大家说话，一般说来都只是举手表决。于是，议事会就是常设的行政权力机构。城邦的法律反映着统治城邦的阶级的意志，而不是由某一个人或几个人的好恶来决定事关城邦的大局。这样做，主要是因为一种很特殊的公民意识所决定的。我们从上面的文字中也可以看到当时的"公民意识"是相当重要的。他们充分体现着公民社会下的公民精神、公民道德、公民参政意识，但这一切都是建立在公民对社会责任伦理基础上的。如果没有公民的对社会责任伦理的基础，一味地讲公民意识，也就是民主，势必会导致另一种极端：暴民政治。因此，单纯讲民主而不要一种责任，是对社会秩序的最危险的威胁和破坏。古希腊的公民意识是在公民对城邦责任（也就是社会责任）前提下的积极自由的公民意识。由此可见，城邦必定是"宪政国家"或"法治国家"，它体现的是贵族政治。

（四）中国“城邦制度”的消亡

有人说，贵族政治在中国的春秋时期也是有过的。但为什么，在中国的贵族政治就可以以宗教的皇权的家族宗教式统治而发展成为封建王朝呢？而在希腊则成为民事的政治的阶级性国家，成为英雄时代。我们清醒地看到的，宗教的皇权的家族宗教式统治使社会走向了极权制的封建主义，滞留了中国对人类应有贡献的步伐，这一点，我们的历史早已告诉了我们，毋须在此多舌。

民事的、政治的阶级性国家，成为英雄时代的统治则使社会走向了另一面，这样的一面就是：英雄时代的王权，部分地依靠神所赋予的特权，部分地依靠拥有出类拔萃的体力勇敢和智慧，从而逐渐地使君主神圣不可侵犯的印象开始淡薄……亚里士多德在解释王权过渡中的变化时说：“……功德大者推为王是当时的普遍现象，但一个城邦里这样的人一旦多了，他们就不甘心受制于一人，要求共同参加城邦的治理，这样，在某种情况下就产生了立宪政体。”这是一种妥协的产物，如果是哪一位功德特大者要求同王权者决斗并战胜了他，那么，失败的王就可能出走海外。

这种现象周朝就曾经出现过，太伯奔吴的故事就是王权转移下的产物。但为什么后来没有了呢？有人说，这就是秦国出现后产生的。秦始皇统一中国是件好事，但却葬送了一个朝着新的社会制度，一个更能适合今天的社会制度的体制推进的机会。这就是吕不韦的错！

我们在近二千年的封建统治后才能清醒地意识到推翻皇权的“家族宗教式统治的罪孽”。并不是说我们落后了别人几千年，更不是说我们一定要走人家的那种路。一个国家选择什么样的管理形式并非重要，重要的还是内在的实质。我们在说城邦制度时应该说的是，目前国际上的许多有效的国际法规为什么会诞生在几千年前的希腊？几千年前的希腊，怎么会有许多适合于我们今天所需要的社会文明规则呢？如果说中国的四大发明推动了人类早期文明的进步，而海洋法、国际法之类的源于希腊的一些文明规则推进和贯穿了人类社会活动的始终，并引导人类走向现代文明！希腊是怎么会产生这样的贡献的呢？这应当成为我们特别关注并且可以从中得益的话题。

对于这一现象，梅因却有自己的看法，他说："……当世袭国王中产生了柔弱无能的人，王家的权力就开始削弱，并且终于让位于贵族统治……王位是被荷马一再提到的和加以描写的领袖议会所篡夺了。无论如何，在欧洲各地，这时已从国王统治时代转变到了一个寡头政治时代，即使在名义上君主职能还没有绝对消失，然而王权已经缩小到只剩下一个暗影。"

梅因说的这种情况，是欧洲那个时代最真实的根据，就连日本也有过一阵子。中国呢？春秋时期的中国，是选择中国史走向的定型期，中国完全可以从诸侯国的状态中走向英雄时代或领袖议会或城邦制度的贵族统治，但是没有能够。要说起来，中国春秋时期的"世卿政治"也就是贵族政治，它进不了贵族政治的原因就在于中国实行的是几个贵族世裔或贵族中的杰出人物的"人治"！而没有像人家的贵族政治那样组成一个阶级的贵族用"法治"来行施政治统治。有人认为中国出现那种状况是秦国的崛起。其实不然，这是神权与王权被理论化后的恶果，这我在后面还会提到的。

（五）最初的意识决定最后的结果

如果用"希腊史从来都是多中心"的话来说明曾经是游牧形态的古希腊，这可能就会有意无意地掩遮了本质。"希腊史从来都是多中心"的来源应该是它的城邦制度所造成的。从一个意义上来说，这种制度是不可能出现大一统国家的，但它却可以诞生一种新的社会制度——民主意识。当然，这种意识也是在一定条件下产生的。我国周王朝以及后来诸侯国的"国都"，实质上也只是和古希腊一样，只有一个城堡。城墙外面的地方既不是你的，也不是我的。战争只是以占领了城堡为胜利。城堡攻下后，王归何处？中国人与希腊人有着完全不同的处理方法。中国是放到锅里烹了，凌迟了，即便有放了回家的（那家在哪里？）也只是威风全无下的苟延残喘罢了。而古希腊则不同，一些战败的首领带着他的随从远离本土去海外寻找新的领地，去征服别的土著，以此来发展自己的王业。英国学者汤因比认为：这是一种崇高的精神，符合西方人的人文精神。古典时期的希腊史家希罗多德称这些人的勇敢行为是"宁为鸡口，毋为牛后"的自立门户"分裂繁殖"。到另外的一个地方去开创事业，虽然要比在当地做牛尾吃更多的苦，况且移居海外还是要冒许多风险，甚至要葬身大海。但他们能够以海外的事业来向旧有的竞争者说明自己并不是弱者，就这一点来说，他们是强者！他们完全个性化了的行为，引来了海外贸易的发展。当他们的事业有了发展，那种"宁为鸡口，毋为牛后"的事实摆在他们面前时，原来的城邦也改变了对他们的态度（实质上，应该说是他们首先改变了对夺取他们原来王位者的看法，宽恕了夺位者，并把这种行为理解成英雄主义。这大概与斗牛士的行为有些相近。）与他们进行贸易。请看一段文字记载：

"拉凯戴孟（Lacedaemon）的铁拉司（Theras）是卡德谟斯（Cadmus）一族的人，他是攸利斯提阿斯（Eurystheus）和普罗克利（Procles）的舅父。当这些男孩子还是年幼的时候，他在斯巴达以摄政的身份执掌王权。但是当他的外甥长大并成了国王的时候，铁拉司既然尝过执掌最高政权的味道，他便受不住再当一名臣民，于是他说他不愿再留居拉凯戴孟，而是渡海到他的亲族那里去。……铁拉司便带领着三艘三十挠船到（原来称为卡利斯诺）的岛上去……这个岛由于他的殖民者铁拉司的名字而被称为铁拉司岛……"（Hero. IV, p. 147—148）

这段文字大概可以称之为有说服力的了。

从这一段文字中，我们又可以看出，是不是在战胜者与被战胜者之间，中希两个民族间有着不同的态度呢？前面说的是希腊人的态度。中国人呢？唐后主是一种，乐不思蜀的也是一种。于是，更多的人是被奴顺了。于是，在一家外国通讯社有关中国的某篇报道中出现了称："中国XX人历来有欢迎征服者的习惯……"的字眼。于是，在一部很有影响的外国人写的《政治学》书里出现这样的话：

"蛮族王制（是）僭主性质（按即东方专制主义式）的王制……因为野蛮民族比希腊民族为富于奴性；亚洲蛮族又比欧洲蛮族为富于奴性，所以他们常常忍受专制统治而不起来叛乱。"

是这样吗？那么，卧薪尝胆又做何解释？苏武牧羊又怎么理解？几乎与古希腊相同时期的中国秦王朝的崛起过程中，多少曾是列强的诸侯国王被秦王杀死以绝后患？这种行为能解释为残忍或残暴吗？依我之见，奴性与顺从是不可相提并论的，他们始终不是一回事，更不能相提并论。奴性是人类共同的劣性，哪一种民族都有。从某种意义上来说，奴性是压迫的产物，但奴性也可以在一定的条件下转向为民主的萌芽、反抗的导火线。古希腊的城邦制度里的民主意识也是有条件的而不是非条件的，能够参加议事会的公民也绝不是一般的公民，他必须是男人，而不是妇女，更不是未成年人或非土著人等。

（六）奴性的可悲

其实，对于古希腊和春秋时期的中国来说，大家都是处在一个城堡式的统治时期，一个能够为今天世界文明史做出巨大贡献，另一个也从另一面为人类文明做出了自己的贡献，谁都难说自己是对或不对。因为，任何一种经验都是后人的财富。中国春秋以前的诸小国，虽然大家也都在提倡强国富民，但目的却只有一个，那就是为国王争夺霸主的目标而努力。在中国，自有史以来就有一个凌驾于他们之上的神授的最高王权。夏王朝有"元后"，殷商有"帝"，周朝有"天王"的周天子。到了诸侯众崛，逐鹿中原之际，他们完全可以采取另一种形式，即希腊远古时期的"迈锡尼诸王"被多里安人征服后，那种神授王权便消失了的方法来选择中国史的新写法。但是中国是不能的。在中国出现那么一种机遇时，中国的知识分子把当时的兼并和争霸一直高呼为："伟大的王业"！秦始皇一统海内被世代拥为伟业。很少有人从人权角度去考虑（大一统并非与人权相矛盾，这一点，现在的人是看清楚了的）！古希腊也曾有过兼并，但那后来还是以失败而宣告结束。

对于这两个不同地理位置上的国度历史上的故事，我们现在来评说都显出一种草率。但细细地想，多少也是有着一些道理。也许中国人由于地理和物产的缘故，随遇而安衍生出那种所谓的"奴性"！古希腊属于游牧，为了生存的不断迁移生就了那种"天下广得很，此地不留人，自有留人处"的处世哲学也未必不可。由于在兼并后走向的完全不同，必然地出现中国秦王朝的封建霸业，出现万马齐暗却又得益于"天下一统"的几千年局面。而神授王权的旁落，导致城邦制度的出现，也必然会出现主权在民和公民权等明显的接近于现代文明的轨迹。这都是很正常的。细究起来，还是有句话说得对：舆论是政治和军事的先导。

如此说来，如果春秋战国没有百家争鸣，如果春秋战国的百家争鸣是还权于民的话，那么，秦王朝将不会是秦王朝，中国的历史将会是另一种写法。那时候的中国是对人类有更大的贡献呢？还是给人类带来更多的不幸，这是谁也无法说清楚的。但有一点，古希腊的城邦制度对于今天世界的借鉴作用可以说明，在春秋时期的百家争鸣并非如许多人说的是一个好的时期。古希腊先进的文明结晶"城邦制度"也未必就可作为甄别春秋时期中国史走向上的是非绳墨！

有人说得好：一个从来没有帝王的国家民众，是绝不肯答应他们选出的总统变成帝王的。一个从来都在王权统治下习惯生存的民众，自然而然地就会将他们的领袖当作帝王来对待。

十四、后世评说

（一）皇帝好坏不由百姓选

我们在读历史的时候，常常会遇到这样的思考：为什么号称强大的朝代总是那么短暂，而那种对历史并没有什么建树貌似无能的皇朝却偏偏统治的年限总是上百年乃至几百年？这是什么原因造成的呢？是历史有意与善良的人们过不去而开的玩笑？当然不是，谁都知道皇帝不是百姓选的，百姓也没有选择的可能。百姓只能听任上苍的安排，上苍给百姓派个什么样的皇帝来，大家就只好任由这位皇帝凌迟、宰割、蹂躏或揉抚、亲昵。人们只能私下评说皇帝（只能私下，稍一忽闪，传到皇上或与自己不对劲的人耳中，那就会犯下杀头的罪。这个罪名虽然荒唐，却一直是行之有效的——欺君之罪。）的昏庸或荒淫，恨上苍无眼，怨自己前生造孽今世摊在这么一个昏君手里。有时，人们也会为好皇帝推卸责任，说年成不好，纵使玉帝来当人主也扭不过天灾带来的种种话。

当然，那种得到百姓拥戴谅解的皇帝一定是马背皇帝，下马坐了金銮殿后又克勤克俭，处处省着百姓的钱财不思享乐，或者是受命于危难之时上台没有一天好日子过的皇帝。这样的好皇帝面对天灾人祸也是难扭乾坤，无以拯救黎民百姓于水火的。

史家对此有史家的看法，他们认为：百姓指望一个好皇帝的愿望固然是好的，可好皇帝是难盼的，坏皇帝也不是一个接一个地连着有，多的总是昏庸而且不管老百姓死活只顾自己享受的皇上。

因此，长期的历史让人们找到了一条选择、约束皇帝的办法，那就是君道。对于君道，自秦以后历朝历代的说法很不一致，并不完全局限于儒家所说的"君臣"之说。其中，单对君主的约束内容就很多，宽泛一点说，史官手上的

那支笔也是个中的内容之一。遇上秦始皇这样的皇上，他是不会买你什么"君道"账的，就是赵匡胤不也是没有把史官放在眼里吗？就连唐明皇不也对史官说过，朕就这么做了，卿想把朕写成何样，朕也顾不上后人怎么看朕了。倒是那个宋徽宗好像说过一些当皇上受的拘束太多，到皇宫外面去嫖个把妓还要考虑什么影响！这有什么影响，平常人能宿妓，皇上也能宿，这应该看作太平盛世皇上与百姓同乐的象征嘛！

君道是约束人主的法宝，它可以助英主赐福于百姓，它也多多少少可以扼暴君敛荒淫于法度，使天下百姓的蒙难降到最低限度。于是史家有言曰：君道最早源于易经，丰富于后世。易经之说，乃上苍赐予人主之治国方略；听则昌，逆而亡。刚愎自用者善扬刚而疏阴，故阳强暂短；喜阴怀柔之人主好揉善美玉之术而远刚阳，必阴柔重长至气数殆尽而寿终；阳强暂短则国力未大损，阴柔尽则民财耗尽；此《易经》之理也。

所以史家常出惊世之论说：阴阳相和，柔强共济，方为英明人主治国之大略。

（二）"相对论"对官场也有作用

20 世纪初，爱因斯坦在物质运动与时间空间关系的理论上，提出了现代物理理论基础的重大发现——相对论。人们开始用这一理论来解释以往政治历史生活中的许多难解之谜，惊奇地发现：物理上的一些亘古不变之原理用于政治生活，历史规律、国家统治，竟也有惊人的相通之处。物质运动讲究相对，一个国家的统治手段何尝不是需要相对时间上的相对政策来适应而极不宜一成不变呢？

中国的历史一旦进入了封建统治社会，统治者一刻也没有放弃过统治思想的选择和这一思想体系的形成。统治时间长一些的君主留给后人的文字中倒也真的是有一些相对论的观点，什么谓君是舟、民是水；"水能载舟也能覆舟"；

“春盈秋亏，四季分割；年轮相递，盈亏互参；君主理政，盈勿溢，亏勿溃。”其实这些思想早早地就进入了《易经》。我们从《吕氏春秋》里得知，在夏商周之前，人们就已经关注到了这一点。或许还在更早一些时候的酋长部族时就已经开始了苦苦的寻求，《易经》正是这样的一部记载史，只是我们现在还没有能真正地解开它而已。没有能解开它，是因为历朝历代对它没有引起足够的重视。关于《易经》到底是一种什么样的“理论”，我们可以在以后的文章中讨论，但我不相信《易经》是一个简单的东西，即便是一部“揭开人类思维的生长发育过程”的“日记”（见重庆出版社 1992 年版《<易>与人类思维》），那多少也是在总结前人的思想，从中寻找到后来的人主所需要的“思想”。事实上，历史上只要能够使当朝当代的学术自由，必然会导致为政者思想自由度极为宽泛的选择，从而使他的治国大略一定是前朝历代所无可比拟的，也就必然出现一个经济的鼎盛期。贞观之治就是最好的说明。可惜，这样的朝代在中国的历史上也还是凤毛麟角的，就是在世界各国历史上也不是普遍的。因为这需要人主的“宽容”！一个国家的统治，一国之民的安康依赖于人主的喜怒哀乐，这正是人类的可悲，这正是人治的万恶不赦！正是因为每一位人主都不可能按照前人的经验教训来决策当朝当政的路线与“主义”，所以也就必然出现历史生命的曲折和马鞍形的发展线。人主的个性化的统治思想的选择，导致了每个国家的历史的民族的不同的特色，这也就形成了中国历史上的一种特定的奇怪现象：以人主好恶而定乾坤，于是一朝一代均或阳强而暴短，或阴柔而邈绵。统治者或阳或阴的性格和或长或短的寿数，也导致社会的悲剧精神，从而也就注定了人文学者的悲剧命运。

这样的现象，难道是今人才发现的吗？

（三）尊君、尊主、定于一尊

有学者说中国历史上的思想史是一个“俗——礼——法——儒”的发展过

程。这一说法，有一定的道理，因为它毕竟还是包涵了哲学的思考，点明了中国历史上人们对于思想体系方面的苦苦寻求。可以算作一家之言吧！"由天下大乱到定于一尊的社会政治走向"，于当时的人们而言，虽不知道其中哲学的意义，或者说还不完全明了，但在当时"由天下大乱到定于一尊"或许正是一种进步。说它进步，是因为它让饱经战乱的百姓得到了暂缓的喘息，有了安抚伤口的时间。同样，"定于一尊"后的苛政对于百姓来说也不是立即就会出现，更不是人人都会遇到的，它不会像战争的灾难那样，人人都不可回避。百姓只要有个安定的生活环境，不饿不寒，不逼得他走投无路，他们还是容易满足的！话说回来，谁当君主还不都是一样要交租要交税？说到思想方面的明辨、争鸣，那毕竟是学士们的事，与百姓的直接利害冲突并不大。"由天下大乱到定于一尊"的理论对于君主们来说，那可是事关政局的大事。不明则暗，暗则偏信，偏信则不明。这个道理，李世民最明白，他不仅自己明白，而且连妻子长孙皇后也明白，两人在长期的执政中互相帮助。正因为这对夫妇有着对政权的高度智慧的认识，他们才从盘古开天地的中国历史中脱颖而出，成为中国众多皇帝中唯一被后来的中国人真诚拥戴的历史人物，这固然是他们的勋业，也是他们夫妇的美德，更重要的是他们对于治理国家的君道守诺和作为帝王的规范。为了寻求一种赢家万世帝业的良方，赢政一方面苦苦摆脱吕不韦的理论控制，另一方面自己又在精心寻找满意的理论，由此可见，李斯和后来的一连串的法家出场正是这种现象的产物。从另一个角度来讲，战国末期，中央集权的大一统局面即将完成，秦王赢政的权力也随之不断地膨胀，一些游说之士把"尊君、尊主、定于一尊"的调子不断地四处散布，这对于仲父吕不韦来说是极为不利的。其目的不言而喻，吕不韦到底是经历了战乱和建业甘苦的人，对于曾经、现在也仍然是秦国权力无限膨胀的积极推进者的吕不韦来说，他既极力提倡中央集权，又反对把权力集中于君主一人的做法，并千方百计地利用自己手中的权力扼制不断膨胀的君主权力，因为他坚信眼前的事实：如果任由赢政个人行为发展下去，秦国几代帝王的努力和他的一生奋斗将完全化为灰烬。他必须要用一种思想约束住嬴政，要做到这些，他得格外小心翼翼。说到这一点，我们应该公正地说，吕不韦是在进入了秦国政治以后就开始为秦国寻找万世帝业的良方的，他想凭自己的努力使秦国能够从根本上摆脱诸侯列国灭亡的覆辙。其中重要的一点就是要从理论上解决好这一问题，他笃信经过百家争鸣的春秋战乱，许多理论已经弥显它的优劣，如果能够像取每只狐的腋下纯白之皮毛缝成一件裘皮衣裳那样，把所有有建树的理论的优点抽出集中起来，那就一定是一部最好的治国大纲，后世的秦国帝王只要照着执行，万世永固便不成问题。集腋成裘，应当是吕不韦这一思想的最好注释，但不是他完整的思想体系代表。因为，在顾全秦国万世基业的前提下，他又必须面对现实地保护着眼下活生生的一个自我！拿自己的矛又去戳自己的盾，他真那么情愿的吗！这番苦心，嬴政不但没有看到，而且狗咬吕洞宾，识错了他吕不韦的一番好心。这不能不说是吕不韦一生奋斗到最后的可悲！功亏一篑，固然是一种可惜。这对吕不韦个人是一种无可挽回的绝望，而于历史又何尝不是呢？吕不韦在含恨离世之时，他又怎么想的呢？是早知今日，悔不该有当初呢？还是流尽悔恨之泪，难洗今生他世的愧恨？不，吕不韦到底还是政治商人，他相信人生也不过就是一场买卖的输赢，被人屈杀还不如死在自己的私生子（如果说嬴政真是他的儿子的话）手里痛快！干脆淋漓喝下这毒鸩，划上一个漂漂亮亮的人生句号，坚信自己给后人留的《吕氏春秋》不会随着嬴政的暴政而消失。与孽种论胜负自然已是没有机会，但后人、历史自有分说的是这部《吕氏春秋》。由此可见，吕不韦编定《吕氏春秋》能没有他个人的目的吗？说到他们之间的恩恩怨怨，早已有众多的文章论及，这里也就不必细说了。

（四） 秦二世而亡的根源

无论是对待吕不韦本人还是对待《吕氏春秋》，嬴政都没有能够很好地认真的冷静地对待过，不但没有能从国家利益的角度理解到吕不韦的苦衷，而是始终把仲父吕不韦当作威胁自己王位的政敌，从而使自己永远陷入了与吕不韦分庭对抗的境地，并逐步削弱其权力，夺其职位，最后置吕不韦于死地，从而导致了秦王朝二世而亡的悲剧。对于这一现象，如果我们公允地站在历史的角度上来看，可能这还不能完全怪嬴政个人，应该说与当时的时代和秦国本身历史有极大的关系和部分责任！

春秋战国之际，针对殷商的统治体制，继后而起的周朝在管理制度上应该是当时比较先进的一种社会体制。但一种体制能够使一段社会历史成为进步的象征而不能代表着这种社会体制能够永远地统治着历史并一直先进下去。到了周末，分封制权力结构和世卿世禄的贵族政治渐趋崩解，权力下移带来诸侯渐强，政出多门招致列国称霸。旧体制统治与新贵们之间各不相让的权力与利益的再分配，以战争作为首要选择。理论又是战争和侵略的强有力先导。理论在这一时期，是以思想文化的繁兴出现的，以诸子百家的游说横陈各国为因果。使用何种学派的理论作为治国大策、作为占有他国领土的纲领，又是诸国君主大肆有为而天下大乱的时代特点。思想家们的理论带上了种种的色彩，他们摇舌诱惑，令各国君主上钩。张仪论纵横，苏秦佩六国相印都是中国历史乃至人类历史上空前绝后的故事。这些理论家们地奔走游说，有成功，也有失败。一国成功的范例又成为他们摇舌他国的资本，令他国国君效仿的良方，以致出现不问本国情况，东施效颦的现象在当时也是颇为盛行的。周礼作为一种统治思想在近千年的历史中没有变化，逐步僵化，从而成为战乱的导火线。而从"周礼"的政制因素中充分分化而来的"法治"，因其以鲜明地反映与传统决裂、顺应和推进官僚集权政治、独尊吏道而其舍"礼"尊"法"，代表着一种探索，一种萌芽状态的进步势头！"当时而立法，因事而制礼"的针对时政活学活用"周礼"的做法得到了欲成霸主的秦国赏识并在本国的实践中取得了一定的成功经验。如果说"儒家思想体系"是从氏族贵族的个体成员和巩固宗法纽带立论，带有浓厚的伦理感情，建立在氏族成员的血缘观念和心理基础之上，并以此而发展加深巩固这种体系的理论的话，从"周礼"分化出来的"法治思想"则从统一帝国和专制君主的统治秩序着眼，纯属功利需要，完全要求服务于帝王统治的政治目的，并不择手段甚至六亲不认。这种思想体系又在秦国的历史中产生过极大的政治、军事、经济效益，自然会为秦国和嬴政所需要，也极符合嬴政个人当时的心态，他当然会死心塌地求近而舍远地去接近"法家"了。但他忽视了作为一个继承王位治天下的君主应该选用什么样的政策这样一个大问题。在巩固政权中，他依然如夺取政权时那样极力地排斥"阴阳相和，柔刚共济"，笃信韩非子学说，加上他本人个性上的一些缺陷，造成了他个人和国家的悲剧。有人说，秦国本来是不会那么快地灭亡的，是吕不韦与韩非子以身殉道（他们自己的主义），把秦统治者送上了权力的巅峰，同时也把自己送上了极权政治的祭坛。这又是另外一种说法了！但是，我们应当承认的是秦国效法是有它的时代和本国历史性原因的，这一大气候使嬴政个人的所作所为有了庇护的借口。

（五）《吕氏春秋》的真正作用

我们如果把秦国的历史以吕不韦当政和大权旁落划分为两个时期的话，便不难看出秦国政策中的两种截然不同的现象。吕不韦既使用法家的一些思想，也用儒家的一些思想，从中优选一些对自己胃口的东西，并以此开始创建自己的思想体系。例如："宽裕忠信，和平毋怨""慈下勿凌""恭敬多让，宽以治之""有严不治"，"用民有纪有纲，……为民纪纲者何也？欲也，恶也。何欲？何恶？欲荣利，恶辱害。……不得其道而徒多其威，威愈多，民愈不用。……故威不可无有而不足专恃。譬之若盐之于味，凡盐之用，有所托也，不适则败托而不可食。威亦然，必有所托然后可行。恶乎托？托于爱利。爱利之心谕，威乃可行。威太甚，则爱利之心息。"这中间，吕不韦主张"威"必须有所托，严刑酷吏只是手段，而不是治国的根本之法。当然，他的那些"托"于"爱利"，"用民"的"纪纲"又绝非儒家思想。吕不韦用一种商人的眼光把儒法两家思想中的优秀部分都择为己用，"集腋成裘"地出现了最具他个人风格思想的施政纲领。有人认为这个施政纲领是吕不韦"在法家实际政治的长久实践的经验基础上，在新的社会基础和政治结构（统一专制帝国）的需要和要求上，对儒家血缘氏族体制和观念的保留和改造。"我以为，把吕不韦的做法说成是法家与儒家的，都不贴切。吕不韦也根本就没有标榜过自己是什么法家、儒家。他从秦国把墨家充作"城守"之责而非弘扬什么"兼爱""非攻"中学到"致用"的实惠，发挥造就出只要谁的想法对他有用都可以为他所用的功利主义。这种思想在《吕氏春秋》中是再明显不过的了。

吕不韦这样做，是为一个雄心勃勃、代周而兴、建立统一和稳定的中国新王朝做理论建树，在这中间，他是把自己标榜为周公的。采自儒家在内的众家之说集大成，也正是他摄政过程中深深体验，非做不可的大事。后人把《吕氏春秋》说成某一家学说的代表，比方说他是集儒家之大成，再比方说他是取"无为于君道"，"得道者必静，静者无知。知乃无知，可言君道也"，"有道之主，因而不为"！其实，这都没有完整地理解到吕不韦的苦衷。吕不韦不是搞什么研究，也不是在创立什么学派，他出于一位商人对眼前一切的商业思考，非常务实，他讲究实用，他请来儒家学士，他汲取法家在内的"道、墨、名、兵、农、医、杂"等一切可为我所取的学家，集百家之长，钦定万世标榜之理论，为赢者的万世帝业奠基业。照吕不韦的设想发展卜去，一旦真的成功，也就必然没有了后来的董仲舒出人头地事，也必然不再可能是儒教成为汉以后的华夏民族的"国教"，历史便是另一种写法了。悲剧的英雄往往是以自己的失败而留给后人警钟，但后人未必能够完整地明白并引为惊世之鉴。其中以胜败论英雄也不乏是一种原因。

（六）君可废，而君道不可废

吕不韦从自身的体验和秦国发展壮大至此的正反经验认为，此时秦国需要的不是"强阳之剑"，而是"柔阴之绵"，加上嬴政平时的所作所为，更使吕不韦感到需要一种思想来对嬴政产生影响，产生约束作用。吕不韦熟知嬴政为人骄横跋扈、刚愎自用、粗暴乖戾，他便在《吕氏春秋》中予以暗示："得道者必静。静者无知，知乃无知，可以言君道也。故曰中欲不出谓之扃，外欲不入谓之闭。既扃而又闭：天之用密，有准不以平，有绳不以正；天之大静，既静而又宁，可以为天下正。""惟彼君道，得命之情，故任天下而不强，此之谓全人。"

嬴政是个何等聪明的人，他见吕不韦这样地对待他，他怎能不生气？此书悬过城门，天下学士争抄播散。知秦内宫情者，无不知此书是为嬴政而作，把我堂堂嬴政作乳儿戏乎？你要我这样做，我非那样为；你能把我如何？咱俩来个南辕北辙试试！至此，吕不韦也只能叹曰"竖子不可教也"，为期已晚矣！亡羊补牢已经不能解决问题了。把一个已经有完整思想又有高参在左右的嬴政扳过来，谈何容易？

出于公心的吕不韦一片善意非但得不到嬴政的谅解，后来甚至发展到了以泄私怨而不顾国家利益（这正是人君、人治之大弊——可惜我们花了几千年才明白）！如果嬴政与吕不韦没有在使用什么样的理论作为治国大略上发生过相当激烈的争论，就不可能会出现在嬴政除了吕不韦以后，秦王朝以迅雷不及掩耳之势很快统一了中国，这正是嬴政摒弃吕不韦的那种各家兼收的开中药方式的统治理论而单用一味——"法家"的效果。

嬴政沉醉在这单味药给他带来的极度兴奋之中，忽视了一个基本的常识：军事、政治必须以牺牲仁义而得。夺取政权要强暴血腥不惜手段，巩固政权则要儒教礼义的仁慈加两面三刀。有人说，政治犹军事，人生乃战场，揭穿了一切虚情假意，才能'益人神智'而'图有所为'。虽说嬴政喜读书，可他读的书都是他所需要的，这些武建江山，文治天下的道理，他是一概不需要的。此时此刻他要的是大搞泰山封禅，海外寻仙长生不老药了，把国内的危机丢到了脑后。恰恰正是单用一味，好比巴豆虽然可以泻毒，但单用过量则会害了卿卿性命，秦家王朝很快灭亡了。后人总结这一经验时就没有从深处去想，而是单单从表面看问题，以为秦亡于"法"！从而把儒家放到了至高无上的地位上，精心打扮起孔子来。这是后人可悲之处，这里暂且不管。但我们提到秦王朝的悲剧，说到了春秋时的诸子百家之说，那么，为什么秦始皇不用儒家偏信法家，而吕不韦身为庄襄王的丞相，积极推行秦国历朝先王的政策，他自己也在扶助嬴政的摄政中运用和推行了法家的一系列政策，为什么在《吕氏春秋》中却众采各家之说？匡正过去包括他自己在内的许多秦国的政策，这到底又是为什么？

现在可以解释的只有一点，那就是说吕不韦从一个商人政治家的角度，在运用法家理论的过程中或多或少地发现了法家理论在巩固已有政权中存在着众多的明显缺陷，而且直接威胁着秦国万世王家基业，非重新立一部新理论而不能免其灾。这大概就是《吕氏春秋》真正的出笼目的。

（七）糅万家之学，集千人才智而尽沙出金

如果按照宗白华先生的说法，"汉末魏晋六朝是中国政治上最混乱、社会上最苦痛的时代，然而却是精神史上极自由、极解放、最富于智慧、最浓于热情的一个时代。因此也就是一个最富有艺术精神的一个时代……"之所以会产生这样一种特定的社会，而且也是中国历史上唯一的一个，这不能不令我们深思。公正而客观地说，这是因为汉代思想定规于儒教一统所致。汉王朝的没落导致人们对儒教的再一次重新认识，从而使下一轮统治思想选择定型前出现了一个短期的"真空带"！这一说法如果成立，那么，追溯向前。周末春秋是否是中国历史上各派学说兴起和成型期呢？我记得，这已经有人下过如此的结论。当我们冷静地看待历史时，我们可以承认这样的事实：秦皇朝的兴起，正是春秋战国的各派学说相互争鸣又相互排斥的结果。这种结果也正是中国历史在一个重大选择时，踏错了莲花座，让泱泱大国的历史错踏莲花数千年，导致汉时尊儒为国学的事实再一次由唐推向鼎盛，宋承唐制，明奉唐圣，少数民族统治中原也以儒为"以汉治汉"的法宝，一部中华民族史，实际成为儒家史。最为可悲的是并没有多少人认为历史在选择对中国负责的思想时也曾经是醉眼看花！

当然，我们也可以认为这种结果是各种学说走到了极致而产生的后果（说是一种恶果的说法，也并不为过）！所以，儒家之说，夸大其说是安邦定国的高深学说，实在不敢苟同，倒不如说是一种儿戏学说（由皇帝的好恶来决定一个国家人民的命运的做法，不是儿戏又是什么?），历史已经早早给了他们定论。打个比方吧：一个球的表面是圆的还是平的? 你叫孔丘与张仪来回答，结果一定是不同的。也许，孔丘和张仪都会说这个圆球的表面是平的！或者说是圆的。那么，他们说的中间到底哪一种说法是对的，哪一种说法是错的呢? 可以说是对的，因为球的表面是由无数个小平面组成的；也可以说是不对的，大家的眼睛明明都看到球是圆的。不是圆的，还叫什么球呢? 这中间的关键是我们从哪个角度去看问题? 也可以说，站在宏观上说球表面是平面的说法是瞎说八道，站在微观的角度去看球表面是圆的说法也是胡说。诸如此类的诡辩术，在苏秦张仪生活的时代，在孔子、老子、墨子、荀子学说纷争的年月，盛行的正是这些东西。它无疑对于人们思想的活跃，对于人们对理性微观世界、未知自然的认知是有着拓荒般的伟大意义。但对于一种学说的诞生，一个国家的治理政策的产生，则是一种危害。治国之策，需要糅万家之学，集千人才智而尽沙出金，皆后世人主也应审度变化，忌照搬照套。一音非曲，一花非春，弦弦掩抑声声思，万花竞放春盎然。如果不是董仲舒对儒说进行"阉割和再植入新的生命"，儒说能成为后来的中国"国粹"吗? 春秋诸侯争霸，战国七雄争主的结果是让董仲舒做成了一件大事，诸子百家，诸侯七雄九泉之下，莫不扼腕长叹历史的轻率和不负责任，其实，他们哪里知道，正是这些纷争的理论陷入混乱，导致后来者选择时的轻率。如果秦始皇选择儒家学说而失败，后世会不会以法家之说尊为"国粹"，奉为万世安邦定国的高深学说呢? 那也是很难说的。

用现在的观点来看，儒教里是没有什么今天欧美那种个人主义至上的东西。儒教的道德论是追求个体所属社会的幸福。这种所谓的"共生体的幸福"实质还是一种"一将成名万骨枯"！当然，我们这样说的时候，并不是全盘否定儒家学说的长处，只是此地非"扬长"之时罢了。

第二章 《吕氏春秋》其书

战国末年，学术下移，私人著述与日俱增，形成了百家争鸣的兴盛局面。执掌秦国政权的吕不韦基于为即将形成的大一统国家寻找理论方案的需要，把统一的愿望扩大到思想文化领或，他下令三千门客广征博引，兼收并蓄，将诸子学说齐聚一堂，然后以务实的观点对其品评缕析，剪裁取舍，最终形成了《吕氏春秋》这样一部"备天地万物古今之事"的杂家大作。该书体例严谨，但内容却十分庞杂，故历代评论对其褒贬不一，然而总体上却是褒多贬少，这多少为吕不韦在历代士人心目中挽回一些地位，正所谓：书以人而成，人以书而名。

一、《吕氏春秋》的编纂

当战国养士之风蔚然兴起后，吕不韦以海纳百川的大家风范招纳门客三千，不惜耗费巨额资金与精力，致力于《吕氏春秋》一书的编纂。此书于秦王政八年（前239年）编成，书成后吕不韦特加《序意》一篇，阐明其成书时间及著述意图，这成为吕不韦主编此书的力证。吕不韦对《吕氏春秋》一书可谓费尽心机，为使其广为人知，他甚至不惜抛出"一字千金"的承诺，这是何等的气度。对《吕氏春秋》，吕不韦的主编之名是当之无愧的。

（一）《吕氏春秋》成书的时代氛围

吕不韦在秦国当政的时代，上承秦昭王称霸诸侯、连年征战的风云激荡，下启秦始皇统一六国、御守海内的威震殊俗，是一个统一趋势已十分明显的过渡期。这一时期，秦本土已实现统一，政治上比较稳定，生产发展有一定保证，这就使秦在对外战争中有了稳固的后方。在外部环境方面，六国濒临灭亡的颓势越来越明显，各国之间矛盾重重，其内部也各有不同的竞争帮派，内忧外患交困。秦国巧妙地利用了这些矛盾，借此逐渐具备了统一六国的可能与实力。

然而政治上的变化总是要快于思想文化上的演变，虽然这时要试图改变秦国一统天下的趋势已如螳臂当车，但思想文化领域的"百鸟齐鸣"却依然久盛不衰，丝毫未显示出要转变为"百鸟朝凤"的迹象。战国时代，诸侯林立，以往被视为礼制、法度之楷模的周王朝早已失去号召力，各国君主纷纷按自己的意愿各自为政，尊儒、崇法、信道、重农等各种观点在不同国家间并存。随着战国末年政治局势的演变及新兴士人对此越来越精确的分析，各国都渐渐意识到仅靠一种学说来实行统治已不足以应付纷繁多变的时局，于是他们开始信奉"海纳百川，有容乃大"，不论持何派观点，只要有利于国家统治，就可以接受。这一统治策略的调整加快了战国末年士人的跳槽频率，其直接影响便是促进文化交流与融合，各个学派不再互相敌视；他们终于能够心平气和地和平共处了，虽然偶然还会出现一些疾言厉辞的激烈争论，但他们已学会了为实现"天下大治"这一共同目标而包涵、忍让。于是，中国思想界的第一次大解放出现了，这就是"百家争鸣"。这种开放的文化氛围为《吕氏春秋》一书的编写提供了必要的"软件"——即诸子百家思想的兼容并存，这就使其可以成就其杂了。

春秋以前，著书立说被认为是严肃而神圣的事情。当时，做文章、写书都是官府委派官吏、士所做的事，所写的内容也多是官府的文告、占卜的记录和历史，因此作者的官名就叫史或卜。到春秋战国时代，以前那种"学在官府"的局面改变了，文化逐渐传人寻常百姓家，特别是经春秋时代孔子（前551—前479）的提倡和传播，开民间讲学之风，一般百姓读书识字多了起来，私人著述也渐渐出现。如孔子讲学的内容，就被他的弟子及再传弟子整理记录下来，编成语录式著作，即为《论语》。到了战国时代，越来越多的士人将自己的理论、主张、对人生的思考及对事物的见解写出，各成一家之言，这就形成了《老子》《庄子》《法经》《商君书》《墨子》等许多私家著述。他们有的讲哲理，有的谈兵法，有的说逻辑，有的论政治，各种观点、各种派别都有作品传世，这就是战国时代的"百家争鸣"。

面临全国即将统一的新形势，地主阶级内部各派思想家和政治家，都开始着手研究完成统一大业的军事和政治策略，以及统一后新生国家如何进行统治的问题。各国统治者亦开始广纳贤良，当时"魏有信陵君，楚有春申君，赵有平原君，齐有孟尝君，皆下士喜宾客以相倾"。他们养这些宾客，除了要获得礼贤下士的美名外，主要还是想从中汲取一些安邦治国的正确策略。这些宾客不仅成为供养者的私家势力，而且能协助其主辅政治国，成为其智囊团的人才库，即使是鸡鸣狗盗之徒也能在关键时刻发挥作用。秦军虽倚其强大军事实力连年东进，而齐、赵、魏、楚四国却未立即崩溃，反与强秦对抗达数十年之久，这不能说与这些国家所养宾客的出谋划策毫无关系。

而这时的秦国，虽也有吸收外来人才的优良传统，但所吸收的人才的范围十分狭窄，主要只是欢迎持法家观点的人物，所以严格地说，秦国并没有"养士"之风。但战国时代，士已成为社会上举足轻重的一股特殊势力。他们有一定的文化或专长，善游说，不受国家、宗教、经济和政治地位的限制，以自己的才能寻求赏识自己的明主，从而求取官位、功名。这些人为追求富贵而奔走于各国，在政治舞台上起着举足轻重的作用，所谓"入楚楚重，出齐齐轻，为赵赵完，畔魏魏伤"。他们的思想观点不一而同，有儒、道、墨、法、阴阳、刑名、农、兵等各种不同学派，而法家学派不过是这众多学派中的一派，秦统治者却因推崇酷法的有力统治而唯此派独尊，这显然已不适应战国末年这种具有极大包容性的统一趋势的要求了。因此，到吕不韦当政后，他从多年经商时奔走于各国的所见所闻中认识到"士"的重要作用，他深为秦国之士的屈指可数而自愧不如，便也开始大量养士，招致了几乎当时所有派别的士人。这些人构成了战国末年最高质量的智囊团，在他们的协助下，吕不韦才得以把偌大的秦国治理得井井有条。吕不韦的门客中能人辈出，最著名的莫过于李斯了。李斯本来出身于楚国的下层社会，年少时遍尝人间屈辱与苦难，对跻身上层社会有强烈的渴望。他青年时代曾和韩非一起向荀子学过"帝王之术"，结果自创了惯用阴谋诡计的权术论。学成之后，李斯便趁吕不韦招贤纳士的良机奔到了吕不韦门下，"不韦贤之，任以为郎"。李斯抓住机会，极力表现自己的才能，为秦王政所看中，后来竟官至丞相，与此时的吕不韦不相上下。然而吕不韦身边也不可能全都是像李斯这样有安邦定国的奇才大略的大贤，他们中更多的是一些只懂一技之长的小才，像这样的人，发挥作用的机会自然很少，可也不能就这样白养着他们。吕不韦经过一番思考，终于想出一个可以把所有门客都派上用场的好办法：让他们群策群力，共同编一本集当时各学派之大成的书籍。这样，吕不韦组织编写《吕氏春秋》一书的硬件——执笔者就具备了。至此，中国历史上第一次私人组织的大规模的文化整理工作开始了，其结果是编成了《吕氏春秋》这部书。

（二）《吕氏春秋》的成书年代与书名

《吕氏春秋》一书作为战国末年诸子百家的集大成之作，已越来越为学术界所重视。关于此书的成书时间，其《序意》篇中明确记载为："维秦八年，岁在涒滩。秋，甲子朔，朔之日，良人请问十二纪。"然而由于历法认识方面的差异以及对古人作书习惯的不同理解等原因，历来对此书成书时间颇有争议，计有八年说、七年说、六年说等不同观点。

三说概览

1. 八年说

最早提出此说的是汉代的高诱，其《吕氏春秋·序意》注云："八年，秦始皇即位八年也。”宋代吕祖谦亦持此说，他说：“不韦《春秋》，成于始皇八年，有曰‘维秦八年，岁在涒滩。秋，甲子朔，朔之日，请问十二纪’，此其成书之岁月也。”清周中孚《郑堂读书记》称：“书成于始皇八年，有《序意》篇可为证。”《四库全书总目·子部·杂家类》也从《序意》之记载而否定“不韦迁蜀，世传吕览”之说。当代史学家郭沫若明确指出“维秦八年”就是秦王政八年（前239年），他还进一步解释涒滩与后世甲子纪年之逆推不合的原因是古人太岁纪年依实际天象而得，故而会与后世甲子并不一样。现代学者赵年荪受此启发，迈出了从天文历法角度对吕书成书年代进行验证的第一步，他已得出“维秦八年，岁在涒滩”准确无误的结论，只是其论证过于简单，有些不易理解。

2. 七年说

姚文田《邃雅堂集·吕览维秦八年岁在涒滩考》及钱穆《吕不韦著书考》认为吕书成于秦王政七年（前240年）；田凤台认为《序意》所说八年实统庄襄王而言，吕书成书应在秦王政七年（前240年）。此外，一些历史年表也采用这一说法，如柏杨主编的《中国历史年表》中“前240年”条后列：“辛酉年，秦始皇七年，秦相吕不韦著《吕氏春秋》问世。”冯君实主编的《中国历史大事年表》亦有“前240辛酉秦王政7年，吕不韦招宾客著《吕氏春秋》”之条。在近年的考古发现中，由马王堆汉墓帛书《五星占》记述及附表整理的秦及汉初岁星纪年表中也列有“秦始皇七年，太岁在申”，即此年为“涒滩”。

3. 六年说

清代学者孙星衍在其《问字堂集》中称：“考秦庄襄王灭周后二年癸丑岁至始皇六年，共八年，适得庚申岁，申为涒滩，吕不韦指谓是年。”这就是说，秦庄襄王元年（前249年）灭东周，次年秦以东周之继任自居，从这一年到秦王政六年（前241年）恰好为八年，由后世干支纪年推算此年为庚申岁，而“岁在涒滩”曰申，故吕不韦所说秦八年实际应为秦王政六年（前241年）。孙氏这一结论被当代学者陈奇猷及李家骧所继承。陈认为十二纪确系成于秦王政六年（前241年），而八览、六论则成于吕不韦迁蜀之后；李家骧则坚持吕书是一次性完成于秦王政六年（前241年）。

以上就是三说概况，从中可见其争论焦点集中于"岁在涒滩"到底是哪一年上。要弄清这一点，我们必须首先对我国古代人民的星岁纪年法作一概括了解。

星岁纪年法概览

星岁纪年法是利用岁星运行规律来纪年的方法。岁星即木星。我国古代人民很早就认识到木星约十二年运行一周天。人们把周天分成十二份，称为十二次，木星每年会行经一次，所以就用木星所在星次来纪年，这被称为星岁纪年法。《左传》《国语》中所记载的"岁在星纪""岁在析木"等记录即属于星岁纪年法。春秋战国时期，诸侯割据，各国都用本国帝王年号纪年，而岁星纪年则可避免混乱，便于交往。由于岁星运行方向与当时通用的以地支排列的十二辰

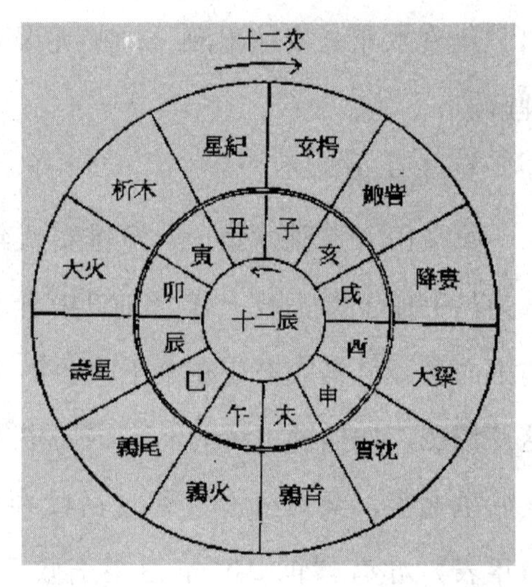

星岁纪年法

的计量方向相反，所以人们又设想有这样一个天体，它的运行速度也是十二年一周天，但运行的方向是循十二辰的方向的。这个假想的天体称为太岁。当岁星和太岁的初始位置关系规定后，就可从任何一年岁星的位置推出太岁所在的辰，因而就能用十二辰的顺序来纪年。当时对太岁所在的子、丑、寅、卯、辰、巳、午、未、申、酉、戌、亥十二个年，给以相应的专名，依次是困敦、赤奋若、摄提格、单阏、执徐、大荒落、敦牂、协洽、涒滩、作噩、阉茂、大渊献。

采用岁星及太岁纪年法，虽有一定的天文依据，但却不够准确，因为岁星绕天一周，并非十二个整年（地球年），而是11.86年，因此，每隔86年，就

要超过一个星区。所以星岁纪年法名为纪年，实际所记的是岁星之年，而非地球之年，它不能反映地球公转的时间长度。作为一种历法，《岁星历》有这样的本质缺点，加之其名称繁难，故而自西汉以后，就逐渐不再使用了。但与此相配而生的干支纪年法却为《太初历》及《四分历》所沿用，这种纪年法实际已与岁星脱离了关系，而成为后世干支纪年的来源。

"秦王八年，岁在涒滩"考证

有了以上的纪年法知识，我们可以知道，"秦王八年"属帝王纪年，而"岁在涒滩"是星岁纪年。帝王纪年亦称史家纪年，各国不同，一般是按王公即位的年次顺序递纪，至其出位为止。秦王嬴政于庄襄王三年（前247年）嗣位，翌年称元年，统一全国称始皇时纪年为二十六年，死时为三十七年，一直未见更元，而且秦国国君中除惠文王外，均未更元。由此我们可以肯定"秦王八年"是指秦王政八年（前239年），这是不容置疑的。

那么，这一年是"岁在涒滩"吗？查历表，这一年的干支纪年应为壬戌，依此则与其相对应的星岁纪年应为"阉茂"，而非"涒滩"。这是什么原因呢？当代学者张俊麟认为这是由于岁星超辰两次所致，他定公元前529年为申宫，向下顺推到公元前239年申宫，在这290年期间，按每144年超辰一次算，共有两个超辰年，故需超辰两次。这种说法颇值商榷。首先，我国开始使用星岁纪年法大约在公元前4世纪初（约前400—前370），所以用公元前529年作标准似乎缺乏现实依据；其次，其文中所采用的144年超辰一次的根据，既不符合科学测算的结果，又未曾在实际生活中应用过，因此其结论的可靠性值得怀疑。此外，赵光贤先生也从星象角度对此问题做出解释，他认为，公元前365年岁星正在星纪之次，这是实际天象，当时的占星家依此为准来治历（未知超辰之事），于是过了120年，即公元前245年（秦王政二年），岁星已进入玄枵之次，而于历法上仍在星纪，于是用太阴纪年法，即以太阴在寅、岁星在丑的对应关系，下数六年至秦王政八年（前239年），太阴在申，即涒滩，与《吕氏春秋》所言正合。作者还特别指出，此虽不符合实际天象，但合于当时所行历法。就当时所行历法来说，"维秦八年，岁在涒滩"是完全正确的，而且古人只以干支纪日，并不纪年，以干支纪年当始于东汉。于古代则逆推而上，不独此一"壬戌"，凡古代所有干支纪年全不可信。这一论述堪称精当。但由于关于秦王政八年（前239年）以前的星岁纪年资料有限，而作者在文中亦指出"岁阴的发明当在战国末年，所以在古书里只一见于《吕氏春秋》，他书未见"，因此这种推法之中包含了许多推测的成分，不如从后向前依确凿的文献记录推断来得准确。下面我们就从秦王政八年（前239年）至汉武帝太初元年（前104年）间的历法变更中来寻求一个新的解释。战国时所使用的岁星纪年是依甘氏或石氏星经推算而来的。秦统一中国后，使用太阴在寅、岁星在亥的纪年方法，使原太阴、岁星超一辰，后岁星又单超，一辰即太阴入单阏，岁星入降娄。到汉武帝太初元年（前104年）改用《太初历》时，又对岁星后纪年做过超辰一次的处理，即太岁超困敦纪入赤奋若，岁星超星纪入玄枵。

由此可知，在秦王政八年（前239年）至汉武帝太初元年（前104年）的百余年中，岁星已有两次超辰，这与岁星纪年每86年需要超辰一次的要求是大致相符的。《史记·天官书》记载："昔之传天数者：於宋，子韦；郑则裨灶；在齐，甘公；楚，唐昧；赵，尹皋；魏，石申。"依此，则唯独秦国无"传天数者"。而据《史记·秦本纪》："（昭襄王）八年，使将军芈戎攻楚，取新市。齐使章子、魏使公孙喜、韩使暴鸢共攻楚方城，取唐昧。"这表明至昭襄王八年（前299年）唐昧死时秦国尚无专门传授历法的人。然而到了秦王政八年（前239年），身为秦相的吕不韦在其所著书中已明确使用"岁在涒滩"来纪年，据此推测，秦开始使用星岁纪年必在昭襄王八年（前299年）之后。从这时算起，到秦始皇二十六年（前221年）已有78年，这对岁星的运行来说已产生了近一次的超辰，故而秦统一时的超辰是有其现实依据的。而从秦昭襄王八年（前299年）到汉武帝太初元年（前104年），则有至少195年的时间，这又恰好接近于岁星超辰两次的年限（172年），所以这次超辰也并非随心所欲，而是一次顺应岁星运行规律的审慎行为。

具体说来，秦始皇统一中国时，由于战国诸侯所用的历法各不相同，而秦又沿袭自己的传统，采用十月为岁首的纪年方法来统一全国的纪年，这样，岁首的差异可能导致了岁名的混乱，于是人们便根据岁星运行的实际情况对纪年作了人为的修正。而汉武帝元封七年（前 104 年）的改历是在此年五月，又将岁首从十月改为正月，这样从元封七年（前 104 年）到太初二年（前 103 年）正月之间，即后世所称之太初元年（前 104 年），就有十五个月。这对与星象息息相关的星岁纪年无疑是有影响的，所以为了使新历与实际岁星运行相符合，便在改历时使岁星超辰一次，即由"困敦"超为"赤奋若"，与此相适应，其干支名也由"丙子"超为"丁丑"。

这里需要指出一点：《史记·历书》中有"至今上即位，其更以七年为太初元年，年名'焉逢摄提格'"，其后的《历术甲子篇》亦以太初元年为'焉逢摄提格'，即司马迁认为此年岁名应为摄提格。但据《汉书·律历志》来看，虽在武帝改历前确实算出过"元封七年，复得'焉逢摄提格'之岁，中冬十一月甲子朔旦冬至，日月在建星，太岁在子，已得太初本星新征"，但其后因大典星射姓等"奏不能为算"，最终选用的仍是邓平等人制定的太初历，即用岁名为"赤奋若"。其实上述推算结果本身也是有问题的：太岁在子，岁名应为"困敦"，何得为摄提格呢？这大约正是射姓等"奏不能为算"的原因吧。由以上两次超辰，我们可知太初元年（前 104 年）的岁名实际已比秦王政八年（前 239 年）岁名的次序超出两次了，故而依太初历推算，必将秦王政八年（前 239 年）的"涒滩"前移两年，即得出秦王政六年（前 241 年）为"滩"的结论。

同样，在秦王政八年（前 239 年）至汉武帝太初元年（前 104 年）间的干支纪年也发生过两次变化。一次上文已提及，即太初元年（前 104 年）干支由"丙子"超为"丁丑"。另一次是在汉高帝元年（前 206 年）。依秦历干支法排列，此年本应为"癸巳"，但据《汉志》则"其岁名曰'敦牂'，太岁在午"。所以只有一种可能，即在这一年干支超用甲午。今人章鸿钊提出："在汉高帝元年，岁次本应是'癸巳'，但为超用甲午所隐蔽而成为虚次，四分历更定甲午为秦二世三年的岁次。"而孙星衍正是用四分历的更定去逆排而得出秦王政六年（前241年）为"庚申"的结论，这显然是有悖于实的。今人刘坦对此有专门解释，其文云："后之学者，忽略从秦始皇八年迄汉武太初元年，其间有两处超越顺序之岁次——汉高帝元年超癸巳在甲午——汉武帝太初元年超丙子在丁丑，但取四分历纪年岁次之体系完整，推数顺利，于是言秦始皇八年之岁次者遂曰壬戌。"

另外，我们发现七年说的根源如下：说七年"岁在滩"是只考虑了一次超辰的结果，即仅以始皇二十六年（前221年）为"单阏"作标准逆推而得的；而说七年为申，则是仅以汉高帝元年（前206年）为甲午作标准推算的结果。这两个结果当然是错误的。由马王堆汉墓帛书《五星占》所整理的"始皇七年，太岁在申"，显然也是因为未考虑超辰而仅以汉高帝元年（前206年）为甲午而推得的，故而其中关于秦的纪年是不可取的。

最后让我们再回到《吕氏春秋·序意》所说的"维秦八年，岁在涒滩。秋，甲子朔"。据我国著名天文史学家陈久金考证："查历谱秋季有甲子朔的年份，在这前后十年之内只有秦八年有。"由此，我们更可以确信《吕氏春秋·序意》中关于其书成书年代的记载是准确无误的，即为秦王政八年，岁在涒滩，此年为庚申年，也就是公元前239年。

成书的过程

关于这一年是成书年代还是开始编书的年代的争议主要来自对"维秦八年，岁在涒滩。秋，甲子朔。朔之日，良人请问十二纪……"这段记述中"良人"所指对象的不同理解。认为这一年是开始编书的时间的人将"良人"理解为参加撰写的门客，因而认为这段话是指吕不韦在编书之始向他的门客们传达其编书意图的。但依照我国古代惯例，往往是书作成后才作序，所以这段载于《吕氏春秋·序意》中的记述自然也应成于书成之后，如此看来，认为它是传授编书意图的主张就站不住脚了，而且，只要将上述引文的原文再往下读一点，就会看到"良人请问十二纪。文信侯曰：尝得学黄帝之所以诲颛顼矣，爰有大圜在上，大矩在下，汝能法之，为民父母"的叙述。"汝能法之，为民父母"显然是给当时的国君，也就是《吕氏春秋》一书的重点针对对象秦王政说的，故而，这里的"良人"理解为秦王政更合适些，这样才能使《吕氏春秋·序意》上下文意通顺。由此，我们可以推出，这段话是书成之后作序时向秦王政阐明编书目的的，所以这一年自然应当是成书之年。

那么，《吕氏春秋》到底是几次成书的呢？陈奇猷认为是分两次成书的，理由如下：第一，古人习惯书成后作序。《序意》置于十二纪之后，其内容又无一字提及览与论，故布于咸阳市门的只是十二纪的六十篇，外加《序意》一篇，迁蜀之后，才又写成八览、六论，故太史公独说世传《吕览》。第二，《吕氏春秋》纪、览、论三部分是各自独立的。"迁蜀后所做的八览六十四篇（今本缺一篇）即名"八览"，司马迁为了要明确其出于吕氏，因而称之为《吕览》。"第三，据《六国表》，从吕不韦迁蜀至秦王政十二年（前 235 年）吕不韦卒，其间只有两年左右的时间。在此短促时间内，要完成八览、六论共一百篇约几万字的巨著，似显仓促，但吕不韦是令门客"人人著所闻"，况且门客的文章多是现成的，是抄袭师传下来的著作，"据此，八览、六论在迁蜀后不久编成是没问题的"。然而这些理由大有商榷之处。《吕氏春秋》中览、论、纪的排列是有据可证的，最早的如《史记·吕不韦列传》及《十二诸侯年表》，依此则《序意》列于十二纪后，即在全书之末，这与古人惯例是相符合的；且《序意》是一残篇，其文脱漏错简为古今学者所公认，就连陈先生也承认其"多有脱文""文义未完"。因此，篇中没有述及的内容（览、论）就不能说必为原文所无。故而上述第一个理由难以成立。至于第二个理由，也不能成立。陈先生说迁蜀后所作八览即名《八览》，司马迁称之为《吕览》，依此说，司马迁只说了"不韦迁蜀，世传《吕览》"，那么，六论与八览是否同时完成？如不是（事实上不可能同时完成，必定有先后之分），则《吕氏春秋》不就应是三次成书了？这与陈先生所主张的二次成书显然又不相符。况且，读司马迁《报任安书》中关于"不韦迁蜀"一段，不难看出其本意是在抒发刑余感慨之情，表述愤而著书之意，主旨不在考订史实，这里所载明显是有讹误的，除与《吕不韦列传》中所记《吕氏春秋》成书时间不符外，关于韩非所作《说难》《孤愤》的时间也有错误。《老子韩非列传》记述韩非作此文是在入秦以前，秦王因见其书而思其人，但这里却说"韩非囚秦，《说难》《孤愤》"。所以，这里的"世传"不妨作流传讲，即是说吕不韦失势后，其书却并未磨灭，太史公正是借此来自励的。在第三个理由中，陈先生也认为时间上有些仓促，但这个"两年"还是经过放大了的期限。实际上，秦王政十年（前 237 年）十月，吕不韦免相，十一年（前 236 年），之河南；岁余（即秦王政十二年，公元前 235 年）诸侯宾客使者相望于道，请文信侯，"秦王恐其为变，乃赐文信侯书"。据《史记·秦始皇本纪》记载："十二年，文信侯不韦死，窃葬，其舍人临者，晋人也逐出之；秦人六百石以上夺爵……秋，复嫪毐舍人迁蜀者。"由此可知"饮鸩""窃葬"及逐迁不韦舍人均在秦王政十二年（前 235 年）秋以前，所以从赐书令迁蜀到不韦去世，最多不过短短数月，在这期间要完成八览六论约九万字的巨著，就不可能了。由上可知，陈先生的二次成书说是不能令人信服的。

事实上，从总体结构看，《吕氏春秋》本来就是浑然一体的。它是根据"法天地以行人事"的基本思想来谋篇布局的。在这样的体系中，十二纪、六论、八览分别依照"上揆之天、下验之地、中审之人"的三要素来构建，十二纪按"天曰顺"的规律安排人事；六论则按"地曰固"的特性广加推绎；至于八览，则按照"人曰信"的要求分门别类地论述人事行为规范。这样三个结构体系结合起来使得《吕氏春秋》的总体结构体系具有了严整的系统、鲜明的目的和清晰的格局。这样谨严整齐的体例，充分说明《吕氏春秋》是在一个系统完整的指导思想下一气呵成，而非两次或多次成书。

至此，我们可以明确：《吕氏春秋》一书是在秦王政八年（前 239 年）编成的。这一年是成书之年，而且，此书为一次编成，并非二次成书。

书名的来历

那么，《吕氏春秋》这个名称有何来历呢？这其中着实包含了吕不韦及其门客的一番思索。按当时私家修书的一般命名习惯，一是以编书人的姓氏来命名，如《老子》《庄子》《孟子》《墨子》等，依此则可将其书命名为《吕子》，但《吕氏春秋》一书为众门客集体创作而成，吕不韦虽名为主编，但其亲手所作文章太少，这样，若真以其姓氏命名，众门客必难于接受；二是按书中所涉及的最主要的学术派别的名称来命名，如《道德经》《法经》等，但这种方法对吕不韦之书却更不可行，因为其内容观点非一家一派之言，而是"兼儒墨、合名法"，凡当时出现过的学派之学说，在此书中均可见一斑，所以无论取哪一学派的名称来命名，都会犯以偏概全的错误。

于是，当时习惯的命名方法均被否决，在众人激烈争论后，终于产生了一个能为大多数人所接受的方法：依古代史书的命名方法来命名。因为在所有的学科中，涵盖领域最广的就是"史"，而能"备天地万物古今之事"者非"史"莫属，同时，在先秦时期，重要的史书都称为"春秋"，如《鲁春秋》《齐春秋》等，所以吕不韦之书名之"春秋"是最合适的。然而与《鲁春秋》《齐春秋》等不同，吕不韦所编之书属私人组织编纂，所以自然不宜称《秦春秋》，何况此书也非专讲秦国之历史。为避免这一问题，吕不韦最终决定突出他的主编地位，将此书定名为《吕氏春秋》，给人的印象是此书乃吕不韦所认识的历史，即由他"上观尚古，删拾春秋，集六国时事"所汇成之书，这样，不论其书内容多么庞杂，都可以囊括在内了，因为一个人对世界的认识是方方面面的，无论写什么，都是个人认识的一个反映，都是能够被允许的。于是，这部由吕不韦主持编写的、出自众多文人之手的鸿篇巨制，便以《吕氏春秋》之名面世了。

（三）吕不韦与《吕氏春秋》的编纂

《吕氏春秋》的编写与吕不韦的苦心孤诣是分不开的。《史记·吕不韦列传》记载"吕不韦乃使其客人人著所闻"，说明编书的动意正是由吕不韦提出的。而《隋书·经籍志·杂部》称"《吕氏春秋》二十六卷，秦相吕不韦撰"，这更是将吕不韦对《吕氏春秋》的编纂之功极度夸大。不论是亲自写或派人写，吕不韦参与了《吕氏春秋》的编纂都是不容否认的事实。吕不韦不仅发起组织了这项文坛盛事，而且是这项大型文化整理工作的唯一出资人，仅凭这些，他对《吕氏春秋》的成书就已功不可没。

但是，历史上对此表示怀疑的也不乏其人。宋人黄震说："今其书不得与诸子争衡者，徒以不韦病也。然不知不韦固无与焉者也。"这种观点在清代也有人提出。他们基本肯定《吕氏春秋》一书，但却对吕不韦其人抱有偏见，故而不愿将二者相提并论。这是由于他们从封建正统思想出发，认为吕不韦出身商贾，属于经营末业的卑贱之人，由于囤积居奇以及以吕易嬴等丑闻广为流传，故而品德极差；再加之他读书不多，文化功底浅薄，没资格当此书的主编。而事实是怎样的呢？吕不韦主编《吕氏春秋》明知嬴政生性暴戾，却处处批他的逆鳞，找不到一点阿谀逢迎之辞。而且，在他饮鸩自尽之后，他的门客千余人，冒着被驱逐、削爵、流放的危险将他窃葬。假如他是个猥琐小人，他的门客岂能如此尽心？所以，我们绝不能将吕不韦一棒打死，认为他所有品性皆为不良，果真如此的话，他又哪里来的那么大的气度去容纳三千门客呢？至于说他文化功底浅，倒也未必是坏事。假若吕不韦也像他的众门客一样饱读诗书或专门去研习学问的话，那他很可能就只会精通一两家的学问，并将这一两门学问深深地根植于自己的大脑中，那么，他对其他门派的学问自然就有了一种抵触情绪，这样，他所主编的《吕氏春秋》恐怕就要大变样了。所以吕不韦的读书少，再加上他多年经商养成的重实际的习惯，正好给兼容百家、注重实用创造了条件，而《吕氏春秋》也正是因为它的这两个特点才越为人们所重视。由此可见，吕不韦是完全有资格充当《吕氏春秋》一书的主编的。

那么，吕不韦在《吕氏春秋》的编纂中都做了哪些工作呢？

首先，他是此书编著的发起者和动意者。吕不韦发起编写《吕氏春秋》，目的有二：一是为即将到来的统一帝国奠定理论基础，二是为了训导秦王政。这两个目的在《序意》中都有记载："凡十二纪者，所以纪治乱存亡也，所以知寿夭吉凶也。上揆之天，下验之地，中审之人，若此，则是非可不可无所遁矣。天曰顺，顺维生；地曰固，固维宁；人曰信，信维听。三者咸当，无为而行。行也者，行其理也。"这段话可以说是全书纲目所在。先说编书的目的是在于寻求治乱、存亡、寿夭、吉凶转化的规律；其次提出了判断是非正误的标准——上要符合天理，下要符合地宜，中要符合人心；最后，他强调了天、地、人三者统一的关系，说只要天、地、人各当其位，就可以顺自然而运作——这就是吕不韦为即将到来的统一国家所准备的理论基础。至于其训导嬴政的目的，则突出反映在我们已多次引用的《序意》中，其中吕不韦将自己比作黄帝，而把秦王政视为颛顼，他教诲嬴政"为民父母"的最高原则就是"法天地"，即按自然规律办事。

以上说的是吕不韦编书的两个目的，它们是从当时的时局出发定立的：对外，秦灭六国的趋势已越来越明显；对内，秦王政正一天天长大。这种局面确实需要一本像《吕氏春秋》这样的书出现。可惜后来的事实发展却不像吕不韦所设想的那样，嬴政成了一个生性暴戾、刚愎自用的专制皇帝，而由他所统治的秦帝国，也不是吕不韦所希望的那种天、地、人三者合一的顺利运行的大一统国家。从这个角度看，吕不韦的两个初衷似乎都落空了。然而从整个历史长河来看，《吕氏春秋》却留给后世取之不竭的文化遗产。时至今日，它的价值已越来越为人们所重视。

其次，在编写过程中和编著成功后，吕不韦也做了大量工作。他是整个编著过程唯一的出资者，他不仅要供给执笔者们的生活所需，而且还要负担收集资料、制作竹简、配制笔墨刻刀之类用具的具体费用。这些费用固然不算十分庞大，但因这是一次大规模的私人集体编著活动，所以若无专人组织供应，这本书也是难以编成的。就拿我们所常听说的竹简来说，它是那时所使用的基本的书写材料，但它的制作程序却十分复杂。《论衡·量知篇》记载"截竹为简，破以为牒，加笔墨之迹，乃成文字，大者为经，小者为传记"，即是说要制作一根可以书写的竹简，先要把选好的竹子截成约一尺长的竹简，再将竹简破析成简条，然后力加刮削，削平竹节部分，之后还要进行杀青，或称"汗简"，即用火烤。刘向《别录》中说"杀青者，以火炙得令汗，取其青易书，复不蠹"，可见杀青的作用，既是便于书写的一道必要工序，又可防止竹简被虫所蛀。因为火烤时，竹子中的汁液会渗出，看上去就像竹简出汗了一样，故而这一工序又称"汗简"。最后，在刮削汗简之后，编联成册以前，还有一道工序——凡编绳所过之处，于其棱上刻出极小的三角形契口，用以固定编绳，使其不致脱落或上下移动。这道工序看似简单，但操作起来却存在困难：竹子皆顺纹理而生长，用力稍猛，便会使竹简劈裂，成为废简。当时人们是用毛笔或刻刀在竹简上写字，一根竹简上最多不过十几二十个字，而《吕氏春秋》一书共二十余万字，则至少需上万根竹简。这样，光是准备这项基本书写材料就得耗费大量的人力物力，如果吕不韦当时没有位极人臣的权势和地位，恐怕也难编出如此大手笔的《吕氏春秋》。所以，吕不韦的参与，是该书得以成书的一个不可或缺的必要条件。

在《吕氏春秋》编成后，吕不韦为了使它能名扬天下，特意采用了悬之市门、言能改一字者予千金的夸张发布方式。这一做法虽有向政敌及嬴政示威的成分，但客观上也确实使《吕氏春秋》名扬天下。一时间，《吕氏春秋》成了街头巷尾随处可闻的一个热门话题。在这时，《吕氏春秋》因为吕不韦的缘故而名传千里，而在两千多年后的今天，人们之所以还没有将吕不韦这个名字从记忆中完全抹去，在很大程度上则是因为他主编了《吕氏春秋》这本不朽著作的缘故。

　　然而，另一方面，吕不韦太过盛大的名气也给《吕氏春秋》的进一步修改完善带来了一定的负面影响。书成之后，吕不韦发出了改一字者悬赏千金的通告。这一举动历来多被认为是他要借此炫耀自己的权势，这多少有些言过其实。吕不韦此举虽不无此种意图，但以他的务实，不能完全排除他想使此书更为完善的可能。事实上，这种重金悬赏之举在此前是有先例的，如吕不韦的同乡商鞅在秦孝公时在秦国推行变法，为了取信于民，他在城门外放了一根并不很粗的木桩，向众人宣布：能扛之入城者奖五十金。人们都认为这事太容易做到了，根本不值五十金。后来有人抱着试试看的态度完成了此项要求，果然得到了五十金。众人很是吃惊，但也从此相信了商鞅是个"言必信，行必果"的人。此后，商鞅在秦的变法得以顺利进行。吕不韦或许正是借鉴了商鞅的做法，但可惜一则他权势过重，二则出手太大，来观书的人即使能够发现《吕氏春秋》的错误，也会因畏于其权势而不敢指出。结果，吕不韦借《吕氏春秋》示威的目的达到了，但他给《吕氏春秋》征求意见的初衷却是南辕北辙，永远也无法实现了。

　　吕不韦动意和组织编写了《吕氏春秋》，全书的指导思想是他的；他给它提供了孕育成长的场所、资金、甚至书的生身父母，即书的编纂者；他看着它从几只竹简上的几点墨迹逐渐长大；最后又经他集中、简选、修订、编次成书。仅凭这些，吕不韦的主编之名就当之无愧了。吕不韦使《吕氏春秋》得以名扬天下，但也正是因为他的缘故而使《吕氏春秋》在后来的很长时间内不被重视。时至今日，《吕氏春秋》终于以它丰富的史料内容重新唤回了人们的关注，而吕不韦的奸商权相的传统形象也因此而逐渐在人们心目中改观。所以，吕不韦和《吕氏春秋》是密不可分的，书因人而成，人以书而荣，二者早就在历史的长河中紧密地联结为一体了。

二、《吕氏春秋》的体例与内容

《吕氏春秋》一书严格按照十二纪、八览、六论的体例排列，且有"上揆之天、下验之地、中审之人"的思想指导，览围绕"人"，论立足"地"，纪贯以"天"，三者各成系统又相互关联，全书结构严密，几乎无懈可击。而其内容却出人意料地庞杂，"兼儒道，合名法"，天文、地理、艺文、术数无所不包，然却杂于人而不杂于己，对各家学说虽均有涉及，但皆能从自己的致用立场品评剖析，吸其精华，补其不足，自成一派。以上这两个看似截然相反的特点为其招致了历代学者众说纷纭的复杂评说，虽褒贬不一，但终归褒多贬少，足见其书价值之恒久。

（一）自成一体的编纂体例

集众创新的编纂原则

《吕氏春秋》成书之际，正值百家争鸣极盛之时，诸子学说均各执一端，各有其所崇与所蔽。随着政治形势上统一趋势的日渐明朗，各学派出于自身发展的需求，开始吸收别派之长，出现了统一百家思想的尝试，但它们都希图使别家屈从己说而以一己之见一统众家。如《荀子》之《非十二子》及《解蔽》虽承认诸子持之有故，言之成理，但其态度却以讽刺和批判为主；《庄子·天下》已认识到诸家皆有所长，却又认为各家皆"一曲之士也"，而采取悲观的态度觉得"举世皆浊我独清"。这在诸子学派势均力敌的战国时代自然行不通。当时统一思想可以有两种模式，一种如前所述，而另一种则是高屋建瓴地审视百家，根据一定的原则，去粗取精，兼收并蓄，再加以适当的创造，从而组合成新的理论。在前一种模式被实践证明只能失败后，吕不韦以其政治家的远见、博大的胸怀及成功商人的敏锐头脑应时而动，发起了以第二种方式统一思想的活动——《吕氏春秋》的编纂。

《吕氏春秋》的编纂目的是欲成一代兴王之宝典，又以"法天地"为指导思想，故能海涵百家精华，积极、客观、公正地对待诸子。它超越学派偏见，不持一家之言去排斥异己，而是推崇"物固莫不有长，莫不有短，人亦然。故善学者，假人之长，以补其短"，提倡博采众长，其着眼点在肯定各家所长，而非指摘其短。《不二》篇说："老耽贵柔，孔子贵仁，墨翟贵廉，关尹贵清，子列子贵虚，陈骈贵齐，阳生贵己，孙膑贵势，王廖贵先，儿良贵后。此十人者，皆天下之豪士也。"对各家皆用一字总结其长处，且将他们并称为天下之豪士，其博采众家之长、打破门户藩篱的意图显而易见。

《吕氏春秋》强调破除成见，取各家之长而弃其短，但它对于诸子的思想也并非原封不动地照抄，开设百家之学的陈列馆，而是在引用的同时进行改造创新，使其具备若干新的性质，成为吕氏理论体系的有机组成部分。例如他在自然观上提出的"法天地""因者无敌"，在教育学上提出的"凡学，非能益也，达天性也""师徒同体"，在生命观上提出的"达乎死生之分"，在情欲问题上提出的"令人得欲无穷"，在养生问题上提出的"全天""节性"，在人性问题上提出的"性异非性"等，都是其所独有的精辟见解。此外，《有始》篇开创了分野说，《本味》篇则成为食谱学的鼻祖，这些都是吕氏门客创造性的火花。这足以说明，吕氏门客并不是一批"滕文公"，《吕氏春秋》也不是一部杂抄汇集，而是一部有着统一思想、自成体系的专著，因而洪家义谓之"卓然成一家之言"。

《吕氏春秋》不是材料汇编，不是论文集，它以汇千江万河于一海的气魄，在先秦各种文化学说面前不摆出一副历史审判官的姿态，而采取择善而从的后继者的态度，不掩前人之长，不窃他人之功，对于前人批评贬抑者少，积极肯定者多，以继承和发扬为主，吸收中有创新，这正是一种"述而作"的可贵态度。从历史编纂学的角度来看，作为一部通古通今的通史史论，《吕氏春秋》

显然已冲破了孔子"述而不作"的编年体史书的藩篱。

谨严整齐的编纂体例

1.《吕氏春秋》的版本及篇次

《吕氏春秋》现存最早的版本为东汉高诱的《吕氏春秋注》；清代毕沅曾作《吕氏春秋新校正》；1935年，许维遹博采众说写成《吕氏春秋集释》一书；1984年，陈奇猷又集众家之论而作《吕氏春秋校释》一书，考证甚详，是目前相对最完善的版本。

从现存各种版本来看，《吕氏春秋》在体例上分为纪、览、论三大部分。对于这三部分的次序，历代学者颇有争议，争议的焦点是纪、览、论孰先孰后的问题。今之治《吕氏春秋》的学者如陈奇猷、洪家义、王范之、李家骧、田凤台等对此问题均有详尽论述，且基本上一致认为其书次序应为纪、览、论，此说似已渐成定论，故此处不再画蛇添足。

然而需要提及的是，持"览居前说"的学者，如周中孚及吕思勉等，皆以"古人作序，皆在卷末"为览前纪后的力证（因吕书《序意》附于十二纪之末），但依傅斯年《战国子家叙论》所说："《吕览》这部书在著书体裁上是个创作，盖前于《吕览》者，只闻著篇而不闻著成系统之一书，……自吕氏而后，汉朝人著文，乃造系统，于是篇的观念进而为书的观念，淮南之书，子长之史，皆从此一线之体裁。"在《吕氏春秋》之前，成系统的书近乎没有，那么作书序之事大概更是凤毛麟角，这也就是说，《吕氏春秋》之序极可能是我国古代书序的开创之作。

假如真是这样，那么"古人作序，皆在卷末"之说对吕书适用与否就值得商榷了：既是开创，自可无拘无束，置于书前、书中、书后，可任凭作者之喜好。因此，虽然说著书体例有一定的历史继承性，有时可以按照习惯或成例去推测以往之史实，但对《吕氏春秋·序意》这样具有开创意义的序文，如果按后来之成例去逆推的话，就多少会有些太过以今度古之嫌了。由此，我们更可以相信，《吕氏春秋》确实如众多学者所认可的那样，是依纪、览、论的篇次排列的。

2.《吕氏春秋》体例概述

吕不韦集众著书的目的是要构造一个能贯通天地人的庞大理论体系，以便为统一的封建帝国提供较为完备的理论学说和治国方案。《序意》提出"上揆之天，下验之地，中审之人"的思想，是要对"天、地、人"作一体观，从而包容天地万物，兼容百家众说，这实质上即是《吕氏春秋》编撰的指导思想。这一思想在全书的结构体例上体现为纪、览、论分别与天、人、地相呼应。

——"纪"分为十二篇，以春、夏、秋、冬四季为序，每季各有孟、仲、季三纪，每一纪又各有五篇文章。各纪之首均为该月月令，之后按四季的不同特点，将四篇论文置于该纪之下。春主生、夏主长、秋主收、冬主藏，故春季诸篇皆言养生，夏季诸篇均讲树人、教化，都是生长壮大的问题，秋季讲用兵用刑，并讲用贤胜于用兵的道理，冬季人息粮藏，于是言死葬，并由岁寒知松柏之常青联系到人的品格、气节。十二纪还记载了十二个月的星辰位置及各个季节的物候，它以四时配五行，搭起了一个庞大的框架，并将音乐、色调、方位、祭祀等组人其中。

统观十二纪，不难发现它是围绕"天"这个核心展开的。这里的"天"指的是阴阳五行及四时等自然变化。当时的人认识不了这些变化产生的原因，便认为它们是不可抗拒的，因而只能对其采取恭顺的态度，并仿照自然运行来设计自己的行为模式。于是在十二纪中，便以木、火、土、金、水五行配合春、夏、秋、冬四时作为主要体系。这也是作者提出来的统治图式，要求统治者在一年十二个月内都能顺应五行四时之气来进行统治，这样才能使其统治得以巩固。

十二纪的编排是一个很整齐的体例，虽然有人批评各纪之首基本上是一个次第固定的呆板的体系，有许多项目仅仅是为了凑数而添加上去的，有些联系只抓住某些表面上的相似，勉强拼凑在一起，但就其结构而言，十二纪的确是无懈可击的。

——"览"分为八，每览又包括八篇文章，故这部分共计应有六十四篇文章，但因后来存佚错落，现存《有始览》中只有七篇，整部书也因此比成书时少了一篇文章。八览着重论君道和治本：《有始览》论天地有始，下含六篇都是论述任贤顺民、治乱祸福的；《孝行览》论述孝行为本，下属七篇文章论述国君治国应依靠何种人；《慎大览》论强国需谨慎治国，以下七篇具体论述如何治国；《先识览》论先见之明，其下论如何通过细致的观察和思考预见将来；《审分览》论为君之道，其下七篇阐释人君南面之术；《审应览》说君主要慎重其辞，其下诸篇详论流言及诡辩之害；《离俗览》论述王者应索求离世高士为师，其下论审士用民；《恃君览》论君道不可废，其下亦讲为君之道。八览明显地是以"人"为核心，它极力宣扬民为本、民重君轻、君主无为、治民以德等主张，都是为君主政治服务的。八览由《有始览》统领，以下各篇或言天人感应，或言人际关系，或言人的自身修养的提高，都围绕人展开论述。

——"论"分为六大部分，每部分又由六篇组成。《开春论》由春之生引出王者厚德积善，后五篇论尚贤、爱民及养生之道。《慎行论》论君子、小人的处世，其下属五篇进一步阐释处世之理。《贵直论》论君应任贤使能，以下皆论进谏、纳谏、拒谏之事。《不苟论》讲贤人的操守：一切行事必当于义理，一切举动必利于国君。《似顺论》论辩异同、别真伪，以下诸篇论贤主治国之术。《士容论》论国士的操守仪态，其下五篇除《务大》外皆论农业为本。

"论"这一部分可以说是从"地"这个核心上展开的。开篇由春天到来、万物兴起引申出人主应仁德宽厚，爱惜大地上生长出来的一切生命，并因此而推崇因循万物本性的自然无为的养生之道。末篇又以大量的篇幅讲述耕作的原则、播种的方法、土地的调理、农时的安排等一系列伺地求食的问题。中间各论因地论人，从土地耕作的自然规律出发，阐述为人处世所应保有的节操及优秀品质。总的看来，六论是由"地"及人，但重点却是"地"，即万事万物生长的自然之理。

《吕氏春秋》还有《序意》一篇，相当于今天书籍中的序言，交代著书的目的、时间、创作概况及基本内容，为全书的总纲领，今置于十二纪之后。

总计全书，共一百六十篇。从形式上看，十二纪、八览、六论形式整齐，所统之文各有定数，且纪、览、论各自之间字数大体相当。据贺凌虚统计，每纪均在2500—2900字之间，每览均在5800—6400字之间（《有始览》今缺一篇，故该览字数为3797字），每论均在3200—3400字间。全书以"法天地"以行人事为指导思想，十二纪按"上揆之天"建构，八览则依"中审之人"排列，六论以"下验之地"布局。三大部分各有侧重，自成体系。

3.《吕氏春秋》体例简论

对于纪、览、论三者关系的考察，李家骧认为十二纪似有内篇的意味，八览可疑为外篇，六论像是杂篇。这是对其结构的一种较特殊的认识，但它同样说明吕书在内容上是层进的，其各部分之间有密切的联系。徐复观认为八览、六论旨在囊括八方六合，包举天地万物，并共同作为十二纪的补充。这似乎也是认为十二纪与八览、六论有内外篇之意。

对《吕氏春秋》内在结构的各种分析，无论是"纪统天、览应人、论系地"说，还是"纪统天，览、论统地"说，或者是"纪为内篇、览论为外篇"说，都否定不了一个事实：这样的体例是以"人"——尤其是统治者为根本出发点来建构的。仅就各篇篇题而言，除十二纪纪首各篇及《大乐》《古乐》《音律》《音初》《序意》《开春》等少数篇题外，几乎所有篇题都从人事角度出发，以人的操行来命名，且大部分篇题还用"贵、重、去、不、审、必、慎、上、察、达"等字眼直接表明本篇的态度，这与先秦其他书籍篇目，如《孟子》之《梁惠王》《公孙丑》《滕文公》等，及《庄子》之《逍遥游》《天下》等，拟名方式大有异趣。孟、庄之书虽亦讲为人处世之道，但其篇名远不及《吕氏春秋》整齐、明白。在内容上，十二纪讲治国之大纲，按四季分述人主对臣民的养、教、卫、管之事，八览、六论更是泛论治道，举凡人君个人德、智、体之修养及治国理政之方策，无不备言。这也充分说明《吕氏春秋》是以人事为着

眼点的。

从篇与篇之间的关系看，每组文章多相贯相连，成组之篇有的两篇连环，有的联袂而起，有的群篇集中，有的前行后继，有的互为表里，有的正反相成，以至于全书呈现"处处成系统，系统套系统，配套分层的结合"。

以孟春纪为例，首篇《孟春》为该月月令，春天生育万物，可联系到养生，故《孟春》之后有《本生》，即鼓励人们去追求那保全生命和天性的实际，由此引出《重己》：提倡安时处顺，珍惜己之所有，不去作过度的追求。又因天地育万物而不私，故又有《贵公》《去私》两篇从正反两个方面来阐明治国应效仿天地之无私，这样才能长治久安。王范之认为《重己》与《贵公》《去私》两篇在根本学说上是矛盾的，这其实是没有参透吕文之本旨。《重己》是讲养生节性，这与注重公心、不过分追求私利的《贵公》《去私》实际是一脉相通的：唯有安时处顺，才能公而无私，否则若孜孜焉以追求一己之私利为目标，又怎么可能顾及公利公心呢？可见《吕氏春秋》整齐的体例不仅仅是迎合了人们的审美情趣，而且它的各个篇章的内容也有谨严的内在联系。

然而，由于太过追求形式上的整齐划一，吕书的体例也产生了一些不尽如人意之处，李家骧之论已臻完备，故全录于此，借以为吕书之体例勾勒一个完整的面貌：

①因刻意追求形式的整齐，凑足篇数，有时有重复割裂的现象。如《去尤》与《去宥》意旨相同却硬割为两篇；《应同》与《召类》内容相同，文字亦多重复，完全可以合为一篇。

②因要凑足篇幅，而使两篇的大段字句几乎完全一样。如《长见》与《观表》叙吴起治西河一事、《谕大》与《务大》谈燕雀一段即是如此。

③有的篇章基本抄自他书，可能这种现象在成书的预定规划和定稿编排之时都没有禁止或预防的明确规定。如《当染》篇就基本照搬《墨子·当染》的文字，《有度》末尾一段的文字也与《庄子·庚桑楚》基本相同。

④有的部分两组文章之间联系并不紧密，硬拼在一起来凑篇数，显得勉强。

如《士容论》按成书的写作意图和中心所在似应是论土地耕作，故主要有《上农》等四篇一组，但可能为凑足每论六篇之数，硬将《士容》《务大》两篇入此论，而《士容论》之总名又与农耕的内容并不相干。

⑤体制有不一致之处。如《开春》以首二字名篇，与全书以意名篇之例不合。

4.《吕氏春秋》体例的影响

《吕氏春秋》所开创的这种谨严的体例对后世产生了巨大的影响。刘勰《文心雕龙》称赞它"鉴远而体周"。蔡伯尹曾说："汉兴，高堂生、后仓、二戴之徒，取此书之十二纪为《月令》，河间献王与其客取其《大乐》《适音》为《乐记》，司马迁多取其说为《世家》《律》《历书》，孝武藏书以预九家之学，刘向集书以系七略之数。"

《月令》取自十二纪，已被梁玉绳所证明；《礼记》之《乐记》为《荀子·乐论》与《吕氏春秋》乐论合并的产物。蔡伯尹强调了司马迁对吕书内容的吸收，实际上司马迁在体例上对《吕氏春秋》所采亦颇多。他不仅仿十二纪的形式创造了十二本纪，而且在"纪"之内涵上亦与《吕氏春秋》有相通之处。《史通》说："年仰他人者，虽纪实传；年得自主者，虽传实纪。"能自主纪年的，唯有帝王，所以"纪"实际是为帝王而设，而《吕氏春秋》的十二纪也是以天子顺时布政来立论，这与《史记》之"纪"一脉相通。章学诚更认为："吕氏之书，盖司马迁之所取法也，十二本纪，仿十二月纪，八书，仿其八览，七十列传，仿其六论，亦微有所以折中之也。"《史记》的编著体例，是将十二本纪列前、八书居中、七十列传在后。这样的安排，不能说不是根据了《吕氏春秋》的编排顺序。《史记·伯夷列传》提到"其传曰"，《索隐》说这是指《韩诗外传》和《吕氏春秋》。虽有学者指出此"传"与《史记》之"列传"并非同类之"传"，但司马迁会采用"列传"之名，则足以说明《吕氏春秋》与"列传"是有某种联系的。

《吕氏春秋》的成书，还引起了杂家之书的兴盛。除淮南王刘安亦步亦趋地主编了《淮南子》外，汉时著名政论家陆贾、贾谊、晁错等亦因袭其撷人之长补己之短的成法，均采数家、博取众说以成己见。徐复观的《两汉思想史》说：“两汉思想家，几乎没有一个没有受到十二纪纪首——《月令》的影响。”这已超出了关于体例的范畴，但由此足见由《吕氏春秋》所首创的十二纪影响之大。梁启超称：“《吕氏春秋》，实类书之祖，后世《艺文类聚》《太平御览》《永乐大典》等，其编纂方法及体裁，皆本于此。”然而田凤台指出：“类书之修，四库之编，虽集众为书，然仅备资料检阅，以汇萃为功，非若吕氏淮南之欲成一家言者也。惟宋之世，温公之《通鉴》，或可拟之。”历代类书虽效仿了《吕氏春秋》规模庞大、包含宏富的形式，但却未能汲取其“欲成一家之言”的精髓，这不能不说是一种遗憾。

傅斯年《战国子家叙论》还总结了《吕氏春秋》在我国古代书籍编纂史上的开创之功。其论前已引用，此不赘述。天、地、人一体观思想虽非《吕氏春秋》所创，但它毕竟在我国史学史上第一次用这一思想来指导一部书的编纂，这本身就是一种开创，大大拓展了古典编辑活动的时空观念和评判视野。

（二）丰富多彩的写作内涵

《吕氏春秋》为吕不韦集众门客所作，由于各人学术思想及派别不同，其内容的庞杂自不待言。因其庞杂，加之吕不韦个人与封建社会传统模式要求不甚相符，故而历代学者对它的评价不是很高。然而近世以来，其博大的思想内涵已开始逐步被人们所认识。国学大师冯友兰认为此书“所记先哲遗说、古史旧闻，虽片言只字亦可珍贵。故此书虽非子部之要籍，而实史家之宝库也”，这个评价充分肯定了《吕氏春秋》内容的丰富及宝贵。

作为杂糅百家的大作，《吕氏春秋》所包含的写作内涵十分丰富。它对战国末期各个学派的基本主张都有所承袭。如儒家主张实行德治，认为最好的统治方法是推行教化，用教化征服人心，处处以“仁”“义”作为行事的根本准则，吕不韦对此极为推崇。《适威》篇指出："古之君民者，仁义以治之，爱利以安之，忠信以导之，务除其实，思致其福。"可见其是接受了儒家思想，认为"仁义"是"君民者"的首务。不仅如此，《吕氏春秋》对各学派还做了自己的发挥，使其得以提高到一个新的层次。如儒家大力提倡施行仁义，但却效果欠佳，原因是什么呢？《吕氏春秋》拿出了自己的解释："仁义之术外也。夫以外胜内，匹夫徒步不能行，又况乎人主？唯通乎性命之情，而仁义之术自行矣。"即是说其原因在于仁义之术只是外现的，缺管内养的基础，而内养就是"通乎性命之情"。这不是对仁义的否定，而是给它加入新的内涵，使它能够更有效地推行开来。性命之情本是道家的东西，《吕氏春秋》却将其嫁接到了儒墨的仁义之术上，这不但是对儒墨思想的一种提高，也是对道家思想的推广。

另一方面，《吕氏春秋》也不因已采纳了某一学派的观点而将与其相对的学派置之不理。如它虽重视仁政和精神力量，但却并不因此而反对法治。它说："法也者，众之所同也，贤不肖之所以（用）力也。""赏罚，法也。""凡赏非以爱之也，罚非以恶之也，用观归也。所归善，虽恶之，赏；所归不善，虽爱之，罚。此先王之所以治乱安危也。"这些材料表明，它不但承认法治的必要性，而且还承认赏罚是法治的两种不可或缺的必要手段。更可贵的是它接受了法不阿贵及赏罚不以亲疏、远近、贤不肖、爱恶为转移的观点，并且提出应以善与不善作为执法的基本标准，这又是对法家思想的进一步发展。

在承袭的同时，《吕氏春秋》对诸子学说也分别做了不同程度的批判。如它在《应同》篇中提出"子不遮乎亲"的命题，并说"父虽亲，以黑为白，子不能从"，这显然是对孔子的"三年无改于父道，可谓孝矣"及"子为父隐"思想的否定。再如，《吕氏春秋·审分》中说道"至治之务，在于正名"，但当触及与实际和应用距离很远的名家诡辩派的论题时，《吕氏春秋》则给予严厉的批判。它说："坚白之察，无厚之辩，外矣！"即是说，《公孙龙子·坚白论》和《邓析子·无厚论》一类的辩论应该弃绝。这批判是毫不留情的。

除了对儒道墨法等影响较大的学派的圈点评判外，《吕氏春秋》也并未忘记一些在当时并不起眼的小学派，如在十二纪每纪的首篇，以及《制乐》《明理》《应同》等专篇中，均涉及了阴阳五行学说；在《荡后》《振乱》《禁塞》《怀宠》《论威》《决胜》《长攻》《悔过》等篇中都主要论述兵家理论；《知士》《至忠》《忠廉》《士节》《不贤》《更报》《顺说》等篇则专论纵横家。最为可贵的是全书最后四篇，即《上农》《任地》《辩土》《审时》四篇，它们专门记叙了与当时农业生产紧密相关的内容，如利用天时、土壤以及重视农耕的重要性等等，都是弥足珍贵的先秦农学文献。《汉书·艺文志》农家类记战国时有《神农》二十篇和《野老》十七篇，但两书今均不存，故《吕氏春秋》中这四篇文章就成了我们现在所能追溯到的最早的系统性农学著作，此亦可见其珍贵价值。

《吕氏春秋》对先秦各家均有所及，但并不能据此而认为它只不过是一部诸子思想的资料汇编。它是按照自己既定的宗旨，对汲取来的思想材料进行剪裁取舍，合于己者留，不合于己者也不会避而不理，而是对其进行批判改造，提出自己的看法。这样，随着对诸子百家的或留或改，《吕氏春秋》一书逐渐形成了自己的一家之言。这表现在方方面面，从对天、地、人的产生的看法，到对政治、经济、社会、哲学、天文、历法、乐律、科技等领域的认识上，《吕氏春秋》都有一些与众不同的见解。反映在历史观上，它首先突破了商周时代的人的起源的神话，提出"始生之者，天也"。这里的"天"是"自然"的同义语，即是说，它认为人类是大自然的产物，这是人类对自身来源认识的一个飞跃。接着，它又提出社会进入文明时代之后会继续在圣君贤相及人民群众的共同推动下艰难地、曲折地前进。这表明它认为历史是发展变化的。之后，《吕氏春秋》又对人类历史演进发展的规律进行了积极的探索。这是我国史学史上的一大创举。尽管从西周以来，就有人不断地总结历史经验，但那都是局部的、片段的总结，而没有从整体的、贯通的角度考虑问题。直到战国后期，阴阳五行学说兴起，历史总结才真正突破了经验的格局，走向哲学的思考。《吕氏春秋》汲取了阴阳五行家的观点，开始探寻历史发展的规律。

　　《吕氏春秋》第一次将历史的发展纳入了金木水火土五德循环的模式中，但它也并不排斥人的作用。它认为纵使天象的运行已到了新旧交替的时机，但人如果不好好地把握，照样会失去这一机会。它还提出了天、地、人同构的模式，将人类社会的一切都吸收到此模式之中，形成了我国最早的系统论思想。五行循环的历史发展规律模式，虽来源于邹衍的五德终始说，但却避免了它的历史宿命论，突出了人的主观能动作用。在《吕氏春秋》看来，人才是历史发展的最重要动力。这一观点，对鼓励人们去认识自然、改造自然、发展人类社会无疑是很有帮助的。当然，以我们今天的观点和思维方式来看，它的五行循环规律并不正确。它只看到了自然与社会的共性，但忽略了它们之间的本质区别，因而走入了神秘主义的泥潭。然而在当时，它却第一次走出了经验总结性的历史认识方式，并将其提高到了规律性的高度，大大地开阔了后人认识历史的范围，这一点是具有极大的开创性意义的。

　　《吕氏春秋》在学术上广收博取，采众家之长，集中体现了春秋以来诸子百家的学术观点，并结合当时的时代精神自成体系，发展了诸子的学说，对阴阳、因果、生死等问题进行了深入探究，在政治、社会方面总结了先秦统治阶级思想统治的经验，为即将到来的大一统局面制定了一套完整的治国理论与方针，这是我们研究先秦历史与哲学的重要资料。

　　《吕氏春秋》中不少哲理或政论性言论都是通过一些富有文采的、生动曲折的小故事来说明的，这给人以十分鲜明的印象，被视为我国古代小说之先河。仅就其文学特点来衡量，可以说它是当时秦国最好的一部作品，这奠定了它在中国古典文学史上的地位。其中很多篇章中的寓言、比喻写得相当精彩，妙语解颐，趣味盎然，如将人不愿听直言喻为"障其源而欲其水"，说不善于统治人民的君主"若决积水于千仞之上，其谁能挡之"，把一个人失去权势比为"吞舟之鱼陆处则不胜蝼蚁"，形容那些不调查研究的"愚者"以讹传讹是"数传而白为黑，黑为白，故狗似玃，玃似母猴，母猴似人，人之与狗则远矣"。像这样的比喻在《吕氏春秋》中不胜枚举，它们语句简洁，形象生动，不失为我国古代文学的精华。

《吕氏春秋》杂糅百家，取其所长，补其所短，是公元前 3 世纪中国的一部百科全书，上有天文、历法，下有地理、月令，中有政治、经济、历史、哲学、音乐、农技、科技等等，无所不包，真正做到了"上揆之天，下验之地，中审之人"。

（三）褒多贬少的历代评说

自《吕氏春秋》一书问世以来，对其的评议就一直连续不绝。这些评议或褒或贬，各有见地，即使只是只言片语，亦自有一番道理。评价高者如许维遹《吕氏春秋集释·自序》云："夫《吕览》之为书，网罗精博，体制谨严，析成败升降之数，备天地名物之文，总晚周诸子之精英，荟先秦百家之妙义，虽未必一字千金，要亦九流之喉襟，杂家之管键也。"评价低者则如梁启超在《汉书·艺文志·诸子略考释》中所说："吕不韦不学无术之大贾，其著书非有宗旨，务炫博哗世而已，故《吕览》儒、墨、名、法，樊然杂陈，动相违忤，只能为最古之类书，不足以成一家言，命之曰杂，固宜。"这两种意见的差别是比较大的。我们注意到评论《吕氏春秋》时，总要连带着论及吕不韦其人，不过尽管关于吕不韦的微词较多，但对《吕氏春秋》的评价大致还是以褒扬为主。

肯定其书而否定其人

高诱在其《吕氏春秋注·序》中说："诱正《孟子》章句，作《淮南》《孝经》解，毕讫，家有此书，寻绎案省，大出诸子之右。"高氏是在正《孟子》章句、作《淮南》《孝经》解之后，继而从事吕书注释的，故而他的"大出诸子之右"之评价是相当重要的。然而后世的人却没有这么豁达，肯定其书而否定其人的不绝于书。黄震《黄氏日抄》引韩彦直语云："《吕氏春秋》言天地万物之故，其书最为近古，今独无传焉，岂不以吕不韦而因废其书耶？"与韩彦直同时代的蔡伯尹也认为："今其书不得与诸子争衡者，徒以不韦病也。然不知不韦固无与焉者也。"他们都是肯定其书有可取之处，而对它因与吕不韦相关而不得广为流传深感惋惜，甚至为了给吕书正名而不惜牺牲吕不韦的主编之名。这对《吕氏春秋》可能是一个抬升，但对吕不韦却实在不够公平。《四库全书总目提要》对吕不韦及《吕氏春秋》的评价则稍显公允，其云"不韦固小人，而是书较诸子之言独为醇正，大抵以儒为主，而参以道家、墨家，故多引六籍之文与孔子、曾子之言。……其持论颇为不苟"，最后还反对前代的评论因人废言，说："论者鄙其为人，因为甚重其书，非公论也。"这一态度是极为可贵的。毕沅在其《吕氏春秋新校正·序》中说："其著一书，专觊世名，又不成于一人，不能名一家者，实始于不韦……不韦书在秦火以前，故其采缀，原书类亡，不能悉寻其所本。是以其书沈博绝丽，汇儒墨之旨，合名法之源，古今帝王天地名物之故，后人所以探索而靡尽与！"他虽不赞同吕不韦编书的动机，但却依然对吕书本身给予了相当高的评价。

肯定其思想及学术价值

《吕氏春秋》中蕴含着丰富的思想，这已经被许多学者所注意到。关于其各种思想，本书后面章节会有分别论述，这里重点谈对其学术价值的评价。郭沫若在《吕不韦与秦王政的批判》中评《吕氏春秋》，称其"在文字结构上也每每佶屈聱牙""在编制上实在也相当拙劣的"，但他紧接着话锋一转，说"然而这书却含有极大的政治上的意义，也含有极高的文化史上的价值"，这就从政治意义和文化史角度给予了吕书极高的评价。徐复观在《〈吕氏春秋〉及其对汉代学术与政治的影响》一文中从学术史角度对吕书作了很高的评价，称："但两汉士人，许多是在《吕氏春秋》影响之下来把握经学；把《吕氏春秋》对政治所发生的巨大影响，即视为经学所发生的影响；离开了《吕氏春秋》，即不能了解汉代学术的特征，这点却被人忽略了。"这是对其在经学史中的重要作用的揭示。在史学领域中，对其价值的评价尤其丰富。这方面最早的评论来自其书自身，《序意》篇述其编纂意图为："凡十二纪者，所以纪治乱存亡也，所以知寿夭吉凶也。""纪治乱存亡""知寿夭吉凶"，这正是我国传统史学所孜孜以求的撰史目的，所以冯友兰《吕氏春秋集释·序》说："然此书不名曰《吕子》，而名曰《吕氏春秋》，盖文信侯本自以其书为史也。"

《史记·吕不韦列传》称："吕不韦乃使其宾客人人著所闻，集论以为八览、六论、十二纪，二十余万言。以为备天地万物古今之事，号曰《吕氏春秋》。"而在《史记·十二诸侯年表序》中，司马迁更明确地指出："吕不韦，秦庄襄王相。亦上观尚古，删拾春秋，集六国时事，以为八览、六论、十二纪，为《吕氏春秋》。"司马迁认为吕不韦自认其书包罗天地古今万物之事，事取获麟，踵事春秋，故以名书。任继愈所说"春秋"已被引申为古史的通称，《吕氏春秋》的作者欲博通古今之变，以史典自诩，故自号"春秋"，正是对此意的详尽解释。

三、《吕氏春秋》的特点

吕不韦为什么要主编《吕氏春秋》？吕不韦自己在《序意》中已经做了回答（见前）。可是，司马迁在《史记·吕不韦列传》中却说：

当是时，魏有信陵君，楚有春申君，赵有平原君，齐有孟尝君，皆下士喜宾客以相倾。吕不韦以秦之强，羞不如，亦招致士，厚遇之，至食客三千人。是时诸侯多辩士，如荀卿之徒，著书布天下。吕不韦乃使其客人人著所闻，集论以为《八览》《六论》《十二纪》，二十余万言。以为备天地万物古今之事，号曰《吕氏春秋》。

照这段话的意思，吕不韦的"致士"是为了提高自己的人格，即把自己的身份提高到"四公子"的地位。吕不韦的"集论"是为了提高自己的声望，使自己与"荀卿之徒"齐名。这是司马迁对吕不韦的理解。这种理解包含着偏见与误识。

司马迁十分重视家世和身份。他在《自序》中一开头就历述他的家世身份。自颛顼时代的重、黎，一直讲到他的父亲司马谈，历代祖先或为史官，或为相，或为将，或为王。无非是说明他的家世显赫，身份高贵。这种潜在的意识不能不影响他对历史人物的评价。"四公子"是贵族出身，荀卿是稷下祭酒，吕不韦却是微贱的商人，怎能和他们攀比呢！再说自汉初以来，对商人一直采取压抑政策，极力压低他们的社会地位，不准衣丝，不准乘车，

司马迁

不准做官。这些措施自然要造成一种贱商心理，司马迁也不能不受其影响。何况，根据司马迁所掌握的材料，吕不韦还有许多宫闱秽事。因此，司马迁对吕不韦是怀有偏见和误识的。他在《吕不韦列传》的评语中，不但把吕不韦和嫪毐搅在一起，以贬低吕不韦的人格，而且公然把吕不韦斥为"孔子之所谓'闻者'"，可见他对吕不韦的轻蔑。

所以，司马迁对于吕不韦的评论乃至记事，我们都不可全信。关于吕不韦主编《吕氏春秋》的动机，应以《序意》中所说的为准。

关于《吕氏春秋》编写的时间问题还有点争议，需要明确一下。

《吕氏春秋·序意》说："维秦八年，岁在涒滩，秋，甲子朔，朔之日，良人请问《十二纪》。……"这就是说，"秦八年"开始编写《吕氏春秋》，这本来是很明确的。可是，这个"秦八年"是谁的八年，却有不同意见。高诱注云："八年，秦始皇即位之八年也。"可是，这一说法与"岁在涒滩"不能吻合。按照太岁纪年法，"涒滩"相当于十二辰中的"申"位。而按照干支纪年法推算，秦王政八年是"壬戌"，而不是"申"。因此，高诱的说法需要纠正。

清人孙星衍对此曾做过周密的考订，他说："考秦庄襄王灭周后二年癸丑岁至始皇六年，共八年，适得庚申岁。申为涒滩，吕不韦指谓是年。"这就是说，"秦八年"是指秦国八年，即秦庄襄王灭东周后的第八年，而不是秦王政即位后的第八年。这个意见是比较合理的。因此，"维秦八年"实际上只相当于秦王政即位后的第六年（公元前 241 年）。

那么，这一年是成书的时间？还是起稿的时间呢？论者多以为是成书的时间，理由是"古人的习惯，书作成后才作序"。这恐怕不符合实际情况。《序意》，顾名思义，是向参加撰写者阐明编者意图的。编者意图怎么能在书成之后再谈呢？"良人请问《十二纪》"。这里的"良人"自然是指参加撰写的门客。他们接受撰写任务之后，首先就要弄清主编的指导思想，否则，他们就会迷失方向。所以他们要"请问"。如果书已编成，他们还要"请问"什么呢？因此，我以为，不管这篇《序意》是放在前面，还是放在后面，都是在起稿之前说的。这就是说，《吕氏春秋》是在秦王政六年（公元前 241 年）开始撰写的。大约花了两年时间，全书编成。编成后不久，赶在嬴政亲政之前（嬴政九年，公元前 238 年）便公之于众。"布咸阳市门，悬千金其上，延诸侯游士宾客，有能增损一字者予千金。"通过这项程序作了最后定稿。

有些学者认为《吕氏春秋》不是一次完成的，而是两次或陆续补缀完成的。

陈奇猷先生说："《十二纪》确系成于秦八年即始皇六年，而《八览》《六论》则成于迁蜀之后。"其实，这是不可能的。

首先，吕不韦根本就未迁蜀地。据《史记·吕不韦列传》载："秦王十年十月，免相国吕不韦。"不久，"而出文信侯就国河南"。在河南呆了一年多，"诸侯宾客使者相望于道，请文信侯"。秦王政害怕发生变故，便赐他一封书信，信中最后一句话是"其与家属徙处蜀"。"其"者，未然之辞也，只是要他迁蜀。吕不韦接信后，"自度稍侵，恐诛，乃饮鸩而死"。显然，他是死在河南的。又据《史记·秦始皇本纪》载："十二年，文信侯不韦死，窃葬。其舍人临者，晋人也逐出之；秦人六百石以上夺爵，迁；五百石以下不临，迁，勿夺爵。"《索隐》按："不韦饮鸩死，其宾客数千人窃共葬于洛阳北芒山。"这更确切证明了吕不韦是死在河南，葬在北芒山的。假如吕不韦已经迁蜀，难道几千宾客还长途跋涉把他的尸体运回洛阳窃葬吗？即使宾客们真有此心，也为当时环境条件所不许。至于司马迁在《报任安书》中所说的"不韦迁蜀，世传《吕览》"这句话，大可不必拘泥。前人早已指出："盖欲迁就蒙难著书之意，而非其实也。"

其次，能不能设想吕不韦"就国河南"之后，继续完成其《八览》《六论》的工作呢？这也不可能。《吕不韦列传》明明记载着"吕不韦乃使其客人人著所闻，集论以为《八览》《六论》《十二纪》，二十余万言。以为备天地万物古今之事，号曰《吕氏春秋》。"所谓"集论"，就是把各人分头执笔写成的文章集中起来，加以分类整编。最后分为三部分，又合成一部书。这部书，在吕不韦看来，已经"备天地万物古今之事"了。这是一个完整的过程，根本看不出分两次编成的迹象。再说，吕不韦"就国河南"之后，已经失去了相国职位和"仲父"身份，也没有条件和必要再继续编书了。

所以，陈先生的两次编成说是难以令人信服的。

徐复观先生说："《吕氏春秋》的初稿成于秦政八年，但其补缀之功，直至秦统一天下之后。"徐先生根据《吕氏春秋》中的"以耳目所闻见，齐、荆、燕尝亡矣，宋、中山已亡矣，赵、魏、韩皆亡矣。其皆故国矣"这段话，断言"这分明是秦政二十六年以后所写的"。这段话分三个层次，一是"尝亡"，二是"已亡"，三是"皆亡"。齐在公元前 284 年曾为燕将乐毅攻破，荆在公元前278 年、前241 年曾两次战败迁都，燕在公元前 315 年曾为齐攻占。这三个国家都曾失守国都，后来又都复国了，所以叫"尝亡"。宋在公元前 286 年为齐所灭，中山在公元前 296 年为赵所灭，后来都没有复国，所以叫"已亡"。这些事都发生在《吕氏春秋》编写之前，没有问题。问题出在"皆亡"这句话。这句话的原文是："赵、魏、韩皆亡矣，其皆故国矣。"如果把这里的"亡"理解为

"已亡"，那么，赵亡于公元前 222 年，魏亡于公元前 225 年，韩亡于公元前 230 年，都在《吕氏春秋》成书后一二十年。徐先生正是这样理解的，所以他说："这分明是秦政二十六年以后所写的。"然而，对这句话的训解还有不同意见。一种意见认为文字有讹误，当订正为"赵、韩、魏皆失其故国矣"。对"故国"又有不同的解释，有人说指三家分晋的晋国，有人说指战国初年强盛时期的三国。另一种意见认为文字并不讹误，无需订正。认为"此文'赵、魏、韩皆亡矣，其皆故国矣'，盖谓赵、魏、韩国势乱弱，大权在下，人君不能行其制，国虽若存，实是灭亡，故其皆为故国"。后一种意见较妥。按：《说文·亡部》："亡，逃也。"段注："谓入于迟（卻）曲隐蔽之处也。"可见亡的本义并非消灭，只是暂时隐蔽，不为人们所注意罢了。亡又有"乱"义，《淮南子·说林》："骊戎以美女亡其国。"这是指晋献公的事。晋献公娶二骊姬，后来引起国家混乱，但晋国并没有灭亡。所以这里的"亡"只能解释为"混乱"。所谓"赵、魏、韩皆亡矣，其皆故国矣"，意思是说：赵、魏、韩都已陷于衰乱了，往日的峥嵘都已消失了，它们都只剩下一个故国之名而已。

不管哪种训解，这句话都不能理解为三国已经灭亡。这样，徐先生的意见也就失去依托了。

所以，我们认为《吕氏春秋》只能是一次编成的。

接着便是编次问题。这个问题，自来有所分歧。据《史记·十二诸侯年表序》载："吕不韦者，秦庄襄王相，亦上观尚古，删拾《春秋》，集六国时事，以为《八览》《六论》《十二纪》，为《吕氏春秋》。"这与《吕不韦列传》的记载序列相同，都是《八览》在前，次以《六论》，《十二纪》殿后。但还有另一种记载，高诱《吕氏春秋序》云："不韦乃集儒书，使著其所闻，为《十二纪》《八览》《六论》，合十余万言，备天地万物古今之事，名为《吕氏春秋》。"这个次序与现今所见到的本子相同。这两种意见谁是谁非呢？后人各有依违。我则倾向于高诱所记的次序。理由是，《十二纪》是全书的纲领，分量最重，理应放在首位。而且这样安排顺序也符合《序意》中的指导思想。《序意》中有云："上揆之天，下验之地，中审之人。"《十二纪》侧重于天时，故以"月令""四时"为其骨架。《六论》侧重于地利，故以《任地》《辨土》等篇殿后。"览"者，览其人事，所以放在中间。当然，这只是略循其意，从宏观角度说的。假如拿各部分中的各篇一一比照，那就不免发生纠葛了。我们不能那样严格地要求古人。

我还怀疑各部分的篇数与《易传》有关。《系辞上》说："天数五，地数五，五位相得而各有合。""天数五"是指一、三、五、七、九；"地数五"是指二、四、六、八、十。天的中数是"五"，地的中数是"六"。《十二纪》每纪五篇，是符合天之中数的；《六论》每论六篇，是符合地之中数的。至于《八览》也符合八卦之数。《系辞上》说："圣人立象以尽意，设卦以尽情伪。"《系辞下》也说："八卦成列，象在其中矣。"所谓《八览》，大概是览圣人之意，览人事之情伪吧。如果这个推想还有几分道理，那就更能说明高诱的意见是对的了。

《吕氏春秋》的作者是谁？记载也不太一致。《史记》在《吕不韦列传》中说："吕不韦乃使其客人人著所闻……"这是说，具体执笔者是他的门客。而在《十二诸侯年表序》中又说"吕不韦者……为《吕氏春秋》"。好像是吕不韦一人执笔的。后人或云"秦相吕不韦集智略之士而造《春秋》"。或云"《吕氏春秋》二十六卷，秦相吕不韦撰"。看来这只是文字上的繁省而已。实际上《吕氏春秋》是吕不韦组织其门客中的"智略之士"撰写的，主编是吕不韦。

但是，有人却不承认吕不韦的主编权。宋人黄震说："今其书（按指《吕氏春秋》）不得与诸子争衡者，徒以不韦病也。然不知不韦固无与焉者也。"清人卢文弨云："世儒以不韦故，几欲弃绝此书（按指《吕氏春秋》），然书于不韦固无与也。"清人徐时栋云："乃儒者独以不韦之书而羞称之（按指《吕氏春秋》）。呜呼！此岂阳翟大贾与奔走于其门下者之所能为哉？"这些人为什么可以肯定《吕氏春秋》这本书，却又否定吕不韦的主编权呢？想来也不奇怪。在他们的眼里，吕不韦出身于商人，而商人在封建社会中是微贱的。吕不韦与赵姬有一段暧昧关系，后来又把她介绍给嫪毐，这更是见不得人的事。吕不韦结识异人是因为"奇货可居"。而为了异人的立嗣又进行过贿赂活动。这也是不光彩的。据说吕不韦还是个"野心家"，想篡夺秦国的正统。这更是不能容忍的！所以他们鄙视吕不韦的为人，骂他为"小人"。其实，这些"罪状"，有的是"莫须有"，有的是出于误解，有的却是凭空猜疑，这些我们在上面已经澄清过。比较可靠的大概只有"奇货可居"和贿赂活动两件事。而这在当时又算得了什么呢？子贡不囤积居奇，怎么能在孔门弟子中"最为饶富"呢？范蠡不投机取巧，怎么能"三致千金"呢？至于贿赂活动，在当时更是微不足道，比起那些弑父杀兄谋取王位的人，不是小巫见大巫吗？不错，商人中也确有些品质恶劣者，实在令人生厌。但不能一概而论。郑国的商人弦高矫君命以退秦师，使郑国避免了一场灾难。孔子死后，弟子守墓，别人只守三年，子贡独守六年。这些不都是千古传为美谈吗！就拿吕不韦来说吧，他主编《吕氏春秋》也是冒着极大风险的。他明知嬴政生性暴戾，却处处批着他的"逆鳞"，找不到一点阿谀逢迎的痕迹。这难道不足以使后世某些文人为之汗颜吗?! 就说吕不韦的门客吧，他们冒着被驱逐、夺爵、流放的危险，窃葬吕不韦。如果吕不韦是个猥琐小人，能赢得属下这样真实的感情吗?! 我看，某些学者之所以鄙薄吕不韦，恐怕是他们头脑中凝固着的封建意识和正统观念在作怪。

那么，是不是因为吕不韦学识不够，胸怀不广，没有资格成为主编呢？也不能这么说。我在前面曾推测过，吕不韦在少年时代是读过几年书的。《史记·十二诸侯年表序》也说他"上观尚古，删拾《春秋》，集六国时事"，可见他不但博览群书，还注重实际知识。这一点可以从残存的《序意》篇中得到证实。你看，"盖闻古之清世，是法天地。凡《十二纪》者，所以纪治乱存亡也，所以知寿夭吉凶也。上揆之天，下验之地，中审之人，若此则是非可不可无所遁矣"。没有广博的知识，没有对历史的深刻理解，没有宽阔的胸怀，没有政治家的气度，能说出这番话吗？

《吕氏春秋》是吕不韦动议和组织编写的，在编写之前他向参加者阐明了指导思想。最后又经他集中、简选、修订、编次成书。仅凭这些，主编之名，他就当之无愧了。

《吕氏春秋》利用了前人和时人的许多资料，但它不是资料类编，也不是思想杂烩，更不是折中调和，而是按照自己的标准，经过筛选、消化、提炼、熔合而成的一部完整著作。这部著作至少有自己的三大特点，即系统性、全面性和一贯性。

《吕氏春秋》以阴阳五行思想为粘合剂，把整个宇宙构成一个大系统，其下分为三个子系统，即天、地、人。这个系统既体现在全书的结构上，也贯穿在各个部分之中。全书分为三部分——《十二纪》《八览》《六论》。《十二纪》每纪5篇，共60篇（加《序意》一篇则61篇），主要是体现天时的。《六论》每论6篇，共36篇，主要是体现地利的。《八览》每览8篇，共64篇（《有始览》佚去一篇，今存63篇），主要是体现人事的。通过"人法天地"又把三者合而为一。从各个部分看，谈天时离不开地利和人事；谈地利离不开天时和人事；谈人事离不开天时和地利。一句话，子系统离不开大系统的制约。

这种思想的形成，当然是春秋战国以来，生产力的发展，社会斗争的实践，科学技术的昌明，诸子百家的分门研究的结果。但是，把这些成果综合起来，加以提炼，上升为一种崭新的思想，则是《吕氏春秋》的独创。

当然，这种思想，在今天看来远非完善，最大的缺陷是没有区分自然和社会的不同性质，从而把自然规律视为社会规律，把自然法则视为社会法则，把自然秩序视为社会秩序。这样，就为封建统治提供了一个永恒不变的理论基础。但是，要知道，这种思想在当时却是先进的。因为一则发现了整个宇宙间互相联系、互相制约的共同规律，这就为继续探讨"天人之际"和"古今之变"提供了一种理论和方法。二则当时封建制度刚刚形成，还是一种先进的生产方式，需要这种理论来维护和巩固。因此，只要我们不以今天的标准来求全责备，还是应该承认《吕氏春秋》的功绩。

《吕氏春秋》的全面性表现在两方面：一方面，就其资料来源说，它打破了当时各家各派的门户之见，也泯却了地区文化的界限，以高屋建瓴之势，广泛而批判地汲取了各家各派的思想精华。用它自己的话说：

> 物固莫不有长，莫不有短。人亦然。故善学者，假人之长以补其短。

> 无丑（耻也）不能，无恶（惧也）不知。丑不能，恶不知，病（困也）矣；不丑不能，不恶不知，尚矣。虽桀、纣犹有可畏可取者，而况于贤者乎？

> 天下无粹白之狐，而有粹白之裘，取之众白也。

它就是以这种气魄吞吐百家的。大体说来，《当务》《慎人》《贵信》《壹行》等篇，多取孔子思想；《孝行》多取曾子思想；《忠廉》《介立》《观表》多取孟子思想；《音初》《劝学》《用民》多取荀子思想；《精通》《具备》多取《中庸》思想；《应同》《召类》多取《易传》与阴阳家思想；《精喻》《博志》《执一》多取老子思想；《贵生》《重己》等篇，多取杨朱思想；《任数》《知度》多取老庄思想；《序意》《圆道》多取黄、老思想；《察今》多取商鞅思想；《慎势》多取慎到思想；《权勋》多取韩非思想；《节丧》《安死》多取墨子思想；《振乱》《荡兵》多取兵家思想；《上农》《任地》等篇多取农家思想；《察微》《正名》多取名家思想，等等。这些例子意在说明《吕氏春秋》汲取资料的全面性，并不是说某篇就是某家或某人的思想，实际上在同一篇中各家思想是混杂难分的。还要指出，《吕氏春秋》汲取各家思想并不是把它们杂凑成篇，而是有取舍、有批判、有改造、有发展的。事实上，这些思想资料归进一个新的系统中，置于一个新的结构中，与原来的意义和作用都大不相同了。这些在后面还要详谈，这里就不细说了。

另一方面，就其内容说，涉及的领域也很全面。政治、经济、文化、军事、天文、科技、卫生、历史、哲学，乃至艺术，无不包罗殆尽，真是"备天地万物古今之事"。这些在后面也要详谈，这里也不细说了。

《吕氏春秋》的全面性把战国后期诸子融合的趋势大大向前推进了一步。

《吕氏春秋》的资料来源虽然很杂，但经过提炼、加工、处理，却构成了一个相当纯粹的体系。"众狐之白"造成了一件"粹白之裘"。

　　那么，《吕氏春秋》用什么方法构成自己独特体系的呢？我以为是自然主义思想。它用自然主义思想把百家学说贯穿起来，形成了全书的一贯性。这表现在两方面：

　　第一，用自然主义思想为标准，取舍百家学说，合者取之，违者舍之。例如《吕氏春秋》对儒家的孝道有所汲取，是因为孝道是符合自然主义思想的。它说："孝子之重其亲也，慈亲之爱其子也，痛于肌骨，性也。"这就是说，孝道出于自然。又如《吕氏春秋》批判墨家的"非乐"，是因为"非乐"是违反自然主义思想的。它说："凡乐，天地之和，阴阳之调也。……世之学者有非乐者矣，安由出哉？大（夫）乐，君臣父子长少之所欢欣而悦也。欢欣生于平，平生于道。"这就是说，音乐是人们感情的自然流露，是不可遏制的。总之，《吕氏春秋》对待各家的态度是平等的，对各家学说取舍的标准是一致的。从表面看，对某家比较尊重，对某家比较轻蔑，对某种学说取多舍少，对某种学说取少舍多，但这并不能说明它的态度偏颇，更不能说明它的标准不一。恰恰相反，尊重也好，轻蔑也好，取多也好，取少也好，一切决定于自然主义思想。

　　第二，用自然主义思想研究自然、社会、历史、现实等一切领域。例如"君道"问题。《吕氏春秋》说："昔太古尝无君矣。"后来人们为了战胜自然界的"禽兽""狡虫"，克服自然界的"寒暑燥湿"，就结成了群体。为了更好地发挥群体的力量，就产生了君主。"群之可聚也，相与利之也；利之出于群也，君道立也。"既然人们结成了群体，那就需要某种秩序，否则，就会出现"少者使长，长者畏壮，有力者贤，暴傲者尊，日夜相残，无时休息，以尽其类"的局面。"圣人深见此患也，故为天下长虑，莫如置天子；为一国长虑，莫如置君也。"君道出于自然，显然这是在自然主义思想指导下研究的结果。又如战争起源问题。《吕氏春秋》说："凡兵也者威也，威也者力也，民之有威力性也。性者所受于天也，非人之所能为也。武者不能革，而工者不能移，兵所自来者久矣。"这个结论并不科学，但可以肯定，也是在自然主义思想指导下研究的结果。

上述三大特点，是《吕氏春秋》所独具的，而为当时任何一家所不及。东汉高诱说这部书"大出诸子之右"，是很有见地的。

四、《吕氏春秋》的性质

关于《吕氏春秋》的性质，历来说法不一。《汉书·艺文志》"杂家"说："《吕氏春秋》二十六篇（自注：秦相吕不韦辑智略士作）。"此后，历代学者多沿其说。陈澧《东塾读书记》说："刘《略》班《志》品目之（按指《吕氏春秋》）以为杂家，盖精确乎不可易矣。"汪中《〈吕氏春秋〉序》也说："最后《吕氏春秋》出，则诸子之说兼有之。……《艺文志》列之杂家，良有以也。"但自清代以后也有人想突破《艺文志》的藩篱，试图把它归属入某一家或几家。章学诚《校雠通义》说："《吕氏春秋》亦春秋家言……虽非依经为文，而宗仰获麟之意。"《四库总目·子部》说：《吕氏春秋》"大抵以儒为主，而参以道家、墨家"。卢文弨《书〈吕氏春秋〉后》说："《吕氏春秋》一书，大约宗墨氏之学，而缘饰以儒术，其《重己》《重生》《节葬》《安死》《尊师》《下贤》，皆墨道也。"近人又以《吕氏春秋》为"道家""新道家""阴阳家"者。如此等等，不一而足。

意见如此之分歧，正好说明了《吕氏春秋》不宜归属于任何一家或数家，同时也说明了人们对《吕氏春秋》这部书的性质理解很不一致。我以为应该跳出《汉书·艺文志》所设定的框框，不必拘泥于某家某派的格局，用现代分类法，根据全书内容，实事求是地重新给它立定一个名号，以标志该书的性质。

我以为应该把《吕氏春秋》定为政治理论著作，确切点说，是早期封建政治理论著作。这一点可以从编著的主旨，后人的评论，特别是本书的内容得到证实。

吕不韦在《序意》中说："凡十二纪者，所以纪治乱存亡也，所以知寿夭吉凶也。上揆之天，下验之地，中审之人，若此则是非可不可无所遁矣。"所谓"治乱存亡"，是指社会国家而言，所谓"寿夭吉凶"，是对君主而言，君主在当时是国家政治生活中的决定因素。所谓"是非可不可"绝不是一般小事，而是指国家大事，或重大政治问题的决策。可见吕不韦之所以要主编这部书，主要目的在于为即将到来的统一国家创建政治理论。后世学者也是这样看的。《汉书·艺文志》说："杂家者流，盖出于议官。兼儒墨，合名法，知国体之有此，见王治之无不贯，此其所以长也。"所谓"议官""国体""王治"，说的都是政治思想。元人陈澔说："吕不韦相秦十年，此时已有必得天下之势，故大集群儒，损益先王之礼，而作此书，名曰《春秋》，将欲为一代兴王之典礼也。"所谓"典礼"也就是政治。

下面我们试从《吕氏春秋》的内容做一些具体论证。

《吕氏春秋》的内容十分广泛，但其主体却是政治思想部分。政治思想部分内容也很丰富，这里只选几个要点谈谈。

1. 公天下

"公天下"是吕不韦政治思想的出发点。在他看来，天下是公有的，不是个人的私产。他说："天下非一人之天下也，天下之天下也。"因此，他认为有国者首先要立公破私。"昔先圣王之治天下也必先公，公则天下平矣，平得于公。""诛暴而不私，以封天下之贤者，故可以为王霸。"相反，如果君主没有"公天下"的思想，那就危险了。"智不公，则福日衰，灾日隆。""俗主之佐，其欲名实也，与三王之佐同，而其名无不辱者，其实无不危者，无公故也。"吕不韦的"公"，当然不是全民的"公"，而是地主阶级的"公"。尽管如此，这种思想在当时依然是大胆的。《礼记·礼运》的作者虽然也提出过"天下为公"的"大同"思想，但那是作者对往昔的回忆，现在早已过时了，着眼点还是落在"天下为家"的"小康"上面。吕不韦不是把"公天下"当作美好的回忆，而是要运用于现实政治的，二者之间有很大的区别。当然，吕不韦的这种思想也不是凭空产生的，从思想方面看，春秋战国以来，作为"家天下"理论支柱的"天命论"不断地遭到批判和冲击，到了战国末年，这块招牌已经是破烂不堪了。从现实方面看，下层逐次超克上层的事实大量出现，谁有本领谁就能占有国家，甚至占有天下，造成了"天下为公"的现实感。吕不韦的"公天下"正是在这种背景下提出的。

2. 君道

在"公天下"的前提下，君道是吕不韦政治思想中的一个重点。这是可以理解的，因为君主在当时的政治生活中起着决定性作用，所以《吕氏春秋》中关于君道的论述非常详细。诸如君主的产生、君主的职责、君主的权力……都有充分的论述。

君主是怎样产生的呢？原来是没有君主的，"昔太古尝无君矣"。后来因为客观需要才产生了君主。所谓客观需要，又分两种：一是对自然做斗争的需要，他说：

> 凡人之性，爪牙不足以自守卫，肌肤不足以捍寒暑，筋骨不足以从利避害，勇敢不足以却猛禁悍，然且犹裁万物，制禽兽，服狡虫，寒暑燥湿弗能害，不唯先有其备，而以群聚耶？群之可聚也，相与利之也，利之出于群也，君道立也。

这就是说，在人类和自然界做斗争时，必须结成群体，而群体需要有一个组织者和领导者，这就是君。另一种是维护群体秩序的需要。他以周边少数族为例，说明无君之害：

> 少者使长，长者畏壮，有力者贤，暴傲者尊。日夜相残，无时休息，以尽其类。圣人深见此患也，故为天下长虑，莫如置天子也；为一国长虑，莫如置君也。

这就是说，为了不使群体自相残杀而同归于尽，需要有一个人出来主持公道，排解纠纷，维护秩序。这个人也就是君。总之，君主是适应群体利益的需要而产生的。什么人才可以充当君主呢？《吕氏春秋》举了一个例子："（武王）亲殷如周，视人如己，天下美其德，万民悦其义，故立为天子。"意思是说，只有得到天下人拥护爱戴的人才有资格充当君主。至于君主是通过怎样的方式产生出来的？《吕氏春秋》说是"圣人""置"的。他当然不知道是从部落酋长质变而来的。

根据"利之出于群"的原则，《吕氏春秋》又给君主的职责下了一个定义："君道何如？利而物（勿）利，章。"这后一句话的意思，据训诂家们说："意谓利民而勿自利，以为标志。"这就是说，君主以利民为其天职。"执民之命，重任也，不得以快志为故（事）。"具体地说，君主的职责是因道任德，掌握原则，督责臣下。"君也者，处平静，任德化，以听其要。""古之王者，其所为少，其所因多，因者君术也……因则静矣。"所谓"因"，就是因自然之道，顺民心之欲。"凡主有识，言不欲先，人唱我和，人先我随。以其出为之入，以其言为之名，取其实以责其名，则说者不敢妄言，而人主之所执其要矣。""夫君也者处虚，素服而无智，故能使众智也；智反无能，故能使众能也；能执无为，故能使众为也。无智、无能、无为，此君之所执也。"这两段话的意思说，高明的君主是不好强逞能的，只能掌握原则，对臣下循名责实，充分发挥他们的积极性。这就是君主的具体职责。

关于君主的权力，《吕氏春秋》认为是至高无上的。所谓"执民之命"，"为民父母"，就充分说明了这一点。但是，君主却不能滥用权力，为所欲为。《吕氏春秋》把不称职的君主分为暴君和愚君两类，并分别采取两种不同的对付办法。对于暴君，采取暴力的办法：

先发声出号，曰："兵之来也，以救民之死。子（指被伐之君）之在上，无道据傲，荒怠贪戾，虐众恣睢，自用也，辟远圣制，謷丑先王，排訾旧典，上不顺天，下不惠民，征敛无期，来（求）索无厌，罪杀不辜，庆赏不当。若此者，天之所诛也，人之所仇也，不当为君。今兵之来也，将以诛不当为君者也！"

这就叫作"行罚不避天子"！对于愚君，则采取禅让的办法：

故败莫大于愚，愚之患在必自用，自用则戆陋之人从而贺之。有国若此，不若无有。古之与贤，从此生矣。

所谓"与贤"，就是禅让贤者，这叫作"废其非君而立其行君道者"。《吕氏春秋》是维护地主阶级专政的理论，因此它希望作为专政的代表君主，能代表整个地主阶级的利益，不是代表一家或一人的利益。所以，一旦君主脱离了整个地主阶级的利益，而仅仅代表一家或一人的利益，那就失去了代表资格，那就应该废弃他。这是从整个地主阶级利益出发的。虽然如此，这种思想仍然是可贵的。因为其中包含着民主的因子，尽管是地主阶级的民主。

3. 臣道

关于臣道，《吕氏春秋》中也谈得很多。臣是辅助君的，因此，臣必须忠于君。但是，忠君是有条件的，即忠于能够代表整个地主阶级利益的君，不是忠于个人。最理想的君臣关系是互相信任，亲密合作。

故贤主之求有道之士，无不在以（用）也；有道之士求贤主，无不行也，相得然后乐。不谋而亲，不约而信，相为殚智竭力，犯危行苦，志欢乐之。此功名所以大成也，固不独。这就是说，君不能离开臣，臣也不能离开君，只有君臣互相"不独"，才能成就"功名"。如果君臣之间发生分歧，那忠臣就要尽死以谏："忠臣亦然，苟便于主，利于国，无敢辞违，杀身出生以徇之。"这里的"便于主"和"利于国"，是不可分割的。所谓"便于主"，是便于主的长远利益；"利于国"是利于整个地主阶级的利益。二者统一才是尽忠的前提。如果国家出现了危机和上下梗阻的局面，那忠臣就要尽力疏通，消弭未然之患：

国亦有郁，生德不通，民欲不达，此国之郁也。国郁处久，则百恶并起，而万灾丛至矣。上下之相忍也，由此出矣。故圣王之贵豪士与忠臣也，为其敢直言而决郁塞也。

但是，如果君不能接受臣的正确意见，黑白不分，那臣就要拒绝合作，不能顺从。"君同则来，异则去。故君虽尊，以白为黑，臣不能听。"显然，这样的臣道，是从"公天下"和"利于群"的原则出发的。

4. 治民

治民是吕不韦政治思想的落脚点，所以在《吕氏春秋》中也是着重论述的一个问题。

治民首先对民要有所认识。据《吕氏春秋》看来，吕不韦对民是有比较深刻认识的。他在《适威》中曾引过厉王奔彘的教训，以警诫君主：

《周书》曰："民，善之则畜（好）也，不善则仇也，有仇而众，不若无有。"厉王，天子也，有仇而众，故流于彘。

并从理论上说明君主不能脱离民众的原因：

凡君之所以立，出乎众也。立已定而舍其众，是得其末而失其本，得其末而失其本，不闻安居。……夫以众者，此人君之大宝也。

因此，他说："宗庙之本在于民。"怎样才不失民，并使民为己所用呢？关键在于"顺民心"："先王先顺民心，故功名成。""民心"是什么呢？那就是天生的欲与恶。

始生人者，天也。……天使人有欲，人弗得不求，天使人有恶，人弗得不避。欲与恶所受于天也，人不得与焉。

只要抓住欲与恶这条纪纲，顺而治之，就可以达到用民的目的了。

用民有纪有纲。一引其纪，万目皆起，一引其纲，万目皆张。为民纪纲者，何也？欲也，恶也。何欲？何恶？欲荣利，恶辱害。辱害所以为罚充也，荣利所以为赏实也。赏罚皆有充实，则民无不用矣。

不过这还是用民的第一步。如果再进一步使之心悦诚服，始终不渝，那就需要教化了。

赏罚之柄，此上之所以使也。其所以加者义，则忠信亲爱之道彰。久彰而愈长，民之安之若性。此之谓教成。教成则虽有厚赏严威弗能禁。故善教者，不以赏罚而教成。

古之君民者，仁义以治之，爱利以安之，忠信以导之。务除其灾，思致其福。故民之于上也，若玺之于涂也。抑之以方则方，抑之以圆则圆。……此五帝三王之所以无敌也。这就达到了治民的最高标准。

但是，吕不韦又把人分为两类，一类是"圣贤"，一类是"不肖"。"圣贤"通过学习，懂得礼义，知道"修节止欲"；"不肖"相反。因此，用民的方法也要有所区别。

凡用民，太上以义，其次以赏罚。

凡使贤、不肖异：使不肖以赏罚，使贤以义。故贤主之使其下也必义，审赏罚，然后贤、不肖尽为用矣。

最后，吕不韦把天下、国、家、个人、大、小、贵、贱联成一体，以期达到统一、和谐、安乐的局面。他说：

天下大乱，无有安国；一国尽乱，无有安家；一家皆乱，无有安身。……故小之定也必恃大，大之安也必恃小。大小贵贱，交相为恃，然后皆得其乐！

这就是吕不韦的政治思想所要达到的最高境界。

吕不韦的政治思想是一个互相制约不可分割的完整体系。从"公天下"出发，中经君道、臣道，归结为治民，最后达到一个安定理想的政治局面。

这套政治思想的形成，当然利用了前人的思想资料，吸收了当代的思想精华，但是，吕不韦并不是简单的摘取和拼凑，而是通过自己的实践、观察、思考，然后把那些资料、精华熔于一炉，造成自己的独特体系。他的独特处在于以下几点：第一，从君主的产生，阐明了"公天下"的性质；第二，从君主的产生，规定了君主的天职，并以谏诤、让贤，直至暴力限制君主的专独；第三，从"公天下"和君主天职的前提出发，确定了忠臣的含义：不仅要忠于君，尤其要忠于国；只能忠于贤君，不能忠于暴君和愚君；第四，从承认民力出发，确定了民本思想，又从民本思想出发，提出了"顺民心"的要求；在"顺民心"的要求下，又把赏罚和仁义结合起来，作为两种互为补充的手段和两个互相联系的阶段，以达到"贤、不肖尽为用"的目的；第五，提出了"大小贵贱，交相为恃"的观点，把君主也纳入互相制约之中。从这五点看来，吕不韦的政治思想，既是先秦政治思想的总结，又把先秦政治思想推到了最高水平。

从以上所举的几个要点看，《吕氏春秋》的确是一部政治理论著作，而不是哲学著作，也不是一般学术著作，更不是历史著作。

论者或曰：《吕氏春秋》的内容非常广泛，你怎么只举政治方面的内容而不及其余呢？这如何使人信服呢？

不错，《吕氏春秋》内容非常广泛，但是，必须指出，《吕氏春秋》的其他内容都归本于政治，也就是说，其他内容都是围绕政治这个主体展开的。

下面就这个问题略加申述。

《吕氏春秋》谈自然，是为了让君主效法。"盖闻古之清世，是法天地。""汝能法之，为民父母。"谈天文历法，是为了安排人事。《十二月纪》的首篇，尤其明显。"是月也，以立春。……命相布德和令，行庆施惠，下及兆民。""是月也，以立秋。……命有司修法制，缮囹圄，具桎梏，禁止奸，慎罪邪，务搏执。"谈农业生产，为的是使"边境安，主位尊"，"民农，非徒为地利也，贵其志也。民农则朴，朴则易用，易用则边境安，主位尊"。谈保健卫生，是为了使君主适欲养性。"世之人主贵人，无贤不肖，莫不欲长生久视。……凡生之长也，顺之也；使生不顺者，欲也；故圣人必先适欲。"在谈到"圣王"饮食、起居、娱乐等日常生活时说："五者，圣王之所以养性也。"在谈到天子、臣僚不知全生养性时说："以此为君，悖；以此为臣，乱；以此为子，狂。三者国有一焉，无幸必亡。"谈音乐，必与政治相联系。"天下太平，万物安宁，皆化其上，乐乃可成。……大（夫）乐，君臣父子长少之所欢欣而悦也。欢生于平，平生于道。""道"的别名也叫"一"，"故能以一听政者，乐君臣，和远近，悦黔首，合宗亲"。谈人性，则与施政原则相联系。"天生人而使有贪有欲。""人情欲生而恶死，欲荣而恶辱。""故古之圣王，审顺其天而以行欲，则民无不令矣，功无不立矣。"谈军事，则与诛暴振民相联系。"……故古之圣王有义兵而无有偃兵。兵诚义，以诛暴君而振苦民，民之悦也，若孝子之见慈亲也……""夫攻伐之事，未有不攻无道而罚不义也。攻无道而伐不义，则福莫大焉，黔首利莫厚焉。"谈历史，则与"公天下"相联系。"昔太古尝无君矣"，"凡主之立也，生于公。……天下非一人之天下也，天下之天下也。万民之主，不阿一人"。

以上那些领域，就像百川归海一样，都依附于政治这个主体。

《吕氏春秋》所汲取的各家思想资料，也是为政治思想服务的。

道家的自然主义思想贯穿着全书，而主要则是渗透到政治思想之中，它是政治思想的理论基础。它要求君主要因顺自然规律办事，"凡举事无逆天数，必顺其时，乃因其类"。不要过多的干预臣下的职权，"主执圆，臣处方，方圆不易，其国乃昌"。"君代有司为有司"，弄到"君臣易操"的地步，那就要亡国了。

儒家的仁、德、教化是政治思心的重心。

夫以德得民心以立大功名者，上世多有之矣。

行德爱人则民亲其上，民亲其上则皆乐为其君死矣。

在谈到商汤灭夏时说：

桀既奔走，于是行大仁慈，以恤黔首，反桀之事，遂其贤良，顺民所喜；远近归之，故王天下。

故教也者，义之大者也；学也者，知之盛者也。义之大者，莫大于利人，利人莫大于教。知之盛者，莫大于成身，成身莫大于学。身成则为人子弗使而孝矣，为人臣弗令而忠矣，为人君弗强而平矣，有大势可以为天下正矣。

赏罚之柄，此上之所以使也。其所以加者义，则忠信亲爱之道彰。久彰而愈长，民之安之若性，此之谓教成。虽有厚赏严威弗能禁。

《吕氏春秋》也汲取了法家思想：

故治国无法则乱，守法而弗变则悖，悖乱不可以持国。世易时宜，变法宜矣。……故凡举事必循法以动，变法者因时而化。

这里所谈的变法因时，是用以调节政治体制与时势发展的矛盾的。

所贵法者，为其当务也。

胜（任）理以治国则法立，法立则天下服矣。

国无刑罚则百姓之悟（互）相侵也立见……刑罚不可偃于国。

这里谈的是法和刑罚的功能，是作为德治的辅助手段的。

《吕氏春秋》也汲取了墨家思想。

今世俗大乱，之（人）主愈侈，其葬则心非为乎死者虑也，生者以相矜尚也。侈靡者以为荣，节俭者以为陋，不以便死为故，而徒以生者之诽誉为务，此非慈亲孝子之心也。……以此为死，则不可也。

这是墨子的节葬思想。主要是劝告统治者不要过分侈靡。过分侈靡不但影响经济，也影响社会风气和国家政治。此外，在《爱类》《上德》《去私》等篇赞扬过墨子的止楚攻宋，孟胜（墨者巨子）的忠信，腹䵍（墨者）的去私，这主要是因为他们的行为符合"义""信""公"的原则。"义""信""公"也是《吕氏春秋》政治思想中的重要内容。

对于阴阳五行学说，《吕氏春秋》也有所汲取。

天生阴阳寒暑燥湿，四时之化，万物之变，莫不为利，莫不为害。圣人察阴阳之宜，辨万物之利以便生，故精神安乎形，而年寿得长。

凡举事无逆天数，必顺其时，乃因其类。

这是阴阳家思想，主要是要求君主按阴阳变化的自然规律治理国家。

五行思想集中于十二月纪的首篇，它把施政、行刑、用兵、祭祀、歌舞、学习、生产……都整整齐齐地列入五行系统之中，简直就是一张施政日程表。

在《应同》篇里又保存了"五德始终"说，这主要是探求王朝兴废的规律和施政原则的依据。所谓"其事则土""其事则木"等等，便是明证。

五、《吕氏春秋》的史料考辨

流传至今的《吕氏春秋》，其史料的真实性，学术界无太大争议，也就是说，它不是伪书。但关于该书的写作年代、作者情况以及书中三大部分的先后顺序，仍存在着不同的看法，需做出进一步的澄清。

　　先说年代。《序意》篇记载吕门学者向吕不韦请示十二纪的问题，其时"维秦八年，岁在涒滩"，据清学者孙星衍考证，"秦八年"是从秦庄襄王灭周的第二年算起，到秦始皇六年，而不是指秦始皇八年，因为秦始皇八年是壬戌，不是申年，而"涒滩"应是申年，恰当始皇六年。据此，《吕氏春秋》应成书于公元前241年。其时秦王政约18岁，欲亲政而未能，以吕不韦为相邦，尊称仲父，封吕为文信侯，秦国大政掌握在吕不韦手中。吕门客士云集，多者达三千人。吕不韦拥有雄厚的势力、众多的人才，并以辅佐帝业的功臣自居，因此，他才有魄力、有条件组织一大批学者，去编纂这样一部鸿篇巨制。

　　司马迁对于《吕氏春秋》成书的大致年代，在《史记》中讲述甚清。可是明朝方孝孺却无端指责司马迁有误言，说："太史公以为不韦徙蜀，乃作《吕览》。夫不韦以见疑去国，岁余即饮酖死，何有宾客，何暇著书哉？"断言"太史公之言误也"。（《吕氏春秋·附考》）这种批评是不值一驳的，实际上不是太史公言误，而是方孝孺眼误。司马迁在《太史公自序》和《报任安书》中，明明讲的是"不韦迁蜀，世传《吕览》"，方孝孺将"世传"改为"乃作"，两字之差其失千里。司马迁说的是，由于吕不韦远贬西蜀并导致自杀，得到人们同情，《吕览》因而广泛流传于世。显然，这里讲的是该书传播的时间而非成书时间，它与《吕不韦列传》的叙述是完全一致的。司马迁所说的"韩非囚秦，《说难》《孤愤》"，也不是两篇成书的时间。

　　近人徐复观先生著《两汉思想史》，书中根据《吕氏春秋·安死》篇"以耳目所闻见，齐、荆、燕尝亡矣，宋、中山已亡矣，赵、魏、韩皆亡矣。其皆故国矣"，认为"这分明是秦政二十六年以后所写的"，断言"《吕氏春秋》的初稿成于秦政八年，但其补缀之功，直至秦政统一天下之后"。我认为，这一见解颇新颖，但证据孤单，很难成立。吕不韦为秦王政赶下台并自杀之后，其门下客失去庇护，已作鸟兽散。暗中为其送葬者，或被逐迁，或被夺爵（参见《史记·秦始皇本纪》），其余慑于秦王淫威，唯恐受到株连，避祸犹且不及，何暇去补缀《吕氏春秋》？即或有个别忠诚者将其书续补而成，有何魔力将此新出之书流布开去，以至于取代了曾悬于咸阳市门并广泛流传于世的原书？我们只要不拘泥于个别词句而通观全书，就会发现，《吕氏春秋》凡讲到当时现实的地方，都反映了秦统一六国前夕的社会状况，正像《振乱》《谨听》等篇所描述的那样，"周室既灭，而天子已绝；兵革未息，世主恣行"。（按：西周君亡于前256年，东周君亡于前249年，秦王政尚未称皇帝，故无天子，这正是战国接近尾声时的情景。）未看到有描写秦统一天下后的社会状况之处。那么上述《安死》篇的那几句话应如何理解？毕沅已指出，其中有讹误。他在"赵、魏、韩皆亡矣，其皆故国矣"下注道："《续志》注作'赵、韩、魏皆失其故国矣'。"原句不顺，经此校注方才恢复了它原来的样子。《安死》篇对于当时列国的状况归纳为三类：一类是"尝亡"之国，如齐、荆、燕；一类是"已亡"之国如宋、中山；一类是"失其故国"之国，如韩、赵、魏。（按：齐国于前284年曾为燕国乐毅攻破，荆于前278年、前241年曾两次战败迁都，燕国于前315年曾为齐攻占。）这三国皆曾丧失都城，可以说在历史上曾亡过国，但后来又败而复立，故曰"尝亡"。宋国于前286年为齐国所灭，中山国于前296年为赵国所灭，皆亡而不复，故曰"已亡"。赵国在前262年长平之。战后衰落，魏国在前342年马陵之战后衰落，韩国则多次为秦兵所败，时而附于楚，时而依于秦，已不能独立自存。总之，赵、魏、韩三国虽未失都城，但国力渐衰，已不复有战国初、中期那样强盛的光景，故曰"失其故国"，"故国"者原有强国之谓也，故国虽失而今国仍在。在前241年左右编写《吕氏春秋》的人，完全可以用上述口气讲话。

陈奇猷在《吕氏春秋成书的年代与书名的确立》（《吕氏春秋校释·附录》）中提出一种看法："《十二纪》确系成于秦八年即始皇六年，而《八览》《六论》则成于迁蜀之后。"这样既可以证明司马迁说的"不韦迁蜀，世传《吕览》"没有错，又与《史记·吕不韦传》所说，《吕氏春秋》成书后，吕不韦曾把它"布咸阳市门，悬千金其上，延诸侯游士宾客，有能增损一字者予千金"的记载不发生矛盾。按陈先生的说法，布咸阳市门的《吕氏春秋》就只有

《十二纪》，不包括《八览》《六论》。我认为这一说法漏洞太多，难为人们接受。首先，陈先生强调"司马迁是良史之材，所著的《史记》被称为实录"。若无确凿的反证，是不应该轻易否定司马迁的记载的。然而正是司马迁在《吕不韦传》中明明白白地说："吕不韦乃使其客人人著所闻，集论以为《八览》《六论》《十二纪》二十余万言，以为备天地万物古今之事，号曰《吕氏春秋》，布咸阳市门。"览、论、纪合起来号《吕氏春秋》，是一次编成的，司马迁说得很清楚，不会引起任何误解。至于司马迁又说"不韦迁蜀，世传《吕览》"，则是指书的流传时间，不是成书时间，前已有说明，因此司马迁本身并无矛盾处，矛盾是后人误解引起的。其次，按司马迁《吕不韦传》，吕不韦在秦王十年免相，就国河南，"岁余，诸侯宾客相望于道，请文信侯。秦王恐其为变，乃赐文信侯书"，其与家属徙处蜀。"吕不韦自度稍侵，恐诛，乃饮酖而死"。可知免相时，吕不韦的余威尚在，他还能够盘桓京城一年多，然后才慢腾腾出都去河南，而且行前有不少贵族来看望宴请，在这种情况下，秦始皇才又令其全家徙往蜀地，而此时吕不韦意识到秦王要加害于他，便饮酖自杀。司马迁没有说吕不韦在何地自杀，是否到了西蜀，即使到了西蜀，已经是落魄之臣、待罪之人，如陈先生所说，"救死之不暇"，还有什么心思去编写著作，还会有多少门客能积极参与这样不祥的工作呢？吕不韦于秦王十二年死去。从吕不韦免相到就道河南，其间一年多；从秦王下令徙蜀，到吕不韦自杀，其间时间很短，大约只有数月之暂，更谈不上完成《八览》《六论》共一百篇、约九万字的巨著。更何况有尖锐非秦与非君言论的《应同》《听言》《谨听》《审分》《恃君》《骄恣》等篇，都在《八览》之中，这对于一个被流放的罪臣来说，编写这样的《八览》更是不可想象的。此外，陈先生认为《序意》在《十二纪》之后，审其内容，只序《十二纪》，无一字提及《览》与《论》，由此证明此时《览》与《论》尚未完成。关于《序意》未提及《览》与《论》的问题，笔者下面还将有所分析，这里只需指出，《序意》是残篇，其遗失部分的内容不得而知。即使是它只序《十二纪》，也只能说明《吕氏春秋》全书没有统一的序言，不能证明《八览》《六论》当时没有写成。吕不韦在咸阳编写《吕氏春秋》时，当时的编写计划是否包括全部《纪》《览》《论》呢？假如包括，为什么全书未完就急忙写一部分的序言，把书公之于众呢？假如当时的计划只有《十二纪》，那么写《八览》《六论》的计划是被流放后才起意提出并付诸实施的，这又与情势相背。可见《吕氏春秋》分两次撰成之说是经不起推敲和反驳的。

我的结论是：《吕氏春秋》于吕不韦执政后期一次编纂而成；流传至今的《吕氏春秋》，虽经过历代辗转抄传而出现若干讹误漏衍，但就其内容而言，即是当初布于咸阳市门而悬千金其上的那部书。

关于该书作者，《史记·吕不韦列传》说："吕不韦乃使其客，人人著所闻，集论以为《八览》《六论》《十二纪》，二十余万言。"《汉书·艺文志》说："杂家《吕氏春秋》，二十六卷，秦相吕不韦辑智略士作。"据此，我们断言该书由吕不韦主编，由吕门众多智略之士参加，集体编写而成，当无问题。这里要着重指出两点：一是作者人数相当可观。据《史记》载，吕不韦鼎盛时有门客三千人，而吕氏"使其客，人人著所闻"。对"人人"一词当然不可过于认真，但至少包括除武士、政客等以外的大多数文士学者，作者（包括提供资料、参加讨论者在内）恐怕有数百上千人，这可算得上学术史上空前的壮举。这些文士学者来自四面八方，带来不同地区不同学派的文化知识，使《吕氏春秋》在内容上宏富无比，"备天地万物古今之事"（司马迁语），成为先秦学术上的一部百科全书；二是吕不韦主持该书编写的功绩不可抹杀。在这千百人的写作队伍中，观点各异，水平不齐，而吕不韦能够把这些人集合在一起，按既定的纲目和步骤写作，这项组织工作本身就是了不起的创造。书成之后，既包容了各种学派的观点，又有自己明确的宗旨和贯彻始终的主线，各部分之间基本上是协调的。《吕氏春秋》表达了吕不韦"法天地"的哲学，体现了吕不韦为行将统一的封建帝国制作理想蓝图的政治用意。可以推知，在编写过程中，这个写作集体曾进行过大量的学术讨论和思想统一的工作，以及增删修订的工作。这里若没有一个思想上能力上强有力的主编是不可想象的。

汉以后有些学者，抱着反秦的偏见，硬要抹杀吕不韦在编写《吕氏春秋》中的功劳。例如，宋代黄震的《黄氏日抄》引蔡伯尹的话，清代卢文弨的《书吕氏春秋后》，都在肯定《吕氏春秋》的同时断言吕不韦"固无与也"（参见《附考》），即是说吕不韦只是个挂名主编。偏见比无知离真理更远。吕不韦亲自主编《吕氏春秋》，为其确定指导思想，这是有案可查的历史事实。《序意》篇记载了门下客为写《十二纪》向吕不韦请示，吕不韦规定了"上揆之天，下验之地，中审之人"的写作原则，《吕氏春秋》这部书确实贯串了这一原则的。这一事实难道可以一笔勾销吗？正统儒家学者历来看轻吕不韦，这有其深刻的社会根源。中国封建社会长期实行重农业抑制工商业的政策，造成轻贱商人的风气。吕不韦由商人一跃而为秦相，封建知识分子总觉得其来历不正，加以吕不韦用计谋立子楚而取秦国，更被视为阴谋家之流。其实这都是狭隘的成见。吕不韦出身于商人，但他是一位在政治上有远见卓识的商人，他洞察当时秦国的形势和宫廷内部的情况，又计谋过人，故能一步一步实现预定的夺取秦国权势的计划。封建时代，窃国者诸侯，窃钩者贼，春秋战国时代，五霸及许多政治家上台，或诉诸武力，或暗施阴谋，罕有真正受人民拥戴而成功的，但未见得都像吕不韦那样受到指责。如何评价，关键要看他们上台后对社会是否做出贡献。吕不韦因立子楚而稳定了秦国的政局；接着在他任相邦的十年之中，秦国更加强盛；他决策或指挥了一系列统一六国的战争，并取得一连串的重大胜利。人们不管是否喜欢他，都得承认他是一位政治家，并兼通军事。现在我要加以补充的是，由于《吕氏春秋》这部书，吕不韦还应该被看成是一位重要的思想家，他的眼光比同时代的人要看得远一些，不仅在力促国家的统一，而且已经在考虑统一中国之后如何治理国家的问题，其水平应在范雎、蔡泽等前任之上。与同时代许多思想家一样，他有着自己的哲学和系统的社会政治思想，但他不独师一种学说，眼界开阔，总揽百家之学，在这一点上，他比之诸子则高出一筹。

　　关于《吕氏春秋》一书中览、论、纪三部分的顺序问题，历来有两种看法：一种看法是根据司马迁《史记·吕不韦列传》和《史记·十二诸侯年表》，认为《八览》在前，次《六论》，次《十二纪》。另一种看法是根据高诱所注《吕氏春秋》及序，认为古本吕书原是《十二纪》在先，次《八览》，最后《六论》。说司马迁首列《八览》并以《吕览》称呼该书，是为了行文的方便，或者由于行文不检。

我认为《史记》的记载是可信的。司马迁治史严谨，是介绍《吕氏春秋》最早的学者，他对于自己亲眼见过的史籍，不会在记入史册时随意颠倒其前后次序。他在指明该书"号曰吕氏春秋"的同时，又称其为《吕览》，固然为了行文简便，那也是由于《八览》在前。有些学者企图从书名上来证明《十二纪》在前，如汉代郑康成说："吕氏说月令而谓之春秋"，宋代王应麟说："以月纪为首故以春秋名书"。（《附考》）清代毕沅说："以《十二纪》居首，此春秋之所由名也。"（《吕氏春秋·高诱序》注）。其实，以"春秋"名书与《十二纪》为首与否毫不相干。"春秋"一词虽起源于季节，但已被引申为古史的通称。《吕氏春秋》作者欲博通古今之变，以史典自诩，故自号春秋。从内容上说，《八览》在前也是顺理成章的，首览是《有始览》，从天地生成说起；次《孝行览》，再次《慎大览》，论治国经世，合乎著书起步的章法。《十二纪》以阴阳五行配四时，纳入政令、农事等社会活动，形式上整齐系统，作者放在全书之末以为总结。且古人著书，序言全在书末。《十二纪》在后，则《序意》恰当全书之末，而今本《吕氏春秋》，《序意》在书中间，与古书体例不合。不过，我们也无须由于肯定司马迁的说法而去否定高诱。高诱在吕书序中说："不韦乃集儒书（士）使著其所闻，为《十二纪》《八览》《六论》。"以《十二纪》为首。高诱并非故意置司马迁的说法于不顾，而是他当时见到的《吕氏春秋》即是那个样子，不过不是该书本来的顺序罢了。同一本书，从西汉到东汉，三大组成部分的顺序却起了变化，看起来只是篇章颠倒的小问题，实际上表现了学术思潮的变化。西汉初中期，地主阶级忙于从秦火中抢救文化典籍，加以整理研究，认真总结先秦和亡秦的经验教训，摸索治国良策，头脑比较清醒，文禁较为松弛，尚能尊重《吕氏春秋》的原貌。作为良史的司马迁，要穷天人之际，通古今之变，故他注重《吕氏春秋》中对自然和社会历史的理性的分析，他当然不会去改动以总结历史经验为主要内容的《八览》领先的格局。但自董仲舒以后，儒家与阴阳五行相糅合的思潮逐渐占了上风，天与人相感，五行与四时相配，成为多数儒家学者头脑中根深蒂固的观念，在东汉，此风最盛。在这些人看来，《吕氏春秋》最有价值的部分是《十二纪》，《十二纪》最有价值的部分是各纪的纪首，于是《十二纪》就在这强烈的偏爱气氛中被提到全书之首了。况且汉初以前的古书，皆以竹简、木板装串成册，要颠倒篇章的次序并非难事。《吕氏春秋》被改动篇次，最初也许是偶然发生的，由于正合乎时代的精神，便被肯定下来，一直流传至今。

有人会问：《序意》既是全书的序言，为何只提到《十二纪》，而未涉《八览》《六论》？这很难说，《序意》明显是篇残文，豫让刺赵简子的故事是后人由它篇补入的，可见《序意》残缺甚早，而脱漏的内容不得而知，焉知未提及《八览》《六论》？况复《序意》中吕不韦论法天地的原则不仅是《十二纪》也是全书的指导思想，只要将这一点肯定下来，也就够了。

六、《吕氏春秋》与中国文化

《吕氏春秋》上承先秦诸子，下启汉代学术，在一定程度上代表了中国文化的发展方向，是对先秦文化的第一次全面总结，在整个中国文化发展史上，都具有重要意义。

（一）《吕氏春秋》与中国文学

《吕氏春秋》较普遍地运用了神话传说、寓言故事作为说明的材料和手段，这些材料往往为我们了解中国文化的源头提供了一些非常宝贵的线索。如关于文学艺术的起源，古今学者都进行过探讨，有各种各样不同的解释，其中以《吕氏春秋》中所说的"今举大木者，前呼舆謣，后亦应之"影响较大，《淮南子》则进一步说"今夫举大木者，前呼邪许，后亦应之，此举重劝力之歌也"。即二者都认为"文学产生于生产劳动"。对此鲁迅说得更明白："假如那时大家抬木头，都觉得吃力了，却想不到发表，其中有一个叫道'杭育杭育'，那么，这就是创作……倘若用什么记号留存了下来，这就是文学。"文学就在我们祖先的劳动中诞生了。开始的文学只表声，不表意。随着思维、语言的发展，开始表达一定的意义，如《音初》篇说："禹行功，见涂山之女。禹未之遇而巡省南土。涂山氏之女乃令其妾候禹于涂山之阳。女乃作歌，歌曰'候人兮猗'，实始作为南音。周公及召公取风焉，以为'周南''召南'。"这里所做的歌也被称为《候人之歌》，它是文学的早期形式。在这首诗歌中，便蕴含了一些男女之间的相思之意。同时，这里的始作南音以及同篇中我们未引及的始作东音、西音、北音等，也以一种近似于传说的方式向我们说明了各个地域文化产生的由来。

（二）《吕氏春秋》与中国文化

再看《吕氏春秋》中的寓言故事。据陈浦清先生《中国古代寓言史》一书统计，全书共有 300 个寓言和故事，称得上丰富多样。《吕氏春秋》中文章篇幅虽不太长，但一般都用三四个故事组成"寓言群"阐明一个主题，寓言多的如《淫辞》篇，全文 700 字竟用了 6 个故事。有的寓言相当长，如"伊尹说汤"就近 600 字。有人说《吕氏春秋》是一座春光满目的寓言大花园，是故事的渊薮、寓言的宝库，这评价并不为过。

《吕氏春秋》的寓言内容丰富，取材广泛，有的取自动物故事，有的选自历史传说，有的采撷于诸子文章，有的来源于民间生活，有的出自想象虚构……且多有一定的故事情节。如《务大》篇讲述不能只顾眼前利益的观点时，就用寓言来说理，其中说："燕雀争善处于一室之下，子母相哺也，区区焉相乐也，自认为安矣。灶突决，上栋焚，燕雀颜色不变。是何也？乃不知祸之将及之也。不亦愚乎！"这是形象地告诉人们：只图眼前利益，不知居安思危，大祸临头仍盲目乐观，是十分愚蠢可悲的。类似的或庄或谐，或实或虚，或生动形象，或妙趣横生，或幽默诙谐、深刻警拔，或冷嘲热讽、嬉笑怒骂的寓言在《吕氏春秋》中屡见不鲜，用这些富有生命力的寓言故事议论说理，往往使文章带有较为浓郁的文学格调，启发性、趣味性强。

有些寓言是非常有趣的。如"富人赎尸"，是说洧河的水很大，郑国有个富户家里有人掉进洧河淹死了，别人得到了死者的尸体。富人听说后，来要求赎回尸体，而得到尸体的人要钱太多，所以事情没办成。富人把这件事告诉了邓析，向他请教该怎么办。邓析说："你放心等着吧，别人肯定不会去买那尸体。"这样一来，得到尸体的人犯愁了，便也去问邓析怎么办。邓析又说："放心吧，那富人一定不会去买别人的尸体。"这里邓析出的两个馊主意，每一个听起来都不错，但合在一起就有问题了。再如"便宜了你"，是说宋国有个人叫澄子，丢失了一件黑衣服。他在路上寻找，遇到一个妇女也穿着黑衣服，便扯住不放，硬要拿人家的衣服，还说："我丢的就是一件黑衣服！"那妇女分辩道："先生丢的衣服虽然是黑的，可我穿的这件确实是我自己的啊！"澄子说："你不如赶快把衣服给我。我丢的是一件黑夹袄，而你这一件只是单衣。用单衣顶夹袄，难道还不便宜了你吗？"

《吕氏春秋》中有丰富的格言警句以及哲理名言，如说"石可破也，而不可夺坚；丹可磨也，而不可夺赤""精而熟之，鬼将告之""欲知平直，则必准绳；欲知方圆，则必规矩""以贵富有人易，以贫贱有人难""百仞之松，本伤于下，而末槁于上""至忠逆于耳，倒于心""过者之患，不知而自以为知""天下大乱，无有安国；一国尽乱，无有安家；一家尽乱，无有安身""全则必缺，极则必反，盈则必亏""种麦而得麦，种稷而得稷""知美之恶，知恶之美，然后知美丑矣""火烛一隅，则室偏无光；空窍哭厉，身必不长"等等。

从以上所列可知，《吕氏春秋》书中名言警句甚多。"言之无文，行而不远"，该书曾广为流传，影响深远，与它语言上的这种形象深刻、隽永有味、易懂好记是分不开的。

成语典故也是《吕氏春秋》文化内容的重要部分，许多我们所熟知的成语典故便出于此书。仅《察今》一篇中，就有"刻舟求剑""察己则可以知人，察今则可以知古""有道之士，贵以近知远，以今知古，以所见知所不见""审堂下之阴而知日月之行、阴阳之变，见瓶水之冰而知天下之寒、鱼鳖之藏也"等有很强启示意义的名言。在其他篇章中，也有许多含义深刻的成语，如"流水不腐，户枢不蠹""尽荆越之竹，犹不能书""因噎废食""一唱三叹""劳而无功""掩耳盗钟""竭泽而渔""不可胜数""视死如归""旷日持久""一窍不通""丁公凿井""'三豕涉河'"等等。这些成语多数至今仍保持着生命力，这是《吕氏春秋》语言简练、说理形象的

掩耳盗钟

表现。除成语外，《吕氏春秋》中还记载了一些历史典故，如其描述"桐叶封弟"的故事时写道：当叔虞听到成王分封自己的承诺后，便喜形于色地前去报告周公。周公是武王死后辅佐成王摄政的顾命大臣，又是成王和叔虞之叔父，他不但向成王讲了"天子无戏言"的道理，开导成王要"重言"而不可食言，还规诚成王要"明爱北之义"，懂得珍重兄弟手足情谊。于是，成王兑现了自己的承诺，"遂封叔虞于晋（唐）"。"桐叶封弟"之说虽不可当作信史，但它却通过生动引人的故事情节，向人们宣扬了"天子无戏言"的封建古训，以致后世人们还常常就"天子无戏言"引申发挥，久而久之，似已成定论，被人们当作历史的真实而流传下来了。

还有一些成语虽不出自《吕氏春秋》，但也是因吕不韦及《吕氏春秋》而流传下来，如"一字千金"。《史记·吕不韦列传》称《吕氏春秋》完成后，吕

《吕氏春秋》其书

不韦将其布于咸阳城门，悬千金其上，延诸侯游士宾客有能增损一字者予千金。这个故事后来就演变成成语"一字千金"，用来称赞文辞精妙，形容文章价值极高。

（三）《吕氏春秋》与《诗经》学

《吕氏春秋》对诗的引用非常丰富，董治安曾对此做过专门研究，现将其成果简要介绍如下：

董文认为，成书于战国末年的《吕氏春秋》，于"诗三百"若干篇的作者和创作背景、于孔子师徒并惠施言诗，提供了难得的资料。书中引诗表明，在秦并六国之前一段时间，人们已在很大程度上接受了儒家"以诗为经"的观念，而各家学术思想正逐渐趋向合流。《吕氏春秋》引诗文字与汉人"四家诗"传本均有较多差异，而与战国其他文献引诗出入不大，很可能有相对稳定的"古本"作依据。作者对于逸诗的征引和推重，说明直到战国之末，儒家之三百篇传本依然未能在其他诸家习诗者那里被定于一。

清人在《四库全书总目提要·子部·杂家类》中称《吕氏春秋》"较诸子之言独为醇正"，"其持论颇为不苟"，并由此指出吕书有"多引六艺之文"的特点。《吕氏春秋》论诗引诗文字计约二十余条，数量远不及儒家《孟》《荀》或《礼记》为多，然而，书中对古诗作者的论列，对某些诗义的解读，时有可供参酌之处，而作者援诗明理、引诗证事的实践，亦颇有助于认识秦并六国前后一段历史时期"诗三百"流传的真貌。这显示了吕书与战国诗学发展的重要关系。

《吕氏春秋》中的引诗，略可分为三种情况：

第一种是引用诗文以评论人物。比如，《重言》篇叙述楚庄王即位三年"不听而好遮"（不听政而喜好谜语），听了成公贾的劝谏，终于奋发图强，一鸣惊人。作者遂引诗《邶风·旄丘》以作评价："何其久也，必有与也；何其处也，必有与也。”意思是说：为何久久不行动，定有缘由在其中；为何安居不外出，定有伙伴来相助。

第二种是引用诗文以说明问题、阐释事理。比如《务本》篇论的是“公”与“私”的关系，即为臣者必须奉其“公”而得其“私”。文章认为，古代三王之臣先有大功于国，才自然收到“名无不荣，实无不安”的个人之利，于是作者引用了诗《小雅·大田》“有淹凄凄，兴云祁祁；雨我公田，遂及我私”四句，以形象地比喻说明“能以公”则必“及其私”的道理。

第三种是记载前人之赋诗、诵诗史料。比如《求人》篇记述了春秋时期子产赋诗以止晋攻郑的故事。晋欲袭郑，派叔向到郑国打探虚实，子产为之赋《郑风·蹇裳》：“子惠思我，蹇裳涉消；子不我思，岂无他士。”《蹇裳》原是一首男女言情的民歌，子产藉以表示于叔向的，却是一种政治姿态：欢迎晋国前来修好；若来进攻，则郑将联合别国以抗晋。于是叔向认识到“不可攻也”，晋国也随之停止了袭郑的计划。

以上三类引诗中，第一种引诗评论人物和第二种引诗说明问题、阐释事理，都无疑是为了借助于征引诗文，以增加论说的权威性、合理性，从而使得其对人物的评论、对问题的说明或对事理的阐释更加易于为人们所认可、所信从；第三种记前人赋诗、诵诗，虽属保存史料，客观上亦不无宣扬“诗三百”政治作用的意义。这就可以看出，一方面，《吕氏春秋》的作者对待诗的基本态度不是贬斥、不是漠视，而是尊崇和推重，另一方面，也证明了在战国末期秦并六国前后一段时间，“诗三百”不仅在社会上流传甚广，而且在很大程度上人们已经接受了儒家“以诗为经”的观念。

《吕氏春秋》中所引三百篇文字，与今本《诗经》（毛诗）存在差异，与汉代流传的“三家诗”亦有很多不同。董治安通过对比认为：汉代流传的《诗经》传本，不论是古文经学的《毛诗》，还是今文经学的《齐诗》《鲁诗》《韩诗》，与《吕氏春秋》引诗相对照，文字都已有了较多的变化。由此可见，《吕氏春秋》引诗所依据的，是三百篇的“古本”，即流传于秦汉以前的战国末期传本；"古本"与汉代"四家诗"之间，从整体看，应该存在着前后传承的关系，然而，前者显然又不是后者任何一家（毛诗或齐、鲁、韩诗）直接的祖本。三百篇的传本并不给予重视。《吕氏春秋》引诗二十条，其中逸诗四条，所占比率为五分之一。这再次证明，直到秦并六国前夕的战国之末，尽管儒家"以诗为经"的观念影响已广，然而，儒家之三百篇的传本，却依然未能在其他各家习诗者那里被定于一尊。

以上简要介绍了《吕氏春秋》对中国文学、中国文化以及中国诗学的影响。其实，由于中国文化是一脉相承的，所以，在我们生活的许多方面，都可以隐约看到一些《吕氏春秋》书中的内容的印迹。作为对先秦文化的一次大规模清理的成果，《吕氏春秋》中确实保存了许多中华文化的精华，所以它是我们在研究中国文化时值得去深入一读的书。

七、《吕氏春秋》的历史地位及其影响

《吕氏春秋》其书比起吕不韦其人，命运要好得多。长期以来，吕不韦被加上种种罪名。从"奇货可居"的奸商，到"以吕易嬴"的窃盗，不一而足。直到现代才有人试图替他翻案，开始称他为"在中国历史上应该是一位有数的大政治家"。近时，除了承认"政治家"的头衔外，还有"思想家""军事家"等等。但坚持传统看法的学者也还不少。

《吕氏春秋》其书，自来就褒贬不一。褒者谓其"大出诸子之右"，"采精录异，成一家言"。贬者谓其"只能为最古之类书，不足以成一家言"。近顷，学者从该书的内容进行探讨，肯定者居多，但否定的意见依然存在。

关于吕不韦其人和《吕氏春秋》其书，我在第二章已做过较详的评述。这里专就《吕氏春秋》的历史地位和对后世的影响，略陈鄙见。

（一）历史地位

历来学者对《吕氏春秋》就有褒有贬。但是，褒者是怎样褒的？贬者是怎样贬的？需要做一番了解，以便判明是非得失。在此基础上，再提出几点个人意见，申述几点理由，以便确定《吕氏春秋》的历史地位。

1. 历代歧说述评

从西汉开始，两千年来，对《吕氏春秋》的评议一直断断续续地见于记载，虽是只语片言，却也值得注意。今按时代顺序择其要者述评如下：

司马迁在其《自序》中说：

昔西伯拘羑里，演《周易》；孔子厄陈、蔡，作《春秋》；屈原放逐，著《离骚》；左丘失明，厥有《国语》；孙子膑脚，而论《兵法》；不韦迁蜀，世传《吕览》；韩非囚秦，《说难》《孤愤》；《诗》三百篇：大抵贤圣发愤之所为作也。

这是第一次对《吕氏春秋》所做的评议，虽然没有什么具体的结论，但把吕书和《周易》《春秋》等书一起列为"贤圣发愤之所为作"，褒扬之意即在其中了。司马迁对吕氏其人本有几分轻蔑，而对其书却褒扬甚高，大概是出于同病相怜吧！不过，他从"发愤"的角度说明吕书编著的动机，则是有违事实的。吕不韦在编著《吕氏春秋》时，其权势和地位都是炙手可热的，这与"西伯拘羑里"，"孔子厄陈、蔡"的境况，完全不同。在这里，司马迁犯了一个"削足适履"的错误。

刘向在其上疏中说："秦相吕不韦，集知略之士而造《春秋》，亦言薄葬之义。"这是从"薄葬"的角度肯定吕书的。但既说作者是"知略之士"，当然全书的质量也就不会太低。

桓谭《新论》说："秦吕不韦请迎高妙作《吕氏春秋》。书成，布之都市，悬置千金，以延示众士，而莫能有变易者，乃其事约艳，具体而言微也。"一则

曰"请迎高妙"，再则曰"事约""言微"，并以此解释"莫能有变易者"的原因，可见桓谭是很推重《吕氏春秋》的。

高诱在其《〈吕氏春秋〉序》中说：

此书（按指《吕氏春秋》）所尚，以道德为标的，以无为为纲纪，以忠义为品式，以公方为检格，与孟轲、孙卿、淮南、扬雄相表里，是以著在《录》《略》。诱正《孟子》章句，作《淮南》《孝经》解，毕讫，家有此书，寻绎案省，大出诸子之右。

这是第一次较为全面地评价《吕氏春秋》的文字，而且评价很高。高诱对《吕氏春秋》做过仔细的研究，他的意见是值得注意的。

黄震在其《黄氏日抄》中引了韩彦直和蔡伯尹的看法：

淳熙五年冬，尚书韩彦直为之序，谓："《吕氏春秋》言天地万物之故，其书最为近古，今独无传焉，岂不以吕不韦而因废其书耶？愈久无传，恐天下无有识其书者，于是序而传之。"栝苍蔡伯尹又跋其书之后曰："今其书不得与诸子争衡者，徒以不韦病也。然不知不韦固无与焉者也。"

看来，韩、蔡二位对《吕氏春秋》其书的评议还是不错的。在他们看来，《吕氏春秋》之所以奄奄一息，只是为吕不韦的恶名所累，否则，大可"与诸子争衡"。所以蔡氏竟不惜剥夺吕不韦的主编资格，"不韦固无与焉"，以解救《吕氏春秋》的厄运。这当然是一种偏见。

高似孙在其《子略》中说：

淮南王尚奇谋，慕奇士，庐馆一开，天下隽绝驰骋之流，无不雷奋云集，蜂议横起，瑰诡作新，可谓一时杰出之作矣。及观《吕氏春秋》，则淮南王书殆出于此者乎？……始皇甚恶书也，不韦乃极简册，攻笔墨，采精录异，成一家言。吁！不韦何为若此者也？《春秋》（按指《吕氏春秋》）之言曰：十里之间，耳不能闻，帷墙之外，目不能见，三亩之间，心不能知，而欲东至开晤（梧），南抚多鹨（颛），西服寿靡，北怀儋耳，何以得哉？此所以讥始皇也，始皇顾不察哉！

高似孙认为，淮南王书（即《淮南子》或《淮南鸿烈》）是"一时杰出之作"，而淮南王书又是出于《吕氏春秋》的，那么，《吕氏春秋》当然更是"一时杰出之作"了。而且他还第一次认定《吕氏春秋》是"一家言"，否定了班固以来的传统看法。这个见解是相当深刻的。惜乎未加阐释，因而未能得到后世学者的认同。但是，高氏援引吕书的那段话，企图说明吕书之作是为"讥始皇"而发的。这不但是极大的误解，也是有背于史实的。吕书之作，动机之一，是为了影响和教育秦王政，这是作为相国和"仲父"的本分，并无敌意，用不着讥刺。而吕书之作，在嬴政亲政以前，其时六国尚未统一，何来开拓边疆之举呢？既未开拓边疆，所谓讥刺岂不是无的放矢吗？这一点，不能不说是高氏的"千虑一失"。

王应麟在其《汉艺文志考证·杂类》中说：

不韦引《夏书》曰"天子之德广运，乃神乃武乃文"，《商书》曰"五世之庙，可以观怪。万夫之长，可以生谋"，仲虺有言曰"诸侯之德，能自为取师者王，能自为取友者存，其所择而莫如己者亡"，《周书》曰"若临深渊，若履薄冰"，舜自为诗曰"普天之下，莫非王土，率土之滨，莫非王臣"。其舛异如此，岂一字不能增损乎？

这是从考据的角度否定吕书的史料价值。其实，吕书虽名《春秋》，却并非史籍，而是政治理论著作，所引资料，只是为了证明它的论点，不在于史事的考实。何况吕氏门人当时所见到的古籍版本与今天所见到的已大相径庭，我们很难断言，他们的引文就毫无根据。

陈澔在其《礼记集说》中说：

吕不韦相秦十余年，此时已有必得天下之势，故大集群儒，损益先王之礼而作此书，名曰《春秋》，将欲为一代兴王之典礼也，故其间亦多有未见与礼经合者。……然其书也，亦当时儒生学士有志者所为，犹能仿佛古制，故记礼者有取焉。

陈澔站在儒家的立场，从礼制的角度肯定吕书，虽然触到了边缘，却未能切中肯綮。其实，吕书之作，不仅"将欲为一代兴王之典礼"，更重要的是，"将欲为一代兴王"治国理民的指导思想和理论基础。说它"犹能仿佛古制"，未免过于褊狭。

方孝孺从具体内容上对《吕氏春秋》作了一些肯定，同时也指出了其中的缺点：

……然其书（按指《吕氏春秋》）诚有足取者，其《节丧》《安死篇》讥厚葬之弊，其《勿躬篇》言人君之要在任人，《用民篇》（当为《上德篇》之误）言刑罚不如德礼，《达郁》《分职篇》皆尽君人之道，切中始皇之病。其后，秦卒以是数者偾败亡国，非知几之士，岂足以为之哉？……书出于诸人之所传闻，事多舛谬，如以桑谷共生为成汤，以鲁庄与颜阖论马，与齐桓伐鲁，鲁请比关内侯，皆非事实，而其时竟无敢易一字者，岂畏不韦势而然耶？然予独有感焉：世之谓严酷者，必曰秦法，而为相者，乃广致宾客以著书，书皆诋訾时君为俗主，至数秦先王之过无所惮，若是者，皆后世之所甚讳，而秦不以罪。呜呼！然则秦法犹宽也！。

方孝孺从几个具体方面肯定了《吕氏春秋》的价值，并肯定其作者的远见卓识，又从几个具体史事上批评其不足之处，虽然远非全面，却是实事求是的。至于书中"诋訾时君为俗主，至数秦先王之过无所惮……而秦不以罪"云云，并不能说明"秦法犹宽"，而是吕不韦的权位使然。当时秦王尚未亲政，谁敢致罪吕不韦呢？

梅鷟说：

或问不韦以吕易嬴，扬子曰："不韦以位易宗，其为人无足论者。然史角往鲁之说，足以祛《明堂位》《祭统》之诬成王、伯禽，学者不可以不考也。"

这是从个别问题上肯定《吕氏春秋》的。

《四库全书总目·子部·杂家类》说：

不韦固小人，而是书（按指《吕氏春秋》）较诸子之言独为醇正，大抵以儒为主，而参以道家、墨家，故多引六籍之文与孔子、曾子之言。其他如论音则引《乐记》，论铸剑则引《考工记》，虽不著篇名，而其文可按。所引《庄》《列》之言，皆不取其放诞恣肆者；墨翟之言，不取其《非儒》《明鬼》者。而纵横之术，刑名之说，一无及焉。其持论颇为不苟。论者鄙其为人，因不甚重其书，非公论也。

这个评价是够高的了。一则曰"较诸子之言独为醇正"，再则曰"其持论颇为不苟"，而且反对以人废言，学术态度也是相当公正的。在内容上虽然看出了一点取舍的标准，但未能看出对诸家有所批判的一面，却是一个疏忽。至于说"纵横之术，刑名之说，一无及焉"，则不尽然。"纵横之术"确是"一无及焉"，而"刑名之说"却是间有所取的。《勿躬篇》的"名实相保"，《审应篇》的"取其实以责其名"，《审分篇》的"按其实而审其名"等等，都是源于名家的。而《察今篇》的"变法者因时而化"，"世易时移，变法宜矣"，则与法家言论完全一致。这些言论虽不算太多，但总不能说"一无及焉"吧！

卢文弨说：

世儒以不韦故，几欲弃绝此书（按指《吕氏春秋》），然书于不韦固无与也。以秦皇之严，秦丞相之势焰，而其为书时寓规讽之旨，求其一言近于揣合而无有，此则风俗人心之古，可以明示天下后世而不怍者也。世儒不察。猥欲并弃之，此与耳食何异哉！

这是从写作态度的严肃性肯定《吕氏春秋》的。但卢文弨采取蔡伯尹的方法，把《吕氏春秋》与吕不韦截然分开，以免吕不韦的恶名玷污了《吕氏春秋》。卢氏这样做是为了解决自己论点上的矛盾的。因为他一方面认定《吕氏春秋》的写作态度是严肃的，表彰它"风俗人心之古"，另一方面却摆脱不了传统的偏见，认为吕不韦是个"小人"，"为人无足论者"。这就形成了一个尖锐的矛盾：一个卑鄙小人怎能编出一部"风俗人心之古"的严肃著作呢？所以他只好牺牲吕不韦的主编权了。其实，他的道理是讲不通的。所谓"秦皇之严，秦丞相之势焰"，乃是蹈虚之说。当时秦皇尚未亲政，还没有"严"的权力，而丞相吕不韦正是利用他"势焰"主编此书的。他亲自组织门客"人人著所闻"，并给予明确的撰写宗旨（见《序意》），怎能容忍书中的内容"规讽"自己呢？而且还大张旗鼓地"布咸阳市门，悬千金其上，延诸侯游士宾客有能增损一字者予千金"。假如这些都是吕不韦的容忍，那岂不更加证明吕不韦的雍容大度吗？这与卑鄙小人怎能同日而语呢！卢文弨批评"世儒不察"，"与耳食何异"，其实，他自己对吕不韦的轻蔑，又何尝不是一种"耳食"呢？正是由于这种"耳食"，导致了他的论点陷入了不能自拔的矛盾之中。

毕沅在其《〈吕氏春秋〉新校正序》中说：

其著一书，专凯世名，又不成于一人，不能名一家者，实始于不韦，而《淮南内》《外篇》次之。……不韦书在秦火以前，故其采缀，原书类亡，不能悉寻其所本。……是以其书沈博绝丽，汇儒、墨之旨，合名、法之源，古今帝王天地名物之故，后人所以探索而靡尽与！

毕氏对《吕氏春秋》的著作动机及其性质，虽不无歪曲之辞，但对其中所保存的资料价值却予以高度重视。这也是一种肯定吧。

章学诚说：

子有杂家，杂于己而不杂于众。盖极端之病见，而调和之说兴。调和者必持一容公之量，以兼取众长，裁剪部勒而成全体，如调音以制乐。然裁剪部勒，必有其中心之一贯，如调乐虽兼众音而必有一主音为其调之主。

这是第一次对"杂家"之"杂"做了新的解释，显然对传统的看法有所不满。章氏承认吕书"兼取众长"，"有其中心之一贯"，见解相当精辟，但视吕书为"调和之说"，则不免有点皮相了。

汪中在《述学补遗·〈吕氏春秋〉序》（原注：代毕尚书作）中说：

最后《吕氏春秋》出，则诸子之说兼有之……然则是书之成，不出于一人之手，故不名一家之学，而为后世《修文御览》《华林遍略》之所托始。……然其所采摭，今见于周、汉诸书者，十不及三四。其余则本书已亡，而先哲之话言，前古之佚事，赖此以传于后世，其善者可以劝，其不善者可以惩焉。

这与毕沅的意见基本一致。但他以"不出于一人之手"，来否定吕书是"一家之学”，则是不够公允的。先秦诸子有哪“一家之学”都是出于“一人之手”的呢？且不说《管子》，就是《墨子》《庄子》吧，不都是一个学派言论的结集吗？为什么吕不韦就没有资格领导一个学派？为什么《吕氏春秋》出于多人之手，就不能成为“一家之学”？看来，还是传统偏见障碍了汪中的眼睛。

徐时栋说：

于时，吕不韦以相父之尊，耦国之富，招致天下豪杰士，罗古今图书，刺取众说，采精录异，勒成巨编，僭其名曰《春秋》，专其号曰“吕氏”。刘《略》、班《志》品目之以为杂家，盖精确乎不可易矣。其书瑰玮宏博，幽怪奇艳，上下钜细事理名物之故，粲然皆具。读之如深入宝藏，贪者既得恣所欲以去，廉介之士，虽一毫无取，而不能不叹美其备物之富有也。乃儒者独以不韦之书而羞称之。呜呼！此岂阳翟大贾与奔走于其门下者之所能为哉？……遗文轶事，名言至理，往往而在。……上志故记，歌诵谣谚，其捃摭也博，故其言也杂，然而其说多醇而少疵。呜呼！此岂贾人子与其食客之所能为者哉？汉人高诱有言：“寻绎此书，大出诸子之右。”吾习其书尤信。故于诸子中，每好观是书。

徐时栋比蔡伯尹、卢文弨更进了一步，他不但否认吕不韦的主编权，连门客的写作权也给否定了。他一面赞叹其书的“瑰玮宏博”，“多醇而少疵”，“大出诸子之右”等等，一面却两次断言“此岂贾人子与其食客之所能为者哉？”那么，功劳归于谁呢？徐氏说：“蜜成于蜂也，蜂采之于百花；裘成于工也，工集之于千狐。”言外之意是说，《吕氏春秋》的“瑰玮宏博”应归功于“刺取”的“众说”，所“采”的“精”，所“录”的“异”。这是不公平的。就照徐氏所说吧，“百花”不经过蜂的酿造怎能成“蜜”呢？“千狐”不经过工匠的剪裁怎能成“裘”呢？为什么要抹煞吕氏门客的“酿造”“剪裁”之功呢？这真是“偏见比无知离真理更远”！不过，徐氏毕竟承认了《吕氏春秋》其书的价值，还算是客观的。

梁启超在《〈汉书·艺文志·诸子略〉考释》中说：

吕不韦本不学无术之大贾，其著书非有宗旨，务炫博哗世而已，故《吕览》儒、墨、名、法，樊然杂陈，动相违忤，只能为最古之类书，不足以成一家言，命之曰杂，固宜。

这是全面否定吕书的价值（只是保留"类书"的作用），大概在所有评议吕书的言论中，算是最坏的一种了。不知梁氏为何对吕不韦及其《吕氏春秋》竟有如此之敌忾！

许维遹在其《〈吕氏春秋〉集释自序》中说：

夫《吕览》之为书，网罗精博，体制谨严，析成败升降之数，备天地名物之文，总晚周诸子之精英，荟先秦百家之妙义，虽未必一字千金，要亦九流之喉襟，杂家之管键也。

这个评价是比较全面的，也是比较公平的。但仍未摆脱前人的窠臼，对《吕氏春秋》本身的创造性认识不够。

蒋维乔等在《〈吕氏春秋〉汇校叙》中说：

《吕氏春秋》者，百家之总汇，九流之钤键，遗文佚事，亦可欣可观。谭献称其"采《庄》《列》之言，非《庄》《列》之理；用韩非之说，殊韩非之旨"（见《复堂日记》）。暇日当更进而为之集解，此其底本也。

《叙》文本身评议虽不高，但所引谭献的评语却是卓有见地的，他透过现象看出了本质，惜乎未道其详。

冯友兰说：

独《吕氏春秋》乃依预定计划写成……形式上虽具系统，思想上不成一家。……以此书为史，则其所纪先哲遗说，古史旧闻，虽片言只字，亦可珍贵，故此书虽非子部之要籍，而实乃史家之宝库也。

《吕氏春秋》的方法不是对各家在更高的水平上加以综合，而用一种拼凑式的方法加以综合。……吕不韦的杂家思想，虽然不能成为真正的哲学体系，但是作为一对付百家争鸣的态度，还是有道理的，吕不韦认为当时的各家各派各有所长。这就是对于"百家争鸣"取一种容忍的态度。

这只是从保存史料和学术态度两方面肯定《吕氏春秋》，而没有看出书中的内在联系，也没有看出书中对各家思想的改造、提高，因而把它的价值估得太低了。

刘文典说：

> 吕不韦以仲父之尊，处相国之位，独能明黄帝、伊尹之道，使其客人人著所闻，集论以为《吕氏春秋》，斟酌阴阳儒法刑名兵农百家众说，采撷其精英，损弃其畛挈，一以道术之经纪条贯统御之，诚可谓怀囊天地，为道关门者矣。……非徒以抄纳群言为务者也。

刘氏这个评价是相当高的。他看出了吕书对百家的取舍和熔合，也看出了书中的内在联系，而且誉之为"怀囊天地，为道关门"，"非徒以抄纳群言为务者也"，冲破了把吕书视为杂抄的传统偏见。但刘氏对"道术""关门"未加申述，不免使人仍有模糊之感。

郭沫若在指出《吕氏春秋》"在文字结构上也每每订饾泄沓"，"在编制上实在也相当拙劣"的同时，也给予了很高的评价：

> 然而这书却含有极大的政治上的意义，也含有极高的文化史上的价值，向来的学者似乎还不曾充分的认识。

> 它对于各家虽然兼收并蓄，但却有一定的标准。主要的是对于儒家道家采取尽量摄取的态度，而对于墨家法家则出以批判。这是最值得注意的本书的一个原则，也可以说是吕不韦这位古人作为政治家或文化批评家的生命。而且我们还要知道，他是在秦国做丞相，在秦国著书的人，在秦国要批判法家，与在秦国要推尊儒家道家，在这行为本身已经就具有重大的意义。

这是从政治意义和文化史的角度肯定《吕氏春秋》的价值，并对吕不韦的胆识和魄力给予高度的赞许，但对《吕氏春秋》的体系和结构则有所忽略。

徐复观说：

> 一般地说，经学是两汉学术的骨干，也是支持、规整两汉政治的精神力量。但两汉人士，许多是在《吕氏春秋》影响之下来把握经学；把《吕氏春秋》对

政治所发生的巨大影响，即视为经学所发生的影响；离开了《吕氏春秋》，即不能了解汉代学术的特征，这点却被人忽略了。

在十二纪纪首中，把许多事物，都组入进去，而成为阴阳与五行所显露之一体，以构成包罗广大的构造，于是使人们感到，我们所生存的世界，都是阴阳五行所支配的世界，由此而成为尔后中国的宇宙观，世界观。……这确要算是吕氏门客的一大杰构，而为以前所没有的具体、完整而统一的宇宙观，世界观。

这是从学术史和整体观的角度对《吕氏春秋》所做的高度评价。但说"把《吕氏春秋》对政治所发生的巨大影响，即视为经学所发生的影响"，则不但夸大了经学的作用，也是不符合历史实际的。事实上，《吕氏春秋》对政治所发生的巨大影响是在汉初，而经学成为两汉学术骨干乃是中期以后的事，不能倒果为因。

张岱年在《中国哲学史史料学·〈吕氏春秋〉》中说：

自汉代以来，《吕氏春秋》一直被称为"杂家"。我们以为，所谓"杂家"并不是混杂不分，毫无原则。《吕氏春秋》有自己的特点。它的特点是：博采各家学说，但不取迷信、鬼神的思想，而是吸取各家的比较进步的思想。……虽采取各家学说，但所采取的观点之间，并无矛盾。因此，我们可以说《吕氏春秋》是"杂而不杂"，是一个综合学派。它的缺点是没有提出一个独创的中心观点。

这有点像章学诚的"杂于己而不杂于众"，但比章氏深入了一层。张先生找出了《吕氏春秋》自己的特点，发现了它熔铸各家学说的过程。但说《吕氏春秋》"没有提出一个独创的中心观点"，还是一个有待发掘的命题。

晚近学者更从广阔的领域对《吕氏春秋》进行了细致的、深入的探讨，从各个层面做出了评价，提出了一些新的问题。有的从学派属性方面继续讨论，提出了"新道家"的概念；有的从自然观方面进行探讨，或以为是唯心的、形而上学的，或以为是唯物的、辩证的；有的从认识论方面各抒己见，或认为是唯物的、可知论，或认为是唯心的、不可知论；有的从社会历史观方面进行探讨，或以为是历史进化论，或以为是历史循环论；有的从政治制度方面进行阐述，或以为主张君主专制，或以为反对君主专制，而对于"公天下"思想则是一致称道的；有的独辟蹊径，从新的角度，新的视野进行新的探索，试图揭示此书对中国传统文化心理结构的影响；如此等等，这里就不一一具引了。

从以上综述中可以看出：第一，历来对《吕氏春秋》其书的评议，总是褒多贬少；第二，褒者在内容上越来越深入，在幅度上越来越扩大，而贬者却没有多少进展；第三，到目前为止，意见还是不一，评价尚未趋同。这就说明，对《吕氏春秋》的研究还要继续下去，从各种角度、各个层面进行探求、发掘、讨论，以期对《吕氏春秋》的认识逼近真实。

2. 卓然一家之言

根据现有的研究成果，我们可以初步做出这样的结论：《吕氏春秋》是卓然一家之言。理由于下：

（1）有严密的系统。《吕氏春秋》认为，宇宙的本原是"一"，也可以叫"气"，这就是"与元同气"。这是一个最高最大的系统。由气演化出天、地、人、物，于是产生了第二个层次的三大系统——天、地、人（含物）。天有日、月、星、辰，地有山、川、泽、薮，人有君、臣、上、卜，于是又产生了众多的子系统，子子系统。《吕氏春秋》的编制，是按第二个层次的三大系统进行的。全书分为三大部分，第一部分《十二纪》是配"天"的；第二部分《八览》是配"人"的；第三部分《六论》是配"地"（包括事理）的。这正符合《序意》中所说的旨意——"上揆之天，下验之地，中审之人。"这个系统不仅是形式上的，也是内容上的。但是，人们对于形式上的系统比较容易看出，而对于内容上的系统则有一个认识过程。

《四库全书总目》说：

其《十二纪》即《礼记》之《月令》，顾以十二月割为十二篇，每篇之后各间他文四篇。惟夏令多言乐，秋令多言兵，似乎有义，其余则绝不可晓，先儒无说，莫之详矣。

这是第一次发现《吕氏春秋》内容上的联系，但还远远不够。其后，余嘉锡先生在《四库提要辨正》中加以补充完善。他说：

《提要》谓"夏令言乐，秋令言兵"，是也，谓"其余绝不可晓"者，非也。今以《春》《冬纪》之文考之，盖春令言生，冬令言死耳。其《孟春纪》五篇……此皆于每《纪》之第二篇发凡起例，极言节欲养生之义。其《重己》《贵公》诸篇则示人以修身立命之道，以祈各遂其生也。其《孟冬纪》五篇……此二篇为冬令诸篇之发凡起例，极言薄葬送死之义。……至于《至忠》《忠廉》以下诸篇，则示人以舍生取义之道，以期善处其死也。斯其义例，昭然可见，安得如《提要》所言"绝不可晓"也乎。然则春生而冬死，夏乐而秋刑（原注：古者大刑用甲兵，故秋多言兵），其取义何也？曰：此所谓春生夏长秋收冬藏也（原注：语见司马谈《论六家要旨》）……《提要》谓夏令多言乐，非言乐也，言长养也。长养人之道，莫大于教化，故《孟夏纪》所附四篇曰《劝学》、曰《尊师》、曰《诬徒》、曰《用众》（原注：谓假人之长以补其短，所谓夏之为言假也）。乐也者，所以移风易俗也，故《仲夏》《季夏纪》皆言乐。此其义例昭然可见也。

经过余先生的一番补充阐释，不但把《十二纪》的内容逻辑化了，也把内容与形式吻合起来了。

如果我们循着这个导向继续前进，是否也可以找出《八览》内容之间的联系以及《六论》内容之间的联系呢？我们不妨试探一下。

先说《八览》。《八览》今存63篇，单从篇题看，很难看出各篇之间有什么逻辑联系，但是，寻绎内容，却似乎可以找到各篇之间的联结点。这个联结点就是"人"，也就是说，《八览》主要是谈"人"的。

《有始览》说的是：天地的形成，万物的化生以及天地的结构和布局。暗示人与天地万物同出于一源，展现人类生存的空间和条件。这是总领《八览》全部内容的。以下各篇，或言天人感应；或言人际关系；或言人与客观情势、条件之间的关系；或言人的自身修养和提高。其中以人际关系为重点。在人际关系中又以君臣关系最为突出。

《应同》是从国家社会的角度谈天人之际的。天是人（以帝王为代表）的主宰，人逃不出天的制约。这种关系颇有神秘色彩，但却支配着当时人们的头脑，是人与自然关系的一种形态，是人的首要关系。《召类》是谈因果关系的，根据"类同相召"的原理，企图找出祸福产生的原因以及祸福转化的关系。当然也有浓厚的神秘色彩，但却是当时人们普遍关心的问题。《孝行览》是谈亲子关系的，又由亲子关系扩及一切人际关系。

在人际关系中，有普遍问题，也有特殊问题。《遇合》《必己》《首时》是谈人际关系的不确定性。人与人的关系是一种遇合，有的终身不遇，有的则偶然巧合，有的动机与效果完全相反，"忠未必信"，"孝未必爱"，所以，贤者与明主，贤主、秀士与黔首，都在于待时遇合。这是人际关系中常见的现象。《离俗》《高义》说的是一些与众不同的特殊人物，他们"高节厉行，独乐其意"，"赏不当，虽与之必辞；罚诚当，虽赦之不外"。与这类人交往要特别尊敬，待之以礼。这是比较特殊的关系。

由于人际关系的不确定性，所以在人际交往中，要特别小心谨慎，仔细观察。《察微》说的是细微小事，往往酿成国与国、家与家、人与人之间的严重后果。《观表》说的是"凡论人心，观事传（迹），不可不熟，不可不深"。

在一般人际交往中，最要紧的是消除偏见和误解，虚心听取别人的意见，弄清对方的真意，达到互相默契的程度。《去尤》《去宥》说的都是偏见、误解的危害性，只有去掉这些偏见和误解，人际关系才能正常化。《听言》《谨听》说的都是虚心听取别人的意见，弄明真实情况，分清善恶，辨别是非。《精谕》则是说人与人之间的思想交流，有时不用语言，也不用耳朵，"以精相告"，达到一种默契的程度。但是，对于那些"言意相离"，"言心相离"，"饰非惑愚"的言论，则要严加禁绝，这是《离谓》《淫辞》《不屈》所要说明的道理。因为这些心术不正的言论是造成人际关系恶化的大患。

在人际关系中最突出的是君臣关系。君臣关系中君是主导，所以谈君道、任贤的内容特别多。其次是君民（包括臣民）关系。无论是君臣关系或君民关系，都被置于全局之中。《谕大》是谈全局观点的，"务在事大"，"国""家""身"（个人）三者"交相为恃，然后皆得其乐"。《恃君》是谈君道产生的背景，"利之出于群也，君道立也"。《审分》《君守》《任数》《勿躬》《慎势》《审应》《重言》《应言》等篇，都是谈君道的。中心的意思是君道无为，臣道有为，"因者，君道也；为者，臣道也"，"王也者，势无敌也"。《务本》《顺说》《权勋》是谈臣道的。臣下要"以公及私"，绝不可行"诈诬之道"。要善于说谏，"陈其势，言其方"。还要讲"大忠"而去"小忠"，讲"大利"而去"小利"。《下贤》《报更》《先识》《观世》《达郁》《举难》《义赏》等篇，是谈君主如何礼贤下士，为什么要礼贤下士，怎样任贤等等。"士虽骄之，而己愈礼之。""必礼必知，然后其智能可尽也。""圣王之贵豪士与忠臣也，为其敢直言而决郁塞也。"任贤要"权而用其长者"。赏贤要以义为上。《本味》是讲君臣融洽的关系，"不谋而亲，不约而信，相为殚智竭力，犯危行苦，志欢乐之，此功名所以大成也"。

仅次于君臣关系的是君民（包括臣民）关系。《慎大》《为欲》《用民》《适威》《乐成》等篇，谈的是民心向背的重要性，以及如何得民，如何用民，如何教民的问题。"桀为无道，国人大崩。""汤立为天子，夏民大悦。""善为上者，能令人得欲无穷，故人之可得用亦无穷也。""赏罚皆有充实，则民无不用矣。""古之君民者，仁义以治之，爱利以安之，忠信以导之。"某些举措，人民一时还不能理解，也不妨先做起来，成功之后，人民自然会乐于接受，"故民不可与虑始，而可以乐成功"。

《贵因》《察今》《具备》等篇，谈的是人与客观规律、客观情势、客观条件之间的关系。强调人的主观努力，必须遵循规律，因时制宜，创造条件。"因则功，专则拙（屈），因者无敌。""变法者因时而化。""夫立功名者亦有具，不得其具，贤虽过汤、武，则劳而无功矣。"这一点充分体现了《吕氏春秋》

的理性态度和科学精神。

要使上述各种关系正常化，根本问题还在于人的道德修养和智能的提高，特别是对君主（有时包括臣宰），要求更为严格。《骄恣》《贵信》《行论》《上德》《长利》都是谈君主修养问题的。"凡人主必信。信而又信，谁人不亲。"而最重要的则是"利人之心""仁爱之心"。《知接》《悔过》《正名》《知分》《不二》《执一》等篇，都是从不同角度谈君主智能提高的必要性。"夫能齐万不同，愚智工拙，皆尽力竭能，如出乎一穴者，其唯圣人矣乎！""故凡能全国完身者，其唯知长短赢绌之化邪。"总之，作为一个君主，既要有爱利之心的高度道德，又要有明察秋毫的智能。《慎人》《不广》则是对一般士人的要求。士人主要是修身问题。"古之得道者，穷亦乐，达亦乐。""智者举事必因时。时不可必成，其人事则不广（旷）。"

由上可知，《八览》的内容主要是围绕"人"这个轴心而展开论述的。当然，人和事是不能分开的，但主题是人而不是事。

再说《六论》。《六论》共36篇，单从篇题看，也很难看出各篇之间有什么逻辑联系，但如果细心探赜，却也可以找出各篇之间的联结点。这个联结点便是"事"。也就是说，《六论》主要是谈"事"的。"事"相对于"人"而言，"事理"相对于"人际"而言，层次更深，与"地"义相近。"地者，底也"，"地者，理也"。这从分部标题上也可看出：《八览》之"览"有"观""视"等义，一般指浏览表层现象。《六论》之"论"有"谋虑""纶""理"等义，一般指深层底蕴。所以，《六论》除《上农》等4篇明显与"地"相应外，其余各篇因言事理，与"地"义相近，故亦附属于"地"。

下面从各篇内容上略加印证。

《开春》表示春回大地，农事始作。"开春始雷则蛰虫动矣，时雨降则草木育矣。……王者厚其德，积众善，而凤凰、圣人皆来至矣……以此言物之相应也……言尽理而得失利害定矣。"这是《六论》的总领。

《有度》《分职》《壹行》《贵当》《处方》《无义》等篇是说君主办事的总

原则，要静虚无为，要有坚定不移的法度。"正则静，静则清明，清明则虚，虚则无为而不无为也。""先王所恶，无恶于不可知，不可知则君臣、父子、兄弟、朋友、夫妻之际败矣。十际皆败，乱莫大焉。""故贤主察之，以为不可，弗为；以为可，故为之。""谋出乎不可用，事出乎不可同，此先王之所舍也。""故义者，百事之始也，万利之本也。……以义动，则无旷事矣。"

《期贤》《察贤》《求人》《赞能》《贵直》《直谏》《壅塞》《自知》等篇是说君主如何任贤使能以及任贤使能的重大意义。"立功名亦然，要在得贤。""功无大乎进贤。""贤主之所贵莫如士。所以贵士，为其直言也。""非直士其孰能不阿主？""人主欲自知，则必直士。"

《审为》《慎行》《不苟》《当赏》《博志》《爱类》等篇，说的是办事标准和原则。"身者所为也，天下者所以为也，审所以为而轻重得矣。……知轻重，故论不过。""君子计行虑义，小人计行其利，乃不利。有知不利之利者，则可与言理矣。""贤者之事也，虽贵不苟为，虽听不自阿，必中理然后动，必当义然后举。""仁也者，仁乎其类者也。故仁人之于民也，可以便之，无不行也。"

《贵卒》《知化》《慎小》《过理》《原乱》等篇是说办事的敏捷性、预见性、谨慎性，如果行过其理，则必酿成大乱。"力贵突，智贵卒（猝），得之同则速（迅急）为上，胜之同则湿（迟缓）为下。""凡智之贵也，贵知化也。……危困之道，身死国亡，在于不先知化也。""故贤主谨小物以论好恶。""亡国之主一贯，天时虽异，其事虽殊，所以亡同者，乐不适也。""自上世以来，乱未尝一。而乱人之患也，皆一而已，此事虑不同情也。"

《察传》《疑似》《似顺》《别类》是说事象变化万端，不可捉摸，因此，听言察事，必缘之以情，验之以理，才不致为错觉所迷惑。"凡闻言必熟论，其于人必验之以理。""相似之物，此愚者之所大惑，而圣人之所加虑也。"

《士容》是讲士人的操守和风度。"执固横敢而不可辱害，临患涉难而处义不越……淳淳乎慎谨畏化而不肯自足。"这样，才能正确处理一切事物。

《务大》是讲"细大贵贱，交相为赞"的道理，可以视为《六论》的概括。

总之，《六论》36 篇，除上农等 4 篇外，其余各篇主要是以"事"或"事理"为轴心展开论述的。当然，"事"与"人"是不能分割的，但重点却在于论事。

通过以上的探索，可以得出这样的结论：《吕氏春秋》的成书，不是杂乱无章，随意拼凑的，而是有相当严密的系统，精心编排的。

（2）有突出的中心。《吕氏春秋·不二》说："听群众人议以治国，国危无日矣。……夫能齐万不同，愚智工拙，皆尽力竭能，如出乎一穴者，其唯圣人矣乎！"吕不韦既然清醒地意识到群议不能治国，那么，在他主编的书中当然就应该有一个辐射全书、前后一贯的中心了。这个中心就是为"治国"服务的政治理论。这一点是历来大多数学者的共识。

《汉书·艺文志》说：

杂家者流，盖出于议官。兼儒、墨，合名、法。知国体之有此，见王治之无不贯，此其所长也。

所谓"议官""国体""王治"，在于说明它是一种政治理论。

高诱说：

然此书（按指《吕氏春秋》）所尚，以道德为标的，以无为为纲纪，以忠义为品式，以公方为检格，与孟轲、孙卿、淮南、扬雄相表里也。

所谓""无为""忠义""公方"，指的都是政治理论。

元人陈澔说：

吕不韦相秦十余年，此时已有必得天下之势，故大集群儒……将欲为一代兴王之典礼也，故其间亦多有未见与礼经合者。

所谓"典礼"也就是政治，所谓"多有未见与礼经合者"，自然是指政治观点而言的。

章学诚也说，《吕氏春秋》为"一代之典制"。

孙人和说：

尝谓《吕氏春秋》一书……《十二纪》初为一部，盖以秦势强大，行将一统，故不韦延集宾客，各据所闻，撰"月令"，释《圜道》，证人事，载天地阴阳四时日月星辰五行礼义之属，名曰《春秋》，欲以定天下，施政教，故以《序意》殿其后焉。

所谓"定天下，施政教"，自然也是政治理论。

郭沫若说"这书（按指《吕氏春秋》）却含有极大的政治上的意义"，无疑也将这书视为政治理论书。

今人熊铁基说："我认为，《吕氏春秋》是一部符合时代潮流的政论书。"

根据以上所引，无论从动机看，还是从内容看，都可以说，《吕氏春秋》的中心是政治理论。

需要补充的是：这个中心还有一个隐性的内核，这就是有限君主制或开明君主制。《吕氏春秋》拥护君主制，却反对君主"专独"。为此，它一方面对君主进行说服、启发，乃至威胁；另一方面提出种种限制君权的措施；同时又极力张大臣权。其目的就在于把君权限制在一定程度上和一定范围内，不使君权无限膨胀，为所欲为。这是《吕氏春秋》为封建政治所设计的理想目标。

（3）有完整的结构。近人徐复观说：

在十二纪纪首中，把许多事物都组入进去，而成为阴阳与五行所显露之一体，以构成包罗广大的构造，于是使人们感到，我们所生存的世界，都是阴阳五行所支配的世界，由此而成为尔后中国的宇宙观，世界观。……这确要算是吕氏门客的一大杰构，而为以前所没有的具体、完整而统一的宇宙观，世界观。这段话不免有所夸大，但这种宇宙观、世界观确为《吕氏春秋》所开创。这是《吕氏春秋》的框架结构。

从内容看，也有相当全面而完整的安排。在《吕氏春秋》中，除政治理论这个主题外，还有围绕这个主题、为这个主题服务的各个部分。社会生产、经济构成、各项制度、礼乐法令、科学技术、文化教育、思想理论等等，在书中都占有一定的分量，按其与政治关系的大小轻重，各得其宜，从而形成了一个完整的结构。这个结构虽不能说"备天地万物古今之事"，但在当时，作为一个国家或社会，已经是一个相当完整的形态了。这些内容散见于本书相关章节，读者阅后，自能明了，这里就不再赘述了。

（4）有独特的创造。《吕氏春秋》的创造性主要表现在三方面：系统方面、结构方面的创造；对诸子学说的改造；有自己的精辟见解。系统方面前文已经述及，这里只就二、三两个方面略申己见。

关于第二方面，我们已有专章（第三章《对诸子的扬弃》）论述，这里需要补充的是结构改造的意义。按照结构主义理论，部分只能在整体中获得它的意义，其中任何一个成分的变化，都会引起其他成分的变化。在自然科学中，乙醇（酒精）和甲醚是人们常用的例子，虽然二者每个分子中所包含的原子数量、质量都完全相同，但由于原子的排列次序不同，就形成了两种根本不同的化合物。在社会生活中，两支同样数量、素质的军队，由于分散和集中使用的不同，战斗结果也就不同。著名的邹忌赛马的故事，也说明了同样的道理。《吕氏春秋》对诸子学说的改造也应该做这样的理解。例如："无为"在《老》《庄》书中与在吕书中完全不同，一是消极，一是积极，效果截然相反。"刑赏"在商、韩书中与在吕书中也不一样，前者是推行耕战，后者是辅行仁义的。"节丧"在《墨子》书中与在吕书中有不同的目的，前者重在节时省费，后者重在"无发无动"。"仁义"在《论》《孟》中与在吕书中的意义并不一样，前者单纯说教，后者"通乎性命之情"。"战争"在孙、吴书中与在吕书中目标不同，前者仅与胜败相联系，后者则与统一相联系。"五德终始"在邹衍那里与在吕书中意义也不相同，前者使人消极等待，后者则能催发人的积极性。荀况说：

万物为道一偏，一物为万物一偏。愚者为一物一偏，而自以为知道，无知也。慎子有见于后，无见于先；老子有见于诎，无见于信（伸）；墨子有见于齐，无见于畸；宋子有见于少，无见于多。有后而无先，则群众无门。有诎而无信（伸），则贵贱不分。有齐而无畸，则政令不施。有少而无多，则群众不化。

经过《吕氏春秋》的改造熔铸，基本上克服了一偏之见。这就好比百川归海，同样是水，在川中与在海里不可相提并论，不但水质起了变化，气势也迥然不同。所以，我们对《吕氏春秋》的结构性改造，要有充分的认识。

第三方面往往为人们所忽视。其实在《吕氏春秋》中包含着许多独到的精辟见解。例如在自然观上提出的"法天地"，"因者无敌"；在教育学上提出的"凡学，非能益也，达天性也"，"师徒同体"；在生命观上提出的"达乎死生之分"；在情欲问题上提出的"令人得欲无穷"；在养生问题上提出的"全天"，"节性"；在人性问题上提出的"性异非性"；还有《有始》篇是分野说的开创，《本味》篇是食谱学的鼻祖等等。这些都是吕氏门客创造性的火花。这就足以说明，吕氏门客并不是一批"滕文公"，《吕氏春秋》也不是一部杂抄汇集。

根据以上四点，我们可以毫不勉强地说，《吕氏春秋》是一家之言的著作，而且"大出诸子之右"，其历史地位应予充分肯定。